Los dilemas de Lenin

Tariq Ali

Los dilemas de Lenin
Terrorismo, guerra, imperio, amor, revolución

Traducido del inglés por Alejandro Pradera

Alianza Editorial

Título original: *The Dilemmas of Lenin. Terrorism, War, Empire, Love, Revolution*

Reservados todos los derechos.
El contenido de esta obra está protegido por la Ley,
que establece penas de prisión y/o multas, además de las correspondientes
indemnizaciones por daños y perjuicios, para quienes reprodujeren, plagiaren,
distribuyeren o comunicaren públicamente, en todo o en parte, una obra literaria,
artística o científica, o su transformación, interpretación o ejecución artística fijada
en cualquier tipo de soporte o comunicada a través de cualquier
medio, sin la preceptiva autorización.

© Tariq Ali 2017. All rights reserved
© de la traducción: Alejandro Pradera Sánchez, 2017
© Alianza Editorial, S. A., Madrid, 2017
Calle Juan Ignacio Luca de Tena, 15; 28027 Madrid
www.alianzaeditorial.es
ISBN: 978-84-9104-893-0
Depósito legal: M. 25.534-2017
Printed in Spain

SI QUIERE RECIBIR INFORMACIÓN PERIÓDICA SOBRE LAS NOVEDADES DE
ALIANZA EDITORIAL, ENVÍE UN CORREO ELECTRÓNICO A LA DIRECCIÓN:

alianzaeditorial@anaya.es

Índice

11 Agradecimientos
13 Introducción

PRIMERA PARTE
TERRORISMO Y UTOPÍA

 45 Terrorismo contra absolutismo
 89 El hermano mayor
103 El hermano menor

SEGUNDA PARTE
EL INTERNACIONALISMO, EL SOCIALISMO,
LOS IMPERIOS Y LA GUERRA

133 El nacimiento del internacionalismo
167 El socialismo
187 Imperios en guerra

TERCERA PARTE
1917-1920: ESTADOS Y REVOLUCIONES

213 Febrero
249 Octubre

267 Las consecuencias
289 La Tercera Internacional
307 El Ejército Rojo, la Guerra Civil, los filósofos militares

CUARTA PARTE
LA CUESTIÓN DE LAS MUJERES

345 La primera oleada
371 Las mujeres octubristas
401 Luz del sol, luz de luna

QUINTA PARTE
AGRUPÉMONOS TODOS EN LA LUCHA FINAL

429 Hasta el final
461 Amigos y enemigos

481 Epílogo
La ascensión a las altas montañas, por V. I. Lenin
485 Glosario de nombres
497 Lecturas adicionales
503 Índice analítico

Para los que vendrán después: tan solo el pasado puede abrir la puerta del futuro.

Agradecimientos

He escrito este libro para situar a Lenin en un contexto histórico apropiado. Para mí ha sido un enorme placer releer sus principales escritos y el material relacionado con ellos. Hoy en día se leen de una forma distinta en comparación con el siglo pasado, pero conservan toda su fuerza. Normalmente, yo empiezo a escribir un libro después de gran cantidad de debates con el público que asiste a las conferencias y a los mítines. En esta ocasión, mis únicos compañeros han sido los libros. Entre ellos (se enumeran en el apartado de Lecturas adicionales), he de destacar el extraordinario trabajo del desaparecido John Erickson, el historiador militar por excelencia, cuyos estudios sobre el Ejército Rojo y sus estructuras de mando entre 1917 y 1991 no tienen igual en ningún idioma.

Tengo que darle las gracias a Perry Anderson por nuestras conversaciones puntuales sobre asuntos concretos; a Robin Blackburn y a Susan Watkins, mis compañeros de la redacción de la *New Left Review;* y a Sebastien Budgen, editor de Verso, París, que, como siempre, me envió algunos textos sumamente útiles para que los asimilara. Asimismo, he de dar las gracias por leer el manuscrito, y sugerirme importantes cambios y aclaraciones, a

David Fernbach, camarada mío desde hace casi cincuenta años, y a Leo Hollis, mi editor en Verso, Londres —cuyo abuelo, Christopher Hollis, fue uno de los primeros biógrafos de Lenin, que sin duda habría estado en desacuerdo con la mayoría de mis valoraciones. Mark Martin, de Verso, Brooklyn, y Rowan Wilson y Bob Bhamra de Verso, Londres, hicieron posible una transición suave en el frente de la producción. Y muchas gracias también a Ben Mabie, de Verso, Brooklyn, por preparar un primer borrador del glosario de nombres.

T. A.
28 de octubre de 2016

Introducción
Sobre Lenin

> Aquí estoy, no puedo hacer otra cosa.
> Martín Lutero

¿Por qué Lenin? En primer lugar, porque este año se conmemora el centenario de la última gran revolución de Europa. A diferencia de sus predecesoras, la Revolución de Octubre de 1917 transformó la política *mundial*, y de paso dio un vuelco al siglo XX con un ataque frontal al capitalismo y a sus imperios, lo que aceleró la descolonización. En segundo lugar, la ideología dominante de hoy en día, y las estructuras que defiende, son tan hostiles a las luchas sociales y de liberación del siglo pasado que la recuperación de la mayor cantidad posible de memoria histórica y política se convierte en un acto de resistencia. En estos tiempos difíciles, incluso la oferta anticapitalista es limitada. Es apolítica y ahistórica. Hoy en día el cometido de la lucha no debería consistir en repetir ni replicar el pasado, sino en asimilar las lecciones, tanto negativas como positivas, que nos brinda. Es imposible lograrlo si se desconoce el argumento a estudiar. En el siglo pasado, durante mucho tiempo, quienes honraban a Lenin, en gran medida le desconocían. Le veneraban, pero raramente leían sus escritos. Lo más habitual, en todos los continentes, era que su propio bando malinterpretara e hiciera un mal uso de Lenin con fines instrumentales: partidos y sectas, grandes y pequeños, que reivindicaban su legado.

El culto a Lenin, que él mismo aborrecía incluso en su manifestación más incipiente, resultó desastroso para su pensamiento. Sus textos, que él nunca pretendió que fueran artículos de fe ni los escribió como tales, fueron momificados, lo que dificultó la comprensión de su formación política. Ese fenómeno debe encuadrarse en la confluencia de dos procesos históricos. Lenin fue un producto de la historia de Rusia y del movimiento obrero europeo. Ambos planteaban preguntas sobre las clases sociales y los partidos, sobre la acción y los instrumentos. Así pues, la síntesis elaborada por Lenin se vio condicionada por el entremezclarse de dos corrientes muy distintas, que podríamos denominar, a grandes rasgos, anarquismo y marxismo. Lenin desempeñó un papel crucial en el triunfo del segundo.

Por todo ello, antes de pasar a comentar algunos problemas específicos que tuvieron que afrontar Lenin y los bolcheviques, me propongo explicar por extenso la historia y la prehistoria de ambas corrientes. Sin esa tarea arqueológica no es fácil comprender los dilemas que Lenin tuvo ante sí.

Hace falta imaginación para malinterpretar a Lenin y a Trotsky, o para presentarlos como políticos progresistas disfrazados. Al margen de lo que cada cual piense sobre ellos, la lucidez de su prosa deja poco margen para la malinterpretación política. Como nos ha recordado recientemente Perry Anderson, el destino de Antonio Gramsci, el tercer pensador por orden de importancia que surgió de la tradición comunista de la Tercera Internacional, ha sido un tanto diferente, y por distintos motivos que tienen que ver con su encarcelamiento por los fascistas italianos[1].

---

[1] En una nueva introducción al libro que contiene su ensayo «The Antinomies of Antonio Gramsci», Anderson detalla los bochornosos intentos tanto

Introducción

Empecemos por el principio. Sin Lenin no habría habido una revolución socialista en 1917. De eso podemos estar seguros. Los estudios más recientes de los acontecimientos no han hecho más que consolidar esa opinión. La facción, y posteriormente el partido, que Lenin creó meticulosamente a partir de 1903 simplemente no estuvo a la altura de su misión de fomentar una revolución durante los meses cruciales que van de febrero a octubre de 1917, el periodo de mayor libertad a lo largo de toda la historia de Rusia. Una gran mayoría de sus líderes, antes del regreso de Lenin a Rusia, estaba dispuesta a transigir en muchas cuestiones cruciales. La lección que podemos aprender de ellos es que incluso un partido político —específicamente formado y educado con el único propósito de organizar una revolución— puede tropezar, desfallecer y caer en el momento más crítico.

En esa dirección avanzaban los bolcheviques como partido desde el punto de vista estratégico y táctico antes de abril de 1917. Ningún partido puede tener razón siempre. Tampoco un líder político, ni siquiera un dirigente dotado de las cualidades y la fuerza de voluntad más excepcionales. No obstante, en este caso particular, Lenin era consciente de que si no se aprovechaba el momento, la reacción volvería a triunfar de nuevo. Los acontecimientos le favorecieron. Lenin arrastró tras de sí a unos dirigentes bolcheviques renuentes por el procedimiento de ganarse el apoyo de las bases del partido y, lo que es más importante, el de los soldados, completamente hastiados de la guerra. En el caso de las tropas, fueron los eslóganes de los agitadores bolcheviques del frente los

---

de los anticomunistas como de los comunistas para momificar a Gramsci, e incluso para presentarlo como un demócrata-liberal, entre muchas otras cosas.

que verbalizaron lo que ellos mismos pensaban y se decían unos a otros en voz baja en sus trincheras, o cuando participaban en las deserciones masivas. La historia le hizo un regalo a Lenin en la forma de la Primera Guerra Mundial. Él asió aquel regalo con las dos manos y lo utilizó para pergeñar una insurrección. Las revoluciones son las que hacen que la historia ocurra. Los progresistas de todo tipo, con raras excepciones, siempre están en el otro bando[2].

La Primera Guerra Mundial fue el dilema inicial para Lenin. La persona a la que él más admiraba y a la que consideraba su mentor era Karl Kautsky, el socialista alemán. Lo que conmocionó a Lenin fue la capitulación de Kautsky ante la fiebre belicista que cundió en Alemania. Hasta entonces Lenin pensaba que una buena comprensión de Marx era una vacuna suficiente contra la mayoría de las enfermedades infecciosas intelectuales, sobre todo la del entusiasmo por las guerras imperialistas. Resolvió el problema con una airada ruptura pública con el Partido Socialista Alemán y, asumiendo la definición que hizo de él Rosa Luxemburgo, calificándolo de «cadáver hediondo». Por desgracia, no era así. Aquel «cadáver» siguió siendo un pesado lastre para los trabajadores de Alemania hasta el día de hoy.

---

[2] El libro *Contrahistoria del liberalismo,* de Domenico Losurdo (Ediciones de Intervención Cultural, Vilassar de Dalt, 2007), está cuajado de ejemplos de la filosofía progresista en la práctica. Uno de ellos resulta especialmente aleccionador. Losurdo señala que el reconocimiento de Haití por Estados Unidos tras la Guerra de Secesión fue puramente instrumental. Estados Unidos, incluido el propio Lincoln, todavía no había descartado la idea de «depositar en la isla del poder negro a los ex esclavos, a los que se pensaba deportar de una República que seguía inspirándose en el principio de la supremacía y la pureza de la raza blanca».

Introducción

El siguiente dilema que iba a afrontar Lenin tenía que ver con el camino hacia la revolución. A partir de la Revolución de Febrero de 1917 dejó de ser una cuestión abstracta. Lenin optó por una revolución socialista, provocando el caos dentro de su propio partido. En un momento dado, Lenin tachó a los viejos bolcheviques de «conservadores» empantanados en una ciénaga centrista. Tan solo recuperó su apoyo cuando se dieron cuenta de que políticamente los obreros de Petrogrado iban por delante de ellos.

Ha habido largos debates sobre el papel de los individuos en la historia. La visión del siglo XVIII, por la que la historia la hacían los individuos conscientes, sufrió un rotundo desmentido durante el siglo siguiente, y también por parte de muchos eminentes historiadores premarxistas, para los que no era posible un debate serio sobre la historia sin analizar las condiciones sociales y económicas. La idea de que las fuerzas sociales y materiales crean las condiciones en las que los individuos se transforman y actúan de un modo que sería impensable en unas circunstancias diferentes fue sistematizada por Marx y Engels, y esa idea fue aceptada de forma generalizada durante la mayor parte del siglo XX. Es válida para todo tipo de individuos: para Napoleón y Bismarck, y también para Lenin, Mao Zedong, Ho Chi Minh y Fidel Castro.

Si se hubiera retrasado la Guerra Civil Inglesa, Oliver Cromwell y su familia habrían cruzado el Atlántico y se habrían instalado en el baluarte disidente[3] de Nueva Inglaterra. Si la Revolución Francesa no se hubiera producido, Bonaparte se habría marchado de Francia, como tenía pensado hacer, y habría buscado

---

[3] *Dissenter*, en el original, en la acepción de los grupos religiosos protestantes disconformes con la Iglesia de Inglaterra. *(N. del T.)*.

un empleo en el Ejército Imperial ruso. Como afirmaba Kropotkin en su memorable historia de la Revolución Francesa, un libro que entró a formar parte del legado común del movimiento revolucionario ruso, el contexto lo determinaba todo:

> Por eso, la Revolución Francesa, al igual que la Guerra Civil Inglesa del siglo anterior, se produjo en el momento en que las clases medias, tras beber de lo más profundo de las fuentes de la filosofía actual, adquirieron conciencia de sus derechos, e idearon un nuevo modelo de organización política. Con la fuerza de ese conocimiento, y ansiosas por cumplir su misión, las clases medias se sentían muy capaces de apoderarse del gobierno, arrebatándoselo a una aristocracia palaciega que, por su incapacidad, su frivolidad y su libertinaje, estaba llevando al reino a la ruina total. Pero las clases medias y cultas no habrían podido hacer nada por sí solas si, en consonancia con toda una cadena de circunstancias, la masa de los campesinos no se hubiera sublevado también, brindándole a las clases medias descontentas, a través de una serie de insurrecciones incesantes que duró cuatro años, la posibilidad de enfrentarse tanto al rey como a la corte, de poner patas arriba las viejas instituciones y de modificar el ordenamiento político del reino.

Sin la Primera Guerra Mundial y la Revolución de Febrero de 1917, Lenin habría muerto en el exilio, como uno más de los muchos revolucionarios rusos abocados a no ver con sus propios ojos la caída de la autocracia. Es muy probable que Trotsky hubiera acabado siendo un novelista ruso en la tradición clásica. No obstante, incluso cuando las condiciones favorecen las convulsiones revolucionarias, raramente existen organizaciones capaces de aprovecharlas. Las insurrecciones, sublevaciones y revoluciones fallidas jalonan la historia de nuestro mundo. ¿Por qué perdió Espartaco? ¿Por qué triunfó Toussaint Louverture? Cada una de esas respuestas está profundamente ligada a la historia de la época en que vivieron dichos individuos. Y lo mismo puede decirse de Lenin.

Fue Otto von Bismarck, el Canciller de Hierro de la recién creada Alemania, quien insistió en minimizar su propio papel, pues él mismo defendió aquella inteligente postura de los conservadores en un discurso que pronunció ante el Reichstag del norte de Alemania en 1869:

> Señores, no podemos ignorar la historia del pasado ni tampoco crear el futuro. Me gustaría prevenirles en contra del error que lleva a la gente a adelantar las manecillas de sus relojes, pensando que así están acelerando el paso del tiempo. A menudo se ha exagerado mi influencia en unos acontecimientos que supe aprovechar; pero a nadie se le ocurriría nunca *exigirme hacer la historia*. Yo no sería capaz de hacerlo ni siquiera aliándome con ustedes, aunque juntos podríamos resistir contra el mundo entero. No podemos hacer la historia: debemos esperar mientras se hace. No lograremos que la fruta madure más deprisa por el procedimiento de someterla al calor de un farol; y si cogemos la fruta antes de que esté madura, lo único que conseguimos es impedir que crezca y echarla a perder.

Los herederos de Bismarck o, para ser exactos, el fuego de la artillería alemana, maduraron prematuramente la fruta en Rusia. Lenin confiaba en que una vez realizado el injerto entre los árboles frutales de Alemania y Rusia, el resto del continente, a excepción de Gran Bretaña, estaría más que maduro para una revolución. Y para colmo, Lenin no tenía el mínimo reparo en hacer la historia, en comprimir en un solo día la experiencia de diez años. Los acontecimientos no se desarrollaron del todo como él esperaba en el resto de Europa, pero por motivos contingentes, más que por las condiciones objetivas.

Este libro es una contextualización sin la que resultaría incomprensible la historia de la Revolución Rusa.

Por ejemplo, la fase terrorista del siglo XIX, que contó con la adhesión de un sector considerable de la *intelligentsia* progresista, terminó cuando los dirigentes de La Voluntad del Pueblo votaron unánimemente a favor del único punto de la agenda: ejecutar a Alejandro II sin más dilación. La ejecución se llevó a cabo con éxito bajo el mando de Sofía Perovskaya; durante la oleada de represión que vino a continuación, los pequeños grupos que habían sobrevivido fueron aplastados. No debemos infravalorar la repercusión de aquellos eventos en *todos* los partidos políticos que surgieron en Rusia durante la primera década del siglo XX.

Las buenas intenciones de los historiadores y los ideólogos progresistas han contribuido a perpetuar la idea de que de no haber sido por la «aberración» bolchevique, la democracia rusa habría progresado sin sobresaltos y se habría sumado a la ciénaga de Europa Occidental. Pero ¿qué democracia ha discurrido sin sobresaltos? Eso no ocurrió en 1991, como tampoco habría sucedido en 1917. En realidad, teniendo en cuenta la relación de fuerzas y la persistencia de la guerra, lo más probable habría sido el ascenso al poder de una dictadura militar del ala dura a través de los pogromos de masas y de una represión a gran escala, con apoyo de los países de la Entente a fin de mantener a Rusia en la contienda.

La Revolución de Febrero dio lugar a un Gobierno débil que era incapaz de afrontar la crisis y que estaba comprometido con la

Introducción

guerra. Tan solo había dos fuerzas que habrían podido llenar el vacío: los bolcheviques, después de recibir un enérgico curso de reeducación a manos de Lenin, y los generales Kornílov, Denikin, Kolchak y Wrangel, y la cohorte de este último, quien encabezó a los blancos durante la guerra civil que estalló tras la Revolución.

Cuando no existe un partido revolucionario, o el que hay ha sido derrotado y decapitado, lo que triunfa es la reacción, no el reformismo. Esa pauta se ha mantenido constante desde Cavaignac y Luis Napoleón hasta Groener, Noske, Mussolini y Hitler, desde Suharto hasta Pinochet, y en la política de la práctica totalidad de los presidentes de Estados Unidos.

¿Por qué habría tenido Rusia que tomar un rumbo distinto en caso de que no hubiera habido una revolución, o si el Ejército Rojo hubiera perdido la guerra civil?[4]. Los historiadores progresistas y conservadores a menudo rebajan los acontecimientos de octubre de 1917 a la categoría de «golpe de Estado». No es así. Es verdad que el proletariado urbano en el que se basó la Revolución era una minoría de la población, dominada por un campesinado desperdigado por el gigantesco interior del país, y que apoyó los decretos de los bolcheviques sobre la propiedad de la tierra inmediatamente después de la Revolución de Octubre. Sin ese apoyo creciente de los campesinos pobres, los bolcheviques no habrían podido ganar la guerra civil. La máxima de Lenin por la que la mayoría estratégica necesaria para ganar ha de contar con un

---

[4] Para mis ideas sobre el desenlace estalinista de la Revolución, véase Tariq Ali (ed.), *The Stalinist Legacy: Its Impact on Twentieth-Century Politics*, Londres y Boulder, 1984; y Tariq Ali, *Miedo a los espejos*, Madrid, 2016 (una novela reeditada recientemente).

predominio de la fuerza decisivo, en el lugar decisivo y en el momento decisivo, tuvo un significado relativamente limitado en Rusia.

Los bolcheviques pusieron fecha a la insurrección tan solo después de conseguir la mayoría en los soviets. A Lenin se le puede reprochar que se basara exclusivamente en los obreros, pero ahí estaba siguiendo las instrucciones de los padres fundadores del movimiento, Marx y Engels. Y esa fue también la razón de que disolviera la Asamblea Constituyente en enero de 1918. En aquel caso, los bolcheviques argumentaron que los soviets eran una forma superior de democracia y que no iban a perder tiempo debatiendo contra el Partido Social-Revolucionario (PSR) en una cámara que había quedado desbordada por la Revolución. Sin embargo, los resultados electorales de los bolcheviques en aquellas elecciones sí dieron fe del enorme apoyo con que contaban en las ciudades. De un total de 37,5 millones de votos emitidos, 16 millones (sobre todo en las zonas rurales) fueron a parar a los social-revolucionarios (o *eseristas*), 10 millones (sobre todo en las áreas urbanas) fueron para los bolcheviques, y 1,3 millones (de los que 570.000 fueron en la región del Cáucaso), para los mencheviques.

Los periodos revolucionarios invariablemente abarcan una enorme fluctuación de la conciencia política que nunca puede quedar plasmada con exactitud en un referéndum. El hecho de que las guarniciones de Petrogrado y Moscú se pusieran tan pronto de parte de los bolcheviques tuvo mucho que ver con la aceleración de los desastres en el frente. Los campesinos de uniforme, políticamente radicalizados por la guerra, sencillamente no querían seguir luchando para un régimen que no tenía el mínimo interés por ellos, ni por sus familias, ni por su bienestar, ni por las condiciones en las que combatían las tropas. El conciso eslogan de Lenin que encarnaba el programa de transición de los bolcheviques —«Tierra, paz y pan»— era brillante (como no tuvieron más remedio que reconocer incluso sus muchos enemigos). Detrás de cada una de esas palabras había un conjunto de ideas que englobaban la estrategia de los bolcheviques.

Ningún partido revolucionario de vanguardia puede triunfar por sí solo. Por esa razón, los adictos al término «golpe de Estado» demuestran tener una escasa comprensión de la Revolución. Al margen de si algún día volveremos a asistir a otra (esa es una cuestión diferente y un debate distinto), la revolución proletaria tal y como la concebían Marx y Lenin es un gigantesco *despertar* de los millones de explotados, que creen en su capacidad de emanciparse por sí mismos.

Las fracturas en el Estado, las divisiones entre la clase gobernante y la indecisión por parte de las clases intermedias allanan el camino para la aparición de un poder dual que, en Rusia, dio lugar a la creación de nuevas instituciones, y posteriormente, en China, en Vietnam y en Cuba, dependieron de unos ejércitos revolucionarios con distintas composiciones de clase que entablaron una lucha encarnizada contra sus respectivas maquinarias estatales.

En el caso de Rusia, Lenin lo formuló con su habitual claridad pocas semanas antes de la Revolución de Octubre:

Para poder triunfar, la insurrección debe apoyarse no en una conspiración, no en un partido, sino en la clase más avanzada. Esto en primer lugar. La insurrección debe apoyarse en el *ascenso revolucionario del pueblo*. Esto en segundo lugar. La insurrección debe apoyarse en ese *momento de viraje* en la historia de la revolución en ascenso, en que la actividad de la vanguardia del pueblo está en su apogeo, en que son mayores las *vacilaciones* en las filas del enemigo y en las filas de los débiles, fríos, indecisos amigos de la revolución. Esto en tercer lugar. Y estas tres condiciones, al plantear el problema de la insurrección, son las que distinguen el marxismo del blanquismo. Pero, una vez dadas estas condiciones, negarse a concebir la insurrección como un *arte* significa traicionar el marxismo y traicionar la revolución[5].

Tras la debacle de los Días de Julio, cuando las masas intentaron ponerse a la cabeza del partido durante una situación que aún no estaba madura, el Gobierno cerró los periódicos bolcheviques, encarceló a algunos de los líderes del partido, y Lenin se exilió en Finlandia. Desde allí envió las cartas políticas más apremiantes en la historia de las revoluciones, implorando, argumentando que los Días de Julio habían sido un revés transitorio, que las masas volverían a sublevarse, y que el partido debía estar preparado. Lenin señalaba, con gran acierto, que «Marx resume las enseñanzas de todas las revoluciones, en lo que a la insurrección armada se refiere, citando las palabras de "Dantón, el más grande maestro de táctica revolucionaria hasta ahora conocido: audacia, audacia y siempre audacia"»[6]. En un tono más agresivo, Lenin provocaba a sus críticos mencheviques y bolcheviques citando a Napoleón: «Primero entrar en combate, después ya se verá».

---

[5] Traducción del ruso, V. I. Lenin, «El marxismo y la insurrección», en *Obras Completas,* tomo XXVII, p. 128, Madrid, Akal, 1976. *(N. del T.).*

[6] «Consejos de un espectador», ibíd., p. 292. *(N. del T.).*

Introducción

Dos importantes miembros del Comité Central Bolchevique, Kámenev y Zinóviev, no estaban convencidos, y se oponían enérgicamente a la insurrección, llegando al extremo de hacer pública la fecha prevista en el periódico de Gorki. De hecho, no era ningún secreto que los bolcheviques planeaban una revolución. Lenin lo había dicho claramente cuando llegó a la Estación de Finlandia. Resulta comprensible la ira de Lenin cuando las versiones bolcheviques de Rosencranz y Guilderstern en el Comité Central revelaron la fecha prevista para la insurrección —el factor sorpresa es crucial en todas las guerras, incluidos los conflictos sociales y políticos— pero al final no tuvo la mínima importancia. La insurrección se produjo de todas formas, demostrando que una clase gobernante sumida en la confusión no puede hacer nada contra las masas que desean dar un salto hacia adelante, ni siquiera cuando sus miembros conocen la fecha de la revolución.

¿Por qué la insurrección es un arte? Porque una sublevación armada contra el Estado capitalista o contra unos ejércitos imperialistas ocupantes tiene que coreografiarse con precisión, sobre todo durante sus fases finales[7]. Es preciso liderar de forma coherente a las milicias obreras armadas y a los soldados para alcanzar la victoria. La decisión final se dejó en manos del Comité Militar Revolucionario del Soviet de Petrogrado, presidido por León Trotsky, un nuevo bolchevique, y que contaba con una mayoría bolchevique. Y además, se informó de la victoria al Soviet, que en

---

[7] Eso es igual de válido para Petrogrado en 1917 como lo fue para Beijing en 1949, para La Habana en 1960, para Hanoi en agosto de 1945 y para Saigón en 1975.

ese momento se encontraba reunido en el edificio del Instituto Smolny de Petrogrado.

Todo levantamiento tiene sus propias peculiaridades, pero también hay grandes semejanzas entre las revoluciones. Las tres grandes revoluciones de la historia europea pasaron por distintas fases, cada una de las cuales asumió un giro muy radical en el segundo y último acto. La purga que llevó a cabo el coronel Thomas Pride en la Cámara de los Comunes el 6 de diciembre de 1648 fue el prolegómeno del juicio y ejecución del rey Carlos I, la crucial línea divisoria de la Guerra Civil Inglesa, que hizo imposible cualquier ulterior posibilidad de negociación. El ascenso al poder de los jacobinos en la Asamblea Nacional francesa (o su descenso, teniendo en cuenta los escaños que ocupaban) en 1793 desempeñó un papel similar a la hora de acelerar el proceso revolucionario, con la ejecución pública de Luis XVI y María Antonieta en octubre de aquel año. Las *Tesis de abril* de Lenin allanaron el camino para la revolución en octubre de 1917.

La diferencia entre esas tres revoluciones consistió en lo siguiente: mientras que los acontecimientos empujaron a Cromwell y a Robespierre a dar un paso adelante, en Rusia fue Lenin quien utilizó deliberadamente los acontecimientos —en su caso, la desintegración de la autocracia rusa a consecuencia de la Primera Guerra Mundial— para incitar a los obreros y los soldados de Petrogrado y Moscú a una sublevación coronada por el éxito. Cuando Lenin invocaba a Cromwell y a Robespierre, no lo hacía por razones ideológicas —a los puritanos les guiaba la «palabra de Dios»; a los jacobinos, la virtud metafísica—, sino porque ambos fueron estrategas consumados. Ambos fueron líderes de sendas revoluciones burguesas y ambos tenían sus diferencias con sus respectivas clases adineradas. Y, lo que es más importante, ambos tuvieron que soliviantar a los pequeños terratenientes, a la clase de los artesanos, a los plebeyos y a los *sans-culottes* para poder dar aquel paso adelante. Al igual que ellos, Lenin era consciente de que para garantizar lo que estaba al alcance de la mano había que aspirar a lo inalcanzable, que asaltar los cielos, que escalar hasta la cima de una montaña que nadie había logrado conquistar[8].

Cada una de esas tres revoluciones tuvo que hacer frente a la necesidad de crear un ejército totalmente nuevo para librar una guerra civil y defender el Estado revolucionario. Los ascensos en dichos ejércitos se basaban en el mérito y no en la clase social. El Nuevo Ejército Modelo de la Guerra Civil Inglesa fue moldeado por un aristócrata, el general Fairfax; no obstante, se consolidó cuando la aristocracia quedó relegada a un segundo plano y Essex, Manchester y Waller fueron relevados por los segundos hijos de las familias nobles, por pequeños terratenientes, etcétera. El coronel Pride, que vació de corrupción y de privilegios de clase la

---

[8] Bertrand Russell escribió: «Solo vi a Lenin una vez: mantuve una conversación de una hora con él en su despacho del Kremlin en 1920. Me pareció que se parecía más a Cromwell que a cualquier otro personaje histórico. Al igual que Cromwell, Lenin se vio obligado a instaurar una dictadura por el hecho de ser el único hombre de negocios competente en un movimiento popular. Al igual que Cromwell, combinaba una estrecha ortodoxia en su pensamiento con una gran destreza y capacidad de adaptación en la acción, aunque nunca dejó que le arrancaran concesiones que tuvieran otro propósito que el establecimiento del comunismo en última instancia. Parecía, y lo era, un hombre completamente sincero y carente de ambición personal. Estoy convencido de que a él solo le preocupaba el bien común, no su propio poder; me parece que Lenin estaba dispuesto a echarse a un lado en cualquier momento si, al hacerlo, hubiera favorecido la causa del comunismo».

cueva de ladrones que era la Cámara de los Comunes, era hijo de un fabricante de cerveza. A esos ejemplos cabría añadir el regreso de un grupo de exiliados desde Nueva Inglaterra, que volvieron para reforzar el cuerpo de caballería *(Ironsides)* y la revolución. Cromwell decía bien claro lo que hacía falta: «Prefiero tener a un capitán con una sencilla guerrera granate, que sepa contra qué lucha y que ame lo que conoce, que eso que podríamos denominar un caballero, pero que no es nada más». Fleetwood, Okey, Lambert, Widmerpool, Harrison, Disborough, Ireton, Rainborough, Goff, Whaley y Joyce cumplían ese requisito[9].

Aproximadamente un siglo más tarde se creó el Ejército revolucionario francés siguiendo una pauta similar. Sus generales más capacitados se escogieron de entre las filas del viejo Ejército o en la calle, y fueron ascendidos rápidamente para sustituir a la nobleza militar. En 1789, algunos de los oficiales más famosos y mejor considerados de los ejércitos revolucionarios y posteriormente napoleónicos formaban parte de los escalafones inferiores. Davout, Desaix, Marmont y MacDonald eran oficiales de baja graduación; Bernadotte (que más tarde refundó la monarquía sueca), Hoche, Marceau, Lefebre, Pichegru, Ney, Masséna, Murat y Soult, suboficiales; Augereau, maestro de esgrima; Lannes, tintorero; Gouvion Saint-Cyr, actor; Jourdan, vendedor ambulante; Bessières, barbero; Brune, cajista de imprenta; Joubert y Junot, estudiantes de Derecho; Kléber, arquitecto; y Marrier no tuvo el menor contacto con las armas hasta la revolución[10].

---

[9] John Rees, *The Leveller Revolution,* Londres, 2016.
[10] V. Duruy, *Histoire de France,* París, 1893, t. II, pp. 524-525.

Introducción

Y lo mismo ocurrió con el Ejército Rojo que se creó después de la Revolución Rusa, y que León Trotsky, uno de los pocos ejemplos de intelectual convertido en militar de toda la historia, forjó hasta convertirlo en una fuerza de combate. Su famoso llamamiento a la creación de una Caballería Roja («¡Proletarios, al caballo!») indicaba la composición del nuevo Ejército. En realidad, el problema era la falta de oficiales con experiencia en la técnica militar básica; numerosos oficiales zaristas fueron obligados a prestar servicio en filas bajo la mirada vigilante de los comisarios políticos (el equivalente de los «agitadores» en el Nuevo Ejército Modelo). Uno de ellos, que prestaba servicio en el Ejército Imperial, era autodidacta, y llegó a ser un líder militar de enorme talento, cuya historia, ya olvidada desde hace mucho tiempo, vale la pena volver a narrar brevemente, sobre todo porque Lenin y Trotsky le consideraban un tercer brazo fundamental, imprescindible para continuar la política por otros medios. Se trataba de Mijaíl Tujachevski. Su papel en la guerra civil dejó bien claras sus asombrosas cualidades como militar[11].

La diferencia entre Lenin y sus predecesores revolucionarios consistía en lo siguiente: tanto Cromwell como Robespierre se sumaron a la revolución cuando tuvieron que asumirla como un hecho real. La revolución se habría producido incluso sin ellos. Lenin había empezado a trabajar a favor de una revolución veinticinco años antes de 1917. Durante veinticuatro de aquellos veinticinco años trabajó en la clandestinidad, en la cárcel y en el exilio. Lo hizo sin imaginar que iba a asistir una revolución con sus propios ojos. En enero de 1917, cuando aún estaba en el exilio, confesó ante un público suizo que probablemente él y la ge-

---

[11] Para más detalles, véase el capítulo 11.

neración a la que pertenecía nunca llegarían a ver el triunfo de una revolución. Estaban luchando para el futuro. Milton había declarado que los ingleses leales al rey no eran hombres libres, que el monarquismo era una forma de esclavitud moral. Pues Lenin pensaba lo mismo sobre quienes creían en el capitalismo, en los imperios y en la autocracia. Era preciso enfrentarse a un enemigo mucho mayor que la monarquía inglesa, y derrotarlo en todo el mundo. Él, aunque no su partido, estaba plenamente dispuesto a lo que hiciera falta, en consonancia con su idea de que en todo momento uno debe *«aussprechen was ist»,* hablar de lo que hay, y evitar convertir los buenos deseos en la verdad. Lenin argumentó a lo largo de toda su vida que era crucial un realismo revolucionario y obstinado en tiempos de victoria, de derrota y de transición. Esa clarividencia explica muchas de las decisiones que tomó durante su vida. Lenin nunca fue consciente de la enormidad de su contribución como teórico, pero György Lukács, el filósofo húngaro, sí lo era. En un ensayo que tiene una gran carga emocional, y que escribió tan solo unas semanas después de la muerte de Lenin, en 1924, Lukács le calificaba «en un sentido histórico mundial como *el único teórico a la altura de Marx* que hasta ese momento había generado la lucha por la liberación del proletariado»[12].

---

[12] György Lukács, *Lenin: a Study on the Unity of His Thought,* trad. al inglés Nicholas Jacobs, Londres, 1970 (cursiva mía). En una posdata de 1967, Lukács criticaba algunas de las afirmaciones que hacía en el texto original, pero ninguna de ellas tenía que ver con su valoración general de Lenin como el pensador que había sentado las bases de una teoría política marxista autónoma. Respecto al personaje de Lenin, Lukács citaba el elogio que hacía Hamlet de Horacio: «Y benditos aquellos cuya sangre y cuyo juicio tan bien se entrelazan, que no son flauta para que los dedos de la fortuna toquen el registro que se le antoje».

Introducción

Lenin fue decisivo no solo para asegurar el éxito de la revolución contra una mayoría del Comité Central, sino también para salvaguardar la recién nacida república al hacer todas las concesiones necesarias a los alemanes en Brest-Litovsk que mutilaron gravemente el territorio de la Rusia revolucionaria. De nuevo Lenin se vio en minoría en el Comité Central. Y de nuevo contraatacó. Sus adversarios de dentro y de fuera del partido le acusaron de traición. Lenin admitía que se trataba de una paz «vergonzosa», pero estaba convencido de que era imprescindible para darle un respiro a la revolución. La facción izquierdista, que incluía a Bujarin y a Kollontái, exigía una guerra revolucionaria contra Alemania; Trotsky argumentaba a favor de una habilidosa inactividad que él definía como «ni guerra ni paz»; Lenin era partidario de aceptar las exigencias territoriales del káiser. Tan solo se trataba de una retirada provisional, puesto que muy pronto los obreros alemanes acabarían derrocando el Reich alemán. En cualquier caso, resultaba imposible luchar al mismo tiempo contra los ejércitos alemanes y contra los reaccionarios rusos. El Tratado de Brest-Litovsk era un recurso imprescindible. El alto mando alemán ya estaba sumamente molesto por el hecho de que la delegación bolchevique estuviera encabezada por unos judíos con ínfulas de superioridad que, a su llegada, habían autorizado el reparto de unos panfletos subversivos donde se instaba a los soldados alemanes a amotinarse. Una vez más, la historia se negó a contradecir del todo a Lenin[13]. Alemania perdió la guerra y estuvo muy

---

[13] La mejor crónica de Brest-Litovsk puede encontrarse en Isaac Deutscher, «El drama de Brest-Litovsk», en *Trotsky, el profeta armado,* Santiago de Chile, LOM Ediciones, 2015.

cerca de una revolución, pero nunca fue más allá de librarse de su monarquía.

Durante cinco años críticos, desde 1917 hasta 1922, Lenin permaneció al timón del Estado. Había sido necesario el comunismo de guerra para ganar la guerra civil. No fue una hazaña de poca monta. Los ejércitos blancos se habían disuelto, pero el declive del fervor revolucionario saltaba a la vista. Los reveses en Hungría, en Polonia y en Alemania vinieron acompañados de una reestabilización temporal del capitalismo en 1921. Aquel mismo año, la Sublevación de Marzo en Alemania central fue un último intento catastrófico, desesperado e irresponsable por parte de Zinóviev y de Béla Kun para sublevar a las masas alemanas. Se llevó a cabo con el visto bueno de la Internacional Comunista, pero se equivocó totalmente en su evaluación de la situación y socavó al ya muy debilitado Partido Comunista Alemán. En aquel momento se fijaron definitivamente las nuevas fronteras del Estado soviético. La revolución en Europa se había desvanecido. La flor y nata de la clase trabajadora rusa había muerto o se encontraba exhausta. La política revolucionaria tocaba fondo.

Todo ello requería un nuevo plan. El resultado fue la Nueva Política Económica (NEP), una reintroducción del capitalismo a pequeña escala bajo la supervisión del Estado. La NEP se concibió como una medida transitoria para reactivar la economía, un objetivo que cumplió satisfactoriamente, mejorando el abastecimiento de alimentos y las redes de distribución. Pero al tiempo que la NEP iba haciendo efecto, el país fue golpeado por una serie de desastres naturales, como sequías, tormentas de arena y una plaga de langostas en las provincias del sur. Cundieron las hambrunas, que afectaron a millones de personas. Y con ello creció el mercado negro, como siempre sórdido, pero por el momento intocable. Muchos obreros huyeron a sus pueblos de origen. El proletariado se había dispersado. La dictadura revolucionaria ya funcionaba realmente en un vacío. Y eso provocó que el carácter y las cualidades individuales de los dirigentes resultaran mucho más importantes que instituciones como el partido y el soviet. Para entonces, los bolcheviques se parecían a los jacobinos. La situación social y económica mejoró poco a poco, pero el partido que había creado una revolución se parecía cada día más a una burocracia. Algunos tenían la sensación de que no había alternativa. Pero Lenin no.

El último dilema que Lenin tuvo que afrontar fue también el más difícil. Tras sufrir un derrame cerebral, le ordenaron que descansara tanto física como políticamente y le obligaron a desentenderse de la supervisión y la dirección de la vida cotidiana del nuevo Estado. Lenin fue un mal paciente. Se negó a dejar de leer la prensa y no dejó de pensar en la política. Cuando asistió al que sería su último Congreso del partido, en abril de 1922, Lenin se había distanciado del rumbo que estaba tomando el Estado. Aceptaba su parte de responsabilidad, y aunque reconocía que las causas materiales habían influido en la dirección que había asumido el partido en aquel momento le afectó mucho ver lo lejos que había llegado el partido y le preocupaba el factor subjetivo, es decir, el partido y sus dirigentes. «Unas fuerzas poderosas», escribía, «han desviado al Estado soviético de su "camino correcto"». Los últimos escritos de Lenin fueron un valiente esfuerzo para que el partido cambiara de rumbo. Le venían a la mente ejemplos históricos de países que habían sido derrotados cuando los vencidos lograron imponer su cultura a los vencedores, derrotándoles en su espíritu. Lenin tenía la sensación de que la vieja burocracia zarista había logrado derrotar a sus camaradas, que habían aceptado como si tal cosa los viejos métodos de gobierno, cuando no las prácticas culturales, de sus antiguos opresores. Sí, Lenin escribió sobre todo ello, como detallaré en los capítulos finales de este libro. Y pedía perdón: «Parece que soy sumamente culpable ante los trabajadores de Rusia». Daba la impresión de que había releído el ensayo de Engels «La guerra de los campesinos en Alemania»:

> Lo peor que puede suceder al jefe de un partido extremo es ser forzado a encargarse del gobierno en un momento en el que el movimiento no ha madurado lo suficiente para que la clase que representa pueda asumir el mando y para que se puedan aplicar las medidas necesarias a la dominación de esta clase. Lo que realmente *puede* hacer no depende de su propia voluntad, sino del grado de tensión a que llega el antagonismo de las diferentes clases, y del desarrollo de las condiciones de vida materiales, del régimen de la producción y circulación, que son la base fundamental del desarrollo de los antagonismos de clase. Lo que *debe* hacer, lo que exige de él su propio partido, tampoco depende de él ni del grado de desarrollo que ha alcanzado la lucha de clases y sus condiciones; el jefe se halla ligado por sus doctrinas y reivindicaciones anteriores, que tampoco son el resultado de las relaciones momentáneas entre las diferentes clases sociales ni del estado momentáneo y más o menos casual de la producción y circulación, sino de su capacidad —grande o pequeña— para comprender los fines generales del movimiento social y político. Se encuentra, pues, necesariamente ante un dilema insoluble: lo que realmente *puede* hacer se halla en contradicción con toda su actuación anterior, con sus principios y con los intereses inmediatos de su partido; y lo que *debe* hacer no es realizable. En una palabra: se ve forzado a representar, no a su partido y su clase, sino a la clase llama-

Introducción

da a dominar en aquel momento. El interés del propio movimiento le obliga servir a una clase que no es la suya y a entretener a la propia con palabras, promesas y con la afirmación de que los intereses de aquella clase ajena son los de la suya. Los que ocupan esta posición ambigua están irremediablemente perdidos[14].

Por supuesto, Lenin nunca representó a esa «clase ajena». Pero algunos de sus camaradas sí, y él era muy consciente de que muchas otras observaciones de Engels resultaban apropiadas. Algunos de los últimos escritos de Lenin fueron ocultados al pueblo ruso durante treinta y tres años. Y quienes los sacaron a la luz se mostraron incapaces de poner en práctica sus recomendaciones. Lenin había visto lo que le había ocurrido al partido cuando tuvo que afrontar la tarea de dirigir un país. Le mortificaba el grado de burocratización al que se había llegado. Antes de la revolución, Lenin había sido enérgicamente criticado por Rosa Luxemburgo y también de forma desaforada por León Trotsky por su concepción del partido como una organización clandestina fuertemente centralizada. Lenin se había defendido con gran habilidad, y sin recurrir a Marx, aunque evidentemente estaba familiarizado con este pasaje de *El capital*:

> En todo tipo de trabajos donde hay cooperación entre muchos individuos, la conexión y la unidad del proceso están necesariamente representados un una voluntad que manda y en unas funciones, que, en lo que respecta al director de una orquesta, no tienen que ver con los esfuerzos parciales, sino con la actividad colectiva.

---

[14] F. Engels, «La guerra de los campesinos en Alemania», traducción del alemán, disponible en https://www.marxists.org/espanol/m-e/1850s/guerra-camp/06.htm. *(N. del T.)*.

En su famosa posdata a *Qué hacer,* Lenin había utilizado la imagen de una orquesta para ilustrar cómo había que organizar el partido desde un aparato central:

> Para que el centro no solo pueda aconsejar, convencer y debatir con la orquesta —como ha venido ocurriendo hasta ahora— sino dirigirla de verdad, necesitamos información detallada: ¿quién está tocando qué violín y dónde? ¿Qué instrumento se está dominando y se domina, y dónde? ¿Quién está tocando una nota falsa (cuando la música empieza a hacer daño al oído), y dónde y cuándo? ¿A quién hay que reubicar, adónde y cómo, a fin de corregir la disonancia?

Lo que presupone ese concepto es una fuerte voluntad, pero también la interacción de la igualdad, la democracia y la autoridad dentro del partido y, por extensión, en el conjunto de la sociedad. Por eso Lenin estaba convencido de que una revolución en Alemania era crucial, y de que, en caso de triunfar, esa revolución habría ayudado a la República Soviética a avanzar mucho más fácilmente, tanto en lo económico como en lo político. En cuanto a la capacidad de un partido de funcionar en la clandestinidad, fue un factor importante no solo en el caso de Rusia, sino también en el de los movimientos de resistencia encabezados por los comunistas en Francia, Italia, China, Vietnam y Yugoslavia a lo largo de toda la Segunda Guerra Mundial. Más tarde, los líderes y los partidos de los últimos tres países mencionados llevaron a cabo sus propias revoluciones.

En una de sus últimas recomendaciones, Lenin insistía en que si uno acaba derrotado políticamente a través de la suma de sus propios errores y de las circunstancias, tiene que aprender de la derrota para comprender por qué se ha producido, y después volver a ponerse manos a la obra. El socialismo era una aproximación y no nació formado del todo; por consiguiente, los socialistas debían admitir abiertamente sus errores. De lo contrario, nunca progresarían. Ni Jruschev ni Gorbachov tuvieron la visión ni la capacidad de volver a empezar. Si Lenin hubiera vivido cinco años más, el país y el partido habrían evolucionado de una forma distinta. Se habría desmantelado más cuidadosamente la Nueva Política Económica, y es posible que el brutal salto a la industrialización no se hubiera producido. Y Lenin tampoco habría exterminado al grueso de los viejos bolcheviques del Comité Central y del país en su conjunto. En qué medida y con qué grado de éxito habría implementado los cambios siempre será objeto de debate.

La Rusia de Putin no va a conmemorar el centenario ni en febrero ni en octubre. «Esas fechas no están en nuestro calendario», le dijo Putin al dueño y director de un importante periódico indio. Otros rusos, entre ellos algunos de los adversarios de Putin, ni siquiera admiten que hubiera una Revolución «Rusa». A su juicio, fue todo obra de los judíos[15]. Uno de los escasos personajes de la época que está por encima de las críticas en estos tiempos es Stalin, en gran

---

[15] No puedo evitar acordarme de un viaje que hice a Moscú para asistir a un congreso sobre cine a finales de los años ochenta, en compañía de Fredric Jameson. Después de ver un documental soviético sobre Afganistán que estaba plagado de referencias a la Iglesia ortodoxa, se nos acercó un entusiasmado estudiante de posgrado que se presentó como un gran admirador de Fredric y como lector habitual de la *New Left Review*. ¿Qué nos había parecido la película? «Demasiada Iglesia, demasiados bautizos y funerales», le contesté. El estudiante se quedó atónito. Protestó diciendo que no teníamos ni idea de Rusia. La Iglesia era un componente vital, el corazón del país. «¿Y los bolcheviques?», le pregunté. «Eran judíos». «¿Y los mencheviques?». «Eran judíos». «¿Qué pasa, es que en este país no hay rusos de origen judío?». El estudiante no entendió del todo la pregunta. Al darse cuenta tardíamente de que no había logrado impresionarnos demasiado ni a Jameson ni a mí, se marchó por donde había venido.

Vladímir Mayakovski.

medida debido a la «Gran Guerra Patriótica», y en parte porque sus métodos de gobierno hoy en día son la envidia de muchos nacionalistas rusos. Momificar a Lenin y sus ideas fue un «logro» imperecedero del periodo estalinista. Así pues, es hora de enterrar el cuerpo de Lenin y de desenterrar algunas de sus ideas. Es posible que las futuras generaciones de Rusia lleguen a ser conscientes de que Lenin todavía tiene un poco más que ofrecer que el príncipe Stolypin.

El poeta Vladímir Mayakovski se suicidó en 1930. En uno de sus últimos poemas, escrito en 1929 y titulado «Conversación con Lenin», Mayakovski manifestaba su preocupación por las actividades del partido tras la muerte de Lenin:

Conversación con Lenin

Con tropel de asuntos
                    y maraña de hechos,
el día poco a poco
                a la sombra se fue.
Dos en la habitación,
            yo
                y Lenin:
fotografía
       en la blanca pared.

La boca
       en tensión de discurso,
los bigotes
         se adelantan
                 enhiestos;
en las arrugas de la frente
                se condensa
                        el pensamiento humano,
en inmensa frente,
          inmenso pensamiento.

Los dilemas de Lenin

Es seguro,
        ante Lenin
                desfilan miles de personas...
Bosques de banderas,
              hierbazal de brazos...
Me alzo de la silla
          con radiante júbilo.
¡Quisiera uno
        ir, saludar, informar!
«Camarada Lenin,
          le informo,
no por deber, sí por afán del alma.
Camarada Lenin,
          un trabajo infernal
se está realizando,

              se realiza ya.
Damos la luz,
          vestimos a pobres y desnudos,
crece

      la extracción
              de carbón y mineral.
      Y a la vez,
              junto a esto,
                      cuánta,
cuánta
    hez
      y cuánta necedad.

Introducción

Te cansas
        de defenderte,
                de andar a dentelladas.
Muchos
      sin usted
             de la mano se fueron.
Cuántos
      infames
            de todas las calañas
andan por nuestra tierra
              y en torno a nuestro suelo.
No se puede
        ni contar los que son
                ni motejarlos.
Toda una cadena
        de tipos
              se extiende.
Kulaks y burócratas,
adulones,
      sectarios
             y borrachos
van, orgullosos,
            el pecho abombado,
con estilográficas
              e insignias a montones.
Nosotros,
    a todos,
           sin duda, los aplastaremos.

Mas aplastar
   a todos
      es siempre difícil.
¡Camarada Lenin,
    en las humeantes fábricas,
en la tierra
   cubierta
     de nieves
       y de trigos,
camarada,
   con vuestro
      corazón
        y vuestro nombre
pensamos,
   respiramos,
      luchamos
        y vivimos!».
Con tropel de asuntos
      y maraña de hechos,
el día poco a poco
    a la sombra se fue.
Dos en la habitación,
   yo
     y Lenin:
fotografía
   en la blanca pared[16].

---

[16] Traducción del ruso de César M. Arconada, *Antología de poesía soviética*, Alexander Makarov (ed.), Madrid, Ediciones Júcar, 1974, pp. 71-74. *(N. del T.)*.

PRIMERA PARTE
Terrorismo y utopía

1

Terrorismo contra absolutismo

LA TIERRA DEL LÁTIGO y del pogromo. La Rusia zarista —patriarcal, suntuosa, bárbara— con el respaldo ideológico de la Iglesia ortodoxa (genéticamente antisemita) y con su propia confianza en sí misma, defendida militarmente con contumaz jactancia mediante una red de geométricas plazas fuertes, dominada económicamente por sus enormes latifundios y por una nobleza que dependía de la buena voluntad de un campesinado ferozmente explotado, había logrado evitar durante mucho tiempo tanto los tumultos revolucionarios que habían transformado a Inglaterra, a Holanda y a Francia como las radicales reformas estructurales que más tarde unificaron Alemania. Por todo ello, en Rusia casi nunca dejó de haber sectores disidentes que a veces surgían entre las clases más altas. Y entre las más bajas. El absolutismo ruso creó sus contrarios.

Posteriormente, en el transcurso del largo siglo XIX, surgió una *intelligentsia* (que es una palabra rusa) opositora, que estuvo proporcionando constantemente al país pensadores progresistas, populistas, anarcoterroristas, pacifistas, nacionalistas y marxistas, y aquellos intelectuales se convirtieron en una fuerza vital en la historia de Europa. Fue un siglo que vio nacer en Europa occidental, en Japón y en Norteamérica a un vertiginoso capitalismo industrial y a su retoño, el imperialismo. En condiciones normales, se habría producido una reconciliación con la burguesía en ascenso, por la que esta habría contribuido a diversificar la *intelligentsia*, a cambio de los elementos imprescindibles de un discurso civilizado. Sin embargo, en Rusia, el proceso fue explosivamente desigual.

El resultado para el Imperio zarista fue dramático: tres revoluciones —enero de 1905, febrero de 1917 y octubre de 1917— en el plazo de las dos primeras décadas del siglo xx. De la misma forma que la derrota en la Guerra de Crimea había obligado al zar a emprender reformas, la debacle de la Guerra Ruso-Japonesa de 1904-1905 contribuyó a allanar el camino a lo que Lenin definió como el ensayo general de 1905. La «Gran» Guerra de 1914-1918 hizo inevitable la Revolución de Febrero. Lenin fue quien aseguró el éxito de la Revolución de Octubre.

El vértice del sistema era la corte. El zar, ya fuera en Moscú o en San Petersburgo, ejercía el control sobre prácticamente todos los aspectos de la existencia. Contaba con la ayuda de una burocracia denostada, y a menudo el acceso a esa burocracia modificó la movilidad entre clases al abrir las puertas a los estratos inferiores de la nobleza. Aquella movilidad hacia arriba, concebida para garantizar la estabilidad, a veces tuvo el efecto contrario. Todo era relativo. Los campesinos y, más tarde, la *intelligentsia*, se preguntaban si el nuevo soberano iba a ser un buen zar o un mal zar.

En 1796, comprensiblemente aterrado ante los cadalsos de París, el gran duque Alejandro, nieto y zárevich de la emperatriz Catalina, le confesaba a su tutor francés «que odiaba el despotismo

Una imagen idealizada de los siervos tras la emancipación.
En realidad, su situación seguía siendo deplorable.

por doquier [...] que amaba la libertad [...] que tenía un enorme interés por la Revolución Francesa; que aunque condenaba sus terribles errores, esperaba que la República triunfara y que se alegraría si así ocurriera». La Revolución Francesa nunca estuvo muy lejos de los pensamientos de los gobernantes y los gobernados en Rusia.

Unos años después, Alejandro conspiró en un golpe palaciego que liquidó a su padre, Pablo I, y desmanteló algunas de las estructuras más odiadas de su reinado. Alejandro ordenó la retirada de los cadalsos de las plazas públicas, autorizó la importación de libros extranjeros y puso fin al monopolio estatal para el establecimiento de imprentas. Al final acabó arrepintiéndose de esto último. No cambió nada fundamental. El despotismo era innato. La autocracia lo necesitaba para sobrevivir. Sin embargo, durante un tiempo, Alejandro fue el mejor ejemplo de un «buen zar», por lo menos a juicio de muchos de sus súbditos.

Desde que el código civil de 1649 —una época en que Inglaterra ya estaba sumida en una revolución burguesa— prohibió que los campesinos se marcharan de su tierra sin autorización, la servidumbre había ido afianzándose poco a poco en el sistema absolutista. De un día para otro, millones de personas quedaron vinculadas a la tierra. Esa modalidad rusa de servidumbre tuvo un efecto negativo en el país a distintos niveles, pues lo aisló de los acontecimientos de Europa occidental y retrasó hasta el siglo XX la llegada del capitalismo y la modernización. En 1861, cuando un edicto imperial puso fin a la servidumbre jurídica, casi tocaba celebrar el centenario de la Revolución Francesa.

A diferencia de los esclavos africanos en Norteamérica, en Sudamérica o en las Antillas, los siervos rusos vivían en sus propias aldeas, y eran responsables de la reproducción y del usufructo compartido de las tierras comunales. Sin embargo, en muchos otros aspectos, sus sufrimientos no eran muy distintos de los que padecían los esclavos en otros lugares del mundo. Los historiadores de la época argumentan que los siervos, a diferencia de los esclavos, tenían 153 días festivos al año, pero al margen de la Semana Santa, Navidad y numerosos santos, probablemente esto tenía mucho más que ver con los inclementes inviernos rusos que con un trato más benigno por parte de sus terratenientes. Por ejemplo, en 1800, el precio de un siervo variaba dependiendo del mercado y de los desastres naturales, pero nunca llegó a estar por encima del precio de un perro con pedigrí, sobre todo si era importado de Francia o de Alemania. Las mujeres jóvenes se vendían en los mercados junto con los caballos, las vacas o los carruajes. Anuncios como el siguiente, que se publicó en Moscú, eran habituales en el resto del país: «A la venta en casa de Pantaleimon, enfrente del mercado de la carne: una muchacha de treinta años y un potro». En las casas de las familias ricas trabajaba un enorme número de siervos como sirvientes: los Sheremetiev tenían 300 criados; los Stroganoff, 600; los Razumovski, 900. Y a lo largo y ancho de todo el país se repetía, a distintas escalas, una pauta similar. Aunque algunos siervos domésticos (los *«house niggers»*, en la memorable definición que dio Malcolm X de sus homólogos afroamericanos) compartían los prejuicios de sus señores, muchos de ellos acababan empapándose de un profundo sentimiento de amargura y de odio. Las memorias de los siervos que se publicaron en la prensa literaria tras la abolición de la servidumbre legal contienen numerosos detalles relativos al trato al que eran sometidos habitualmente. La opresión sexual contra las mujeres y los niños estaba a la orden del día. Cuando llegó el tiempo de rebelarse, la ira coagulada de los siervos no permaneció oculta. Una clase luchaba contra la otra. Y las cifras de campesinos eran enormes. El censo de 1825 reveló que de una población total de 49 millones, una gran mayoría —36 millones— eran siervos. El antisemitismo y los pogromos eran muy habituales, y llegaron al paroxismo cuando la autocracia se sintió amenazada por el descontento de los siervos.

En el elenco de los acontecimientos relevantes de la historia de Rusia cabe destacar dos gigantescas sublevaciones campesinas en los siglos XVII y XVIII, seguidas de un conato de insurrección en diciembre de 1825 en San Petersburgo a cargo un grupo de militares radicales. Aquellos tres acontecimientos quedaron profundamente grabados en la memoria histórica de todo el país, y su huella se extendió mucho más allá de los sectores más radicales de la población. A cada lado de la línea divisoria social, cada bando aprendió su lección: las revueltas eran advertencias de la naturaleza destructiva de la clase trabajadora o ejemplos de su potencial liberador. El atraso de Rusia, simbolizado por la economía de la servidumbre, había generado su peculiar modalidad de desórdenes. Estos no dieron lugar, como ocurrió en Inglaterra y en Francia, a una revolución en toda regla, pero marcaron una pauta y ejercieron una enorme influencia en los grupos populistas y anarcoterroristas, sobre todo en las sociedades secretas, que organizaron y llevaron a cabo atentados terroristas contra los zares, los duques, los generales y los altos cargos de la administración durante la segunda mitad del siglo XIX y los primeros años del XX. Se trataba de las primeras manifestaciones del marxismo ruso, que poco a poco fueron evolucionando hasta formar el Grupo para la Emancipación del Trabajo, y posteriormente el Partido Obrero Socialdemócrata de Rusia (POSDR), con sus facciones bolchevique (mayoritaria) y menchevique (minoritaria).

Las sublevaciones campesinas surgieron de una larga tradición de descontento rural que comenzó tras la victoria final contra los tártaros en la Batalla de Kulikovo (1380) y el nacimiento de una autocracia zarista a lo largo y ancho de toda Rusia. Al tiempo que el nuevo absolutismo crecía de tamaño y en intensi-

Terrorismo contra absolutismo

1918: Lenin inaugura una estatua en honor de Stenka Razin.

dad, se iban produciendo pequeños brotes de violencia campesina, que solían limitarse a grupos de aldeas y a alguna que otra banda de tártaros venidos a menos y sus subalternos, entre los que también había ciudadanos de etnia rusa. Todos los pueblos de origen mongol —los tártaros, los kirguises, los calmucos— eran tratados como una raza inferior, fueron despojados de sus derechos, y legalmente podían ser sometidos a la fuerza a la servidumbre por la nobleza rusa, algunos de cuyos miembros hacían uso de ese privilegio. Entre la clase mercantil fue más popular la legalización del comercio de esclavos, que oficialmente no fue abolido hasta 1828, y que daba carta de naturaleza a la venta de niños de origen mongol en todo el Imperio y, sin duda, también en el extranjero. Aquellas condiciones desempeñaron un papel fundamental a la hora de instigar las dos sublevaciones a gran escala que iban a dejar una huella tan profunda en la conciencia política de los campesinos.

Las insurrecciones estuvieron encabezadas por los cosacos del Don: entre 1667 y 1671 por Stepan (Stenka) Razin, y un siglo más tarde, entre 1773 y 1775, por Emilian Pugachev, que se enfrentó a Catalina II. El núcleo cosaco original de ambos grupos de insurrectos se expandió con rapidez hasta abarcar a todo tipo de descontentos. Ambas sublevaciones fueron aplastadas en última instancia. Curiosamente, tanto Razin como Pugachev habían nacido en el mismo pueblo, Zimoyevskaya, al sur de Rusia. Razin era el más extravagante e intrépido de los dos, una especie de Robin Hood cosaco, muy dado a martirizar a sus prisioneros y a burlarse de ellos, y extendió sus incursiones a la vecina Persia. Pugachev era más astuto políticamente y fingía ser un popular príncipe depuesto al que se parecía. En aquellos tiempos, y no solo en Rusia, proliferaron los movimientos de masas basados en ese tipo de mitos. Pugachev conquistó la ciudad de Tsaritsyn (después Stalingrado y hoy Volgogrado), asedió infructuosamente la ciudad de Simbirsk (donde nació Lenin), afirmaba que defendía a un zar bueno frente a los malvados boyardos, y consiguió el apoyo del *Krug* cosaco, una asamblea representativa aunque no electa, a una ofensiva contra el norte. Aquella marcha desencadenó a su paso una oleada de sublevaciones campesinas, lo que a su vez engrosó sensiblemente el tamaño del ejército de Pugachev. Al cabo de cuatro años por los caminos, y tras ser traicionado por un grupo de ancianos cosacos leales al zar, Pugachev fue capturado y decapitado públicamente en la Plaza Roja de Moscú. Unos meses más tarde, su hermano y sus padres, ya ancianos, fueron ejecutados de una forma parecida. Castigar a las familias para evitar los asesinatos de represalia en el futuro es una vieja tradición.

Las sublevaciones del Volga fueron representativas de las tradiciones revolucionarias del campesinado ruso, y durante los siglos siguientes los poetas radicales y los juglares las glorificaron. A pesar de que las insurrecciones campesinas más populares (al igual que en China y en India) estaban vinculadas a una historia nacional de resistencia, rara vez modificaron las condiciones de vida de la gente, y en el mejor de los casos únicamente fueron un alivio temporal. Por ejemplo, Razin había jurado «borrar del mapa a los boyardos y a los nobles», pero sus esfuerzos fracasaron en una época en que las ciudades de Rusia eran baluartes del sentimiento reaccionario, estaban dominadas por los nobles y sus camarillas, por los burócratas de la administración del Estado y por el Ejército. «Y por eso», escribía Trotsky, «después de cada uno de aquellos grandiosos movimientos [...] las aguas del Volga lavaron las manchas de sangre y las arrastraron hasta el mar Caspio, y la opresión del zar y del terrateniente se hizo más asfixiante que nunca»[17]. A partir de entonces rara era la década en que no se producía alguna sublevación campesina local.

La insurrección decembrista de 1825 fue el primer indicio serio del descontento de la población urbana, pues se trató de una sublevación militar cuyo líder más radical, Pável Pestel, estaba enormemente influido por los jacobinos y por la Revolución Francesa: Rousseau y Robespierre, Babeuf y Buonarroti. Los vínculos ideológicos entre el París revolucionario y los sectores

---

[17] León Trotsky, *The Young Lenin*, trad. al inglés Max Eastman, Nueva York, 1972.

más radicales de la *intelligentsia* rusa se dejaron notar a lo largo de los cien años siguientes a la derrota de los decembristas; en los textos de Bakunin, Lenin, Trotsky y otros autores, las referencias a 1789, 1793 y 1815 están por todas partes. El efecto de la sublevación de diciembre fue fulminante. Amplió el tamaño de una *intelligentsia* radical reducida pero activa, centrada en las universidades y en los círculos literarios. Pushkin, que tenía varios amigos íntimos entre los conspiradores decembristas, originalmente tenía previsto que Eugenio Oneguin, el protagonista de la obra homónima, tras su gran desengaño amoroso, se uniera a los decembristas. Sin embargo, las circunstancias le obligaron a quemar algunos de sus versos y a eliminar otros. Ha sobrevivido esta descripción del vengativo zar, que fue incluida en posteriores ediciones.

> Un soberano timorato y artero,
> un lechuguino medio calvo, enemigo del esfuerzo,
> siervo de la fama totalmente por azar,
> reinó sobre nosotros hace muchos años.
> Le conocimos, no tan regio,
> cuando enviaron a unos cocineros que no eran nuestros
> a recoger nuestra águila bicéfala
> donde Bonaparte levantó su campamento.

El alzamiento decembrista fue salvajemente aplastado, y vino seguido de ejecuciones y encarcelamientos. Pushkin estaba consternado, pero no podía hacer nada. Le conmovió profundamente que María Volkonskaya, una joven a la que había conocido (es posible que también en sentido bíblico) unos años atrás en Tashkent, desoyera las súplicas de sus familiares nobles e insistiera en seguir los pasos de su esposo decembrista, el príncipe Serguéi

Volkonski, encarcelado en Siberia. Pushkin sabía que María no amaba a Volkonski, que la doblaba en edad, pero por eso mismo su melancólica y valiente decisión era aún más impresionante a ojos del poeta. Se trataba, según Pushkin, de la forma más pura de solidaridad. Escribió el poema «Mensaje a Siberia» para María, y una semana después de su marcha se lo entregó a hurtadillas a la esposa de otro decembrista que también partía de Moscú para reunirse con su esposo en su destierro interior:

> En lo hondo de las minas siberianas
> conservad orgullosa la paciencia,
> no será en vano vuestro duro esfuerzo.
> [...]
> Caerán a tierra los pesados grillos,
> la prisión se hundirá, y la libertad
> gozosa ha de aguardaros a la entrada,
> y el hermano la espada depondrá[18-19].

El descontento rural y la disidencia urbana hacían inevitable la adopción de reformas. En 1861, el zar Alejandro II abolió la servidumbre, aunque mantuvo el resto de estructuras del absolu-

---

[18] Fue el primer poema que me aprendí de memoria cuando tenía unos siete años. Lo recité en una de las primeras reuniones de la Asociación de Escritores Progresistas, auspiciada por el Partido Comunista, en Lahore, en presencia de muchos poetas (incluidos los más grandes de Pakistán), críticos literarios y de algunos que aspiraban a ser ambas cosas. Entre ellos figuraban Faiz Ahmed Faiz, Sibte Hassan, Sajjad Zaheer, Hameed Akhtar, Zaheer Kashmiri y Khadija Masroor.

[19] A. Pushkin, *Antología lírica,* trad. Eduardo Alonso Luengo, Madrid, Ediciones Hiperión, 2014. *(N. del T.).*

tismo. Una oleada de alegría inundó el campo, hasta que la gente cayó en la cuenta del lado oscuro del edicto: los exsiervos tenían que asumir la carga de la deuda en concepto de indemnización a sus antiguos señores por su emancipación, para pagar la tierra que habían obtenido tras la abolición, y también las tierras que llevaban cultivando desde hacía siglos. Sin embargo, resultó imposible hacer cumplir el pago por la emancipación de la servidumbre, lo que volvió a elevar la moral de los campesinos. Los terratenientes se vieron obligados a liquidar fincas, a casarse con personas de familias comerciantes y a invertir en los ferrocarriles y en las fábricas para seguir siendo económicamente solventes, lo que contribuyó al desarrollo del capitalismo en Rusia. Las ciudades se hicieron más animadas y más ricas. Muchos empezaron a preguntarse por qué no se había suprimido también la clase que había creado la servidumbre, y, como suele ocurrir, la reforma dio pie a reivindicaciones más radicales. En las zonas rurales, la mitad de los campesinos nunca habían sido propietarios de tierras como particulares, tan solo lo eran a título colectivo como vecinos de su pueblo. Por consiguiente, muchos campesinos tenían pocos incentivos para mejorar la tierra, y fueron empobreciéndose cada vez más con el paso del tiempo. Simultáneamente, empezó a agudizarse la diferenciación social en el campo, dando lugar a un sector de campesinos adinerados (los *kulaks*).

El fin de la servidumbre no vino acompañado de reformas análogas en lo político. Aparte de una leve mejora en el ámbito judicial, no existía ninguna forma de representación social en absoluto, un caso único entre las potencias europeas en vísperas del siglo XX. El zar era el gobernante supremo, nombraba y destituía a los ministros a su antojo, y detentaba el poder sobre la vida y la muerte. La mayoría de los cortesanos parecían llevar la adulación en sus genes. Una burocracia estatal engorrosa e inmovilista se encargaba de ejecutar las órdenes del zar. Los policías se consideraban servidores del poder, no de la justicia. ¿Dónde estaba la oposición? ¿Cuál era la voluntad del pueblo?

En 1860, la *intelligentsia* —una élite culta sin vínculos con la corte imperial— era infinitesimal, pues ascendía a entre 20.000 y 25.000 personas en una población de 60 millones de habitantes, en su mayoría campesinos. Ese estrato social empezó a verse a sí mismo como la única oposición posible a la autocracia. Su cultura, sus ideales, sus deseos de hacer el bien, su pasión por la Ilustración y la Revolución Francesa, todo ello sentó las bases de su política durante las décadas siguientes. Muchos estaban convencidos de que la única salida era a través de «la propaganda de los hechos». El terrorismo era obra de algunos individuos y de grupúsculos de conspiradores, pero contaba con el apoyo de un sector mucho más amplio de la población. En 1866 fracasó el primer atentado contra la vida de Alejandro II. El asesino en potencia, Karakazov, estaba en manos de la policía cuando apareció el zar. La conversación fue breve, pero muy al grano.

«¿Por qué has disparado contra mí?».

«Porque prometisteis libertad para los campesinos y les habéis engañado», respondió impertérrito Karakazov.

Lenin nació cuatro años después, en 1870. Su generación se crio en una época en la que la Rusia zarista estaba cuajada de ideas anarquistas y radicales; la emancipación de las mujeres y el final del patriarcado (el aborrecido control sobre las jóvenes por parte de sus padres) eran temas de debate frecuente en los círculos intelectuales, y los atentados terroristas contra los poderosos se contemplaban con respeto y con empatía. Gran parte de todo ello era una consecuencia de las estructuras políticas absolutistas, que confirieron al sector ruso del movimiento socialdemócrata, en pleno desarrollo en aquel momento, sus peculiares características. Pero en aquel estanque también había otros peces, y más gordos.

A finales del siglo XIX se asistió a un florecimiento del anarquismo radical prácticamente en todos los continentes. Durante aproximadamente el medio siglo previo a la Revolución Rusa de 1917, la tendencia dominante de la izquierda radical en Europa y en otras partes del mundo era el anarquismo, más que el marxismo o el socialismo. El príncipe Kropotkin y Enrico Malatesta eran más populares que Marx y Engels. A los activistas les atraía mucho más la filosofía de la acción directa que predicaban Bakunin y Necháyev; para mucha gente los principios de *El catecismo revolucionario* eran mucho más atractivos que el mensaje de *El manifiesto comunista*. A los jóvenes activistas de la época, los asesinatos selectivos contra los zares, los príncipes, los presidentes y los primeros ministros, perpetrados como si tal cosa por individuos o por pequeños grupos, se les antojaban mucho más glamurosos y eficaces que construir un partido político radical.

El «anarquismo» primitivo de la Rusia rural es muy anterior a la aparición de los primeros teóricos, en su propio país o en cualquier otra parte del mundo. Las reacciones individuales a la brutalidad institucionalizada no eran infrecuentes. Habitualmente sus víctimas no eran los grandes terratenientes, sino sus intermediarios. Bakunin, Kropotkin y Necháyev llegaron mucho después. Los dos primeros exponentes de aquel extraordinario triunvirato se empaparon de anarquismo durante sus largos años de destierro. Ambos procedían de la nobleza. El príncipe Kropotkin

Terrorismo contra absolutismo

nació veinte años antes de la abolición de la servidumbre, y en su maravilloso libro *Memorias de un revolucionario* describe gráficamente que sus estrechas y afectuosas relaciones con los siervos que pertenecían a su familia le abrieron los ojos a las realidades de Rusia, y mucho tiempo después le abrieron la mente a las ideas radicales anarcopopulistas. Kropotkin era descendiente de los príncipes de Smolensk y de la Casa de Rurik que gobernó Moscovia antes de que lo hiciera la Casa de Románov. Su padre fue uno de los generales favoritos de Nicolás I; la precocidad de Kropotkin cuando era niño llamó la atención del zar en una recepción real. Nicolás I ordenó que alistaran al príncipe Kropotkin en el Cuerpo de Pajes, la academia militar más exclusiva del Imperio.

A Kropotkin le fue bien allí, y muy pronto fue nombrado paje personal del nuevo zar Alejandro II. Cuando el emperador promulgó la histórica declaración de emancipación de los siervos, el cariño que sentía Kropotkin por su nuevo señor pasó a ser una veneración total por su héroe. Pero no duró mucho tiempo. Sus dudas empezaron a aflorar a medida que quedaba claro que los miembros de la nobleza terrateniente estaban utilizando la liberación de los siervos para

Piotr Kropotkin, el teórico anarquista, cuya historia de la Revolución Francesa formó a toda una generación.

chuparles la sangre. A medida que se despejaba la niebla que dificultaba su visión política, Kropotkin empezó a darse cuenta de los aspectos más sórdidos de la vida de la corte: las incesantes intrigas, los forcejeos por el poder, la adulación hasta la náusea, el profundo arraigo del antisemitismo. Poco a poco, la actitud ambigua de Kropotkin fue tornándose en una hostilidad sin paliativos. Se le hizo imposible colaborar con la autocracia. El Ejército ruso perdió un futuro comandante con grandes dotes, y la *intelligentsia* radical estaba a punto de enrolar a un ilustre recluta.

Kropotkin estableció una estrecha relación con los populistas, fue encarcelado y más tarde desterrado. Durante su destierro le influyeron enormemente los feroces debates entre Bakunin y Marx, aunque uno de aquellos debates giraba en torno al compromiso de Bakunin de traducir *El capital* al ruso, y que al final no cumplió. Bakunin insistía en que el libro era «demasiado aburrido», pero al mismo tiempo se negaba a devolver el anticipo que había recibido por la traducción.

A Kropotkin le atraía mucho menos el lado violento del anarquismo. Argumentaba que las revoluciones sangrientas a veces eran necesarias (y ahí estaba pensando en la Guerra Civil Inglesa, en la Guerra de Independencia de Estados Unidos y en la Revolución Francesa), pero eran «siempre un mal»; los medios siempre contaminaban los fines. Su propia descripción de la utopía anarquista, tal y como se publicó en la muy elogiada y cerebral edición de 1911 de la *Enciclopedia Británica,* era elegante, iba envuelta en un lenguaje amable, y estaba a años luz de las conspiraciones terroristas y de la prosa violenta de Bakunin y Necháyev, así como de las acciones de los anarquistas a caballo, Durruti y Majnó:

ANARQUISMO (del griego ἄυ, y ἀρχη, contrario a la autoridad), nombre dado a un principio o teoría de la vida y de la conducta, conforme a la cual se concibe la sociedad sin gobierno —en una sociedad de ese tipo la armonía se consigue no por sometimiento a las leyes, ni por obediencia a ningún tipo de autoridad, sino mediante acuerdos libremente establecidos entre los distintos grupos, territoriales y profesionales, libremente constituidos a los efectos de la producción y el consumo, así como para la satisfacción de la infinita variedad de necesidades y aspiraciones de un ser civilizado. En una sociedad desarrollada conforme a esas directrices, las asociaciones voluntarias que en la actualidad ya empiezan a abarcar todos los ámbitos de la actividad humana asumirían una extensión aún mayor, hasta llegar a reemplazar por sí solas al Estado en todas sus funciones. Constituirían una red interconectada, formada por una infinita variedad de grupos y federaciones de todos los tamaños y grados, locales, regionales, nacionales e internacionales, temporales o más o menos permanentes —para todos los cometidos posibles: la producción, el consumo y el intercambio, las comunicaciones, las medidas sanitarias, la educación, la protección mutua, la defensa del territorio, etcétera; y por otra parte, para la satisfacción de un número siempre creciente de necesidades científicas, artísticas, literarias y sociables. Por añadidura, una sociedad de esas características no representaría nada inmutable. Por el contrario —como puede observarse en la vida orgánica en general— la armonía (se dice) sería una consecuencia de un ajuste y reajuste siempre cambiantes del equilibrio entre la multitud de fuerzas e influencias, y ese ajuste sería tanto más fácil de lograr en la medida que ninguna de las fuerzas gozaría de una protección especial del Estado[20].

---

[20] En realidad, esta entrada fue escrita para la edición de 1910, pero fue incluida textualmente en la emblemática *Enciclopedia Británica* de 1911.

Los principales propagadores del anarquismo fueron los miembros de la incipiente *intelligentsia,* surgida en la década de 1860, y que ya no se limitaba a la nobleza o a la Iglesia, sino que estaba cada vez más dominada por los sectores menos privilegiados de la población urbana, a consecuencia de un sistema educativo que generaba personas cultas que podían resultar útiles al régimen[21]. Haciendo caso omiso de la diminuta clase obrera, algunos intelectuales empezaron a calificarse a sí mismos como «proletariado intelectual» y a considerar que su tarea consistía en liberar al campesinado de las cadenas ideológicas y económicas del absolutismo. A Razin y a Pugachev les habían faltado conocimientos y comprensión. No habían vivido la Ilustración ni la Revolución Francesa. La nueva *intelligentsia* podía compensar esas deficiencias y liderar a los campesinos para hacer todos juntos una revolución con la que librar al país del zar y de la nobleza, pasando por alto las ciudades, dominadas por los comerciantes.

El movimiento *Naródnichestvo* («Hacia el Pueblo») no tuvo éxito. Se había concentrado en las zonas tradicionales del descontento campesino; ni la región del Don ni la del Dniéper ni la del Volga se mostraron receptivas. Había pasado muy poco tiempo desde la reforma de 1860. La mayoría de los campesinos confiaban en Dios y en el zar, y, a pesar de la insaciable codicia de dinero, alimentos y sexo de los monjes, la Iglesia ortodoxa seguía siendo un punto de referencia crucial. Por consiguiente, los campesi-

---

[21] El padre de Lenin era uno de aquellos pedagogos, un hombre conservador pero de mentalidad independiente e incorruptible. Vivía en Simbirsk, la única ciudad donde los comerciantes y la nobleza habían logrado resistir el asedio de los ejércitos campesinos durante los siglos XVI y XVII.

nos se mostraban hostiles con la gente de las ciudades, con la burguesía, con los estudiantes y con los radicales de cualquier tipo. La ciudad no era de fiar. Todavía no.

El primer intento fue un desastre para la nueva vanguardia radicalpopulista: dos grandes juicios-farsa, el «Caso de los 50» y el «Caso de los 193», impusieron severos castigos como medida disuasoria para todo aquel que se atreviera a emprender el mismo camino. Pero las condenas empujaron a los radicales en una dirección distinta. Un grupo decidió que el experimento anterior había fracasado debido a los intentos de ponerse a la cabeza de los campesinos, y a la brevedad de sus visitas a las zonas rurales. Debían volver allí, pero esta vez para servir al pueblo: educar a la gente, enseñarle higiene básica, ayudarla en sus faenas cotidianas y entrar a formar parte de sus vidas. Las ideas de Bakunin iban a tener que esperar[22].

Sin embargo, el rápido crecimiento de los círculos revolucionarios en las ciudades llevó al primer plano la propaganda de los hechos consumados. Su principal ideólogo fue un maestro de provincias, Serguéi Necháyev, cuyo empleo durante el día era enseñar teología en una escuela parroquial. Por la noche devoraba los textos de la Revolución Francesa y acabó convirtiéndose a la causa anarquista. En 1866 dejó su empleo y se trasladó a San Petersburgo para conocer gente con su misma mentalidad. La ciudad todavía era un hervidero a raíz de la publicación de una

---

[22] El contraste con los maoístas del siglo XX es de especial interés. Durante la «Gran Revolución Cultural Proletaria» enviaron a la Guardia Roja al campo para que sus miembros aprendieran cómo vivían los campesinos. El acontecimiento en sí tenía más cosas en común con determinados aspectos de la ideología bakuninista que con el modelo de la Comuna de París.

serie de panfletos clandestinos titulada *La joven Rusia* que se distribuía en nombre de Petr Zaichnevski, otro admirador de los jacobinos, de Giuseppe Mazzini y los *carbonari* italianos, los principales exponentes de la «conspiración revolucionaria» y el terrorismo. A ese grupo habría que añadir el nombre de Pierre-Joseph Proudhon, el escritor francés, autor de *¿Qué es la propiedad?*, un título cuya respuesta se hizo más famosa que el ensayo. Proudhon fue el primero que propuso la idea de un socialismo descentralizado frente a un Estado centralizado. Zaichnevski había estado traduciendo al ruso los escritos de Proudhon cuando fue detenido. Sus propias aportaciones habrían asombrado al pobre Proudhon, por no hablar de Tolstói y de Kropotkin. Herzen, el padre intelectual del populismo ruso, calificó ese tipo de ideas de absolutamente repugnantes.

En *La joven Rusia,* Zaichnevski rememoraba el heroísmo de Razin y de Pugachev, y hacía un llamamiento a una revolución «sangrienta y despiadada» que iba más allá de las modestas aspiraciones de sus predecesores campesinos. Ahora, argumentaba Zaichnevski, en su propia versión de la dicotomía amigo/enemigo, había llegado el momento de exterminar fría y despiadadamente a la familia real zarista, a sus cortesanos y a la nobleza que la apoyaba:

> Gritaremos: «¡Empuñad vuestras hachas!» y entonces nos lanzaremos contra el estamento imperial sin escatimar golpes, igual que ellos no escatiman los suyos contra nosotros. Les aniquilaremos en las plazas, si esos cerdos cobardes se atreven a ir allí. Les aniquilaremos en sus casas, en los callejones de los pueblos, en las amplias avenidas de la capital y en las aldeas. Recordad que, cuando eso

ocurra, quien no esté con nosotros estará contra nosotros y será un enemigo, y que para acabar con un enemigo cualquier método sirve.

Esa era la atmósfera política de la década de 1860 en los sótanos bohemios y políticos de la clandestinidad rusa. El antiguo profesor de teología aprobaba rotundamente lo que se le proponía. Necháyev fue uno de los personajes más carismáticos, aunque un tanto trastornado, que produjo el anarquismo ruso, y en ese frente siempre ha habido una competencia feroz. Se convirtió en un íntimo colaborador de Bakunin y, según George Woodcock (uno de los más distinguidos historiadores del anarquismo), puede que en su amante[23]. A ese dominio, a la vez político, sexual y emocional, que llegó a ejercer Necháyev (un joven de menos de treinta años) sobre su anciano camarada, se le achaca la responsabilidad del ultraizquierdismo de Bakunin y el hecho de que fuera coautor del *Catecismo*. La autoría es un asunto polémico debido a la violencia del lenguaje, el ultranihilismo y la amoralidad política, pero no puede decirse que la obra fuera impopular en su momento. Necháyev, que en muchos aspectos era un hombre fantasioso, no era una excepción, sino un producto de la cultura

---

[23] George Woodcock, *Anarchism*, Londres, 1963, p. 159 *[El anarquismo: historia de las ideas y movimientos libertarios*, Barcelona, Ariel, 1979]. Woodcock afirma con timidez, y con un leve toque de homofobia: «La fascinación que ejercía Necháyev sobre Bakunin nos recuerda a otras relaciones desastrosas entre dos hombres de edades muy diferentes: Rimbaud y Verlaine, o lord Alfred Douglas y Oscar Wilde. Indudablemente parece que existía una pizca de homosexualidad sumergida; de hecho, resulta difícil encontrar otra explicación a la sumisión temporal de Bakunin, un hombre habitualmente autocrático, a aquel joven siniestro».

política dominante de la época. El *Catecismo* contenía párrafos cargados de fanatismo que ofendieron a mucha gente, pero su tono y su retórica no distaban demasiado de los de otros panfletos clandestinos que circulaban en aquellos tiempos. Numerosos activistas fueron encarcelados en la tristemente célebre Fortaleza de Pedro y Pablo de San Petersburgo, y otros estaban sufriendo en Siberia después de que el anarquista Karakazov, en un audaz ensayo general, le hubiera disparado varios tiros al zar. La leyenda de Necháyev en parte se basaba en falsedades: afirmaba haber huido de la Fortaleza de Pedro y Pablo, y que era el motivo de su exilio. Por supuesto, es imposible que esa fuga tuviera lugar, porque Necháyev nunca estuvo encarcelado allí. Bakunin le creía y le ayudó a consolidar cuidadosamente su prestigio. Convenció a Ogarev para que escribiera un poema alabando al joven anarquista (una obra que tuvo una amplia difusión en Rusia), al tiempo que Bakunin escribía su propio perfil de Necháyev, al que retrataba inequívocamente como el prototipo del revolucionario de la década de 1860:

[Es] uno de esos jóvenes fanáticos que no saben lo que es la duda, que no tienen miedo a nada, y que han decidido categóricamente que muchos, muchos de ellos habrán de morir a manos del Gobierno, pero que no cejarán en su empeño hasta que el pueblo ruso se levante. Son magníficos, esos jóvenes fanáticos, creyentes sin Dios, héroes sin retórica.

El *Catecismo* en sí probablemente fue obra de Bakunin, que se basó en las acciones de Necháyev y otros. Expresa emociones, ideas y normas, a las que las dotes políticas y literarias del autor confieren una enorme fuerza, unas dotes no muy distintas de las de Marx, su rival, pero con una importante diferencia. *El manifiesto comunista* es un destilado de las ideas de Marx y Engels, ensamblado, por un lado, a partir de las ideas que habían aprendido y descartado de Fichte y Hegel y de la teoría y la práctica de la Revolución Francesa, pero en su mayor parte de una síntesis que estaba abriéndose paso a través del cerebro de Marx, a su vez basada en el análisis del desarrollo del capitalismo. Fue concebido como un texto internacionalista. El *Manifiesto* era un llamamiento a una acción que se posponía hasta que la situación estuviera madura; el traspaso del poder y la autoridad de una clase a otra, aunque iba a exigir una revolución, más tarde daría lugar rápidamente a una nueva forma de producción y distribución. La transición en sí sería indolora.

A todos los efectos, el *Catecismo* era un texto ruso, escrito con el expreso propósito de reclutar nuevos activistas. Su rasgo más elocuente, como en la mayor parte de la obra de Bakunin, es una sensación de urgencia, de inmediatez, que a su vez es una consecuencia de un odio acérrimo contra la autocracia zarista y sus sombrías realidades. El texto retumba con un llamamiento a destruir el sistema mediante una serie de actos terroristas bien organizados, como los de los líderes campesinos de las sublevaciones pasadas, lo que acabaría movilizando a las masas. Bakunin aludía a menudo a ese pasado en sus muchos llamamientos a la acción: «Los tiempos de Stenka Razin se aproximan». «Es improbable que vuelva a existir otro héroe popular como Stenka Razin; su lugar lo ocuparán las legiones de jóvenes sin casta ni nombre [...] colectivas y por tanto invencibles». ¿Quién debía llevar a cabo dichas acciones? El revolucionario, el principal sujeto de aquel panfleto incendiario. Ser una persona así exigía romper con todos los aspectos de la sociedad burguesa, con todas sus normas y sus tabúes. En aras de una misión tan pura, no había medios que no fueran permisibles. *Omnia munda mundis.*

Mijaíl Bakunin, anarquista revolucionario, el gran rival político y teórico de Marx.

El catecismo revolucionario, como sugiere su título, era un manual de instrucciones laico para los activistas radicales. Sus primeros siete apartados (de un total de veintiséis) tienen que ver con la psicología, más que con la economía política, una psicología que ha reaparecido en el siglo XXI, y que hoy podemos ver en su apogeo, aunque la casta de guerreros anarquistas de Bakunin y Necháyev se diferencia en varios aspectos importantes de los actuales grupos terroristas yihadistas. Dichos grupos, que invocan el islam para llevar a cabo sus mortíferos atentados en Oriente Próximo, en África, en Europa y en otras partes del mundo, no tienen unos objetivos políticos claramente definidos y van dando bandazos de un potentado local a otro. El sistema socioeconómico predominante no les plantea ningún problema, a menos que les impida tomar el poder. A menudo eligen a la gente corriente como objetivo, incluso a quienes profesan su misma religión. No obstante, como ponen de manifiesto los apartados siguientes, hay algo más que unas cuantas analogías entre estos yihadistas del siglo XXI y los anarquistas del XIX:

1. El revolucionario es un hombre dedicado. No tiene intereses personales, no tiene relaciones, sentimientos, vínculos o propiedades, ni siquiera tiene un nombre. Todo en él se dirige hacia un solo fin, un solo pensamiento, una sola pasión: la revolución.
2. Dentro de lo más profundo de su ser, el revolucionario ha roto —y no sólo de palabra, sino con sus actos— toda relación con el orden social y con el mundo intelectual y todas sus leyes, reglas morales, costumbres y convenciones. Es un enemigo implacable de este mundo, y si continúa viviendo en él, es sólo para destruirlo más eficazmente.
3. El revolucionario desprecia todo doctrinarismo y rechaza las ciencias mundanas, dejándolas para las generaciones del futuro. Él conoce una sola ciencia: la ciencia de la destrucción. Para este fin, y sólo para este fin, estudia la mecánica, la física, la química y quizá también la medicina. Para este propósito, el revolucionario estudiará día y noche la ciencia de los hombres, sus características, posiciones y todas las circunstancias del orden presente en todos

sus niveles. La meta es una sola: la más rápida y más segura destrucción de este sistema asqueroso.

4. El revolucionario desprecia la opinión pública. Desprecia y odia la actual moralidad pública en todos sus aspectos. Para él sólo es moral lo que contribuye al triunfo de la revolución. Todo lo que la obstruye es inmoral y criminal.

5. El revolucionario es un hombre condenado a muerte. No teniendo piedad hacia el estado ni hacia la sociedad educada, él a su vez no espera que ellos tengan piedad hacia él. Entre ellos y él hay una tácita, continua e irreconciliable guerra a muerte. Debe estar preparado para morir cualquier día. Y deberá entrenarse a sí mismo para resistir la tortura.

6. Siendo severo consigo mismo, el revolucionario deberá ser severo con los demás. Todos los tiernos y delicados sentimientos de parentesco, amistad, amor, gratitud e incluso el honor deben extinguirse en él por la sola y fría pasión por el triunfo revolucionario. Para él sólo debe existir un consuelo, una recompensa, un placer: el triunfo de la revolución. Día y noche tendrá un solo pensamiento y un solo propósito: la destrucción sin piedad. Manteniendo la sangre fría y trabajando sin descanso para esa meta, estará listo para morir y para destruir con sus propias manos todo lo que le estorbe.

7. La propia naturaleza del verdadero revolucionario excluye toda forma de romanticismo, así como toda clase de sentimientos, exaltaciones, vanidades, odios personales o deseos de venganza. La pasión revolucionaria debe combinarse con el cálculo frío. En todo tiempo y lugar, el revolucionario no debe ceder ante sus impulsos personales, sino ante los intereses de la revolución[24].

---

[24] Todas las citas del *Catecismo* proceden de la traducción del ruso disponible en el portal de la Universitat de València, https://www.uv.es/ivorra/Historia/SXIX/Catecismo.html. *(N. del T.)*.

Los demás apartados del *Catecismo*, más espeluznantes en sus detalles, tratan distintos asuntos, como por ejemplo el trato que debe darse a cada estrato de la sociedad rusa y el grado de odio que debe aplicarse a los escalafones más altos. Las personas más inteligentes de los niveles más altos suponen la mayor amenaza para la revolución. Para ese tipo de personalidades ilustres no hay más que una solución: el exterminio. A los que no son tan inteligentes hay que dejarlos en paz, por el momento, dado que su estupidez tan solo les lleva a tomar decisiones que enfurecen al pueblo y lo empujan hacia la revolución. La mayoría de los dignatarios son meros «animales», con un miedo constante a perder su poder y sus privilegios; su castigo (que se esboza en el apartado 19) es el simple chantaje: «Debes explotarlos [...] conocer, hasta donde sea posible, sus secretos más sucios con el fin de esclavizarlos».

El panfleto concluye con un llamamiento a destruir el antiguo Estado y a una revolución que «destruya de raíz todo componente del Estado y que pueda exterminar todas las instituciones tradicionales del Estado, el orden social y las clases en Rusia». Los últimos apartados establecen los parámetros de lo que se necesita, y de cómo lograrlo:

> 25. Por esto, para estar más cerca del pueblo, necesitamos unidad con aquellos elementos de la vida popular que, desde el principio del estado de poder de Moscú, no han dejado de protestar, no solo de palabra, sino con acciones, en contra de todo aquello que está relacionado directa o indirectamente con el Estado: en contra de la nobleza, en contra de los burócratas, en contra del clero, en contra de los gremios y en contra de los kulaks [...] Permítasenos unirnos con los bandidos audaces, los únicos revolucionarios verdaderos de Rusia.

26. Unir este mundo con una sola fuerza invencible e indoblegable: tal es el objetivo de nuestra Organización, tal es nuestra conspiración y nuestra tarea.

En otoño de 1869, Necháyev regresó a Rusia para crear un grupo clandestino que fuera capaz de divulgar ideas y al mismo tiempo perpetrar atentados. Utilizaban el papel de cartas del todavía inexistente Comité de la Justicia del Pueblo, adornado con un hacha, un puñal y una pistola entrelazadas para intimidar a los adversarios. Hasta entonces, a Necháyev se le consideraba un personaje valiente y carismático, sobre cuyas aventuras se contaban numerosas historias (muchas de ellas falsas) entre los círculos de la clandestinidad rusa. Sin embargo, poco después de su regreso a Rusia, Necháyev se peleó con Ivánov, otro miembro de su grupo, por motivos que todavía no están claros. Necháyev acusaba a Ivánov de ser un agente de la policía (algo de lo que no había pruebas), también le recriminaba, entre otras cosas, una «quiebra de la disciplina» (lo que probablemente significaba un desacuerdo con Necháyev), y al final le tendió una emboscada y le asesinó. El hallazgo, unos días después, del cuerpo de Ivánov apuñalado provocó una enorme conmoción. Acusaron a Necháyev del asesinato, por lo que volvió a huir al exilio. En 1871 detuvieron a trescientos revolucionarios, y juzgaron a setenta y cuatro partidarios de Necháyev, aunque muchos de ellos nunca habían apoyado las tácticas más descabelladas de su líder. Bakunin había roto con él durante el verano del año anterior por numerosas razones. El asesinato de Ivánov le causó una gran impresión, y su vanidad estaba herida: había sido abandonado por su «chico», que pasó a dedicarse a seducir mujeres progresistas a fin de contribuir a destruir la familia burguesa. La institución sobrevivió a la ofensiva, aunque muchas familias individuales se vieron empobrecidas. Necháyev se sirvió del chantaje sin piedad a fin de recaudar fondos para la causa anarquista, y en ese asunto en concreto contó con el apoyo de Bakunin.

En Rusia, los simpatizantes del movimiento estaban horrorizados. Uno de ellos, Fiódor Dostoyevski, rompió con él pública y espectacularmente al dedicarle toda una novela, *Los demonios,* al truculento episodio. En la novela, el personaje de Verjovenski representa a Necháyev, mientras que Shatov está inspirado en Ivánov. Es un retrato salvaje, y en gran medida está justificado, pero no logró su objetivo de destruir el atractivo de Necháyev, al que muchos seguían considerando una figura heroica y un valiente revolucionario, y no del todo sin razón. En 1872, un revolucionario polaco convertido en espía ruso traicionó a Necháyev y le reveló su paradero a la policía suiza. Debido al asesinato de Ivánov, en aquella ocasión los suizos no aceptaron su estatus como exiliado político y le extraditaron, como delincuente común, a Rusia.

Necháyev se mantuvo incólume durante su juicio, y se negó a aceptar la autoridad de un tribunal zarista. Cuando se lo llevaron para una «ejecución civil», una curiosa costumbre exclusiva de la Rusia zarista, Necháyev rechazó con desdén los servicios de un sacerdote. Mientras se lo llevaban a rastras, Necháyev, como gesto de rebeldía, iba invocando a gritos a los líderes campesinos Razin y Pugachev, que habían liquidado a los nobles rusos, igual que lo hicieron los franceses mucho tiempo después. «Antes de que pasen tres años», gritaba, «sus cabezas serán cortadas en este mismo lugar por la primera guillotina rusa. ¡Abajo el zar! ¡Viva la libertad! ¡Viva el pueblo ruso!».

Alejandro II leyó el informe de la «ejecución civil» y garabateó una nota al margen:

Solo por esto tenemos todo el derecho a ordenar que vuelvan a juzgarle como delincuente político. Pero no creo que sirviera de nada. De modo que lo más prudente es que se quede en la cárcel <u>para siempre</u> [subrayado del zar].

Y esa fue la sentencia que cumplió Necháyev.

Se pasó el resto de su vida en régimen de aislamiento en la celda número 5 de la mazmorra Alexeyevski en la Fortaleza de Pedro y Pablo en San Petersburgo, donde logró ganarse la simpatía de un buen número de policías, soldados y carceleros. Se quedaban impresionados por su inteligencia y su dignidad. Se sirvió de ellos para enviar mensajes de apoyo a distintos grupos, entre ellos uno al Comité Central de La Voluntad del Pueblo, en vísperas de su decisión unánime y fatídica de asesinar a Alejandro II. Como más tarde recordaba Vera Figner en sus memorias, todos se quedaron asombrados y se entusiasmaron al enterarse de que Necháyev seguía vivo. Pensaron en posponer el atentado que tenían planeado, y en vez de matar al zar pretendían liberar a Necháyev, pero él vetó el plan, e insistió en que se atuvieran a su intención original. Una vez cometido el atentado, sugería Necháyev, había otros revolucionarios encarcelados —como por ejemplo León Mirski, que había intentado asesinar al jefe de la policía— que merecían ese honor mucho más que él.

El 1 de marzo de 1881, un terrorista suicida llevó a cabo la decisión tomada por los dirigentes de La Voluntad del Pueblo en un atentado con bomba. En aquella ocasión el zar, que ya había sobrevivido a varios atentados contra su vida, fue asesinado como estaba previsto. Esta crónica impasible del incidente que escribió Kropotkin resume la historia:

> En febrero de 1881, Melikoff informó de que el Comité Ejecutivo Revolucionario había tramado un nuevo complot, pero no fue posible averiguar su plan por muchos registros que realizaran. Acto seguido Alejandro II decidió que había que convocar una especie de asamblea consultiva de delegados de las provincias. El zar, convencido como de costumbre de que iba a correr la misma suerte que Luis XVI, describió aquella reunión como una asamblea de notables, similar a la que convocó Luis XVI antes de la Asamblea Nacional en 1789. Había que exponer el plan al Consejo de Estado, pero una vez más le asaltaron las dudas. Tan solo se decidió a actuar la mañana del 1 (13) de marzo de 1881, tras una última advertencia de Loris Melikoff, y entonces el zar ordenó que remitieran el plan al consejo el jueves siguiente. Era domingo, y Melikoff le pidió al zar que ese día no asistiera al desfile, pues existía el peligro de que atentaran contra su vida. El zar fue a pesar de todo. Quería ver a la gran duquesa Catalina, y darle personalmente la grata noticia. Cuentan que Alejandro le dijo: «He decidido convocar una asamblea de notables». Sin embargo, aquella concesión tardía y desganada no se había hecho pública, y en el trayecto de regreso al Palacio de Invierno el zar fue asesinado.
>
> Se sabe cómo ocurrió. Arrojaron una bomba debajo de su carruaje blindado para pararlo. Varios circasianos de la escolta resultaron heridos. Rysakoff, el que lanzó la bomba, fue detenido en el acto. A continuación, aunque el cochero del zar le aconsejó de todo corazón que no saliera de la carroza, diciéndole que todavía podía llevarle porque los daños eran leves, Alejandro insistió en apearse. Sentía que su dignidad militar le exigía ver a los circasianos heridos, condolerse con ellos, igual que lo había hecho con los

heridos durante la guerra contra Turquía, cuando sus tropas emprendieron un desesperado asalto contra Plevna, abocado a terminar en un terrible desastre, el día de su festividad. El zar se acercó a Rysakoff y le preguntó algo; y en el momento que pasaba por delante de otro joven, Grinevetski, este explosionó otra bomba entre él y Alejandro II, con la total certeza de que ambos iban a morir. Ambos sobrevivieron, pero tan solo durante unas horas.

Alejandro II quedó tendido sobre la nieve, sangrando profusamente, abandonado por todos sus seguidores. Todos habían huido. Fueron unos cadetes que regresaban del desfile los que levantaron al doliente zar de la nieve y le subieron a un trineo, cubriendo su tembloroso cuerpo y su cabeza desnuda con la capa y la gorra de un cadete. Y fue uno de los terroristas, Emelianoff, que portaba una bomba bajo el brazo envuelta en un periódico, aun a riesgo de que le detuvieran y le ahorcaran, y olvidándose por un momento de quién era, quien acudió corriendo al lado de los cadetes a auxiliar al herido. Toda la operación había sido ideada por Sofía Perovskaya, quien había dado la señal para el ataque.

Así concluía la tragedia de la vida de Alejandro II. La gente no podía entender cómo era posible que un zar que había hecho tanto por Rusia hubiera encontrado una muerte así, a manos de unos revolucionarios. «Para mí», escribía uno de sus íntimos, «que tuve ocasión de presenciar los primeros pasos reaccionarios de Alejandro II, y su gradual deterioro, que tuve un atisbo de su compleja personalidad —la de un autócrata nato cuya violencia fue tan solo en parte mitigada por la educación, la de un hombre lleno de gallardía militar, pero carente del valor de un hombre de Estado, la de un hombre de fuertes pasiones y voluntad débil— me pareció una de esas tragedias que se desarrolla con la inevitable fatalidad de un drama de Shakespeare. A mi juicio, su último acto ya estaba escrito el día que escuché el discurso que pronunció ante nosotros, los oficiales recién ascendidos, el 13 de junio de 1862, inmediatamente después de ordenar las primeras ejecuciones en Polonia»[25].

Necháyev vivió hasta diciembre de 1882. Su conducta en la cárcel fue ejemplar, como lo atestiguan los muchos contemporáneos que le vieron de cerca en la fortaleza. Los relatos, las memorias y los panfletos políticos que escribió desaparecieron. El general Potapov, jefe de la policía secreta zarista, al darse cuenta de lo útil que podía resultar aquel preso para desmantelar las redes terroristas, fue a verle a su celda tras el asesinato del zar y le ofreció una recompensa económica y otros incentivos si Necháyev accedía a ser confidente. El preso encadenado se puso en pie, recuperó el equilibrio y utilizó toda la fuerza de su brazo para golpear a Potapov en el rostro, haciéndole sangrar en abundancia. Le encadenaron las manos y los pies y empezó a pudrirse. Literalmente. Dos años después Necháyev había muerto. Tenía treinta y cinco años.

En la literatura rusa del siglo XIX abundan las descripciones de nihilistas, terroristas y revolucionarios. Como en la vida real, pero en la ficción: por lo general un único personaje abarcaba las tres categorías. En Dostoyevski recibían un trato severo. Los novelistas rusos no rehuían hablar de política. Se consideraban intelectuales públicos, y así les veían también sus lectores. La reforma de 1861 aceleró el ritmo. A lo largo del año siguiente, Turguéniev escribió *Padres e hijos*. La destilación de la política en arte se manifestó sin armar escándalo y con enorme repercusión. La novela describe un conflicto generacional entre el progresismo y el nihi-

---

[25] James Harvey Robinson y Charles Beard (eds.), *Readings in Modern European History*, vol. 2, Boston, 1908, pp. 362-363.

lismo. El personaje central, Bazarov, supuso un punto de inflexión para Turguéniev. Hasta entonces sus mujeres eran fuertes, y los hombres ligeramente patéticos, débiles y egocéntricos (igual que en algunas obras de Pushkin). Turguéniev se identificaba a sí mismo, y a la mayoría de sus coetáneos, con Hamlet, incapaces de actuar, lo que se reflejaba en su obra. Bazarov es una excepción parcial. Parece tener un carácter muy marcado y es un hombre fuerte, pero ni siquiera a él, eternamente sometido a la condescendencia y al petulante engreimiento de su padre, se le permite triunfar. No hay victoria para los valientes. Resignado a su destino, Bazarov muere pasivamente, para gran enfado de los lectores más jóvenes de Turguéniev. Por el contrario, *Oblómov,* la obra maestra de Iván Goncharov, es el autorretrato de todo un estrato social, y se muestra inmisericorde en su descripción. A Lenin le encantaba esa novela. El noble ruso típico es perezoso, indolente, vacuo y sin remedio. El éxito de la novela se plasmó en la aparición de una nueva palabra en el vocabulario ruso: el *oblomovismo,* un término que utilizaban por igual los progresistas, los anarcopopulistas y los marxistas. En *El precipicio* (1869), Goncharov ridiculiza sin piedad a un nihilista (una palabra inventada por Turguéniev prácticamente como sinónimo de estudiante radical). No hay el más mínimo rastro de empatía.

La aparición de una escuela social-realista de escritores y críticos fue en parte una reacción frente a aquellos escritores progresistas, y en gran medida un intento de conectar con el creciente movimiento de los *razochyny* (terroristas). Los dos representantes más destacados de aquel sector cada vez más radicalizado de la *intelligentsia* fueron el ensayista, historiador y novelista N. G. Chernyshevski, y el feroz crítico literario Nikolai Dobrolyubov. Ambos eran hijos de respetados sacerdotes y ambos afirmaban haber tenido una infancia feliz; aunque renunciaron a la religión y a la Iglesia ortodoxa en aras de la ciencia y el materialismo, conservaron su afecto por la atmósfera moral que predominaba en sus respectivos hogares. Lo que les atraía era la feroz honestidad de sus padres. Aborrecían la hipocresía a todos los niveles: social, político y sexual. Y su punzante prosa dejó su marca. En una ocasión Turguéniev se acercó a Chernyshevski, tan solo para informarle de que: «Usted es una culebra, pero Dobrolyubov es una serpiente de cascabel».

¿Qué hacer?, la novela utópica de Chernyshevski, fue escrita en la Fortaleza de Pedro y Pablo, donde su autor había sido encarcelado por sus convicciones políticas. El protagonista es un revolucionario entregado y ascético (que no podía ser más diferente de Bazarov, el protagonista de *Padres e hijos,* ni del Necháyev de carne y hueso) que lo sacrifica todo por la causa. Incluso su nombre, Rajmetov, fue cuidadosamente escogido. Desciende de una familia tártara del siglo XIII, de la alta nobleza; el novelista pinta a lo largo de cuatro páginas el retrato de los orígenes y la historia de la familia. Daba por supuesto que sus lectores tenían bien claro que muchos tártaros (que para entonces se habían convertido al islam) habían luchado a las órdenes de Pugachev contra el zar. Un antepasado suyo se había casado con una mujer rusa, un hecho muy habitual, y la dinastía resultante conservaba muchos cargos en el aparato del Estado. El abuelo en la ficción del ficticio Rajmetov había acompañado a Alejandro I a Tilsit. Teniendo en cuenta el profundo conocimiento que tenía Chernyshevski de la historia rusa, es probable que el personaje del abuelo se basara en una persona real. Lo que no nos dice es que el apellido Rajmet es de origen árabe y significa «piedad».

Aunque la novela no tenía la fuerza literaria de Dostoyevski, de Turguéniev o de Tolstói, se convirtió en la biblia de la nueva generación en Rusia, la «gente joven» que venía a engrosar la lucha contra la autocracia. Resulta difícil recordar una obra de ficción que haya tenido tanto efecto en la conciencia política en otros países, aunque, hace cincuenta años, un crítico estadounidense propuso una comparación fascinante[26].

No es casual que Lenin eligiera el título «¿Qué hacer?» para su primer ensayo político importante. Si entonces un amigo suyo hubiera vaticinado que algún día la gente intentaría leer el original para entender mejor la obra posterior, Lenin se habría quedado atónito. También la novela era un llamamiento a la acción, y fue escrita justamente con ese cometido. Si la valoramos con los criterios de la propia obra, fue un enorme éxito. En particular, su actitud de empatía con las mujeres llamó la atención generalizada en un país donde imperaba un patriarcado no muy distinto del que existe hoy en día en Arabia Saudí. Sin embargo, a diferencia de ese malhadado país, en la Rusia zarista muchas mujeres se afiliaban a las sociedades secretas y participaban en los atentados que organizaban las organizaciones terroristas[27]. Como veremos en un capítulo posterior, las

---

[26] «Hasta ahora ninguna obra de la literatura moderna, con la posible excepción de *La cabaña del tío Tom*, puede competir con *¿Qué hacer?* por sus repercusiones en la vida de la gente y por su capacidad de hacer historia. Porque la novela de Chernyshevski, mucho más que *El capital* de Marx, aportó la dinámica emocional que acabaría haciendo la Revolución Rusa». J. Frank, «N. G. Chernyshevski: A Russian Utopia», *Southern Review* 3, 1967.

[27] El artículo 107 del Código Civil Imperial no dejaba demasiado margen para las ambigüedades. La mano de la Iglesia ortodoxa distaba mucho de ser invisible cuando se trataba de institucionalizar el sometimiento de las mujeres a los hombres. Una mujer necesitaba el permiso de su marido (o de su

feministas revolucionarias reconocían abiertamente su deuda con las ideas contenidas en la obra maestra de Chernyshevski, incluido el papel y la función de la familia y de la monogamia.

El texto de Lenin, publicado por primera vez en 1902, era un intento de criticar, y a la vez de ir más allá de, las limitaciones tácticas y estratégicas de las organizaciones precedentes. Hacía falta una ruptura. El Comité Ejecutivo de La Voluntad del Pueblo *(Narodnaya Volya)* se había apuntado su tanto más importante el 1 de marzo de 1881 al asesinar a Alejandro II, pero también su mayor fracaso. Había golpeado con éxito el corazón del régimen, pero con ello también se había quemado. La represión fue tremenda, el peso de las cadenas de Siberia fue aún mayor, y aunque había muchos jóvenes terroristas suicidas haciendo cola para afiliarse, la organización empezaba a desintegrarse. Su propio líder, Zhelyabov, confesaba que «estamos agotando nuestro capital», y aunque en distintas partes del país surgían de forma espon-

---

padre) para solicitar el pasaporte o para encontrar un empleo, para viajar o para vivir en un apartamento independiente. Al igual que en Arabia Saudí, una mujer podía ser propietaria de bienes, pero sus derechos de herencia eran limitados. Conseguir el divorcio no solo era humillante sino prácticamente imposible (el adulterio y el maltrato físico por parte de los maridos eran tan habituales que la Iglesia se negaba a aceptarlos como motivo de separación permanente). La educación se limitaba a los tutores particulares a domicilio o a los colegios para señoritas entre las mujeres adineradas. La mayoría de las profesiones estaban vetadas a las mujeres. El Código Civil insistía en que «una esposa debe obedecer a su esposo por ser el cabeza de familia, vivir con él, amarle y tratarle con estima, con el máximo respeto, con obediencia ilimitada y con la humildad debida al señor de la casa». Tan solo podemos especular sobre si aquel Código habría permitido que las mujeres condujeran automóviles en caso de que hubieran existido en aquella época.

tánea pequeños grupos, en su mayoría eran ignorados por la *intelligentsia* radical. El motivo no era solo el miedo (aunque también desempeñaba un papel), sino la sensación de que el perfil básico del programa original era, por decirlo con suavidad, defectuoso. El propósito del terrorismo era despertar a la gente de su letargo y desencadenar un alzamiento masivo basado en los modelos anteriores (Razin y Pugachev), pero esta vez en unas circunstancias diferentes y con el fin de destruir por completo la autocracia y sus instituciones. Nunca llegó a dar resultado, y en una ocasión Lenin, en un tono malhumorado, definió a los terroristas como progresistas con bombas, y sugería que unos y otros pensaban que la simple propaganda, ya fuera por la acción o por la palabra, podía bastar para la tarea que se habían propuesto. En general, las acciones terroristas atemorizaban a la gente y legitimaban la represión por parte del Gobierno.

Hasta entonces, el Comité Ejecutivo se había ganado la admiración y el apoyo económico de muchos intelectuales que tenían la sensación de que iban por el buen camino. El 1 de marzo, los principales miembros del Comité se encontraban en la casa de Gleb Uspenski, un destacado escritor pro-populista, aguardando noticias de la operación. Brindaron por el éxito, y después se retiraron a redactar una elocuente carta abierta al hijo del finado. Como era de esperar, el primer párrafo era desafiante, aunque se equivocaba en su valoración de la fuerza de los autores de la carta. Informaban a Alejandro III de que «la sangrienta tragedia que ha tenido lugar a orillas del canal de Catalina no ha sido únicamente producto del azar, y tampoco era inesperada. Después de todo lo ocurrido a lo largo de los últimos diez años, era inevitable». Le advertían de que su lucha contra la autocracia iba a proseguir, a menos que se liberara a todos los presos políticos y se convocara una asamblea nacional basada en la proporcionalidad y sin restricciones de ningún tipo, lo que incluía libertad de expresión, de prensa, de reunión y de programas electorales. Ello permitiría que Rusia se desarrollara pacíficamente: «Declaramos solemnemente ante nuestra amada Patria y ante el mundo entero que nuestro partido se someterá incondicionalmente y por voluntad propia a las decisiones de la Asamblea Nacional».

La reacción inicial de la corte a la muerte del zar fue de miedo. Cuando le llegó la carta abierta, el nuevo monarca rompió a llorar y tuvo que ser consolado por su tutor. Pero la autocracia muy pronto volvió por sus fueros. Los ministros y los consejeros zaristas habían tomado buena nota de la ausencia de levantamientos y de asambleas populares por todo el país. Y los consejeros de Alejandro III que representaban la línea dura descartaron la idea de cualquier tipo de concesiones y aceleraron la contrarreforma. Se intentó impedir cualquier tipo de pensamiento libre a través de una serie de disposiciones jurídicas. La infracción de aquellas ordenanzas daba pie a castigos fulminantes y brutales. Por todo el país cundió un estado de ánimo de desesperación.

Después de provocar su propio aislamiento, La Voluntad del Pueblo fue desmantelada por la represión y por una rápida disminución del apoyo popular. Para los principales miembros del Comité Ejecutivo, el fin llegó durante el mes siguiente al asesinato del zar. Tan solo uno de ellos se retractó. Los demás subieron al patíbulo con la cabeza muy alta:

> Sofía Perovskaya, Kibalchich, Gesia Gelfman y Mijailov, todos ellos ratificaron las ideas por las que habían sacrificado sus vidas.

Sofía Perovskaya se mostró extraordinariamente valiente, Kibalchich reveló su verdadera valía, y demostró ser un hombre de gran talento, siempre preocupado por el problema técnico de la relación entre los fines y los medios. En su celda se dedicó a diseñar los planos de una máquina voladora, y lamentó no haber podido concluirlos antes de que le ahorcaran. Tan solo Rysakov dijo que era un socialista pacífico y que sentía remordimientos por sus actividades terroristas [...] A las 9,50 de la mañana del 3 de abril de 1881, Rysakov, Zhelyabov, Mijailov, Kibalchich y Sofía Perovskaya subieron al cadalso. Con la excepción de Rysakov, todos se abrazaron por última vez. A continuación fueron ahorcados[28].

Esta historia tiene una posdata. Piotr Kropotkin, el filósofo anarquista, vivía en un cómodo exilio en Inglaterra cuando estalló la Revolución Rusa. Para entonces contaba setenta y cinco años, pero el anciano estaba increíblemente entusiasmado, por lo que decidió volver. Primero fue a visitar sus antiguos círculos de Petrogrado, pero decidió no quedarse allí y se trasladó a Moscú. Llegó discretamente, sin ningún tipo de alboroto ni fanfarria. Su hija intentó convencerle de que se mudara a la vieja casa familiar en el campo, pero Kropotkin quería vivir en la capital. Su hija acudió a las oficinas del *Sovnarkom* (el Consejo de Comisarios del

---

[28] Así concluye Franco Venturi su obra maestra, *El populismo ruso*. La edición original en italiano se publicó en 1952. Sin duda alguna es el mejor libro que se ha escrito sobre los revolucionarios rusos del siglo XIX y sus descendientes. Venturi, un antifascista que había huido de la Italia de Mussolini a Francia con sus padres, estuvo en Moscú en 1930, donde le dieron permiso para acceder a todos los archivos históricos del siglo XIX, que a la sazón se custodiaban en la Biblioteca Lenin. Para gran consternación suya, a sus colegas soviéticos les negaron ese mismo acceso hasta la desestalinización, en 1956.

Pueblo) y se entrevistó con V. D. Bonch-Bruevich, secretario de la organización, y secretario particular de Lenin. Le contó todos los problemas que había tenido para encontrar un alojamiento modesto para su anciano padre. A pesar del caos, había una ley no escrita que decía que a los revolucionarios que volvían del exilio había que proporcionarles un alojamiento permanente.

Bonch-Bruevich informó a Lenin del problema, y este le dio órdenes de encontrar de inmediato un alojamiento para el anciano Kropotkin. A continuación, Bonch-Bruevich fue a visitar a Kropotkin para darle la bienvenida. Las ideas de Kropotkin causaron una agradable sorpresa. Apoyaba la Revolución, y decía que «le había demostrado a todo el mundo que era posible una revolución social». Era totalmente hostil a la Guardia Blanca y a las fuerzas antisoviéticas, y elogiaba a los bolcheviques por haber dado el paso de la Revolución de Febrero a la de Octubre. Naturalmente, como buen anarquista, no estaba de acuerdo con la organización del Estado soviético ni con el papel del partido, pero estaba interesado en leer *El Estado y la revolución,* de Lenin:

> Me han dicho que Vladímir Ilich ha escrito un excelente libro sobre el Estado que todavía no he leído, donde plantea el pronóstico de que al final el Estado se desvanecerá por sí solo. [...] Tan solo por ese rayo de luz arrojado sobre las enseñanzas de Marx, Vladímir Ilich se ha ganado mi más profundo respeto. [...] Considero que la Revolución de Octubre supone un esfuerzo para culminar la transición al comunismo y al federalismo.

Lenin pidió entrevistarse con Kropotkin, y ambos se reunieron en las oficinas del *Sovnarkom* a principios de mayo de 1919.

Bonch-Bruevich asistió a la reunión, y su crónica es aleccionadora. Lenin admiraba a Kropotkin no por su anarquismo, sino por su historia de la Revolución Francesa, que había educado a dos generaciones de radicales rusos. Lenin consideraba el libro de Kropotkin como un clásico imprescindible, y quería que se reeditara y se incluyera en todas las bibliotecas. La conversación empezó con un intercambio de ideas sobre las cooperativas, y ambos explicaron sus posturas sobre el asunto. Kropotkin se quejaba del acoso burocrático que sufrían las auténticas cooperativas por parte de las autoridades locales «acaso incluso por parte de individuos que hasta ayer eran revolucionarios, y ahora convertidos, como ocurre con todas las autoridades, en burócratas, en funcionarios, que quieren meter en vereda a sus subordinados y que están convencidos de que toda la población está subordinada a ellos».

La respuesta de Lenin fue inmediata:

> Estamos en contra del funcionariado siempre y en cualquier lugar. Estamos en contra de la burocratización, y debemos arrancar de raíz la burocracia si sigue instalada en nuestro nuevo sistema. Pero usted sabe perfectamente bien que resulta sumamente difícil rehacer a las personas y que, como decía Marx, la fortaleza más inaccesible es el cráneo humano.

Kropotkin replicó señalando que esa explicación no le facilitaba las cosas a los ciudadanos, ya que «la autoridad envenena a todo el que la asume».

Lenin le contestó subrayando que:

> no se puede hacer una revolución de guante blanco. [...] Seguimos cometiendo muchos, muchos errores; corregimos todo lo que pue-

de corregirse; admitimos nuestros errores —que a veces son simplemente consecuencia de nuestra estupidez. [...] Usted debería ayudarnos, hacernos saber cuándo ve algo que está mal; puede estar seguro de que acogeremos sus comentarios con la máxima atención.

Tras debatir un poco más sobre las cooperativas, Lenin explicó que «necesitamos masas ilustradas, y sería bueno que, por ejemplo, su libro sobre la gran Revolución Francesa se publicara en una edición muy grande. Ese libro es muy útil para todos».

Kropotkin se sintió halagado, pero desconfiaba.

«¿Pero quién lo publicaría? No puedo permitir que lo haga la Editora del Estado».

«No, no», le interrumpió Lenin, «Bueno, por supuesto, la Editora del Estado no, sino una cooperativa editorial».

«Ah, bien», dijo Kropotkin, «si a usted el libro le parece interesante y valioso, yo estoy de acuerdo... A lo mejor es posible encontrar una empresa cooperativa que lo haga».

«Se puede encontrar, desde luego que se puede», asintió Lenin. «Estoy seguro de ello».

Y cerraron el trato.

A lo largo de aquella conversación, Lenin le explicó a Kropotkin sus ideas sobre el anarquismo y sobre el factor decisivo que le ayudó a resolver el dilema entre anarquismo y socialismo:

Fue la necesidad de «una lucha de masas», le comunicó a Kropotkin:

No necesitamos atentados terroristas a título individual, y los anarquistas tendrían que haberlo comprendido hace mucho tiempo.

Únicamente con las masas, a través de las masas [...] Todos los demás métodos, incluidos los de los anarquistas, han quedado relegados al limbo de la historia —nadie los necesita, no sirven para nada y no atraen a nadie— tan solo desmoralizan a las personas que de una forma u otra se han sentido atraídas por ese camino tan trillado.

Cuando murió Kropotkin, unos años después, se organizó un funeral de Estado. Sus restos se llevaron a la Sala de Columnas de la Casa de los Sindicatos. Decenas de miles de personas acudieron a presentarle sus últimos respetos y asistieron a su funeral.

Fue el último funeral de Estado de un no bolchevique.

Kropotkin nunca estuvo de acuerdo con la facción terrorista del anarquismo, pero, al igual que Lenin y muchos otros, formaba parte de su historia común. Y ahora debemos pasar a examinar la historia de lo que vino después.

2

El hermano mayor

Cuando La Voluntad del Pueblo asesinó al jefe del Estado en marzo de 1881, en la ciudad de Simbirsk los tres hijos mayores del matrimonio Ulianov (el apellido de Lenin) —Anna, Alexander y Vladímir— tenían quince, trece y once años, respectivamente. Fue un periodo de formación para los tres. No ha quedado constancia de su reacción ante el suceso de San Petersburgo, pero podemos suponer sin temor a equivocarnos que se quedaron, si no particularmente sorprendidos, sí impresionados —aunque no en la misma medida que su padre, un hombre progresista-conservador, que tachó a los terroristas de criminales y que se puso su uniforme oficial para acudir corriendo a la catedral y asistir a la misa por el zar muerto.

Los círculos de la oposición política llevaban tanto tiempo dominados por diversas formas de anarcopopulismo que sus ideas eran sobradamente conocidas y muy debatidas. En la cercana ciudad de Kazán existían grupos de activistas. Los intentos de asesinar al zar y a otras poderosas personalidades de la autocracia eran algo habitual. Alejandro II no fue el primer gobernante liquidado de aquella forma. El hecho de que la familia Ulianov nunca hubiera pertenecido a los círculos radicales no significaba que los hijos del matrimonio fueran sordos a lo que se debatía en las calles o en el colegio. Incluso sus padres habían leído revistas donde las ideas de los intelectuales populistas ocupaban un lugar destacado. La condena de los regicidas se convirtió en un ritual en los colegios y entre los fieles que iban a la iglesia los domingos.

El padre de Lenin era un hombre conservador que creía firmemente tanto en la Iglesia como en el Estado. En su calidad de inspector de los centros escolares de la región, Ulianov centraba sus energías únicamente en mejorar y ampliar las instalaciones educativas de la zona. Era un hombre muy respetado porque se le consideraba una persona incorruptible y dedicada a educar a los hijos de los campesinos pobres. En casa era un patriarca que creía en las rutinas estrictas, y al que calificaban de ecuánime. No cabe duda de que el asesinato del zar le causó una gran pena, aunque la contrarreforma con la que se intentó revertir los avances conseguidos en materia de educación le provocó un gran enfado.

De acuerdo con la descripción que hacía de él su hermana Anna, Alexander Ulianov era muy parecido a su madre, tanto físicamente como por su temperamento: «La misma e infrecuente combinación de firmeza extraordinaria y de serenidad, con una sensibilidad, una ternura y una ecuanimidad maravillosas: pero él era mucho más austero y decidido, e incluso más valiente». Esa valoración fue ratificada y reforzada por el tutor privado de los hermanos, Kalashnikov, que mencionaba la voz tranquila de Sacha y su talante amable, pero a eso le añadía una poderosa «fuerza interior» que llamaba la atención incluso desde muy pequeño[29].

---

[29] León Trotsky, *The Young Lenin,* Nueva York, 1972, p. 38.

El hermano mayor

¿Y qué hay del hermano de en medio? En *La infancia de Lenin*, el primer y único capítulo publicado de lo que pretendía ser una biografía a gran escala, Isaac Deutscher se basaba en los recuerdos de Anna Ulianova para describir los primeros años de Vladímir:

> Al principio parecía que el niño se desarrollaba lentamente: era cabezón, inestable, corpulento y tenía la cara roja, empezó a andar tarde, tropezaba constantemente, y se daba golpes en la cabeza. Pero muy pronto compensó su lentitud inicial, y cuando aprendió a andar parecía un niño sumamente vigoroso y ágil, todo un granuja, siempre haciendo travesuras, y muy aficionado a los juegos ruidosos. Su hermana mayor dice que nunca jugaba con sus juguetes, se dedicaba a romperlos. A los cinco años sabía leer y escribir; después tuvo como tutor, durante más o menos cuatro años, a un maestro de la parroquia que le daba clases en casa, hasta que, a los nueve años, pudo matricularse en el instituto local[30].

El director del instituto, Fiódor Kérenski, era, al igual que el padre de los hermanos Ulianov, un progresista conservador y un

---

[30] Isaac Deutscher, *Lenin's Childhood*, Londres, 1970, p. 12. En su breve introducción, la viuda del escritor, Tamara Deutscher, escribía: «Parafraseando a Carlyle, Isaac decía que su trabajo como biógrafo de Trotsky consistió en sacar a rastras a su personaje principal "de debajo de un montón de patrañas, de un enorme cargamento de calumnias y olvido". En la biografía de Lenin, Isaac, que detestaba todas las ortodoxias, decía que su tarea consistía en sacar a rastras a su personaje principal de debajo de un enorme cargamento de iconografía y de ortodoxia asfixiante». Por desgracia, al poco tiempo de empezar a escribir la biografía de Lenin, Deutscher falleció a causa de un infarto de miocardio en agosto de 1967. Acababa de cumplir sesenta años.

La familia Ulianov: Sacha y Anna, apoyados en los hombros de su padre; Lenin, sentado a la derecha; Olga, en el extremo izquierdo; María, sentada en el regazo de su madre; Dmitri, sentado en el centro.

maestro exigente pero estimulante. Kérenski y Ulianov eran buenos amigos. El hijo de Kérenski, Alexander, diez años más joven que Lenin, acabaría siendo catapultado a la jefatura del Gobierno Provisional después de la Revolución de Febrero de 1917, hasta que fue depuesto por los bolcheviques en octubre.

El grueso de los alumnos del centro procedían de la nobleza y de los escalafones más altos de la burocracia del Estado. Los niños de clase media tan solo constituían un tercio del alumnado. Los hijos del matrimonio Ulianov no tenían que pagar el colegio (treinta rublos al año), dado que su padre trabajaba para el Ministerio de Educación.

El director era generoso a la hora de elogiar al joven Lenin, pues lo describía como su mejor alumno y como un joven con potencial para llegar a ser un experto en lenguas clásicas «de gran talento». Según su hermana mayor, el progreso de Lenin, un chico aplicado en clase pero bullicioso e irascible durante el recreo, era motivo de satisfacción y de alegría para su padre. Tan solo había una preocupación: «En aquellos años, papá le decía a mamá que a Volodia le resultaba todo tan fácil que cabía la posibilidad de que nunca llegara a estar facultado para trabajar». A la hora de redactar en latín y en ruso, el lema del director era *non multa sed multum*: «no muchas cosas, sino mucho», o, de forma menos literal, sé parco en palabras pero exprésate con amplitud. Lenin se mantuvo fiel a esa recomendación durante toda su vida. Le desagradaba la prosa ampulosa y el empleo de palabras grandiosas concebidas para ofuscar, en vez de para clarificar. El latín se convirtió en una pasión rayana en la obsesión, y Cicerón, en uno de sus autores favoritos. Años más tarde, también la oratoria de Lenin dejaba entrever la marca del Senado de la antigua Roma. En sus memorias, escritas tras la muerte de su esposo, su viuda, Nadia Krúpskaya, decía que Lenin le había confesado que tuvo tres peligrosas adicciones durante su juventud: el latín, el ajedrez y la música clásica. Tuvo que aprender a dominarlas para poder dedicarse a las tareas revolucionarias a tiempo completo, pero la pasión por el ajedrez y la música nunca le abandonó.

Sacha estaba mucho más interesado en la biología y en la química. El pequeño Volodia a menudo iba a hacerle compañía a su estudio, donde Sacha hacía experimentos de química, y se enfrascaba en algún libro. Volodia reconocía el valor de Sacha y las cualidades temperamentales que él nunca llegaría a emular. Su mal genio y su intolerancia con la estupidez siguieron siendo una constante a lo largo de toda su vida, y le resultaba difícil controlar ese aspecto de su personalidad. Dice Deutscher:

> Su primo, Veretennikov, recuerda que en una ocasión Volodia, cediendo a su vena satírica, hizo llorar con sus burlas a un niño simplón y tímido, pero después se arrepintió e hizo todo lo posible por aplacar y consolar a su víctima.

Las relaciones con su hermano llegaron a ser íntimas. En algunas ocasiones, cuando ambos estaban sumidos en sus tareas y unos primos suyos que estaban de visita irrumpían en el cuarto de estudio reclamando su atención, los hermanos se ponían de pie y declamaban al unísono: «Por favor, os agradeceríamos mucho que os ausentarais». No siempre daba resultado. Sacha era muy guapo, y sus primas disfrutaban de su compañía. Además, era ingenioso y amable, a diferencia de su hermano menor, quien, incluso durante su adolescencia, podía ser cáustico y muy grosero.

Los dos eran muy reservados. Ninguno de los dos tenía amigos íntimos en el colegio. Y Lenin tampoco dio ninguna muestra de rebeldía durante su estancia en el instituto. Hasta cumplir los dieciséis años fue un conformista en lo referente a la política y la religión. Sacha era mucho más político y desdeñaba la religión, pues se negaba con total tranquilidad a ir a misa, lo que contrariaba a su padre, un ferviente cristiano ortodoxo. Alexander entró en contacto con la obra de Chernyshevski, Dobrolyubov y Pisarev, un ensayista radical. Más tarde su hermana Anna hablaba de los frutos prohibidos que saborearon cuando Sacha y ella cursaban los dos últimos años de bachillerato:

> Leí al mismo tiempo que Sacha todas las obras de Pisarev de principio a fin; tuvieron un enorme efecto sobre nosotros. Aquellos libros estaban proscritos de las bibliotecas, pero nosotros se los pedimos prestados a un conocido nuestro, un médico, que tenía las obras completas en varios tomos. Fueron los primeros libros prohibidos que leímos. Estábamos tan absortos en ellos que cuando terminamos el último tomo sentimos una profunda tristeza por tener que separarnos de nuestro querido autor. Salíamos a pasear al jardín y una vez Sacha me habló de la triste suerte de Pisarev, que se ahogó —se decía que el gendarme que le seguía y le vigilaba vio cómo desaparecía entre las olas, pero de forma deliberada no pidió ayuda y le dejó morir. Yo estaba muy conmocionada. [...] Sacha, que iba paseando a mi lado, se sumió en su silencio habitual, y tan solo su semblante concentrado y sombrío dejaba entrever lo violentas que eran también sus emociones.

En 1883, un año después de terminar el bachillerato en Simbirsk, Sacha ingresó en la Universidad de San Petersburgo para estudiar Ciencias Naturales. Anna ya vivía en la ciudad. Fue en la capital donde Sacha y ella pudieron hablar abiertamente, por ejemplo sobre religión, cosa que resultaba casi imposible en el páramo del que acababan de salir. Se habían hecho ateos juntos. Más tarde, cuando la tragedia golpeó a la familia, quedó claro que ambos habían hablado sobre muchas cosas en secreto, pero nada que hubiera levantado las sospechas de Anna. Hablaban de sus padres, de sus hermanos, de la vida en la capital, de la habitación que había alquilado Alexander, «silenciosa, acogedora y con olor a lámpara de aceite». Le encantaba su trabajo en la universidad, pero se mantenía al margen de los grupos de estudiantes, y le decía a su hermana que «parlotean mucho, pero estudian poco». Y durante los tres primeros cursos, Sacha no hizo otra cosa que estudiar. De hecho, no había muchas más cosas que hacer, y dado que él no era aficionado ni a la vida tabernaria ni a los burdeles, se dedicaba a estudiar.

En 1884, el año en que Sacha llegó a la capital, las autoridades cerraron la última publicación populista radical, *Notas de la Patria*. Al año siguiente, *La Voluntad del Pueblo*, la antigua publicación del movimiento, dejó de existir siguiendo el ejemplo del partido, que asimismo había quedado aislado y liquidado. El comentario de despedida de la revista era muy deprimente, pero el régimen no quería dejar nada al azar. La atmósfera general era opresiva, la vida intelectual estaba estancada y una manta de represión zarista envolvía la ciudad. Los espías de la policía recorrían las tabernas y los cafés en busca de terroristas inexistentes.

Un alto burócrata del Estado le envió a un colega suyo caído en desgracia una cáustica descripción de la corte y de la vida en los círculos más elevados: «Allí todo es necedad e idiotez, rutina estúpida y desmoralización. No puede sacarse nada útil de toda esta podredumbre». La *intelligentsia* también estaba desmoralizada y, como es frecuente en tiempos de derrota, estaba centrada en sí misma y en «vivir para nosotros mismos». Abandonaron al campesinado, explicando que «nuestros tiempos no son tiempos para grandes tareas». Abandonaron a los escritores y a los artistas radicales, argumentando que eran tiempos para el «arte puro», privado de la mínima presencia de realidad.

La ciudad estaba cubierta de nieve en enero de 1887, cuando varios cientos de estudiantes se congregaron a las puertas del cementerio de Volkovo para conmemorar el vigésimo quinto aniversario de la muerte de Dobrolyubov, portando un retrato del escritor con la inscripción «Nuestro Diderot». Se encontraron con las puertas del cementerio cerradas a cal y canto y custodiadas por un pelotón de jinetes cosacos que empuñaban firmemente sus sables y sus látigos. Durante un instante los estudiantes permanecieron inmóviles; después empezaron a cantar «La Marsellesa» y a avanzar muy despacio. Los jinetes cosacos les atacaron con sus látigos. Se produjeron algunas escaramuzas. Detuvieron a cuarenta y dos estudiantes y los desterraron de San Petersburgo; los demás se dispersaron a la carrera en todas direcciones.

Sacha Ulianov participó en aquella manifestación, y la agresión de los cosacos contra unos estudiantes pacíficos y desarmados le radicalizó aún más. Le llegaron malas noticias desde casa. Su padre había muerto, su familia dependía de una pensión del Estado y disponía de muy poco dinero. Alexander era bien consciente de sus responsabilidades. Pero el suceso del cementerio de Volkovo, en sí trivial, tuvo un enorme efecto en él y en otros implicados. La experiencia personal, mucho más que los libros, a menudo es el factor más eficaz a la hora de transformar la conciencia política. Los círculos estudiantiles empezaron a debatir sobre la respuesta más adecuada. Se pusieron de acuerdo en el texto de una proclama que iba dirigida a la «sociedad» (es decir, a los intelectuales progresistas), pero ni siquiera lograron hacerla pública. En aquella ocasión fue la policía, que estaba perfectamente al tanto de cuanto ocurría, quien se encargó de vaciar los buzones de correos. Muchos estudiantes volvieron a la «normalidad». Pero Sacha y unos cuantos compañeros no. Él no hacía más que darle vueltas en la cabeza. Todos estaban de acuerdo en que las peticiones eran inútiles. Otros sugerían que tan solo había una alternativa seria: el terrorismo. Sacha insistía en que era imprescindible una cuidadosa reflexión antes de emprender una acción revolucionaria. Sus amigos le respondían que no bastaba con leer y escribir, que la violencia del Estado les estaba aplastando. La única respuesta a la violencia del Estado era la violencia revolucionaria. Los argumentos distaban mucho de ser originales. Habían dominado las décadas de 1860 y 1870.

Pero durante aquellas décadas, muchos entendían el terrorismo como una necesidad. En los años ochenta, ya no ocurría lo mismo. Lo que Sacha y sus compañeros conspiradores estaban tramando era un tenue eco de un trueno lejano. La bomba y el revólver podían conseguir, o eso imaginaban, lo que las manifestaciones y las charlas de café eran incapaces de lograr. Una vez que decidieron que la única respuesta seria a la situación era asesinar al zar, Sacha, todavía inseguro y con la sospecha de que aquel grupo tenía demasiados miembros, no desfalleció y se comprometió a escribir un manifiesto a fin de explicar los motivos para emprender aquella acción. En total, en el complot participaron quince estudiantes, incluidos dos polacos (de los que uno era Brosnislaw Piłsudski, cuyo hermano se convertía en el dictador de Polonia y en un enérgico enemigo del hermano menor de Sacha). Planearon matar al zar el 1 de marzo de 1887, en el aniversario del asesinato de su padre.

La operación estaba abocada al fracaso desde el principio. A diferencia de sus antecesores, los responsables del asesinato de Alejandro II, los estudiantes carecían de cualquier tipo de experiencia en conspiraciones para el asesinato, de un plan de acción mínimamente meditado y de los conocimientos técnicos imprescindibles. Transcurrió casi un mes hasta que Piłsudski consiguió traer ácido nítrico desde Vilna y el grupo logró adquirir dos revólveres de segunda mano. El amateurismo de los miembros del grupo quedó aún más en evidencia cuando uno de ellos le escribió una carta poética a un camarada de Járkov elogiando el terrorismo revolucionario. La carta incluía suficientes insinuaciones como para alertar a la policía, que empezó a seguir al autor de la misma y muy pronto tuvo localizados a todos los miembros del grupo. La intuición de Sacha sobre el tamaño del grupo se vio trágicamente confirmada cuando dos estudiantes a cuyo reclutamiento él se había opuesto le traicionaron y le denunciaron a la policía. El grupo que planeaba asesinar al zar fue detenido en la avenida Nevski. Mientras tanto, la policía llegó al apartamento de Sacha, justo en el momento en que Anna, que no sabía absolutamente nada, había pasado a ver a su hermano. Detuvieron a ambos. Sacha decidió aceptar toda la responsabilidad, y declaró ante el tribunal:

> Yo fui uno de los primeros que tuve la idea de formar un grupo terrorista y desempeñé el papel más activo en su organización. [...]

En cuanto a mi compromiso moral e intelectual en este asunto: ha sido total. Le he dedicado todos mis recursos, todos mis conocimientos y toda la fuerza de mis convicciones.

Cuando llegó la noticia a Simbirsk, la angustiada madre de Sacha le pidió a una vecina que cuidara de sus hijos, y partió de inmediato hacia la capital. Estuvo suplicando durante todo un mes, se puso de rodillas, hizo todo lo humanamente posible por salvar a su hijo. El propio Sacha no tenía muchas esperanzas. Cuando por fin se reunió con su madre, el 30 de marzo, se derrumbó y se puso a llorar, le pidió perdón y le explicó que «Aparte de las obligaciones para con su familia, uno tiene un deber para con su país. [...] Yo quería matar a un hombre, y eso significa que es posible que ahora me maten a mí». Al fiscal, que tenía las pruebas delante, le llamó la atención el alegato del acusado: «Ulianov asume muchos actos de los que, en realidad no es culpable». La policía había traspapelado el manifiesto que había escrito Sacha. Él lo reescribió en la cárcel y se lo entregó a la policía; fue remitido de inmediato a Palacio a petición del zar. Todo el mundo consideraba a Alejandro III, que a la sazón tenía treinta y tres años, un hombre zafio y semianalfabeto. Leyó el manifiesto y garabateó un comentario: «Este no es ni siquiera el escrito de un loco, sino de un puro idiota». Donde el documento decía que era imposible cualquier intento de elevar el nivel intelectual de la población, el Padre de Todo su Pueblo anotaba: «Eso resulta tranquilizador».

Sacha no se hacía demasiadas ilusiones sobre el destino que le esperaba. En una carta que le envió al zar, su madre le imploraba que tuviera misericordia y que le conmutara la sentencia de muerte. Su súplica fue rechazada. Aunque le había impresionado mucho el elocuente discurso de Sacha en el juicio —era un aspecto de su hijo que nunca había visto antes—, lloraba demasiado como para asistir a toda la sesión, y tuvo que abandonar la sala. Su hijo le brindó al tribunal una erudita conferencia sobre cómo se habían desarrollado otros países, mientras que Rusia había construido un puesto de control de carreteras para impedir cualquier evolución pacífica de la sociedad. Por eso la *intelligentsia* no tenía más remedio que ponerse a la altura del desafío. El terrorismo era la táctica que habían usado él y su grupo porque la lucha abierta a favor de los cambios les estaba vetada:

> El terror es esa modalidad de lucha creada por el siglo XIX, la única forma de autodefensa donde una minoría, armada exclusivamente de su fuerza espiritual y de la certeza en su rectitud, puede actuar en contra de la certeza de la fuerza física de la mayoría. [...] Por supuesto, el terror no es el arma de la *intelligentsia* en la lucha organizada. Es solo un camino que emprenden espontáneamente algunos individuos cuando su descontento llega a ser extremo. Visto así, el terrorismo es una expresión de la lucha popular, y durará mientras no se satisfagan las necesidades de la nación. [...] En la nación rusa siempre podrá encontrarse a una docena de personas tan entregadas a sus ideales y que sienten de una forma tan profunda las desventuras de su país que para ellos morir por su causa no es un sacrificio.

Alexander Ulianov fue ahorcado el 8 de mayo de 1887. Tenía diecinueve años. Su madre iba andando por la calle de camino a la cárcel de mujeres de San Petersburgo para visitar a su hija cuando se paró a comprar el periódico. Allí fue donde se enteró de la noticia.

3

El hermano menor

Durante los diez años posteriores a la tragedia, en los círculos radicales a Lenin se le conocía como el hermano menor de Alexander Ulianov. En lo referente a los círculos oficiales, la familia ya estaba condenada, en la deshonra total. Lenin cursaba su último año de bachillerato y necesitaba un permiso oficial para presentarse a los exámenes. Kérenski defendía su derecho a hacerlo y señalaba a las autoridades que el muchacho era un estudiante brillante, y que no existía el mínimo indicio de que compartiera las ideas de su hermano. La edad y la experiencia del director del colegio, así como su lealtad al Estado, eran una garantía de que su opinión no podía ser ignorada fácilmente. El hermano menor se presentó a los exámenes y, lo que no era de extrañar, los aprobó con muy buenas notas. Cuando era niño, Vladímir respondía a las preguntas de sus padres con dos palabras: «Como Sacha». Entraban en juego tanto la admiración como la rivalidad. Volodia estaba siempre al tanto de lo que hacía su hermano mayor, aprendiendo de él y comparándose con él. La muerte de su hermano le conmocionó en lo más profundo. Todo cambió. El suceso y sus repercusiones le radicalizaron políticamente. Isaac Deutscher concluye lo siguiente:

El nombre de Alexander no aparece en ninguno de los libros de Lenin, ni en sus artículos ni en sus discursos, y ni siquiera en las cartas a su madre y a sus hermanas. En los cincuenta y cinco tomos [...] de la edición rusa, Alexander se menciona únicamente de pasada, y tan solo dos veces. [...] No es posible achacar una reticencia tan extraordinaria a la frialdad de sus sentimientos: por el contrario, esa reserva enmascaraba una emoción demasiado profunda como para ser expresada y demasiado dolorosa para que alguna vez fuera posible recordarla con serenidad.

A veces, en algún momento de gran distensión y entre amigos, Lenin mencionaba la influencia de Sacha, tal y como relata Valentinov en su libro *Memorias de Lenin*. Winston Churchill, sempiterno enemigo del socialismo y el comunismo, fue capaz, en alguna ocasión, de elevarse por encima de la refriega, y en el ensayo sobre Lenin que escribió cinco años después de su muerte, escribía con perspicacia:

Era un hombre joven y muy sensible. Su mente era un instrumento extraordinario. Cuando brillaba su luz, alumbraba el mundo entero, su historia, sus penas, sus estupideces, sus farsas, y sobre todo sus injusticias. Revelaba todos los hechos con gran nitidez —los más desagradables, los más inspiradores— con un rayo de luz igual para todos. Su intelecto era muy amplio, y en algunas fases fue magnífico. Era capaz de una comprensión universal en una medida raramente lograda por los hombres. La ejecución de su hermano mayor refractó a través de un prisma aquel amplio haz de luz blanca: y el prisma era rojo[31].

---

[31] Winston Churchill, *The World Crisis: The Aftermath*, Londres, 1929, p. 73.

El hermano menor

Después de la Revolución, el poeta Mayakovski escribió algo parecido, aunque desde un punto de vista completamente diferente:

> Es terrenal
> aunque no de los que
> clavan la vista en su pesebre.
> Veía toda la tierra
> de un vistazo,
> veía aquello
> que estaba cerrado por el tiempo.

En Simbirsk, la vida se le puso difícil a la familia Ulianov. En lo social, sufrían el boicot de sus pares; las personas que les conocían desde hacía mucho tiempo se cambiaban de acera cuando veían a la madre de los chicos. Aquello enfurecía a Lenin mucho más que la suspensión temporal de la pensión del Estado a la que tenía derecho su madre porque la familia había engendrado a un regicida en potencia. Y eso creó dentro de él un odio profundo y puro contra los progresistas y sus hipocresías. Con qué facilidad cambiaban de chaqueta dependiendo del estado de ánimo del *establishment*. Qué fácil les resultaba saltar de una opinión a otra y manifestar su sorpresa cuando se les recordaba lo que habían afirmado tan solo unos meses antes. Lenin conservó durante toda su vida aquel desprecio por los camaleones políticos, un desprecio que se extendió sin el mínimo esfuerzo a los socialdemócratas de derechas cuando se comportaban de una forma parecida.

Tras las numerosas peticiones que presentó la extraordinaria madre de Lenin, la pensión se restableció. La familia decidió mar-

Lenin en 1887, el año que ahorcaron a su hermano.

charse de Simbirsk y mudarse a Kazán, donde Lenin estudió en la Facultad de Derecho. También su padre había estudiado allí en la época en que el distinguido matemático Nikolái Lobachevski

El hermano menor

(inmortalizado por la canción homónima de Tom Lehrer)[32] había sido rector de la Universidad y la vida intelectual había florecido. Pero ahora las cosas eran distintas. La ciudad y la Universidad estaban sumidas en una apatía embrutecedora. Los espías de la policía recorrían los campus a lo largo y ancho de todo el país. Todo el mundo conocía el apellido Ulianov, lo que significaba que Lenin fue objeto de una estrecha vigilancia desde que puso el pie en la Universidad. Su participación de perfil bajo en una protesta pacífica contra las condiciones opresivas dio lugar a su primera detención. El gendarme que le llevó detenido hasta el calabozo le preguntó: «¿Por qué está causando problemas, joven? Se está usted rompiendo la cabeza contra un muro».

La respuesta de Lenin fue enérgica y clarividente: «El muro está podrido. Un buen empujón y se vendrá abajo». Al cabo de cuatro meses (incluidos tres días de cárcel), fue expulsado de la Universidad.

¿Qué debía hacer? ¿Vengar a Sacha? Debió de acariciar esa idea pero la rechazó. No porque se hubiera convertido en un marxista, todavía le faltaba mucho para llegar a serlo. El libro que cambió su vida no fue *El capital,* como más tarde sostuvieron sus hagiógrafos oficiales, sino *¿Qué hacer?,* la novela de Chernyshevski. A raíz de los debates con sus compañeros de estudios y con otras personas sobre aquel libro, Lenin fue llegando poco a poco a la conclusión de que el sacrificio de su hermano y de los

---

[32] Cantante satírico y matemático estadounidense. En la canción responde a la pregunta inicial: «¿Quién hizo de mí un genio?». La respuesta es: «Lobachevski me enseñó que la clave del éxito consiste en plagiar... y llamarlo investigar». *(N. del T.).*

otros cinco estudiantes que fueron ahorcados con él había sido en vano. Aquel había sido el último estertor de un partido a punto de morir. No solo por culpa de la represión, sino también porque la estrategia había demostrado ser ineficaz. Ningún acto de terrorismo —ni siquiera el asesinato del zar— había desencadenado un levantamiento de las masas. Se había iniciado un periodo de silencio, una época sombría y melancólica para los jóvenes y para la *intelligentsia* progresista. Nada remotamente progresista logró filtrarse a través del largo crepúsculo de la década de 1880. Todas las revistas radicales habían sido prohibidas. Los periódicos de Moscú y San Petersburgo eran aburridos a más no poder. No podían publicarse ni oírse voces críticas. Fue una época para leer libros. Lenin los devoraba.

Lenin había sido desterrado a su ciudad natal tras el altercado de Kazán, pero como en Simbirsk ya no quedaba nadie de su familia, las autoridades le autorizaron a fijar su residencia en la granja de sus abuelos maternos, en Kokushkino, a unos cincuenta kilómetros de Kazán. Su hermana Anna fue enviada allí después de su salida de la cárcel de San Petersburgo, y el resto de la familia también se mudó allí. Los recuerdos de Sacha debían de ser muy fuertes. La familia había pasado allí casi todos los veranos, y Sacha, con la indignación pintada en el rostro, le había señalado en una ocasión a su hermano a los niños judíos esclavizados que eran conducidos por las calles del pueblo hacia algún lugar desconocido, donde tendrían que convertirse por la fuerza a la fe ortodoxa. Todos se acordaban de Sacha, pero no hablaban mucho de él.

Las tías de Lenin le cuchicheaban a su madre que, pasara lo que pasara, había que disuadir activamente al joven Vladímir de seguir los pasos de su hermano. Vana esperanza. No se sabe exactamente en qué momento Volodia se topó por primera vez con un ejemplar de *El capital*. La primera traducción al ruso se publicó en 1872. Sacha estaba leyéndolo cuando estuvo allí de vacaciones, durante el verano de 1886, pero en aquel momento Lenin estaba absorto con Turguéniev y probablemente ni siquiera se fijó en el título. Durante su breve periodo en la universidad, por Kazán circulaban más o menos una docena de ejemplares. Más tarde Karl Radek afirmaba que durante la Primera Guerra Mundial Lenin le dijo que se había afiliado a un círculo de La Voluntad del Pueblo en Kazán, y allí fue donde oyó por primera vez hablar de Marx a otro estudiante. Aquel estudiante, Ósip Mandelshtam, que a la sazón había contraído el sarampión marxista, posteriormente se convirtió en un político progresista-conservador y se afilió al Partido Demócrata Constitucional (PKD, o «kadetes»). Resulta creíble. Cuando le preguntaron por aquella época, su hermana Anna, la fuente más fiable en lo que respecta a la primera juventud de Lenin, contestaba: «En cualquier caso, no había mucho que decir. Mi hermano leía, estudiaba y discutía».

La familia recibió autorización para volver a Kazán, y Lenin renovó los contactos con algunos de sus amigos. Pero no invitaba a ninguno de ellos a casa, por temor a implicar de alguna forma a su familia. Es de suponer que tampoco ninguno de ellos quisiera ir a visitarle, teniendo en cuenta que habitualmente la policía vigilaba a la familia Ulianov. Chetvergova, una veterana militante de La Voluntad del Pueblo, vivía en Kazán en aquella época. Lenin iba a verla a menudo, y le preguntaba por los detalles de la organización y por su historia. Leer a Marx desempeñó un papel muy importante en la formación intelectual de Lenin, pero no se convirtió de inmediato en el sustituto de sus afinidades con La Voluntad del Pueblo. Nunca hablaba de Sacha, y se mostraba remiso cuando los admiradores de su hermano mayor intentaban relacionarse con él. Tampoco escribía nunca sobre él. Las únicas personas con las que habló sobre Sacha, más tarde y con cierto detalle, fueron sus hermanas, su esposa Nadia Krúpskaya y su estrecha colaboradora y amante Inessa Armand. La tragedia le dejó una profunda cicatriz en su fuero interno que nunca desapareció. Como homenaje tácito, Vladímir leyó con avidez la mayoría de los libros que tenía Sacha en su estantería. Aunque había ignorado a Chernyshevski en vida de Sacha, tras su muerte leyó *¿Qué hacer?*, y se acaloraba mucho cuando alguien criticaba la novela (cosa que ocurría a menudo, porque como literatura no funcionaba). Valentinov, que de joven fue bolchevique, y que conoció bien a Lenin durante su exilio en Suiza, recordaba su explosiva reacción cuando él se atrevió a criticar el libro:

> La novela de Chernyshevski fascinó y cautivó a mi hermano. También me ha cautivado a mí. *Me dejó totalmente abrumado.* [...] No sirve de nada leerlo cuando a uno todavía no se le ha secado de los labios la leche materna. La novela de Chernyshevski es demasiado compleja, está demasiado llena de pensamientos y de ideas, como para que la comprenda y la valore una persona muy joven. Yo mismo intenté leerla cuando tenía catorce años. [...] Fue una lectura superficial, carente de valor, que no me llevó a ningún sitio. Pero después, tras la ejecución de mi hermano, sabiendo que la novela de Chernyshevski era una de sus obras favoritas, empecé lo que fue una verdadera lectura, y estuve enfrascado en el libro no ya varios días, sino varias semanas. Tan solo entonces entendí toda su profundidad. Es una obra que deja una carga para toda la vida. [...] El

gran mérito de Chernyshevski es que no solo demostró que toda persona que piense correctamente y sea verdaderamente honesta debe ser un revolucionario, sino también algo más importante: cómo debería ser un revolucionario, qué reglas debería seguir, cómo debe enfocar sus metas y qué medios y métodos debe utilizar para alcanzarlas. [...] Antes de conocer a Marx, a Engels y a Plejánov, Chernyshevski fue el único que ejerció una influencia dominante sobre mí, y todo empezó con *¿Qué hacer?*[33].

Fue un largo camino el que tuvo que recorrer Lenin desde La Voluntad del Pueblo a la socialdemocracia. Incluso después de dejar atrás aquella etapa, Lenin siempre conservó cierta debilidad por los antiguos terroristas, conocía sus lugares de residencia en distintas partes del país y sacaba tiempo para ir a verlos siempre que podía. Y lo más importante, sus ideas sobre cómo tenía que funcionar un partido revolucionario en condiciones de clandestinidad le debía muchas cosas a la tradición revolucionaria premarxista de la Rusia zarista.

Es muy posible que si La Voluntad del Pueblo se hubiera restablecido y reorganizado, Lenin habría tenido que afrontar un grave dilema. Pero para entonces estaba claro que el partido era irrecuperable. Había quedado de manifiesto en el fracaso total del

---

[33] Nikolái Valentinov, *Encounters with Lenin*, Nueva York, 1968. Es la mejor biografía política-personal de Lenin justamente porque carece de veneración. Valentinov era el nombre en la clandestinidad de N. V. Volski, descendiente de una destacada familia aristocrática. La hacienda familiar estaba ubicada en la ciudad donde un hermano de Georgui Plejánov era jefe de policía. El joven Volski recuerda lo nervioso que se ponía el comisario Plejánov cuando alguien le preguntaba amablemente cómo le iban las cosas a su hermano en el exilio.

complot de 1887 organizado por Sacha y sus camaradas. Durante el año siguiente se consolidó el hundimiento. Lev Tijimirov, el principal teórico y estratega de La Voz del Pueblo, que unos años atrás había argumentado a favor de la toma del poder y de una revolución socialista inmediata, había cambiado drásticamente de postura. En marzo de 1888 declaró su solidaridad con la autocracia y publicó un panfleto titulado *Por qué he dejado de ser un revolucionario,* que tuvo una amplia difusión. Varios miles de activistas de La Voluntad del Pueblo siguieron su ejemplo y cambiaron de bando. Las últimas líneas del poeta anarquista Semión Nadson incluían unas palabras dirigidas a su propia generación: «No, yo ya no creo en vuestros ideales».

La tasa de suicidios entre los jóvenes era terriblemente alta. Chéjov explicaba el motivo de la siguiente manera:

> Por un lado una sed apasionada de vida y verdad, sueños de actividad, ilimitados como las estepas. [...] Por otro, una llanura infinita, un clima riguroso, un pueblo austero y gris, con su pesada y escalofriante historia, su salvajismo, su burocracia, su pobreza y su ignorancia. [...] Para los rusos, la vida en Rusia es como cargar con una piedra de mil toneladas.

Y sin embargo, aquella misma década de derrotas dio lugar a la primera corriente socialdemócrata (prácticamente un sinónimo de «marxista» en aquellos primeros años) organizada de Rusia: el Grupo para la Emancipación del Trabajo, cuyos fundadores, Gueorgui Plejánov, Vera Zasúlich y Lev Deutsch, habían sido antiguos populistas radicales. Zasúlich había intentado sin éxito asesinar al general Tepper, jefe de la policía, en San Petersburgo.

En una fecha tan temprana como 1880, el Comité Ejecutivo de La Voluntad del Pueblo (que a su vez era una escisión reciente del Grupo Tierra y Libertad), le había escrito a Marx: «¡Ciudadano!, la clase intelectual y progresista de Rusia ha reaccionado con entusiasmo a la publicación de tus eruditas obras. Reconocen científicamente los mejores principios de la vida en Rusia». Evidentemente les había causado una gran impresión la condena moral de la explotación, pero no habían llegado a entender del todo la tesis central de *El capital*.

Se había construido un destartalado puente entre la orilla populista y la socialdemocracia. En 1893, Lenin, recién llegado a la capital, se afilió a uno de los grupos de Emancipación del Trabajo de San Petersburgo, en el que ya operaban Piotr Struve, Mijaíl Tugan-Baranovski y Alexandr Potresov. A partir de ese momento su vida se fundió con la de aquel partido, que había asumido como propia la causa de los obreros industriales, que trabajaban en unas condiciones atroces en las fábricas que brotaban como hongos por los alrededores de la ciudad.

Para entonces, en la capital ya celebraba sus reuniones un círculo de estudios diferente, aunque igual de minúsculo, encabezado por un marxista local que operaba bajo el alias de Yuli Mártov, y formado en exclusiva por estudiantes. Mártov estaba convencido de que el estancamiento de la *intelligentsia* era temporal, y que la lucha de los trabajadores contra el capital muy pronto dominaría las grandes ciudades, provocaría que el populismo quedara anticuado y se ganaría el apoyo a su causa tanto de los obreros como de los intelectuales. La principal preocupación de Mártov era si iban a ser capaces de organizar a tiempo un partido obrero:

Da igual que podamos hacer realidad o no esa tarea antes de que se produzca esa revolución hacia la que avanza Rusia en sus actuales circunstancias. Si no lo conseguimos, participaremos en la revolución codo con codo junto a los demás partidos progresistas; si lo logramos, el partido socialdemócrata organizado demostrará que es capaz de conservar los frutos de la victoria en manos de la clase trabajadora.

Hacer... ¿qué? Los debates en torno al carácter de la revolución a la que aspiraban los militantes de todos aquellos grupos no habían empezado. Una interpretación de la ortodoxia marxista sugeriría un alzamiento demócrata burgués para liquidar la autocracia e iniciar una nueva fase en la historia de Rusia, creando el espacio necesario para la transición al socialismo. El modelo, contemplado en su sentido más amplio, era el de la Revolución francesa.

Mártov, que ya estaba un poco harto de las charlas de café, decidió trasladarse por un tiempo a Vilna para poner a prueba sus teorías con los obreros judíos de la ciudad. Animado por los resultados del experimento, Mártov regresó a San Petersburgo con algo que contar, y con un panfleto que había escrito junto con Arkadi Kremer, un activista de Vilna: *Sobre la agitación*. Aquel texto, que planteaba una forma de salir de la dicotomía intelectuales/obreros por el procedimiento de hacer hincapié en la unidad de la teoría y la práctica, impresionó profundamente a Lenin. Comprendió que la práctica era un componente esencial de la conciencia revolucionaria. La masa de los trabajadores iba a radicalizarse a través de sus propias experiencias colectivas, pero ¿y la teoría?

En 1895, los dos círculos socialdemócratas se fusionaron para formar la Unión de Lucha para la Liberación de la Clase Obrera de San Petersburgo. Y en Moscú y Kiev se producían movimientos análogos. La creciente frecuencia de las luchas obreras a lo largo y ancho de todo el país llevó a algunos participantes a argumentar que debían involucrarse en aquellos conflictos; los obreros iban a descubrir a través de la experiencia que las autoridades siempre se ponían de parte de los patronos, lo que llevaría a los trabajadores a entender el sistema en su conjunto desde un punto de vista marxista. Algunos socialdemócratas no estaban de acuerdo y argumentaban que los obreros no necesitaban que nadie les guiara. Su fuerza en la industria bastaba para llevarlos adelante. La idea en sí no era nueva. Los grupos populistas habían creado círculos de obreros en las fábricas para ayudarles a organizarse y a luchar por las mejoras cotidianas. Ahora, Kursova (una de las primeras socialdemócratas de Moscú) planteaba que no era necesario crear un partido político por separado, y que los esfuerzos de los marxistas rusos debían limitarse a ayudar a los obreros de las fábricas, al tiempo que participaban en el movimiento progresista y constitucionalista defendido por la burguesía rusa.

Tanto Lenin como Mártov, las dos figuras dominantes del incipiente movimiento socialdemócrata, se oponían enérgicamente a ese planteamiento. Las dotes teóricas de Lenin, y su habilidad para desmantelar y demoler los argumentos que a él le parecían erróneos, habían consolidado su autoridad. En un grupo formado casi en su totalidad por intelectuales, difícilmente podía ser de otra manera. En *Qué son los «Amigos del Pueblo» y cómo combaten a los socialdemócratas* (1894), Lenin explicaba con detalle los procesos que estaban en marcha en Rusia, e insistía enérgicamente en su evolución capitalista. No argumentaba que el capitalismo ruso hubiera culminado su obra y que lo único que quedaba por delante era una revolución socialista[34]. Su principal línea argumental, como el propio Lenin le explicaba a un compañero, era que «la desintegración de nuestros pequeños productores (los campesinos y los artesanos) parece ser el hecho básico y principal que explica nuestro capitalismo urbano y a gran escala, con lo que se disipa el mito de que la economía campesina supone un tipo de estructura especial».

Poco después, Lenin decidió viajar al extranjero y consultar a distintas figuras en el exilio, así como a los activistas de la socialdemocracia europea. Es posible que también deseara salir del país para reflexionar y reponerse de sus tragedias familiares. Su hermana menor, Olga, a la que estaba muy unido, había muerto de tifus a los diecinueve años, y tras aquel suceso Lenin dejó a un lado todos sus quehaceres y pasó el verano de 1891 al lado de su madre en Samara. En 1895, en Europa, conoció a los veteranos del marxismo ruso: a Plejánov y a Pável Axelrod en Suiza, a Paul Lafargue (el yerno de Marx) en París, y a Wilhelm Liebknecht en Berlín. Sus encuentros con los marxistas rusos fueron cordiales. Lenin era un alumno diligente, y en aquella ocasión escuchó gustoso a Plejánov, que también estaba muy contento con la admiración de aquel joven, cuya intensidad le impresionó.

---

[34] El estudio más esclarecedor y meticuloso de la evolución de las ideas de Lenin, y la medida en que divergían o no de Marx, figura en Neil Harding, *Lenin's Political Thought*, vol. 1, Londres, 1977. Tanto ese primer tomo como el segundo ya están disponibles en un solo volumen en edición rústica.

El hermano menor

La oleada de huelgas de los años 1896 y 1897 reafirmaron la convicción de Lenin de que no se podía dejar para más adelante la creación de un Partido Obrero Socialdemócrata de Rusia unificado (POSDR). A fin de prepararse para dicha tarea, los socialdemócratas tenían que ponerse de acuerdo y presentar un conjunto coherente de ideas y de planes organizativos. La policía zarista tenía otras ideas. Mártov y Lenin fueron detenidos en 1897 y condenados a tres años de destierro en Siberia. El I Congreso del POSDR tuvo lugar en Minsk en 1898. Lenin había añadido un breve apéndice a su panfleto *Las tareas de los socialdemócratas rusos*. Atormentado por la triste suerte de su hermano, que había sido traicionado por dos nuevos afiliados sin principios, Lenin insistía en que en Rusia los socialdemócratas tenían que operar en la clandestinidad, crear identidades falsas y utilizar otras formas de engaño a fin de defender la organización:

> Sin el fortalecimiento y el desarrollo de la disciplina revolucionaria, de la organización y la actividad clandestinas, resulta imposible luchar contra el gobierno. Y la actividad clandestina exige por encima de todo que los grupos y los individuos se especialicen en distintos aspectos del trabajo, y que la tarea de coordinación recaiga en manos del grupo central de la Unión de Lucha, con el mínimo número posible de miembros.

En teoría, la revolución que se avecinaba iba a basarse en la fuerza creciente del proletariado, ayudado por el ritmo cada vez más acelerado del desarrollo capitalista, y por consiguiente sería una revolución de tipo democrático y burgués. Su principal tarea iba a consistir en la abolición total de los latifundios en los que se basaba la autocracia. Ello dejaría espacio libre para un desarrollo capitalista sin trabas, lo que a su vez provocaría un aumento del tamaño y del peso del proletariado, lo que acabaría llevándole a enfrentarse cara a cara con su enemigo. Y ese enemigo no eran los individuos particulares, por repugnante que resultara su conducta, sino la clase capitalista en su conjunto. Era crucial que se produjera una revolución democrática a fin de crear las estructuras jurídicas y de otro tipo que hicieran posible la libertad de asociación, y una prensa que le concediera a los obreros y a sus organizaciones el espacio político necesario para que fueran conscientes de su propia fuerza.

En 1900, poco después de que Lenin cumpliera su condena de destierro en Siberia, sus camaradas decidieron que él y Potresov viajaran al extranjero para asistir a una cumbre con Plejánov, Axelrod y Zasúlich, y para debatir con ellos los planes del movimiento para el futuro, así como el lanzamiento de un periódico marxista —*Iskra* (la Chispa)— en el exilio a fin de difundir sus ideas. Mártov debía permanecer en Rusia por el momento, para organizar los grupos socialdemócratas. Al principio, las conversaciones con la vieja guardia en Suiza fueron bien: Lenin apoyaba políticamente a los veteranos en contra de algunos de sus oponentes más jóvenes en el exilio, cuyas ideas sobre el programa del partido estaban reñidas con las de Plejánov y Axelrod. Como muy pronto iba a descubrir Lenin, Plejánov no toleraba la mínima oposición en cuestiones teóricas y organizativas, y con el paso del tiempo iba volviéndose cada vez más maniático.

Poco después de su reunión con el «padre del marxismo ruso», Lenin escribió un texto insólito: *Por qué la «Chispa» estuvo a punto de apagarse*. Insólito en el sentido de que parece un diario, una forma literaria que habitualmente le desagradaba. No es de extrañar que Lenin estuviera entusiasmado y un poco nervioso ante la idea de conseguir que los grandes del marxismo ruso apoyaran la creación de *Iskra*, pero después, cuando escuchó lo que dijeron, su nerviosismo se desvaneció. La primera parada fue Zúrich, donde se encontró con un Pável Axelrod encantador: «La conversación fue como la de dos amigos que no se veían desde hacía mucho tiempo; hablamos sobre nada en particular y sobre todo, sin un orden preciso». En Ginebra, otro exiliado le advirtió de que tuviera cuidado, se había producido una fractura en la unión de los exiliados en el extranjero, y desde entonces Plejánov estaba en un estado mental particularmente paranoico. Lenin contaba que la reunión había sido un desastre.

> En efecto, mi conversación con él me dejó claro que no se fiaba de nadie y estaba verdaderamente receloso y [...] yo intenté ser lo más cauto posible y evitar cualquier asunto «conflictivo», pero las constantes limitaciones que tuve que ponerme a mí mismo lógicamente afectaron enormemente a mi estado de ánimo. De vez en cuando surgían pequeños «roces», en forma de respuestas cortantes por parte de Plejánov a cualquier comentario que pudiera, siquiera mínimamente, enfriar o aplacar las pasiones que se habían desatado (a raíz de la fractura). También hubo «fricciones» sobre cuestiones relativas a la táctica de la revista, donde Plejánov hizo gala en todo momento de su completa intolerancia, de su incapacidad o su falta de disposición para comprender los argumentos de los demás y, por utilizar el término correcto, de su insinceridad.

El encuentro entre la generación «de los mayores» y la de «los jóvenes» alcanzó un punto crítico cuando Plejánov acusó a Lenin y a sus camaradas de San Petersburgo de ser demasiado conciliadores con sus oponentes. Cuando Lenin sugirió que el nuevo periódico debía estar abierto al debate y la discusión, el veterano socialista no pudo controlar su ira y

> se negó a escuchar nuestros argumentos. Mostró un odio hacia «la gente de la Unión de Socialdemócratas Rusos en el Extranjero» que rayaba en lo indecente (insinuando que eran espías, acusándoles de ser unos embaucadores y unos granujas, y afirmando que no vacilaría en «fusilar» a ese tipo de «traidores», etcétera). [...] Saltaba a la vista que tanto él como nosotros estábamos cada vez más en desacuerdo sobre el carácter de un manifiesto.

Una reunión de la Unión de Lucha, 1897.

Los ánimos se calmaron al cabo de unos días, y, después de llegar a un acuerdo, si cabe denominarlo así, sobre el primer editorial, todo el Grupo para la Emancipación del Trabajo, a excepción de Mártov —los tres veteranos, junto con Lenin y Potresov (Arseniev)—, se reunieron a modo de conferencia. Uno de los primeros asuntos de la agenda era la actitud a adoptar frente al Bund judío, una organización socialdemócrata para trabajadores judíos que estaba mucho más familiarizada con las preocupaciones y las necesidades cotidianas de los obreros judíos y sus familias que cualquier otra organización del Imperio zarista. Y en aquel momento Plejánov tuvo un berrinche antisemita que a Lenin le causó una profunda impresión:

> Plejánov manifestó una intolerancia extrema [con el Bund] y declaró abiertamente que se trataba de una organización de explotadores que se aprovechan de los rusos, y no de una organización socialdemócrata. Dijo que nuestro cometido era expulsar del Partido a ese Bund, que todos los judíos son chovinistas y nacionalistas, que un partido ruso debería ser ruso y no rendirse como «prisionero» de ese «nido de víboras», etcétera. Ninguna de nuestras objeciones a aquellos indecentes discursos tuvo el mínimo efecto, y Plejánov se mantuvo inamovible en su postura, afirmando que nosotros simplemente no sabíamos lo suficiente sobre los judíos, que no teníamos experiencia real del trato con los judíos.

Georgui Plejánov: del antisemitismo en sus comienzos al chovinismo nacional durante la Primera Guerra Mundial.

Acordaron posponer el debate sobre ese asunto hasta la siguiente conferencia; pero la actitud de Plejánov frente a otras cuestiones a Lenin también se le antojaba «particularmente repelente», lo que venía a demostrar «con bastante claridad que no existían unas relaciones normales entre él y nosotros». La idea de poner en marcha un nuevo periódico había partido de Lenin y Mártov en San Petersburgo en una de las reuniones de su propia organización.

Dado que se iba a publicar en el extranjero, se planteó que había que intentar involucrar a los veteranos. Plejánov se negaba a aceptar que un puñado de jóvenes mocosos recién llegados de Rusia dirigiera el periódico. Su ego, que siempre tomaba un rumbo estratosférico, se sentía herido. Se negó a escribir la «declaración» o a colaborar en su redacción, pero no paraba de criticar, «y, como quien no quiere la cosa, de vez en cuando lanzaba algún comentario venenoso y malicioso», o calificaba a Lenin de «arribista», etcétera. Plejánov ganó la batalla por mantener el control, y dejó tras de sí un rastro de amargura y resentimiento. Así resumía Lenin la situación:

> En cuanto estuvimos solos, después de bajarnos del vapor, prorrumpimos en una avalancha de expresiones airadas. Nuestros sentimientos reprimidos se apoderaron de nosotros; la atmósfera cargada estalló en forma de tormenta. Estuvimos caminando de un lado a otro por nuestro pequeño pueblo hasta altas horas de la noche; estaba bastante oscuro, se oía el ruido de los truenos, y los constantes relámpagos rasgaban la atmósfera. Nosotros seguíamos paseando, a punto de reventar de indignación. Recuerdo que Arseniev empezó afirmando que en lo referente a él, sus relaciones personales con

Plejánov estaban cortadas, de una vez y para siempre, y que nunca se restablecerían. Pensaba mantener las relaciones sobre los asuntos del movimiento, pero en lo referente a las relaciones personales: *se acabó*. La conducta de Plejánov había sido insultante en un grado tal que uno no podía evitar sospechar que albergara pensamientos «sucios» sobre nosotros (a saber, que nos consideraba unos *arribistas*). Nos había pisoteado, etcétera. Yo le dije que estaba totalmente de acuerdo con aquellas acusaciones. Mi «encaprichamiento» con Plejánov desapareció como por arte de magia, y me sentía ofendido y lleno de rencor en un grado increíble. Nunca, nunca en toda mi vida, había sentido por otro hombre un respeto y una veneración tan sinceros, nunca me había presentado tan «humildemente» ante ningún hombre, y hasta entonces nadie me había «pateado» de una forma tan brutal. Eso era lo que había pasado, en realidad nos había dado de patadas. Nosotros nos habíamos asustado como niños pequeños, estábamos asustados porque los mayores nos amenazaban con dejarnos solos, y cuando nos achantamos (¡qué vergüenza!), nos apartaron a un lado con una brusquedad increíble. Ahora nos dábamos cuenta claramente de que Plejánov simplemente nos había tendido una trampa aquella mañana, cuando se negó a ser co-director; había sido una jugada de ajedrez deliberada, una celada para unos «lechuguinos» sin malicia. [...] Y dado que un hombre con el que queríamos colaborar estrechamente, y establecer unas relaciones muy íntimas, recurría a las jugadas de ajedrez para tratar con sus camaradas, no cabía duda de que aquel hombre era malvado, sí, malvado, un hombre animado por mezquinos móviles de vanidad y engreimiento personal, un hombre mendaz. Aquel descubrimiento —porque efectivamente era un descubrimiento— fue como si nos hubiera alcanzado un rayo; porque hasta ese momento ambos habíamos sentido una admiración total por Plejánov e, igual que hacemos con un ser querido, se lo habíamos perdonado todo; habíamos hecho oídos sordos a todos sus defectos; habíamos intentado convencernos a nosotros mismos de que en realidad aquellos defectos no existían, de que eran cosas insignificantes que tan solo molestaban a las personas que no sentían el debido respeto por los principios. Sin embargo, nos acababan de dar una lección práctica de que esos defectos «insignificantes» eran capaces de repugnar a los amigos más devotos, que por mucho que apreciáramos su corrección teórica, eso nunca nos haría olvidar los rasgos *repugnantes* de aquel hombre. Nuestra indignación no conocía límites. Nuestro ideal había quedado destruido; nos regodeamos pisoteándolo como a un dios destronado. No podíamos parar de lanzar acusaciones contra él. Decidimos que la cosa no podía seguir así. No queremos, no estamos dispuestos, no *podemos* trabajar con él en semejantes condiciones. ¡Adiós, revista!

Unos jóvenes camaradas «cortejan» a un camarada mayor obedeciendo al gran amor que sienten por él, y de repente él inyecta en ese amor una atmósfera de intriga, obligándoles a sentirse, no como sus hermanos menores, sino como unos estúpidos a los que tomar el pelo, como unos peones que él mueve a su antojo, y, peor aún, ¡como unos torpes *Streber* [arribistas] a los que hay que asustar y machacar a conciencia! Un joven enamorado recibe del objeto de su amor una amarga lección: que hay que contemplar a todo el mundo «sin sentimientos», que hay que tener siempre una piedra preparada en la honda. Aquella noche dijimos muchas más cosas con ese mismo tono de amargura. Naturalmente, lo repentino del desastre nos llevaba a magnificarlo, pero, en general, las palabras amargas que dijimos eran ciertas. Cegados por nuestro amor, nos habíamos comportado como auténticos *esclavos,* y es humillante ser un esclavo. El hecho de que «él» mismo nos hubiera abierto los ojos a nuestra humillación multiplicaba cientos de veces nuestra sensación de que habíamos sido tratados injustamente.

El hermano menor

Al tiempo que sucedía todo aquello en los estrechos confines de Suiza, en Rusia algunos de los oponentes de Plejánov planteaban ideas que a todos los efectos suponían un acercamiento a la autocracia. Entre esas ideas estaban el sindicalismo, una adoración incondicional de la conciencia de clase existente y la incapacidad de pensar en el futuro. Todas las corrientes economicistas de aquellos «marxistas legales» estaban empantanadas en el presentismo, pues argumentaban: «Puede que lo que hay no sea permanente, pero no tenemos más remedio que vivir con ello hasta que se produzca un cambio. Entonces participaremos de ese cambio».

La estrella polar de la mayoría de los socialdemócratas era el Partido Socialdemócrata Alemán (SPD). Los socialistas europeos, incluido Lenin, lo veían como un partido modelo. Pero Lenin insistía en que el SPD podía permitirse determinados lujos, como por ejemplo una minoría revisionista muy arraigada y bien definida entre sus filas, porque las condiciones en Alemania eran todo lo contrario que las de Rusia. Desde 1890 el grupo había podido operar en la legalidad. Tenía un programa marxista bien definido, una prensa muy desarrollada, unos métodos bien consolidados para resolver las disputas y unos líderes con autoridad real. El contraste era evidente. El modelo alemán, casi perfecto para los países democráticos, no podía reproducirse en la Rusia zarista.

Ese era el contexto en el que Lenin escribió su primera obra *política* importante, que se publicó en 1902. La tituló *¿Qué hacer?* como homenaje al viejo populista radical. Leer el texto puede resultar desconcertante, dado que es una serie de polémicas dirigidas contra unos grupos ya extinguidos desde hace tiempo. Pero resulta igualmente desconcertante para quienes abren sus páginas con la esperanza de encontrar la receta para construir un partido clandestino y conspirador. No es una versión marxista del *Catecismo* de Necháyev. E incluso es posible que a algunos lectores les sorprenda encontrar en sus páginas una defensa de «los sueños» en medio de un texto donde Lenin critica duramente a quienes no pueden pensar más allá de las condiciones concretas de la vida en las fábricas. De repente, hace su aparición la figura familiar de Písarev, y Lenin cita de su ensayo «Errores de un pensamiento en agraz»:

> «Hay diferentes clases de desacuerdos» —escribía Písarev a propósito del desacuerdo entre los sueños y la realidad. «Mis sueños pueden rebasar el curso natural de los acontecimientos, o bien pueden desviarse a un lado, adonde el curso natural de los acontecimientos no puede llegar jamás. En el primer caso, los sueños no producen ningún daño, incluso pueden sostener y reforzar las energías del trabajador... En sueños de esta índole no hay nada que deforme o paralice la fuerza de trabajo. Muy al contrario. Si el hombre estuviese completamente privado de la capacidad de soñar así, si no pudiese de vez en cuando adelantarse y contemplar con su imaginación el cuadro enteramente acabado de la obra que se bosqueja entre sus manos, no podría figurarme de ningún modo qué móviles obligarían al hombre a emprender y llevar hasta su término vastas y penosas empresas en el terreno de las artes, de las ciencias y de la vida práctica... El desacuerdo entre los sueños y la realidad no produce daño alguno, siempre que la persona que sueña crea seriamente en su sueño, se fije atentamente en la vida, compare sus observaciones con sus castillos en el aire y, en general, trabaje escrupulosamente en la realización de sus fantasías. Cuando existe

algún contacto entre los sueños y la vida, todo va bien». Pues bien, los sueños de esta naturaleza, por desgracia, son sobradamente raros en nuestro movimiento[35].

En una fecha tan temprana como 1907, Lenin dejaba claro que las recetas esbozadas no eran ni universalmente aplicables ni iban a ser necesarias para siempre en Rusia:

> Respecto al contenido esencial del panfleto, es preciso llamar la atención del lector contemporáneo sobre lo siguiente. El error básico que cometen quienes ahora critican *¿Qué hacer?* es considerar el panfleto al margen de su relación con la situación histórica concreta de un periodo definido, y ya superado hace mucho, del desarrollo de nuestro Partido.

Eso era cierto. Ni Marx ni Lenin generalizaron jamás a partir de las experiencias específicamente locales. Lo que sí comprendían, mucho mejor que la mayoría de sus pares, era que los fundamentos de la sociedad burguesa no eran inamovibles y, para Lenin, esa constatación era crucial para su afirmación de que el siglo XX era una época de guerras y revoluciones.

La importancia universal de *¿Qué hacer?* no radicaba en su pormenorizado rechazo a otras corrientes políticas, sino en que ponía el acento en la primacía de la política y en la necesidad de un partido político con un vigoroso conjunto de publicaciones, así como su cuidadosa delineación de la relación entre la teoría y

---

[35] V. I. Lenin, *Obras escogidas en tres tomos,* tomo I, Moscú, Progreso, p. 146. *(N. del T.)*.

la práctica de la que posteriormente (en 1924) el joven Lukács afirmaría que engloba «la realidad de la revolución».

¿De dónde tenía que surgir la teoría? Ahí no cabía ningún género de duda. Las teorías marxistas y socialistas no surgieron espontáneamente, sino del quehacer intelectual de muchos, y «de las teorías filosóficas, históricas y económicas que elaboraban los representantes cultos de las clases adineradas: la *intelligentsia*. Los fundadores del socialismo moderno, Marx y Engels, pertenecen por su estatus social a la *intelligentsia* burguesa». Y, como mencionábamos antes, lo mismo cabría decir de las corrientes populistas que dominaron el siglo XIX: Kropotkin, Bakunin, Tolstói.

La actividad sindical era la conciencia espontánea de los trabajadores recién incorporados a la industria pero, por sí sola, era insuficiente, y a menudo acababa siendo dominada por su adversario capitalista. No podía llegar al socialismo de una forma espontánea. La política y los partidos eran esenciales:

> Quienes se abstienen de implicarse en ese sentido [...] en realidad están dejando a los progresistas al mando, están dejando en sus manos la educación política de los obreros, y le conceden la hegemonía en la lucha política a unos elementos que, en última instancia, son líderes de la democracia burguesa.

A Lenin muy pronto le resultó evidente que la burguesía rusa no estaba a punto de desempeñar un papel heroico, ni siquiera de forma indirecta, como habían hecho los comerciantes de Londres o la intelectualidad burguesa francesa. Esta última había perdido muy deprisa su visión y se convirtió en la principal defensora del orden, siendo objeto de las invectivas de Marx por los pecados que cometió en 1848 y después. Lenin calificaba a sus descendientes rusos de «aduladores, viles, nauseabundos y brutales», y vituperaba al «cerdo progresista que se considera educado, pero que en realidad es sucio, repugnante, obeso y petulante».

El estilo polémico del debate en Rusia, que a menudo se ha achacado a la izquierda, tiene un pedigrí mucho más antiguo. Durante el siglo XVII, los debates en el seno de la Iglesia a menudo eran violentos. En su memorable *Historia de la literatura rusa*, D. S. Mirski nos informa de que Iván el Terrible «era un escritor de panfletos de gran talento». Su pluma, de la que brotaban «invectivas satíricas», entraba constantemente en acción contra los boyardos y la Iglesia:

> Lo mejor es la carta que le escribió al abad del Monasterio de San Cirilo, donde vierte todo el veneno de su cruda ironía contra la vida nada ascética de los boyardos, de los monjes tonsurados y de los desterrados por orden suya. El cuadro que dibuja de su vida de lujo en la ciudadela del ascetismo es una obra maestra de sarcasmo mordaz[36].

Lenin era más considerado cuando analizaba los cambios en la política de la burguesía, de la que siempre se mantuvo al corriente, tanto en Rusia como desde el extranjero. Por ejemplo, analizó con gran detalle las reformas de Stolypin de 1906 (que en estos tiempos cuentan con el favor del mundo académico ruso como alternativa a la revolución), señalando que estaban aboca-

---

[36] D. S. Mirski, *A History of Russian Literature*, Nueva York, 1964, p. 21.

das al fracaso, no porque fueran poco inteligentes desde el punto de vista de los conservadores progresistas, sino porque la cooperación que proponían con los sectores más acomodados del campesinado era, en realidad, imposible, debido al sumo grado de polarización política de Rusia. Esta cuestión en particular se le escapaba a Friedrich Hayek en sus elogiosas alusiones a aquellas propuestas en su libro *Camino de servidumbre,* que incluso él admitía que habían sido una respuesta a la Revolución de 1905, cuyo cometido era «debilitar las voces desde los sectores inferiores y atenuar la preocupación de la nobleza terrateniente por las posibles confiscaciones».

Las ideas de Lenin sobre cuestiones prácticas de estrategia y de táctica variaron en los años posteriores y, aunque estaba de acuerdo con la noción de una huelga político-económica masiva, discrepaba rotundamente, igual que lo habían hecho antes Plejánov y Axelrod, de la idea de que una medida así pudiera metamorfosearse por sí sola en una revolución social y política. El posterior estallido de la guerra contribuyó a clarificarle aún más las ideas. No obstante, una cosa estaba clara. No se podía volver a recurrir al terrorismo como táctica política. Simplemente, no daba resultado. Era un sucedáneo ineficaz de la acción de las masas. Se concentraba en los individuos, al tiempo que dejaba el sistema intacto, y precisamente por esa razón hacía mucho tiempo que había dejado de interesar o de atraer al grueso de la *intelligentsia*. La socialdemocracia revolucionaria había abierto un camino diferente.

Segunda parte
El internacionalismo, el socialismo, los imperios y la guerra

4

El nacimiento del internacionalismo

El internacionalismo del capital dio lugar al internacionalismo de los trabajadores. Los obreros del mundo quisieron unirse porque compartían un enemigo común. Ese reflejo instintivo fue anterior tanto a Marx como a Lenin. El trabajador sin patrimonio que no tenía nada que perder más que sus cadenas sin duda ya existía, pero no iba, ni podía ir, más allá de una solidaridad básica. Para eso eran necesarios los partidos políticos y las organizaciones internacionales. Marx lo entendió bastante deprisa y contribuyó a organizar una agrupación de ese tipo: la internacional de la propaganda y la agitación. El Partido Socialdemócrata alemán puso los cimientos de la Segunda Internacional, que reunió a los partidos obreros europeos bajo un mismo paraguas. Ese paraguas dio resultado hasta que la Primera Guerra Mundial lo hizo trizas. La mayoría de los partidos optaron por luchar bajo el estandarte de sus respectivos gobiernos capitalistas. Se tomaron los primigenios arrebatos de chovinismo como algo permanente, y, una vez que la guerra se manifestó como lo que verdaderamente era, los partidos se dividieron en dos corrientes, y a veces en tres. Fue un enorme punto de inflexión para Lenin, que había denunciado la guerra desde el primer día y consideraba que la declaración de Zimmerwald contra el conflicto era demasiado débil. Las líneas de falla de Europa se remontaban hasta la Revolución Francesa.

Entre 1789 y 1815, Europa continental estuvo profundamente absorta en sus propias guerras y revoluciones. Dos gigantescos Imperios americanos, construidos por Gran Bretaña y España, se habían perdido o se estaban perdiendo a manos del nacionalismo revolucionario de los colonos. Las pérdidas fueron muy reales en términos económicos, pero también había motivos para el consuelo. Quienes gobernaban las antiguas colonias eran, en su mayoría, europeos de piel blanca. Las facciones más importantes de las religiones europeas, el protestantismo y el catolicismo, predominaban en América del Norte y América del Sur, respectivamente. Cuatro importantes lenguas europeas —el inglés, el francés, el español y el portugués— habían echado raíces en el Nuevo Mundo. El alemán llegó un poco más tarde. Aparte de todo lo demás, ese hecho mantenía los lazos con la madre patria sin que los colonos tuvieran que aceptar su dominio. Los imperios europeos se consideraban rivales entre sí. No creían en la unidad contra sus enemigos comunes. El general George Washington se había mostrado enormemente agradecido por la ayuda recibida de Francia, y la petición de ayuda del rey Fernando VII de España contra los generales Miranda y Bolívar fue brutalmente desdeñada por los británicos. El internacionalismo imperialista era una contradicción en términos.

Gran Bretaña estaba decidida a encontrar nuevas colonias en otras partes del mundo. A lo largo de las guerras napoleónicas los británicos fueron ampliando poco a poco su dominio sobre India, donde habían conquistado la región de Bengala tras la Batalla de Plassey, en 1757. Lo que dio lugar a la carrera por las colonias no fue solo la codicia capitalista respaldada por las ventajas técnicas en armamento. India y otras regiones de Asia se hallaban en una situación desesperada. Los viejos imperios se habían desmoronado. En India, el fin del centralista Imperio Mogol abrió de par en par las puertas a los nuevos aventureros. A la dinastía Qing de China (1644-1911) aún le iban bastante bien las cosas a finales del siglo XVIII, pero los europeos y los japoneses iban a abalanzarse sobre su presa durante las décadas siguientes, con Gran Bretaña a la cabeza en un primer momento. El caos, en forma de invasiones, caudillismo, fragmentación y hambrunas, había provocado que el continente se volviera vulnerable. Asia parecía incapaz de renovarse. Europa puso en marcha la primera globalización. Las compañías comerciales de Holanda e Inglaterra vieron una ganancia fácil y establecieron puestos avanzados que muy pronto serían militarizados, como preludio a una colonización a gran escala. Apoderarse de las colonias que «pertenecían» a otros países nunca supuso un problema para los británicos, a ningún nivel.

También Francia gozaba de una ventaja inicial, gracias a sus posesiones imperiales en el Caribe y en el norte de África. Bélgica conquistó el Congo e inauguró el peor genocidio de la historia imperial. Las potencias industriales-capitalistas advenedizas —Estados Unidos, Alemania y Japón— iban a tener que luchar para conseguir su tajada del imperio. En última instancia, la consecuencia del desarrollo desigual y de la expansión competitiva del capitalismo industrial fueron las dos brutales guerras mundiales del siglo XX.

Con el pleno desarrollo de la Revolución Industrial en Gran Bretaña, un fenómeno que se extendía rápidamente al resto del continente y a Estados Unidos, también nació la clase obrera, y su juventud quedó plasmada para la posteridad en las sombrías descripciones de Charles Dickens, Émile Zola, Upton Sinclair, Máximo Gorki y otros, así como en los elocuentes ensayos analíticos de Friedrich Engels y de los intelectuales cartistas de Gran Bretaña: Feargus O'Connor, Julian Harney y Ernest Jones.

El llamamiento que proclamaron Marx y Engels en 1848 era bien claro: trabajadores del mundo, uníos; no tenéis nada que perder salvo vuestras cadenas, y tenéis un mundo por ganar. ¿Lo lograrían? ¿Podía la unidad de clases desde abajo derrotar al imperialismo que propugnaban por igual las monarquías y las repúblicas durante la segunda mitad del siglo XIX y la primera mitad del siguiente? ¿Podían los «obreros del mundo» (es decir, los trabajadores de Europa y Norteamérica) crear sus propias organizaciones internacionales para oponerse a las guerras que decidían sus gobernantes? Los primeros indicios eran positivos, y cuando tiempo después Lenin entró en la refriega, estaba convencido de que no había ningún otro camino, ni siquiera a medio plazo. El internacionalismo recibió un enorme impulso de la agitación radical, sobre todo en Francia, pero también en Norteamérica y en Europa oriental. Francia seguía siendo el taller intelectual del mundo, pero, como señalaba Marx en sus ensayos sobre el giro de los acontecimientos en aquel país, «la lucha contra el capital en su forma moderna y sumamente desarrollada —en su momento más crucial, la lucha entre el trabajador asalariado contra el industrial burgués— en Francia es un fenómeno parcial»[37].

---

[37] Karl Marx, *Surveys from Exile*, ed. David Fernbach, Londres y Nueva York, 2010.

El nacimiento del internacionalismo

A pesar de todo, la revolución de 1848 en Francia, pese a su derrota y al golpe de Estado de Luis Bonaparte, había vuelto a encender la llama de la esperanza. Los sindicatos, las asambleas políticas y los periódicos radicales quedaron prohibidos, pero la industrialización del país proseguía a buen ritmo, incrementando el peso de la clase obrera en la sociedad francesa. La dictadura imperial gobernaba el país mediante una mezcla de represión y de algunas reformas. Las protestas se ahogaban en sangre, pero se hacían intentos de reconciliación con los obreros por el procedimiento de mejorar su nivel de vida. El rey creó consejos industriales y el Estado subvencionaba las organizaciones de asistencia social. Además, autorizó la creación de mutualidades benéficas, mantenía bajo el precio del pan y, con la ayuda del barón Haussmann, emprendió la espectacular ejecución de obras públicas en numerosas ciudades, lo que redujo el desempleo y, en el caso de París, erigió una arquitectura que era imponente y segura a la vez: ya no iba a resultar tan fácil construir barricadas[38]. La crisis económica de 1857-1858 paró en seco aquellas iniciativas. La Guerra Franco-Prusiana, doce años más tarde, puso fin al régimen de Luis Bonaparte. Cayó prisionero de los prusianos en la Batalla de Sedán, y después estos le permitieron exiliarse en Gran Bretaña.

En 1848, en Inglaterra ya se había logrado poner coto a la rebelión cartista, que exigía una democracia radical, pero su lega-

---

[38] En síntesis, ahí estaba el embrión del keynesianismo, que iba a convertirse en el meollo de los programas socioeconómicos que defendían las corrientes revisionistas de la socialdemocracia europea, y que no abandonaron hasta la década de 1990 con una vuelta al capitalismo rapaz.

do nunca desapareció. Su líder y propagandista de más talento, Ernest Jones, que trabó una íntima amistad con Marx, dedicó toda su vida adulta a la causa del socialismo y de la solidaridad internacional, una causa cuyas semillas habían sido plantadas por Tom Paine durante el siglo anterior, y que posteriormente fueron cultivadas por las sociedades y los círculos clandestinos inspirados en la Revolución Francesa. Los escritos de William Godwin y su esposa, aún más brillante, Mary Wollstonecraft, tuvieron un enorme impacto en las generaciones más jóvenes, por ejemplo en la poesía y el intenso radicalismo de su precoz futuro yerno, Percy Bysshe Shelley. Ernest Jones, al igual que Bakunin y Kropotkin, pertenecía a la aristocracia. Su padre, un apuesto oficial de caballería que luchó a las órdenes de Wellington en la Península Ibérica, resultó herido en el conflicto, y fue destinado al servicio del duque de Cumberland (posteriormente rey de Hanover), que además era el padrino de Ernest. Jones nació y se educó en Alemania, en un colegio de Luneburgo creado para las familias aristocráticas. A los dieciocho años se trasladó a Inglaterra, donde estudió derecho, se hizo abogado, se casó con una heredera emparentada con el conde de Derby y fue presentado a la reina Victoria. Jones era un hombre demasiado inteligente como para vegetar entre la alta sociedad, leía vorazmente y en 1846, de una forma completamente fortuita, pasó a ser el propietario de un periódico cartista, el *Northern Star*. Eso le convirtió en un cartista para el resto de su vida; se gastó en esa causa la mayor parte del patrimonio que había heredado, hasta quedarse sin blanca. Al igual que muchos otros, Jones fue encarcelado en 1848, pasó dos años en régimen de aislamiento, en una celda minúscula, donde tenía prohibido leer y disponer de papel y pluma y fue sometido

El nacimiento del internacionalismo

al castigo inconfundiblemente inglés de no poder ni hablar ni sonreír. Su estancia en la cárcel, durante la que fallecieron otros dos cartistas, hizo estragos en su salud, que nunca recobró. En el hospital penitenciario le ofrecieron su puesta en libertad inmediata a cambio de que abandonara la política de por vida. Jones se negó con desdén. En una ardua gira de propaganda por las ciudades de clase obrera más importantes del país, Jones intentó resucitar el cartismo prácticamente sin la ayuda de nadie, pero el momento había pasado. La mayoría de los líderes más famosos del cartismo se habían dado por vencidos, normalmente de una forma discreta, pero en algunos casos abjurando de su pasado. Jones falleció en su quincuagésimo cumpleaños, en enero de 1869, en Manchester, y a su funeral asistieron varios miles de obreros.

Una oleada reaccionaria había sepultado Europa, confinando a Marx a las bibliotecas. Los discursos de Jones combinaban el socialismo y el internacionalismo. Había propuesto la creación de un poder dual embrionario: un parlamento explícitamente «laborista» (de clase obrera) que debía actuar como instrumento de los trabajadores y los pobres en contra de la Cámara de los Comunes, que representaba y defendía exclusivamente a la clase dirigente. ¿Cómo debía funcionar aquel Parlamento de los Trabajadores? A esa pregunta Jones respondía que estaría en periodo de sesiones permanentes; se en-

Ernest Jones: el principal intelectual y activista cartista, amigo íntimo de Marx.

cargaría de dirigir la lucha de los sindicatos, de debatir la táctica y la estrategia, de financiar las huelgas y de desarrollar cooperativas con los ahorros de los trabajadores. A Marx, que todavía estaba abatido por las perspectivas inmediatas para él y su grupo, la idea le entusiasmó a pesar de todo, y fue debidamente nombrado delegado honorario en la sesión inaugural, que tuvo lugar en 1854. La carta de Jones explicaba los motivos de la creación de un Parlamento de los Trabajadores (que se disolvió al cabo de unas semanas), y hacía hincapié en sus aspiraciones internacionalistas:

> El simple hecho de que se haya reunido un Parlamento como este marca una nueva era en la historia del mundo. La noticia de este hecho trascendental avivará las esperanzas de las clases trabajadoras a lo largo y ancho de Europa y Estados Unidos. [...] Si el Parlamento de los Trabajadores demuestra ser fiel a la idea que lo engendró, algún historiador del futuro tendrá que dejar constancia de que en el año 1854 existían en Inglaterra dos parlamentos, un Parlamento en Londres y un Parlamento en Manchester —un Parlamento de los ricos y un Parlamento de los pobres[39].

Jones, que hablaba alemán y francés con fluidez, leía regularmente la prensa radical en ambos idiomas y fue un defensor inquebrantable de la sublevación polaca contra la Rusia zarista en

---

[39] John Saville, *Ernest Jones, Chartist,* Londres, 1952. Teniendo en cuenta la época, semejante parlamento era una idea utópica, pero poco más de medio siglo después la aparición de los soviets (asambleas representativas de los trabajadores) a raíz de la Revolución de 1905 en Rusia, y de nuevo en 1917, sugería que Jones iba muy por delante de su tiempo. Los soviets se examinan con cierto detalle en la tercera parte de este libro.

1862-1863, así como un adversario igual de rotundo de Luis Napoleón, el dictador de Francia. Aborrecía la Rusia zarista, por los mismos motivos que su amigo Marx, que la tachaba de ser «el gran bastión de la reacción europea». Ambos apoyaban a Abraham Lincoln. A pesar de su delicada salud, Jones fue un agitador incansable, y desempeñó un importante papel a la hora de convencer a los obreros de Lancashire de que aunque había cerrado el 60 por ciento de los husos y los telares de la zona, dejando sin trabajo a decenas de miles de trabajadores del condado, los problemas que sufrían las importaciones de algodón de Estados Unidos, a la sazón azotado por la Guerra de Secesión, eran por un motivo justo. La esclavitud era inaceptable y había que apoyar a los ejércitos de la Unión. Cuanto antes ganaran la guerra, antes volverían a abrir las fábricas. Jones no estaba solo en esa postura, pues contaba con un fuerte respaldo de numerosos líderes y activistas sindicales. A través de una serie de gigantescos mítines masivos en Manchester y Londres, se envió una advertencia al Gobierno con el fin de disuadirle de cualquier intervención para apoyar al bando de los esclavistas por motivos eminentemente económicos. En aquel momento, en la Guerra de Secesión las fuerzas estaban equilibradas, y Lincoln agradeció mucho el apoyo de la clase trabajadora de Gran Bretaña. Respondía a todos los llamamientos de los obreros británicos y se emocionó en particular con uno procedente de Manchester, al que respondió: «Conozco y lamento profundamente los sufrimientos que padecen los obreros de Manchester en esta crisis. [...] En estas circunstancias, su conducta es un elevado ejemplo de heroísmo cristiano, que no ha sido superado en ningún otro país ni en ninguna otra época». Por supuesto, las iglesias metodistas participaban en la campaña, pero los que estaban en primera línea eran los remanentes del cartismo y los socialistas.

Durante aquel mismo periodo, los obreros y aprendices de Londres dieron una enorme bienvenida a Giuseppe Garibaldi, el líder nacionalista revolucionario italiano, cuando llegó en calidad de refugiado en abril de 1864. El Gobierno le denegó el permiso para quedarse, lo que provocó una serie de enconadas batallas entre los manifestantes y la policía.

No obstante, lo que desencadenó la formación de la Primera Internacional fue la brutal derrota que le infligió el zar a las aspiraciones de libertad nacional y de independencia de los polacos. La sublevación polaca de 1863 fue la tercera y la mayor de su género. Las simpatías de los obreros franceses y británicos estaban del lado de los polacos, y en una serie de gigantescos mítines públicos se exigió al gobierno de Henry Palmerston que interviniera, cosa que se negó a hacer: sus propias colonias aumentaban cada mes, y cualquier acto de solidaridad con la población autóctona de Polonia podría malinterpretarse en India. El motivo oficial que se adujo fue que resultaba impensable hacer nada sin el apoyo de Francia. Dado que Francia era un Estado policial y las reuniones políticas de cualquier tipo estaban prohibidas, resultaba imposible ejercer presión pública en su Gobierno. Los obreros y los radicales franceses estaban furiosos ante los acontecimientos de Polonia, donde los ejércitos del zar necesitaron un año entero para derrotar a los polacos.

Pero ya se habían establecido los contactos entre los sindicalistas franceses e ingleses, y se habían sentado las bases para la creación de una asociación internacional de trabajadores, que se fundó en una asamblea pública de obreros ingleses y franceses en el St. Martin's Hall de Londres el 28 de septiembre de 1864. Los obreros le pidieron a Marx que escribiera el discurso inaugural y los estatutos de la organización, cosa que hizo después de reunirse unas cuantas veces con ellos. George Odger era un zapatero y uno de los fundadores del London Trades Council (Consejo de Sindicatos de Londres), y se convirtió en el primer presidente del Consejo General de la Asociación Internacional de Trabajadores, más conocida como la Primera Internacional; William Cremer, un carpintero, también formaba parte del Consejo General, igual que George Howell, albañil y secretario del London Trades Council. Henri Tolain, un grabador, fue nombrado representante jefe de la Internacional en París. En aquella asamblea pública Odger decidió plantearle a sus colegas franceses la cuestión de los trabajadores inmigrantes, señalando los problemas que entrañaba la «importación de obreros peor pagados para sabotear las huelgas y propuso "una comunicación regular y sistemática entre las clases trabajadoras de todos los países" como solución al problema»[40].

Marx era plenamente consciente de que aquellos obreros distaban mucho de estar en la misma longitud de onda que él, y de que ni siquiera se ponían de acuerdo entre ellos en cuestiones como el socialismo y el materialismo. Los proudhonistas franceses y los partidarios de Giuseppe Mazzini eran hostiles a la idea misma de un movimiento independiente de trabajadores. Marx entendía muy bien lo desigual del desarrollo de la conciencia política, y decidió que la mejor forma de defender la causa era ayudar en todo lo posible a la creación de la Internacional. Cremer acabó siendo diputado en las filas del Partido Liberal y Tolain formó parte de la Asamblea

---

[40] David Fernbach, «Introduction», en Karl Marx, *The First International and After*, ed. David Fernbach, Londres y Nueva York, 2010, p. 12.

de Versalles durante la Comuna de París. Era preciso navegar con mucha cautela por aquellas aguas infestadas de tiburones a fin de preservar la recién creada Internacional. Marx informaba a Engels de que «pasará mucho tiempo antes de que el renacer del movimiento consienta el uso de un lenguaje más rotundo. Debemos ser *fortiter in re, suaviter in modo* [fuertes en las cosas, suaves en el estilo]». Esa suavidad en el estilo era algo que sus seguidores rusos en particular —Lenin, Plejánov, Axelrod, Mártov y Trotsky— nunca iban a contemplar, ni mucho menos a imitar.

El discurso inaugural está sin duda a años luz del estilo de *El manifiesto comunista,* pero otra peculiaridad es el equilibrio al que se llegó entre el debate de la situación en Gran Bretaña (cuatro quintas partes del documento) y el análisis de los acontecimientos en el resto del mundo. El discurso claramente fue concebido como un llamamiento a los sindicalistas ingleses, más que a los obreros del mundo. En ese aspecto fue un éxito. Marx conocía a su público y adaptó el discurso a sus necesidades. El grueso del texto es poco más que un balance sobrio y esclarecedor del crecimiento del capitalismo inglés, que había hecho aún más ricos a los ricos, y había reducido a los trabajadores a unos niveles desesperados de pobreza. Los obreros tenían una gran ventaja sobre sus patronos. En ese punto, Marx podría haber citado a Shelley («Vosotros sois muchos, ellos son pocos») pero siguió adelante, y explicó que para que los obreros se emanciparan, el poder político era esencial, siempre y cuando entendieran que la superioridad de número «solo cuenta si está unida por asociación y dirigida por el conocimiento». Marx había eludido deliberada y equivocadamente cualquier alusión a Irlanda y a India, circunscribiendo la política mundial a la Guerra de Secesión estadounidense y a la opresión de Polonia. El siguiente párrafo final, a pesar de sus carencias, era la parte más elocuente del discurso:

> Si la emancipación de las clases trabajadoras exige su concurrencia fraternal, ¿cómo se puede pretender que cumplan esa gran misión con una política exterior que persigue unos designios criminales, que se aprovecha de los prejuicios nacionales y que derrocha en guerras de rapiña la sangre y el patrimonio del pueblo? No fue la sabiduría de las clases dirigentes, sino la heroica resistencia de las clases trabajadoras de Inglaterra a la locura criminal lo que impidió que Europa occidental se lanzara de cabeza a una infame cruzada a favor de la perpetuación y la propagación de la esclavitud al otro lado del Atlántico. La desvergonzada aprobación, la solidaridad fingida, o la indiferencia idiota con las que las clases altas de Europa han asistido a la depredación de la fortaleza montañosa del Cáucaso y al asesinato de la heroica Polonia a manos de Rusia; los inmensos abusos, sin resistencia, de esa potencia bárbara, cuya cabeza está en San Petersburgo y cuyas manos están en todos los Gobiernos de Europa, le han enseñado a las clases trabajadoras la obligación de dominar por sí mismas los misterios de la política internacional; a vigilar las actuaciones diplomáticas de sus respectivos Gobiernos; a contrarrestarlas, si es necesario, por todos los medios a su alcance; cuando han sido incapaces de impedirlo, a unirse en sus denuncias simultáneas y a reivindicar las simples leyes de la moral y la justicia, que deberían regir las relaciones entre los individuos particulares, como normas primordiales en las relaciones entre las naciones.
>
> La lucha por una política exterior de ese tipo forma parte de la lucha general por la emancipación de las clases trabajadoras.
>
> Proletarios de todo el mundo, uníos[41].

---

[41] Marx, *The First International and After*, p. 81.

La Primera Internacional siempre fue una organización pequeña. Su prestigio derivaba de las radicales afirmaciones de sus líderes y de sus encendidas proclamas. Decir que sus enemigos y sus amigos exageraban su fuerza de una forma grotesca sería quedarse cortos. En vísperas de la Comuna de París, los líderes de la sección francesa afrontaban su tercer juicio. La lista de cargos les acusaba de pertenecer a una sociedad secreta, y el fiscal informó al tribunal que el número total de afiliados de aquella siniestra Internacional ascendía a 811.513. Cabe suponer que fue su orgullo francés lo que le llevó a afirmar que de ellos más de la mitad (433.785) eran franceses. Después iban Alemania, con 150.000 afiliados, y el Imperio Austrohúngaro, con 100.000. Inglaterra quedaba relegada en el orden del universo —tan solo 80.000 afiliados— y a los suizos se les asignaban 4.500, mientras que España ocupaba el último lugar, con unos míseros 2.728. El fiscal informó al tribunal de que esas cifras eran lo bastante grandes como para plantear una amenaza revolucionaria contra la sociedad. Si aquellas cifras hubieran sido exactas, la conclusión habría podido perfectamente estar justificada.

Unas semanas más tarde, catorce militantes socialdemócratas austriacos fueron detenidos y acusados de alta traición. La cifra total que se esgrimió en la sala del tribunal de Viena fue de un millón de militantes. En otras palabras, desde la farsa de París se habían afiliado otras 150.000 personas. Y así por todas partes. Los amigos de la Internacional se apuntaron a la competición con ardor fanático, con unas cifras que alcanzaron niveles estratosféricos cuando el director estadounidense del *Working Man's Advocate* de Chicago informaba tranquilamente al Congreso de la Internacional que tan solo el sindicato National Labor Union, afiliado

Estatua de Napoleón apeada por los comuneros de lo alto de la Columna Vendôme, 1871.

a la Internacional, representaba a 800.000 trabajadores. Y *L'Internationale,* la revista de la sección belga, informaba de que aquel mismo año (1870) la Internacional ya había logrado reunir bajo su égida a varios millones de trabajadores en Europa y en Estados Unidos. La izquierda belga nunca abandonó del todo esa tradición durante el siglo posterior, al tiempo que iban apareciendo nuevas Internacionales, pequeñas y grandes.

Si eso hubiera sido cierto siquiera en parte, las cuotas abonadas (un chelín al año para los individuos y tres chelines al año para los miembros de los sindicatos afiliados), la Internacional habría nadado en oro. En realidad, siempre anduvo escasa de fondos. Tenía grandes dificultades incluso para pagar regularmente los sueldos de sus pocos empleados. El número real de afiliados era minúsculo. Marx le recomendó al Consejo General que, dado que el público estaba convencido que eran más numerosos de lo que realmente eran, sería aconsejable no publicar una lista de sus afiliados. A finales de 1870 se estimaba que en Inglaterra no superaban los 294, y unos pocos miles en Francia y Suiza. En Alemania la situación era desastrosa; Marx se quejaba amargamente a Engels de que un año después de la fundación de la Internacional alemana, Wilhelm Liebknecht no había logrado enrolar ni a seis afiliados. August Bebel se había afiliado en una fecha tan tardía como 1867, cuando a la organización solo le quedaban unos años de vida. En Italia, la influencia de Mazzini era tan fuerte, y su hostilidad hacia el socialismo y la Internacional tan acusada, que el nacionalismo —«Todos los italianos deberían unirse»— le ganó la partida. Una asociación de trabajadores de Nápoles se afilió a la Internacional en 1866, y en las actas constaba que tenía 600 afiliados, una cifra que parece un tanto exagerada. Los obreros italianos no empezaron a abandonar a Mazzini y a desplazarse a la izquierda hasta después de la Comuna de París, espoleados por Garibaldi, que acogió la Comuna con los brazos abiertos y ofreció sus servicios para lo que hiciera falta. El número de afiliados registrados en Italia aumentó hasta los 10.000, aunque una estimación más sensata apuntaría a un máximo de 2.000, lo que de por sí no estaba mal en comparación con Inglaterra. ¿Quiénes eran? Una mezcla de excéntricos bienintencionados, poetas, intelectuales, y no pocos fanáticos. Muy pocos obreros. «En Italia», escribía Engels el 11 de marzo de 1872 en una carta desesperada que le envió a Laura Lafargue, una de las hijas de Marx a París, «los periodistas, los abogados y los médicos se han puesto al frente, hasta el extremo de que nosotros [la Internacional] no logramos contactar con los obreros; ahora las cosas han empezado a cambiar, y estamos descubriendo que los obreros, como en todas partes, son bastante diferentes de sus portavoces».

Cabría argumentar que la Internacional encontró provisionalmente un filón de oro, o en cualquier caso de plata, sobre todo en Estados Unidos, donde había sido recogido un grupo de inmigrantes y refugiados de primera generación que huían de las crisis económicas y de la reacción que cundían por Europa. Las primeras secciones alemanas se fundaron en Chicago y Milwaukee en 1868, seguidas poco después por las secciones estadounidense, francesa, checa, irlandesa y escandinava en Nueva York, San Francisco, Nueva Orleáns, Newark, Minneápolis, Springfield, Washington y Williamsburg. No es de extrañar que la población china y japonesa de la Costa Oeste se mantuviera al margen. La Internacional era básicamente un asunto euroestadounidense.

La cifra de 5.000 afiliados en 1871 no era exagerada, pero una escisión innecesaria entre los intelectuales y los obreros que se produjo el año siguiente dio pie al éxodo de la mayoría, dejando tras de sí tan solo 950 miembros. Sin embargo, el impulso radical sobrevivió, y acabaría aflorando de nuevo en la organización International Workers of the World (IWW, también conocidos como los *wobblies*) y otras asociaciones. La IWW, a diferencia de la Internacional, sí reclutó a obreros chinos y japoneses.

En Europa se trazó una nueva línea divisoria. Bakunin, que consideraba que el Consejo General era demasiado pasivo y reformista, había creado su propia Alianza Internacional de la Democracia Socialista, y solicitó el ingreso en la Internacional. Marx se puso nervioso. Sospechaba que la Alianza podía convertirse en una Internacional dentro de la Internacional, y que el verdadero plan de Bakunin era hacerse con el control. Se le denegó el ingreso, por lo que Bakunin disolvió la Alianza y pidió que su sección pasara a formar parte de la Internacional. Se le concedió. Pero a todos los efectos la Alianza siguió existiendo como una sociedad secreta a la que Bakunin impuso una disciplina jesuítica, argumentando que «el individuo está inmerso en la voluntad colectiva, en la vida y la actividad de la organización».

Los simpatizantes de Bakunin muy pronto se hicieron con el control de las secciones italiana y española, y Bakunin se preparaba para hacer otro tanto en Francia y en Suiza —las secciones de Europa continental— y dejarle a Marx Inglaterra y Norteamérica. Las revistas que estaban en la órbita de Bakunin ya habían empezado a someter a una crítica feroz las actividades del Consejo General. Tan solo dos años atrás, en 1868, Bakunin le había escrito a Marx: «Ahora mi patria es la Internacional, de la que usted es uno de sus miembros más destacados. Por consiguiente, querido amigo, comprenderá que soy su discípulo, y estoy orgulloso de serlo». En abril de 1870, los bakuninistas habían provocado una escisión en la sección francesa en el congreso de La Chaux-de-Fonds, provocando el caos en el seno del Consejo General[42]. Se estaba produciendo una escisión, que iba a ser el prin-

---

[42] Al mismo tiempo, los gobernantes de Europa, exagerando la fuerza y la capacidad militar de la Internacional, pero no su propaganda, que era sumamente eficaz, intentaban aplastarla con una serie de juicios y de penas de cárcel contra algunas figuras locales importantes.

cipal tema de debate en el Congreso previsto para el mes de septiembre de aquel año en Maguncia, pero hubo que posponerlo debido al estallido de la Guerra Franco-Prusiana. La provocación había venido del dictador francés, pero la respuesta de Bismarck fue demasiado entusiasta. En su segundo discurso, inspirado y escrito por Marx, el Consejo General de la Internacional denunciaba la guerra por considerarla contraria a los intereses de los trabajadores de ambos países. Los internacionalistas franceses hicieron otro tanto con un manifiesto que publicaron en *Reveille* el 12 de julio de 1870:

> Una vez más, con el pretexto del equilibrio europeo y del honor nacional, la paz del mundo [es decir, de Europa] se ve amenazada por las ambiciones políticas. Trabajadores de Francia, de Alemania y de España, unamos nuestras voces en un mismo grito de reprobación contra la guerra. [...] Una guerra por una cuestión de preponderancia o de dinastía no puede ser, a ojos de los trabajadores, otra cosa que una insensatez criminal. Como respuesta a las proclamaciones belicistas de quienes se eximen a sí mismos del impuesto de sangre, y que encuentran en las desventuras públicas una fuente de nuevas especulaciones, ¡nosotros protestamos, nosotros, los que necesitamos paz, trabajo y libertad! ¡Hermanos de Alemania! Nuestras divisiones no provocarán otra cosa que el triunfo del despotismo a ambas orillas del Rin.

La respuesta de los trabajadores alemanes de Chemnitz y Berlín estaba formulada en un lenguaje internacionalista parecido. Ni siquiera entre los progresistas franceses y los *belligeratti* locales, gente como Adolphe Thiers y su camarilla, había ganas de guerra. Pero Luis Bonaparte estaba empeñado en el suicidio. Al parecer, prefería que el Segundo Imperio concluyera con el estruendo de los cañones extranjeros antes que a causa de una insurrección francesa. Bismarck, que tenía sus propios planes para Alemania, le complació gustosamente. No todo fue según lo previsto. Los trabajadores y los ciudadanos de París decidieron defenderse por sí mismos de los prusianos y de sus aliados franceses *de facto*. Tras la derrota en la Batalla de Sedán, los sucesores republicanos franceses de Luis Bonaparte unieron sus fuerzas con los prusianos. Dejaron indefensa la capital y huyeron a Versalles. Bismarck puso en libertad a 100.000 prisioneros para que ayudaran a los *versalleses* a reconquistar París. Versalles en 1871; Vichy en 1940.

Los obreros, los artesanos, un gran número de mujeres y de intelectuales radicales decidieron defender su París contra los prusianos; contra Thiers y Haussman, que les habían arrebatado la ciudad, y contra los especuladores y los políticos corruptos que pensaban que podían gobernar a perpetuidad. Aquel noble intento, abocado al fracaso desde el principio, sumamente heroico, pasó a los anales de la historia con brillo propio. A veces las derrotas inspiran más respeto que las «victorias» poco entusiastas y mal concebidas. La experiencia resonó a lo largo de todo el siglo XX y en todos los rincones del mundo. Marx escribió por extenso sobre la Comuna, igual que Lenin, al que le atormentaba su historia y que estudió con minuciosidad las causas de la derrota, como solo él era capaz de hacerlo. La derrota de los jacobinos en la década de 1790 y la Comuna de París, casi un siglo después, fueron dos asuntos sobre los que Lenin volvió una y otra vez, tanto en la cárcel como en el exilio. A Lenin, que había venido al mundo casi un año antes del nacimiento de la Comuna, le preocupaban enormemente las lecciones aprendidas de su derrota y las cuestiones que saltaron al primer plano durante su breve existencia, y todo ello influyó en su forma de pensar respecto a varios asuntos clave hasta el final: las guerras internacionales y civiles, el Estado y la democracia obrera, el arrojo y la audacia (o la falta de ellos)[43].

¿Qué tuvo la Comuna para dejar una marca tan profunda en sus amigos y sus enemigos? Prosper-Olivier Lissagaray, su máximo historiador, un participante corriente en los acontecimientos, escribió una crónica de una calidad inusitada, una historia política que muy pocos han logrado igualar. Casi la mitad del libro está dedicada a explicar los motivos de la derrota. El lenguaje es virulento, apasionado, airado e inflexible. Su único equivalente en el mundo literario francés es la poesía de Rimbaud. Nueve años después de la derrota, Lissagaray daba las gracias públicamente a dos amigos suyos por haber accedido a ser sus padrinos en un duelo con un periodista, famoso por difamar a la Comuna y a sus participantes:

---

[43] Las modas académicas de hoy en día están tan centradas en el presentismo que se huye del pasado (de la historia) como de la peste. Para algunos, lo mejor es olvidar el pasado y concentrarse en los individuos, o en los edificios, o en los monumentos, y encontrar una «nueva» forma de contemplar los acontecimientos de antaño. ¿Por qué no estudiar la Revolución Francesa a través de una interpretación «feminista» de María Antonieta? ¿Por qué no restarle importancia a la enorme contribución de Marx por el procedimiento de tacharle de «antisemita»? Etcétera. La retirada de la política en tiempos de derrota no es nada nuevo. Stendhal escribió sobre ello mucho después de 1815. En el siglo XXI, muchos de los antiguos colonos izquierdistas del mundo académico han optado por ponerse a salvo por el simple procedimiento de abandonar el barco.

Os doy las gracias por haberme ayudado a arrojar la luz del día sobre la inefable cobardía de quienes nos han estado difamando en la prensa *figarista* a lo largo de los últimos nueve años. Los mismos que actuaron como los perros de Gallifet [el general que dirigió la represión] durante el saqueo de París, denunciando a los supervivientes, rematando a los heridos, escupiendo sobre los muertos [...] esos mismos que durante estos nueve años han vertido su porquería sobre los deportados y los exiliados. [...] Son la escoria literaria que durante todos estos años, como los únicos amos de los periódicos y las librerías, han inventado su propia leyenda sobre los hechos y los hombres de la Comuna[44].

La «escoria literaria» incluía a Flaubert, Zola, Sand, Daudet, los hermanos Goncourt y Maupassant, pero no a Rimbaud. La debacle de la literatura francesa habría sido total de no ser por los versos de un joven poeta poco conocido que estuvo entrando y saliendo de la capital sitiada. Arthur Rimbaud salvó el honor de la literatura francesa con su poesía. El estado de ánimo en París, el desprecio por sus gobernantes, la ira abrasadora, todo puede contemplarse en su poema «Canto de guerra parisino»:

---

[44] Citado en el prólogo de Eric Hazan a Prosper-Olivier Lissagaray, *History of the Paris Commune of 1871,* trad. al inglés Eleanor Marx, Londres y Nueva York, 2012, pp. ix-x *[Historia de la Comuna,* Barcelona, Laia]. Para los interesados en un relato histórico detallado, antes que en las divagaciones académicas bienintencionadas, aunque a veces desconcertantes, no puede haber un libro mejor. La Comuna y sus repercusiones tan solo pueden entenderse a través de un prisma político. Anarquista o marxista, eso ya es cuestión de gustos, aunque ambas pueden leerse y compararse. Los escritos de Marx sobre el asunto (por ejemplo, *La Guerra Civil en Francia)* instruyeron a muchas generaciones en Europa y en otros continentes, y todavía destaca por ser un libro lúcido y convincente.

El nacimiento del internacionalismo

La primavera es evidente, porque
desde el corazón de las mansiones verdes,
el vuelo de Thiers y de Picard
despliega todos sus esplendores.

¡Oh mayo!, ¡qué culos desnudos delirantes!
Sèvres, Meudon, Bagneux, Asnières,
¡escuchad cómo los bienvenidos
siembran las cosas primaverales!

¡Tienen chacó, sable y tam-tam,
no la vieja caja de velas
y yolas que jamás, jam...
hienden el lago de aguas rojas!

¡Más que nunca nos chacoteamos
cuando llegan a nuestras guaridas
y hunden los amarillos cabujones
en albas muy particulares!

Thiers y Picard son unos Ero[e]s
arrancadores de heliotropos,
que pintan Corots con petróleo:
ahí van sus tropas papando moscas...

[...]

La gran ciudad tiene el empedrado caliente
a pesar de vuestras duchas de petróleo,
y decididamente tenemos
que sacudiros por vuestro papel...

> ¡Y los Rurales que se solazan
> durante mucho tiempo en cuclillas
> oirán quebrarse las ramas
> entre los rojos rozamientos[45-46].

La Comuna también dejó su huella en el mundo artístico. Gustave Courbet fue elegido delegado en abril, e inmediatamente propuso que los artistas eligieran a dos delegados por cada uno de los veintidós *arrondissements*. También propuso que dichos delegados supervisaran el nombramiento de los conservadores y los directores de todos los museos públicos y las normas para las exposiciones, así como la abolición de la École des Beaux-Arts, de la Academia Francesa de Roma y de todos los antiguos premios y galardones. A los artistas que discreparan de la mayoría debía asignárseles una galería para sus propias exposiciones. El 15 de abril se reunieron cuatrocientos artistas para debatir esas propuestas, que fueron aceptadas por aclamación. En aquella reunión se creó una Federación Parisina de Artistas basada en tres principios:

> La libre expansión del arte, liberada de todo tipo de controles y privilegios gubernamentales; igualdad de derechos para todos los miembros de la federación; la garantía de la independencia de cada artista por parte de todos, mediante la creación de un comité elegido por sufragio universal de todos los artistas.

---

[45] Para la fascinante historia cultural de la Comuna, véase Kristin Ross, *The Emergence of Social Space: Rimbaud and the Paris Commune*, Londres y Nueva York, 2008.

[46] Traducción del francés de Julia Escobar, en G. Armero y L. Martínez de Albornoz (eds.), *Vida y hechos de Arthur Rimbaud*, Alcobendas, T. F. Editores, 2002. *(N. del T.)*

El nacimiento del internacionalismo

Courbet y otros artistas desempeñaron un importante papel en la decisión de echar abajo la Columna Vendôme. Había sido construida en 1803 con el metal de los cañones capturados por los ejércitos de Napoleón: 68 toneladas de bronce austriaco y ruso. La idea original era coronarla con una estatua de Carlomagno, pero una vez iniciada su construcción, y tras la entrada en escena de los aduladores, se decidió colocar una estatua de Napoleón caracterizado como emperador romano. Aquella estatua fue retirada en 1814 tras la restauración de los Borbones, y su lugar lo ocupó una bandera monárquica blanca. En tiempos de Luis Felipe, retiraron la bandera y volvieron a poner a Napoleón, pero esta vez luciendo un uniforme moderno. Durante la revolución de 1848, Auguste Comte propuso que se demoliera toda la columna, pero no hubo tiempo. Napoleón III ordenó que quitaran la estatua moderna y que volvieran a poner una nueva estatua del Napoleón original en versión emperador romano. Tras la derrota de Sedán, los airados republicanos exigieron que el ciudadano Courbet fuera el encargado de desmontar las columnas que hacían que Francia pareciera «ridícula y odiosa». Courbet no era partidario de destruir los monumentos antiguos. Los veía como un reflejo de las fases históricas por las que había pasado una nación. Pero aborrecía la Columna Vendôme.

Aun así, él opinaba que había que desmontarla y trasladarla al Palacio de los Inválidos, donde los veteranos mutilados pudieran reflexionar sobre el fruto de sus sacrificios. En una enérgica carta que le escribió al alcalde de París, el artista argumentaba que:

> la retirada, de las inmediaciones de una calle que se llama Rue de la Paix, de una masa de cañones fundidos que perpetúa la tradición de la conquista, el saqueo y el asesinato, y que está absurdamente

fuera de lugar como un obús en un salón de señoras, entre las tiendas repletas de vestidos de seda, encajes [...] que hay junto al establecimiento de Worth, el modisto favorito de las cortesanas del Imperio [...] ¿conservaría usted en su dormitorio las manchas de sangre de un asesinato? [...] Que se trasladen los bajorrelieves a un museo histórico, que los instalen en paneles en los muros del patio del Palacio de los Inválidos; no veo ningún mal en ello. Aquellos hombres valientes capturaron aquellos cañones con el sacrificio de sus extremidades.

Se dejó en manos de la Comuna cumplir con la tarea. Finalmente echaron abajo la columna.

La Comuna fue el primer ejemplo de una clase que intentó no solo emanciparse a sí misma, sino a la sociedad en su conjunto. París había sido abandonada por las facciones políticas conservadoras y progresistas, que huyeron a Burdeos y posteriormente se instalaron en Versalles, con la esperanza de que el Ejército prusiano que asediaba París entrara en la ciudad y ahogara a los insurgentes en un baño de sangre. Bismarck se negó en redondo. Su mensaje a Versalles fue muy sencillo: ayudaremos por el procedimiento de poner en libertad a los prisioneros de guerra franceses, pero el trabajo sucio tienen que hacerlo ustedes mismos. Setenta años después, Hitler se mostraba más comprensivo con las necesidades de los políticos franceses de Vichy. La Wehrmacht se encargaba gustosamente de exterminar a los enemigos comunes, pero para entonces el mundo imperialista se había vuelto más sofisticado.

Los políticos que habían prestado servicio a Luis Napoleón, y a los que las multitudes de París habían obligado a proclamar la república, estaban muy nerviosos. Al no poder convencer a los

El nacimiento del internacionalismo

prusianos, decidieron lanzar un ataque contra la Comuna. Fueron *ellos* quienes decidieron luchar contra sus compatriotas franceses y no los invasores alemanes, los mismos políticos franceses de derechas y de centro que calificaban el Terror de la Revolución como la mayor tragedia de todos los tiempos (las víctimas de la guillotina fueron del orden de 3.000). Durante la Comuna murieron 30.000 franceses, de los que 14.000, hombres y mujeres, fueron ejecutados. Muchos otros fueron encarcelados o deportados. Otros huyeron al exilio. La mayoría de refugiados se instalaron en Londres y en Ginebra; los más radicales, entre ellos Lissagaray, entraron en la órbita de la familia Marx. Otros encontraron refugio en Nueva York, donde decenas de miles de personas se manifestaron en solidaridad con la Comuna después de su derrota.

Incluso cinco años después, una petición de amnistía fue rechazada en el Parlamento por 372 votos en contra y 50 a favor. Lissagaray señalaba la increíble respuesta y la solidaridad demostrada por los irlandeses en Irlanda, Estados Unidos y Nueva Zelanda tras la sublevación de los nacionalistas irlandeses (fenianos) y la ejecución en la horca de tres de ellos en Manchester. Eran tres, y había varios cientos en la cárcel, mientras que los comuneros de París fueron varios miles. Lissagaray concluía su libro con el siguiente llamamiento a sus conciudadanos:

> ¿Lo comprendéis, trabajadores, vosotros que sois libres? Ahora sabéis cuál es toda la situación y quiénes son los hombres. Recordad a los vencidos no durante un día, sino a todas horas. Mujeres, vosotras cuya devoción sostiene y eleva su valentía, que el sufrimiento de los presos os atormente como una pesadilla perpetua. Que todos los talleres reserven algo de dinero de sus salarios todas las

semanas. Que las suscripciones ya no se envíen al comité versallés sino que se entreguen a manos leales. Que el Partido Socialista dé fe de sus principios de solidaridad internacional y de su poder salvando a quienes han caído por ella[47].

Se había restablecido el orden en Francia en gran medida porque el campo apoyó la dictadura y la ofensiva contra París. Sin embargo, en conjunto, Francia se había debilitado. Su dominio de Europa continental, que se inició con el Rey Sol y prosiguió con Napoleón, tocaba a su fin. Los historiadores conservadores franceses y británicos argumentan que fue la guerra lo que puso fin al Segundo Imperio, y restan importancia al hecho de que Francia se estaba pudriendo por dentro. Tan solo la población rural había sostenido la dictadura de Luis Napoleón. Las ciudades mantenían una actitud desafiante, como habían demostrado los revolucionarios de París durante la Comuna. Los ejércitos del primer Napoleón fueron el producto de la revolución, de la misma forma que él fue un hijo de la Ilustración. Esos tiempos habían quedado atrás. El Ejército francés se encontraba en un avanzado estado de descomposición, el cuerpo de oficiales se hallaba moral y económicamente corrompido, sus soldados estaban desmotivados y se morían de hambre. El Ejército estaba dispuesto a rendirse incluso antes de la batalla de Sedán. Su última victoria del siglo XIX fue contra su propio pueblo.

En el exilio, Lenin habló para conmemorar el cuadragésimo aniversario de la Comuna en 1911, y destacaba su carácter espontáneo: una reacción a la derrota militar, al desempleo masivo que padecían los trabajadores y a la ruina de los pequeños burgueses

---

[47] Lissagaray, *History of the Paris Commune*, p. 367.

El nacimiento del internacionalismo

que dieron lugar a «un fermento indefinible entre la clase trabajadora». A eso Lenin le sumaba la incapacidad total de la Asamblea Nacional, dominada por los sectores más reaccionarios de la burguesía, así como por los conservadores rurales, a la hora de ofrecer cualquier tipo de liderazgo al conjunto de la nación. Esos fueron los factores que llevaron a la revolución en París, y que auparon al poder a la Guardia Nacional:

> Fue un acontecimiento histórico sin precedentes. Hasta entonces, el poder había estado, por regla general, en manos de los terratenientes y de los capitalistas, es decir, de sus apoderados, que constituían el llamado gobierno. Después de la revolución del 18 de marzo, cuando el gobierno del señor Thiers huyó de París con sus tropas, su policía y sus funcionarios, el pueblo quedó dueño de la situación y el poder pasó a manos del proletariado. Pero en la sociedad moderna, el proletariado, avasallado en lo económico por el capital, no puede dominar políticamente si no rompe las cadenas que lo atan al capital. De ahí que el movimiento de la Comuna debiera adquirir inevitablemente un tinte socialista, es decir, debiera tender al derrocamiento del dominio de la burguesía, de la dominación del capital, a la destrucción de las bases mismas del régimen social contemporáneo[48-49].

Lenin argumentaba que lo que le garantizaba a la Comuna una gloriosa vida eterna era su incipiente carácter socialista, sus reformas radicales y su valentía al desafiar el orden establecido.

---

[48] V. I. Lenin, «In Memory of the Commune», 1911, disponible en Marxists Internet Archive, marxists.org.

[49] Traducción del ruso, disponible en https://www.marxists.org/espanol/lenin/obras/escritos.htm. *(N. del T.)*.

«¡Ahora se ha acabado con el socialismo para mucho tiempo!», decía su jefe, el sanguinario enano Thiers, cuando él y sus generales ahogaron en sangre la sublevación del proletariado de París. [...]. Cerca de 30.000 parisienses fueron muertos por la soldadesca desenfrenada; unos 45.000 fueron detenidos y muchos de ellos ejecutados posteriormente; miles fueron los desterrados o condenados a trabajar forzados. En total, París perdió cerca de 100.000 de sus hijos, entre ellos a los mejores obreros de todos los oficios. [...] Pero esos cuervos burgueses graznaron en vano[50].

La Comuna tuvo una repercusión internacional tan enorme porque fue la lucha políticamente más avanzada del mundo moderno.

El triunfo prusiano en la guerra de 1870-1871 también había anunciado el nacimiento de una nueva potencia en el continente. En vano suplicaban los artistas la unidad en Europa. Courbet, que había pasado mucho tiempo en Baviera, les escribía:

> En nuestros encuentros de Fráncfort y Múnich, yo proclamé nuestras tendencias comunes. Al igual que yo he exigido libertad para el arte, vosotros también habéis pedido libertad para el pueblo. [...] Después brindamos por Francia y por la llegada de la República Europea. En Múnich, de nuevo, el año pasado, prometisteis con los más temibles juramentos no rendiros a Prusia. Hoy estáis todos en el bando de Bismarck; lleváis en la frente un número y sabéis hacer el saludo militar.

A ese respecto, Courbet estaba al mismo tiempo por delante y por detrás de su tiempo. Bismarck, seguro de sí mismo, nego-

---

[50] Ibíd.

ció, intimidó y sobornó hasta lograr la unificación de Alemania bajo la Casa de Hohenzollern. Aquella unidad tardía, la repentina aparición de un nuevo Estado, fue la base material para un nacionalismo étnico, un cemento ideológico que demostró ser difícil de eliminar. No existía en el vacío. La industrialización estaba transformando el país; el rápido crecimiento de la clase obrera había acelerado el socialismo, que tan solo recientemente había iluminado el horizonte (o lo había ensombrecido, desde el punto de vista de Bismarck). El Canciller de Hierro tenía mucha prisa por ponerse a la altura de Francia, Inglaterra, Bélgica, Portugal y Austria-Hungría también en otros frentes. ¿Cómo es posible, se preguntaba Bismarck, que todos esos países tengan grandes imperios y nosotros no? Necesitaba aquel imperio no como un espacio adicional para los alemanes, dado que la industrialización había parado prácticamente en seco la emigración, sino porque un Estado europeo que se precie, además, necesitaba un imperio. ¿Por qué no podía tener Alemania una participación proporcional del mundo?

En su juventud, Bismarck había viajado a Hull y a York, y tomó un tren hasta Manchester y los pueblos aledaños para contemplar de primera mano la Revolución Industrial. Su inglés era excelente, y siempre tuvo un saludable apetito. Su comida favorita en los hoteles era el desayuno, mucho mejor que el pescado y la «atroz tarta de frutas» que constituían el almuerzo, por no hablar de las repugnantes sopas, «tan condimentadas con pimienta negra y blanca que muy pocos extranjeros son capaces de tomarlas». Pero los desayunos ingleses eran excelentes porque «uno tiene a su disposición los cortes más colosales de toda clase de carne, y se los ponen a uno delante para que se sirva lo mucho o poco que desee, sin que ello influya en la cuenta». Muy pronto Bismarck iba a enterarse de que no se podía hacer lo mismo con el Imperio Británico.

En la mayoría de los análisis del ascenso del internacionalismo, habitualmente se menciona la solidaridad que mostraron los socialdemócratas rusos y sus predecesores populistas-anarquistas con la causa de la independencia polaca. Los revolucionarios rusos y polacos a menudo combatían codo con codo contra la autocracia. Sin embargo, hay un episodio heroico de internacionalismo que apenas se menciona. En 1877, el Imperio Ruso le declaró la guerra al Imperio Otomano en Bulgaria. La propaganda resultaba familiar. Los eslavos estaban amenazados por el islam. Las atrocidades de los turcos en los Balcanes excedían de todas las normas civilizadas. Etcétera. El zar quería una guerra a fin de recuperar Constantinopla para su Imperio y para el cristianismo. Los británicos sabían de sobra que esos eran los verdaderos motivos, y se oponían a una guerra. No estaban dispuestos a ver cómo Rusia se hacía con el control de las rutas comerciales. En Gran Bretaña, Gladstone, el derrotado líder liberal, hacía campaña a favor de una intervención humanitaria contra los otomanos. Disraeli se negó en redondo, y advirtió a los rusos de que Gran Bretaña estaba dispuesta a entrar en guerra para evitar el desmembramiento del Imperio Otomano.

El zar fue a la guerra, y la zona de los Balcanes que hoy en día es Bulgaria se convirtió en el frente de batalla. Surgió un movimiento de resistencia nacional contra ambos imperios. Cientos y cientos de afiliados del partido populista radical Tierra y Libertad acudieron a Bulgaria para luchar contra el Ejército zarista, dado que las tropas otomanas ya se habían visto obligadas a retroceder.

La guerra duró un año y medio. Los británicos lograron evitar la caída de Estambul, y los generales rusos volvieron a casa. Muchos de los jóvenes internacionalistas que hicieron otro tanto fueron detenidos y desterrados, y unos cuantos fueron ejecutados. Eso fue lo que les llevó a la clandestinidad, para formar una nueva organización clandestina, La Voluntad del Pueblo, que abandonó toda actividad pública y, como hemos visto anteriormente, se concentró en asesinar a las figuras centrales de la autocracia.

5

El socialismo

En 1873, la desintegración de la Primera Internacional ya era total. Los policías controlaban algunas agrupaciones en Francia y en Suiza, exacerbando las marcadas diferencias entre Bakunin («Esto es una guerra a muerte contra Marx y Engels») y Marx. El desastre era previsible, y la decisión de trasladar a Nueva York el Consejo General y reconstruirlo allí fue un fracaso. Pero tampoco fue una enorme tragedia. Muchos de sus miembros pasaron a desempeñar un importante papel a la hora de organizar partidos socialistas en Europa y en Estados Unidos. En la formación de todos los partidos socialistas europeos se da una pauta similar: conflictos internos, escisiones, disputas programáticas, unidad. El caso de Rusia fue distinto, sobre todo debido a las condiciones políticas que predominaban en el país. La combinación de la autocracia y una industrialización tardía había retrasado la formación de los sindicatos de clase, y no dejaba a las principales facciones del Partido Obrero Socialdemócrata de Rusia (POSDR) otra opción que funcionar en la clandestinidad. Esa realidad dejó su huella en *todas* las corrientes de la oposición, desde los decembristas y La Voluntad del Pueblo hasta los bolcheviques y los mencheviques.

Además, la formación de la Internacional Socialista también marcó el principio del fin de muchas décadas de hegemonía anarquista radical en la izquierda de Europa y Estados Unidos. Y, como hacen todos los vencedores, los socialistas borraron de un plumazo todo lo que habían aportado los vencidos[51].

A lo largo y ancho de todo el continente europeo y de Estados Unidos empezaron a brotar partidos socialistas y a desempeñar un importante papel político tanto en las acciones extraparlamentarias (por ejemplo, en las huelgas) como en los parlamentos allí donde era posible hacerlo. De todos ellos, el más avanzado y el más exitoso fue el Partido Socialdemócrata Alemán. Bismarck, preocupado por su rápido crecimiento, estaba decidido a supri-

---

[51] El anarquismo militante se mantuvo en Rusia y en España hasta el final de las guerras civiles que azotaron ambos países en las décadas de 1920 y 1930, respectivamente. En la Rusia revolucionaria, el ejército anarquista de Ucrania estaba encabezado por Néstor «Bat'ko» Majnó, un comandante de caballería extraordinario, cuyo talento se desplegó a las órdenes de Trotsky para ayudar al Ejército Rojo en numerosas ocasiones cruciales, y fue decisivo porque contribuyó a derrotar a los blancos en la región. Trotsky insistía, sobre todo por motivos administrativos militares, en que Majnó y sus tropas combatieran bajo el mando unificado del Ejército Rojo. Se frustró un insensato intento de arrestar a Majnó, que huyó al exilio junto con algunos seguidores. La mayor parte de sus tropas acabaron alistadas forzosamente en el Ejército Rojo. Majnó murió en París en 1934, dos años antes del estallido de otra guerra civil.

En España, los anarquistas desempeñaron un importante papel en Cataluña durante la Guerra Civil Española, y eran la corriente más radical en el bando republicano. Fueron aplastados, como todos los demás, por la derecha, pero también por la coalición republicana controlada por los socialistas y los comunistas. Durruti, un jefe militar anarquista, era muy admirado por muchos no anarquistas por su integridad y sus dotes como militar. Su muerte sigue rodeada por el misterio. El anarquismo revolucionario de masas nunca volvió a recuperarse.

mir el movimiento socialista y obrero. Su Gobierno propuso la Ley Antisocialista, que ilegalizaba el Partido Socialdemócrata (SPD). Fue aprobada con el apoyo de la mayoría en el Reichstag el 21 de octubre de 1878, y se ratificó cada dos o tres años. Aquella «Ley excepcional contra los socialistas» no se derogó hasta el 1 de octubre de 1890, a raíz de las presiones del movimiento obrero de masas. Durante aquellos doce años, la represión fue incesante, con la disolución de 332 sindicatos vinculados al SPD, con el cierre de 1.300 periódicos y revistas, con el paso a la clandestinidad de más de 1.000 activistas, y con penas de cárcel superiores a un año contra 1.500 afiliados. La ley no logró impedir el crecimiento del SPD: en 1881, un año después de la aprobación de aquellas medidas draconianas, los socialistas alemanes recibieron 310.000 votos en las elecciones al Reichstag. En 1883 esa cifra aumentó a más de medio millón, y en 1887 ascendió a 763.000 votos. En 1890, tras la derogación, el número de votos que cosecharon los socialdemócratas se duplicó hasta los 1,4 millones. El SPD, con sus diecinueve diarios y cuarenta y tres semanarios, era la principal oposición en el país. ¿Sucumbiría al «cretinismo parlamentario»? ¿O acaso era capaz de derrotar las ambiciones de Bismarck en el ámbito nacional e internacional?

Medio siglo atrás, un gran poeta alemán había lanzado más de una advertencia sobre lo que se avecinaba. Al igual que los bardos de la antigüedad, Heinrich Heine tenía un extraordinario tercer ojo con el que podía atisbar el futuro. Sus pesadillas eran inquietantes. Durante el verano de 1840, al comienzo de una década que el poeta pasó en el exilio, y treinta años antes de la unificación alemana, Heine escribió un pequeño poema clarividente, titulado, sencillamente, «¡Alemania!»:

Alemania aún es una criatura
pero su nodriza es el sol;
no la alimenta con leche apacible:
la alimenta con una llama viva.

Con tal nutrición se crece deprisa
y la sangre hierve en las venas.
Niños vecinos, ¡absteneos
de reñir con ese muchacho!

Es un gigantillo torpón,
arranca robles de la tierra
y os desuella el lomo a palos
y os abre a golpes la cabeza.

¡Es como Sigfrido, el fatuo noble
del que cantamos y contamos,
que después de forjar su espada
partió por la mitad el yunque!

Sí, un día serás como Sigfrido
y matarás al horrible dragón,
¡hurra! ¡qué feliz desde el cielo
reirá tu señora nodriza!

Lo matarás, y su tesoro,
las joyas del imperio, poseerás.
¡Hurra! ¡cómo brillará
en tu cabeza la corona de oro![52].

---

[52] Traducción del alemán de Jesús Munárriz.

El socialismo

¿Acaso Karl Marx, el joven amigo de Heine en aquella época, dispondría del tiempo suficiente para preparar un antídoto? ¿Lo tendrían sus seguidores? La Primera Internacional, el primer intento en ese sentido, tuvo un impacto menor en Alemania que en Francia, Suiza y Estados Unidos. Durante los treinta años de transición desde la derrota de la Comuna hasta el siglo siguiente se había asistido a un rápido crecimiento de la colonización europea, acompañado del ascenso de los partidos socialistas (en ese sentido, Gran Bretaña ha seguido siendo una excepción) cuya política estaba a todos los efectos dominada por las ideas de Marx. De todos aquellos partidos, el SPD era el más fuerte desde el punto de vista numérico, y el más avanzado en el aspecto teórico. El SPD nació en un congreso celebrado en Gotha en 1875, cuando los marxistas y los lassallistas decidieron fusionarse, y a partir de entonces fue la organización modélica para el resto de Europa continental. No para Marx y Engels, que escribieron una hiriente crítica de determinados aspectos de su programa, sobre todo su deficiente análisis del trabajo y los salarios, así como sus ambigüedades en materia de internacionalismo. Aquellas críticas fueron silenciadas en vida de Marx, y tan solo fueron publicadas por Karl Kautsky en *Die Neue Zeit,* la revista teórica del partido, tras las fuertes presiones de Engels, que amenazaba con publicar en Viena la *Crítica al programa de Gotha,* como vino en llamarse después, si el SPD se negaba. Los líderes alemanes del SPD, furiosos por la publicación, rechazaron las críticas a voz en grito y públicamente.

Los socialistas alemanes asumieron el liderazgo en la preparación del Congreso Fundacional de la Segunda Internacional (socialista). Se reunió el 14 de julio de 1889, el centenario de la toma

Eduard Bernstein (izquierda) y Karl Kautsky: hoy el SPD está mucho más a la derecha que sus dos fundadores.

de la Bastilla. Dos pancartas dominaban la Salle Petrelle, donde se celebraba la reunión: «Trabajadores del mundo, uníos» y «Expropiación política y económica de la clase capitalista –Nacionalización de los medios de producción». Al final del congreso, los delegados desfilaron hasta el cementerio Père Lachaise. Se colocó una gigantesca corona de flores, que portaban dieciséis hombres, ante la tumba de los comuneros. La Segunda Internacional había dejado en evidencia la irregularidad del movimiento socialista. La delegación británica estaba encabezada por Keir Hardie, William Morris, Eleanor Marx, John Burns y R. B. Cunninghame-Graham. En su discurso, Hardie se atuvo a los hechos: diez millones de obreros industriales, de los que tan solo un millón estaban afiliados a algún sindicato. Estos, sin embargo, estaban muy lejos del socialismo continental, y creían que las divisiones de clase no tenían por qué ser conflictivas; estaban felizmente enganchados al Partido Liberal como una pareja después del coito, pero habían creado un comité para estudiar la idea «radical» de separarse para garantizar una representación parlamentaria más directa. Hardie, consciente de la urgente necesidad de llenar el vacío, fue la figura más destacada de entre los promotores del congreso de Bradford, celebrado en 1893, donde se fundó el Partido Laborista Independiente (ILP).

El socialismo

La izquierda francesa estaba recuperándose de la represión que se desató durante la Comuna y después, pero sus seis corrientes distintas no habían logrado unirse, a pesar de que, como señalaba Jules Guesde ante el congreso fundacional de la Segunda Internacional:

> nuestra burguesía es más despiadada e implacable que ninguna otra, como quedó demostrado en las masacres contra los trabajadores de junio de 1848 y mayo de 1871. Pulverizaron a la clase obrera francesa, la hicieron añicos, y al prohibir el sindicalismo y la libertad de asociación, la privaron de cualquier posibilidad de acción común.

A pesar de las divisiones, los socialistas franceses pasaron de obtener 179.000 votos en las elecciones de 1889 a conseguir 440.000 en 1893. También en Bélgica los socialistas valones (influidos por el anarquismo y por Blanqui) y sus homólogos flamencos (mucho más próximos a Marx y Engels) zanjaron sus diferencias y formaron el Partido Socialista Belga.

El partido exigía el derecho al voto para los obreros; se vendieron más de medio millón de ejemplares de un panfleto titulado *Un catecismo para el pueblo,* donde se reivindicaban esos derechos. Y fueron esas reivindicaciones las que llevaron a una gigantesca huelga en el distrito predominantemente minero de Charleroi, que se extendió como un reguero de pólvora a Lieja y a la región de Borinage, para acabar transformándose en una huelga general. El Gobierno movilizó al Ejército. En su solvente historia de Bélgica, publicada en 1932, el historiador Henri Pirenne describía con todo lujo de detalles morbosos que:

durante unos días la provincia de Hainaut ofreció el dramático espectáculo de una guerra a gran escala. Se proclamó la ley marcial en las ciudades, el Ejército ocupó los ayuntamientos, los soldados acampaban en los patios de las fábricas y alrededor de las bocaminas, los escuadrones de caballería patrullaban las calles. Las balas de los soldados aplastaron la sublevación de los obreros mediante el terror.

En aquella ocasión, la matanza de trabajadores dentro del país coincidió con las atrocidades coloniales fuera de él. Fueron de una magnitud atroz. El imperialismo belga fue uno de los colonialismos más sanguinarios de Europa.

Sin embargo, el resultado fue una victoria política importante, aunque limitada, de los trabajadores. Lograron el derecho al voto, aunque con restricciones: no era un sufragio igual (un hombre, un voto), sino un sufragio plural (a determinados votantes se les asignaba más de un voto en función del número de hijos, del tamaño de su patrimonio, etcétera). La principal oposición a los socialistas siempre provino de la Iglesia católica y su clero. Durante mucho tiempo fue la religión, y no la etnia, la principal línea divisoria de la política belga, que siempre mantuvo las distancias con los socialistas ateos y los vecinos protestantes holandeses[53].

---

[53] El nacimiento del socialismo y de sus partidos fue su fase más heroica, a la que resulta imposible hacer justicia en este libro. Para quienes deseen familiarizarse con el pasado, hay muchas obras sobre la materia, de las que dos son particularmente valiosas debido a su erudita precisión: Braunthal, *History of the International, 1864-1914* [vol. 1] y *1914-1943* [vol. 2], trad. al inglés Henry Collins y Kenneth Mitchell, Londres, 1966; y Donald Sassoon, *One Hundred Years of Socialism,* Londres, 1996 *[Cien años de socialismo,* Barcelona, 2001].

Antes de pasar a examinar la socialdemocracia rusa, echemos un breve vistazo a las causas de que las turbulencias de la clase trabajadora en Estados Unidos tan solo generaran un efímero partido socialista, no comparable a sus homólogos europeos, por no hablar de sus colegas rusos. Al fin y al cabo, existían muchas semejanzas entre la incipiente clase obrera de Estados Unidos y los trabajadores de Europa occidental. A finales del siglo XIX, el grueso de la inmigración a Estados Unidos —al margen de la de Asia oriental— procedía de Europa. Y también cruzaban el Atlántico las ideas, tanto anarquistas como socialistas. Predominaban las publicaciones en alemán, pero también gozaban de gran difusión los boletines en lenguas escandinavas y en italiano. Podían conseguirse en las bibliotecas y en las salas de conferencias, donde también era posible organizar debates con otras personas de mentalidad afín (o no). Los dueños de las fábricas se oponían enérgicamente a la formación de sindicatos sectoriales, pero la IWW había logrado algunos avances por el procedimiento de reclutar a sus afiliados por todo el país (incluyendo a los trabajadores chinos, japoneses y afroamericanos), y de organizar una sección muy eficaz especializada en la propaganda política en distintos idiomas, con un popular repertorio de canciones, un género en el que destacó sobre todo Joe Hill.

Eugene Debs: el candidato presidencial del Partido Socialista de Estados Unidos. En dos ocasiones consiguió casi un millón de votos.

En términos de activismo industrial, las oleadas de huelgas de 1877, 1885-1886 y 1894 fueron asombrosas por su militancia y por su solidaridad, y en algunos casos adquirieron un carácter semiinsurreccional. En comparación, las acciones de los obreros británicos, franceses, italianos y alemanes en aquel periodo fueron relativamente modestas. Las huelgas para exigir el sufragio universal masculino en Bélgica y en Austria fueron la excepción. Y más tarde, por supuesto, los disturbios en Rusia y en Polonia. Pero en términos de ferocidad de la clase obrera industrial, los trabajadores estadounidenses desde luego no andaban a la zaga. Iban por delante.

¿Y en materia de conciencia política? Ahí también las cifras son sorprendentes. Durante las dos primeras décadas del siglo XX, el Partido Socialista de Estados Unidos (SPUSA), fundado en 1901, tenía 125.000 afiliados en 1901 y 100.000 al final de la guerra. Tan solo el Partido Socialdemócrata alemán tenía más afiliados: 380.000 en 1906 y 243.000 en 1917. En las elecciones presidenciales de 1912 y de 1920, el candidato presidencial socialista, Eugene V. Debs, consiguió más de 900.000 votos en ambas ocasiones. El SPUSA logró dos representantes en el Congreso de Estados Unidos, más de cien alcaldes socialistas y numerosos altos cargos socialistas en la administración de los estados de la Unión. A eso hay que añadir que la base electoral del SPUSA —considerable en Oklahoma, Texas, Montana, el estado de Washington, Nevada, etcétera— era mucho más amplia que los trabajadores inmigrantes alemanes e italianos. Los italianos prácticamente ignoraron las regiones del sur del país, lo que tuvo unas consecuencias desastrosas, mientras que los alemanes, a pesar de las órdenes de Engels y las súplicas de Kautsky, pasaron por alto las zonas rurales. Por supuesto, no existe ningún género de duda de que las facciones dentro del SPUSA eran deliberadamente ciegas a muchas realidades, pero lo mismo ocurría con sus homólogos. Los tan cacareados «métodos probados y verificados» (es decir, la madurez) del SPD no pudieron evitar la debacle de 1914, y la vitalidad de los socialistas italianos no tuvo como consecuencia la aceptación de las veintiuna condiciones que les exigió Lenin para afiliarse a la Tercera Internacional (Internacional Comunista, o *Komintern*). Existen muchos otros ejemplos que dan fe de las semejanzas entre los socialistas estadounidenses y sus camaradas europeos. El motivo de su menor porcentaje de votos, al compararlo proporcional y numéricamente con los partidos alemán, francés e italiano, era sobre todo el sistema electoral estadounidense, como más tarde descubrieron todos los candidatos de terceros partidos. También se debía a la exclusión *de facto* del derecho al voto de los afroamericanos en el Sur, tras el colapso del breve periodo de reconstrucción posterior a la Guerra de Secesión. Aquella ausencia gigantesca únicamente empezó a remediarse desde abajo gracias a las movilizaciones no violentas de masas encabezadas por Martin Luther King Jr. y a las amenazas de desórdenes violentos que pretendían organizar Malcolm X, Stokely Carmichael, el Partido Pantera Negra, y otros. Las victorias de la década de 1960 fueron una consecuencia de las movilizaciones de masas y los disturbios masivos en casi todas las principales ciudades del país.

En su primer ensayo importante, *Prisoners of the American Dream*, Mike Davis sugiere, acertadamente, que una de las principales diferencias entre Estados Unidos y Europa fue la campaña de violencia sostenida contra la clase trabajadora por parte de los sucesivos Gobiernos estadounidenses, los grupos parapoliciales y las empresas «de seguridad» privadas, como la Agencia Pinkerton. Dicha violencia formaba parte del propio sistema, y su cometido no era únicamente aplastar las huelgas y crear por la fuerza las condiciones para que los esquiroles sustituyeran a los obreros sindicados o en huelga, sino también impedir la aparición de los grupos socialistas y de los sindicatos militantes. Es cierto que en Europa también se intentó, pero allí ese tipo de medidas tuvieron un éxito limitado. Y de ahí el fascismo, el último recurso de una clase gobernante petrificada. En Estados Unidos el fascismo no hacía falta. El sistema existente, por medio de una combinación de coerción y de consentimiento, logró purgar regularmente el sistema de todo tipo de «indeseables». El estremecedor relato que hace Davis de los tiroteos por parte de los grupos parapoliciales de las empresas, de los asesinatos selectivos a manos de la policía local y los mercenarios registrados como empresas, de las palizas, los linchamientos, la vigilancia, las purgas y la infiltración del FBI, constituye un catálogo de los horrores. Esa no fue la norma burguesa-democrática, salvo en Estados Unidos durante más de un siglo, desde la presidencia de Rutherford Hayes hasta la de Richard Nixon. Las agresiones físicas contra las protestas obreras a menudo iban acompañadas de restricciones jurídicas. Se paralizaba a los grupos socialistas por medio de una infiltración masiva. Se ejercía una represión e intimidación generalizada contra las poblaciones negras, sobre todo, pero no exclusivamente, en el Sur. En otras palabras, la democracia estadounidense es casi un estado de excepción permanente. Eso es válido en lo que respecta a la población afroamericana y a los obreros activistas, aunque es posible crear un importante espacio político para la disidencia de masas cuando los propios segmentos de los aparatos del Estados están divididos[54].

En Rusia, la pauta fue diferente porque (además de las razones ya apuntadas), los congresos tan solo podían celebrarse en el exilio. Y los delegados que llegaban de la Rusia zarista lo hacían con grandes dificultades. Por consiguiente, en aquellas asambleas predominaban los exiliados. El comité editorial de *Iskra* era el centro ideológico y organizativo de los socialdemócratas rusos, y aparentemente sus diferencias eran generacionales. La vieja guardia —Plejánov, Axelrod, Zasúlich— frente a la nueva —Lenin, Mártov, Potresov—. Cuando se publicó *¿Qué hacer?*, de Lenin, todos los socialdemócratas lo difundieron voluntariamente y de buena gana (Mártov se mostró particularmente entusiasta). Lo consideraban una simple codificación de lo que desde hacía tiempo venían argumentando los fundadores del movimiento socialdemócrata (Plejánov y Axelrod): a saber, que las debilidades de la clase burguesa rusa eran tan pronunciadas que sus objetivos

---

[54] Eso fue lo que ocurrió durante la Guerra de Vietnam (1971-1975), la última guerra con soldados de leva que libró Estados Unidos. Debido a las divisiones entre el Departamento de Estado y las Fuerzas Armadas, pudimos asistir a la espectacular escena de más de cien veteranos manifestándose a las puertas del Pentágono coreando «Ho-Ho-Ho Chi Minh, el NLF (Viet Cong) vencerá». Hizo falta aproximadamente una década para volver al anterior estado de las cosas, y entre tanto Nixon se vio obligado a dimitir. Como comentó el primer ministro vietnamita: «El camino al Watergate pasó por Vietnam». E hizo falta un actor de Hollywood de tercera para lograr que Estados Unidos volviera a sus «valores» anteriores a la Guerra de Vietnam. Pero los recuerdos del ejemplar internacionalismo de cientos y miles de ciudadanos estadounidenses nunca desaparecieron del todo. Su legado permanente ha sido el abandono del reclutamiento forzoso.

políticos tenían que ser culminados por los obreros rusos. Iba a ser una lucha *política,* y no solo económica, desde el principio. Lo que había depositado aquella carga sobre los hombros del proletariado era la impotencia tanto de la burguesía como del campesinado. Lenin llevó más allá ese argumento ilustrando el tipo de instrumento político necesario para hacer una revolución de esas características en Rusia: un partido centralizado de vanguardia formado por revolucionarios profesionales. Incluso respecto a esa cuestión, inicialmente hubo pocas discrepancias.

El conflicto estalló durante el II Congreso del POSDR que se inauguró en Bruselas el 30 julio de 1903. Los cuadros directivos de *Iskra,* que actuaban como los dirigentes del partido en funciones, habían llevado a cabo un ingente trabajo de preparación. Habían acordado no permitir la afiliación del Bund judío porque suponía dividir a los trabajadores en función de su etnia. Mártov y Trotsky, socialistas de origen judío, tenían las ideas muy claras al respecto. Cuando, tras el pogromo de Kishinev de 1903, el Bund criticó a *Iskra* por combatir más enérgicamente al sionismo que al antisemitismo, Mártov respondió en defensa del periódico, argumentando que el sionismo suponía una amenaza inmediata contra el socialismo, por ser una especie de control de carreteras que impedía que los obreros judíos con conciencia política siguieran avanzando, mientras que el antisemitismo atraía a los grupos políticos más retrógrados de la población. En su informe al Congreso, Trotsky criticaba al Bund por su «provincialismo militante» y por su «engreimiento pueblerino», señalando que lo que había impedido llegar a un acuerdo era la insistencia del Bund en monopolizar la representación de los proletarios judíos:

El aislamiento organizativo del Bund ha encauzado a la fuerza las energías de sus obreros hasta llevarlas a un angosto depósito, y ha estrechado sin piedad el horizonte político de sus líderes. [...] El V Congreso del Bund, celebrado antes de nuestro Congreso, propuso una nueva tesis: que el Bund es «la organización socialdemócrata del proletariado judío <u>y se integra en el partido como representante exclusivo del proletariado judío</u>». [...] Ya solo quedaba contar los votos. Cuarenta delegados contra los cinco pertenecientes al Bund, y tres abstenciones. Y el Bund abandonó el partido.

Aunque se dedicó mucho tiempo al debate sobre el Bund, el verdadero *shock* aún estaba por llegar. «¿Qué astrólogo político», se preguntaba Trotsky, «habría podido predecir que los camaradas Mártov y Lenin hablarían en el congreso como líderes hostiles de dos bandos enfrentados?». Nadie había previsto que aquel Congreso fuera una despedida, pero en eso se convirtió, pues dividió al POSDR en dos facciones, la mayoritaria (bolchevique) y la minoritaria (menchevique) que posteriormente cristalizaron en dos partidos diferenciados.

Para muchos observadores, tanto de dentro como de fuera del partido, en aquel momento la línea divisoria parecía marginal, pues se centraba en el primer apartado de los estatutos del partido, que definía quién podía ser miembro y quién no. Incluso los partidarios incondicionales de Lenin estaban desconcertados. En un primer momento, el propio Lenin se sorprendió de que aquella disputa hubiera dado lugar a una división permanente. Como ya he explicado en la Introducción, Lenin había tenido una estrecha y buena relación de trabajo con Mártov, a pesar de sus muchos desacuerdos. La viuda de Lenin, Nadia Krúpskaya, que también era una activista inquebrantable, posteriormente recordaba un símil de Tolstói que Lenin y ella utilizaban a menudo para explicar los conflictos y las actividades de los bolcheviques:

> Una vez, paseando, Tolstói divisó a lo lejos la figura de un hombre acuclillado, que hacía aspavientos con las manos de un modo absurdo: «será un loco», pensó, pero al acercarse vio que era un hombre que estaba afilando su cuchillo contra los adoquines. Ocurre lo mismo con las controversias teóricas. Si se oyen desde fuera, parece que no vale la pena discutir por eso, pero cuando se entiende el meollo, uno se da cuenta de que la cuestión es de suma importancia. Y eso fue lo que ocurrió con el Programa[55].

Cuando tuvieron que hacer frente a dos acontecimientos cruciales, la Primera Guerra Mundial y la Revolución Rusa, los mencheviques se dividieron ulteriormente: Mártov era contrario a la guerra y apoyaba críticamente la Revolución, y la mayoría de sus antiguos seguidores en la dirección del partido no hacía ninguna de las dos cosas. Otros mencheviques apoyaron a los blancos en la Guerra Civil. Por todo ello, la escisión del Congreso de 1903 —la primera división de verdad— que empezó en Bruselas, y tuvo que zanjarse en el barrio londinense del East End, habitualmente se ha considerado uno de los primeros indicios de la

---

[55] Nadezhda Krúpskaya, *Memories of Lenin*, Londres, 1930, p. 84. La anécdota de Tolstói es una justificación *a posteriori* de unas diferencias que fueron acentuándose hasta quedar fuera de control, y que no solo empleaba Lenin. Los grupos trotskistas y maoístas la utilizaron a menudo durante las décadas de 1960 y 1970 para justificar el sectarismo de la peor especie, y a uno le daba la sensación de que el afilador de Tolstói era una versión amable de la historia —que en realidad aquel tipo se estaba masturbando de una forma exagerada.

clarividencia de Lenin. No es cierto, aunque la «firmeza» de Lenin sobre quién podía ser miembro del partido no estaba del todo fuera de lugar. Tal vez el hecho de que su hermano Sacha hubiera sido traicionado por dos miembros recién incorporados al grupo terrorista, y a cuya admisión se había opuesto firmemente, también hubiera dejado marcado a Lenin. No era una cuestión baladí. A pesar de todo ello, la policía secreta zarista se infiltró en ambos grupos con bastante facilidad. Hay un informe psicológicamente interesante que sugiere que cuando los agentes infiltrados en las dos facciones socialistas enviaron sus informes a los generales de la policía que dirigían las operaciones, cada uno de ellos asumió el sesgo del grupo al que «pertenecía», llegando a acalorarse bastante entre ellos, lo que produjo cierta hilaridad en el cuartel general, pero también venía a indicar que los aparatos del Estado no eran totalmente impermeables a los debates en los que participaban.

Aunque las disputas en el seno del POSDR eran particularmente intensas, todos los partidos socialistas europeos tenían dos o tres corrientes con opiniones diferentes, como quedó claro en 1914. Siete años antes, los socialistas rusos tuvieron ante sí una enorme oportunidad. La victoria de Japón sobre Rusia en 1904 —el primer acto del conflicto interimperialista a gran escala que se avecinaba— fue un terrible golpe contra la autocracia, y así lo acogieron en aquel momento los bolcheviques y los mencheviques. Dio lugar a una oleada de huelgas y manifestaciones, a la aparición de los soviets —asambleas electivas de los trabajadores, que rápidamente adquirieron legitimidad a ojos de las masas urbanas— y a enfrentamientos armados durante la sublevación de Moscú.

Espacial y demográficamente, Rusia, con una población de 143 millones en 1904, era la potencia más fuerte de las dos. Las islas de Japón tenían una población de tan solo 47 millones. Ambos países eran ultraconservadores y estaban controlados por unos Estados supercentralizados. La restauración del Meiji había iniciado el proceso de modernización, que sin embargo no había ido acompañado del mínimo indicio de democracia. El anarquismo nunca hizo aparición en Japón. Los primeros atisbos de socialismo llegaron tras la Guerra Chino-Japonesa de 1894-1895. Shakai Shugi Kenkyui-kai (la Asociación para el estudio del socialismo) se formó en 1898 para determinar si el socialismo podía aplicarse en Japón o no. Una serie de grupos diminutos, que incluían a un puñado de intelectuales, empezaron a traducir y a divulgar las ideas socialistas procedentes Europa occidental, llegando a armar una mezcla de liberalismo y fabianismo, con unas gotas de Fourier y de Owen. Algunos argumentaban que las distintas instituciones y religiones japonesas siempre habían contenido las semillas del socialismo, que ahora podían cultivarse y dejarse crecer. El sociólogo Abe Iso, padre fundador, con grandes reservas, del socialismo japonés, fue quien mejor lo expresó:

> Nuestras industrias todavía son jóvenes, y aún no puede apreciarse una gran brecha entre los ricos y los pobres. [...] Los pobres están satisfechos con su situación, mientras que los ricos no intentan oprimirles. [...] El pauperismo apenas se conoce, porque el rápido crecimiento de la industria le brinda a todo el mundo la posibilidad de ganarse la vida; y nadie piensa en el socialismo más que como una cuestión para un futuro lejano. [...] Todavía no estamos en la vorágine; tenemos que prepararnos para esquivarla [...] o por

lo menos saber cómo comportarnos en caso de que caigamos en ella más adelante[56].

Los socialistas japoneses eran un calco del POSDR en términos de la proporción de sus afiliados respecto a la población general, y fueron admitidos en la Segunda Internacional. Bajo su paraguas, los socialistas japoneses y rusos emitieron un comunicado conjunto denunciando la guerra en el Extremo Oriente. La derrota tuvo un profundo efecto en el conjunto de la sociedad rusa. No era ningún secreto que Nicolás II y su círculo oficioso de amigos aristócratas habían soñado con la gloria en el Extremo Oriente, y que durante mucho tiempo habían ocultado sus intenciones belicistas a los principales ministros del Gobierno —Guerra, Hacienda y Asuntos Exteriores—. El zar no era precisamente uno de los especímenes más brillantes de la dinastía Románov. Nicolás, un hombre débil, desconfiado, incapaz de entender siquiera los elementos más básicos de la estrategia de la política interior o exterior, era fácilmente influenciable en materia de políticas por sus amigos aduladores, igual de incompetentes que él. Dominic Lieven afirma que Nicolás «creó un vacío en el centro de la toma de decisiones que no fue capaz de llenar. [...] El emperador fue el principal responsable de la debacle de Rusia en Asia oriental, y su prestigio nunca se recuperó».

Los reveses de la Guerra de Crimea habían obligado al zar de entonces a emancipar a los siervos, por muy chapuceros que fue-

---

[56] Abe Iso, «Social Problems and Their Solution», *Far East I* (20 de julio de 1896). Teniendo en cuenta los argumentos contenidos en el texto, el título es un tanto engañoso. Citado en Hyman Kublin, «The Japanese Socialists and the Russo-Japanese War», *Journal of Modern History* 22: 4, 1950

ran los medios. La derrota a manos de Japón provocó las insurrecciones de 1905. Y ya sabemos lo que vendría después. En cuanto a los vencedores, ellos también tuvieron que afrontar una serie de cambios políticos. El marxismo, inexistente hasta entonces en las islas, hizo su primera aparición tras la Guerra Ruso-Japonesa.

6

Imperios en guerra

En 1887, Friedrich Engels describía con escalofriante clarividencia cómo podría ser un nuevo conflicto en Europa. Sugería que iba a ser una guerra mundial de unas características jamás vistas hasta entonces, y en ella participarían entre ocho y diez millones de soldados, que, según él:

> se aniquilarán entre sí y al hacerlo arrasarán Europa como hasta ahora nunca lo ha hecho una plaga de langostas. [...] La devastación provocada por la Guerra de los Treinta años se concentrará en tres o cuatro años y se extenderá por todo el continente. [...] y todo acabará en una bancarrota general, en el hundimiento de los viejos Estados y su sabiduría política tradicional [...] la total imposibilidad de prever cómo terminará todo ello y quién saldrá victorioso de esta contienda; tan solo hay una consecuencia absolutamente cierta: el agotamiento general y la creación de las condiciones para la victoria final de la clase obrera.

En 1907, tras un largo debate en el Congreso de la Segunda Internacional celebrado en Stuttgart, durante el que se daba por descontado la inminencia de una guerra, el Congreso aprobó *por unanimidad* una resolución redactada conjuntamente por Lenin,

Rosa Luxemburgo y Mártov. Como consta en las actas, la resolución fue acogida «con una ovación apoteósica, prolongada y reiterada, con particular entusiasmo por parte de la delegación francesa». Dice así:

> Ante la amenaza del estallido de una guerra, el deber de las clases trabajadoras y de sus representantes parlamentarios en los países implicados, apoyados por la actividad de coordinación del Buró Socialista Internacional, consiste en hacer todos los esfuerzos posibles para evitar el estallido de la guerra por los medios que consideren más eficaces, que naturalmente variarán en función del agravamiento de la lucha de clases y el empeoramiento de la situación política general.
>
> En caso de que la guerra estalle de todas formas, su deber es intervenir en favor de su rápida conclusión, y utilizar con todas sus fuerzas la crisis económica y política creada por la guerra para levantar a las masas y con ello acelerar la caída del dominio de la clase capitalista.

La resolución fue un compromiso entre las distintas partes. El SPD alemán se negaba a aceptar el llamamiento a una huelga general inmediata a escala europea en contra de la guerra. Algunos de los argumentos de Bebel eran realistas, pues señalaban que la guerra tenía un efecto muy perturbador en la conciencia de clase, y que una huelga general resultaba poco realista. Sin embargo, el grueso de sus argumentos tenía que ver con lo que ocurriría una vez iniciada la guerra: el deterioro de la vida familiar, la concentración en las industrias de guerra, el bloqueo a las exportaciones, etcétera. No obstante, lo que proponían Lenin, Keir Hardie y Luxemburgo era una huelga general *preventiva* para impedir que la guerra tuviera lugar. Puede que resultara utópico, pero nunca se intentó. Bebel clausuró oficialmente el congreso con la intención, dijo, de que la unidad de todos los delegados en contra de la inminente guerra fuese recordada «con letras de oro» como el momento cumbre de la Internacional.

Entre el 24 y el 25 de noviembre de 1912 se celebró en la ciudad suiza de Basilea un Congreso Extraordinario de la Segunda Internacional como respuesta a la Guerra Balcánica. Lenin no se molestó en acudir, pues sabía de sobra que no habría unidad respecto a las medidas necesarias para impedir la guerra que se avecinaba. En representación de los socialdemócratas rusos acudió Alexandra Kollontái. Bebel siguió haciendo hincapié en la necesidad de una intensa propaganda contra la guerra.

August Bebel: dirigente socialista alemán y escritor.

Murió el año siguiente. En el Congreso había advertido reiteradamente de que la Guerra Balcánica no era más que el preludio de una conflagración mucho más amplia.

En el transcurso de los años 1907 a 1913, el rearme de los grandes Estados imperiales experimentó una rápida aceleración. Gran Bretaña había aceptado el ascenso de las demás potencias, siempre y cuando no se vieran directamente amenazados los intereses británicos. Cuando a los franceses se les subieron demasiado los humos (como por ejemplo en África), Londres los amenazó con una guerra. París se retractó, y en 1899 ambas potencias firmaron un tratado. Los británicos aceptaban el dominio de los franceses en Marruecos siempre y cuando ello no afectara a los acuerdos comerciales ya vigentes, ni al «estatus político» del país. También se acordaba «que el cargo de Director General de Antigüedades en Egipto siga recayendo en manos, como había sido hasta entonces, de un *savant* francés». Los franceses se contentaron fácilmente. Los bóers de Sudáfrica no tuvieron tanta suerte. Cuando se descubrieron yacimientos de oro y diamantes, los británicos fueron a la guerra, un ejemplo temprano de que la codicia colonial prevalece sobre la solidaridad racial.

Durante la mayor parte del siglo XIX, la Revolución Industrial en Gran Bretaña transformó el país, y sus innovaciones fueron beneficiando poco a poco al conjunto de Europa occidental. Así pues, Gran Bretaña estuvo en una posición dominante durante las primeras décadas de la primera globalización capitalista, una «Isla-Mundo», en palabras del geógrafo imperial sir Halford Mackinder, que escribió unas coplas jactanciosas después de la guerra, donde se burlaba de los alemanes por haber sido demasiado ambiciosos[57].

A principios de 1914, el imperialismo europeo, con el Imperio Británico a la cabeza, había ocupado la totalidad del subcontinente indio, incluyendo Birmania y Sri Lanka, el archipiélago

---

[57] «Quien manda en Europa oriental domina el continente / Quien manda en el continente domina la Isla-Mundo / Quien manda en la Isla-Mundo domina el mundo».

indonesio, Malasia e Indochina, y se afanaba por hacerse un hueco en China. El Imperio Otomano dominaba el Oriente árabe. Los japoneses eran la potencia colonial en la península de Corea. Gran Bretaña, Francia y Bélgica controlaban amplias zonas de África, y el miembro más reciente del club (Alemania) estaba «civilizando» Namibia y Tanganica. El tamaño de sus posesiones coloniales determinaba la categoría de cada uno de los Estados imperiales, donde se tenían en cuenta no solo las materias primas y la riqueza en metales preciosos y su comercio, sino también los habitantes del país.

Los súbditos coloniales formaban considerables contingentes en las guerras interimperialistas, en las organizaciones policiales de las colonias y en las guerras de conquista. Los británicos utilizaban el ejército indio; los franceses tenían (y siguen teniendo) bajo su mando soldados de África occidental y enormes reservas en Argelia e Indochina; los japoneses crearon una fuerza similar en Corea, y más tarde, tras la conquista de Manchuria, una efímera versión china. A menudo se subestima la importancia de aquella carne de cañón imperial[58]. Las revistas alemanas informaban de la opresión que infligían Gran Bretaña y Francia en sus respectivas colonias, pero los alemanes aspiraban a tener su propio espacio colonial al que poder oprimir a su manera. La masacre del pueblo herero en Namibia fue un botón de muestra del dominio colonial alemán.

---

[58] Durante la Segunda Guerra Mundial, los alemanes contaron con un suministro de contingentes procedentes de la mayoría de los países europeos que habían ocupado. Franco se negó a entrar en la guerra en el frente occidental, pero aportó la tristemente célebre División Azul para que luchara contra el Ejército Rojo en el frente oriental.

El internacionalismo, el socialismo, los imperios y la guerra

El centenario de la Primera Guerra Mundial ha estado dominado por los presupuestos tradicionales, sobre todo en el mundo de habla inglesa. Entre la opinión pública británica se ha fomentado la idea de la guerra como una lucha de la democracia contra la tiranía, un argumento que no se empleó demasiado en su momento, teniendo en cuenta que la autocracia zarista era un importante aliado. El cambio de actitudes respecto a dicha guerra probablemente tiene que ver con las intervenciones imperialistas que actualmente están en curso en Oriente Próximo, en el Cuerno de África y en Asia meridional. Durante la mayor parte del siglo pasado, la Primera Guerra Mundial se percibía como un desastre sin paliativos a todos los niveles[59]. Ahora ha vuelto a popularizarse la antigua versión, que afirma que fue una guerra donde las democracias midieron sus fuerzas contra la autocracia prusiana y el «malvado huno», pero siempre ha sido una pura patraña. El derecho al voto era limitado en ambos países (las mujeres no podían votar) y, en términos de representación de clase, los socialistas alemanes estaban muy por delante de sus homólogos británicos. La propaganda sobre la entrada en guerra para defender a «la valerosa Bélgica» tampoco resultaba convincente. De los imperios europeos en África, Bélgica era el más despiadado y represivo de todos. Mucho antes del estallido de la guerra, los belgas, tanto valones como flamencos, habían matado a entre 10 y

---

[59] La primera obra de teatro que vi al llegar al Reino Unido (en compañía de Michael Beloff) fue la asombrosa *¡Oh, qué guerra tan bonita!*, de Joan Littlewood (posteriormente llevada al cine por sir Richard Attenborough). En su momento, esa actitud hacia la guerra se consideraba de sentido común, y la conmovedora escena donde se veía confraternizar a los soldados durante una tregua navideña era muy apreciada.

12 millones de congoleños. Las bibliotecas privadas que albergaban a los autores de la Ilustración a menudo lucían cabezas reducidas, junto con manos y pies, una ilustración muy gráfica de algo que decía Walter Benjamin: que la barbarie y la civilización eran viejas compañeras de cama. ¿Valía la pena defender a aquel «valeroso» Estado?

En estos tiempos la historia se ve de una forma diferente, a pesar de los denodados esfuerzos de por lo menos dos importantes historiadores empíricos. Niall Ferguson se ha negado a aceptar la demonización de Alemania como única responsable del conflicto, e insiste, como buen historiador ultraconservador a ultranza, que la entrada de Gran Bretaña en la guerra fue «el peor error de la historia moderna», y que Gran Bretaña tiene la misma parte de culpa por el conflicto. La guerra, argumenta Ferguson, aceleró el fin del Imperio Británico, en vez de fortalecerlo. El estudio de Dominic Lieven sobre la guerra en el frente oriental es una crónica sumamente valiosa, sobre todo por su análisis de la Rusia zarista. Tanto Ferguson como Lieven aceptan, de distintas formas, que la razón de fondo del conflicto fueron las rivalidades imperialistas. A ese respecto, el primer capítulo del libro de Lieven es ejemplar[60].

El asesinato del príncipe heredero del Imperio Austrohúngaro a manos de un nacionalista serbio fue el detonante del conflicto, no el motivo subyacente, comparable en los tiempos actuales con los atentados del 11 de septiembre de 2001 que aportaron el pretexto para la guerra contra Irak, la destrucción de Libia, Siria,

---

[60] Niall Ferguson, *The Pity of War,* Londres, 2014, y Dominic Lieven, *Towards the Flame: Empire, War and the End of Tsarist Russia,* Londres, 2015.

Yemen, y la desestabilización total de Afganistán y Pakistán. Las guerras a raíz del 11-S ya han durado más que las dos guerras mundiales juntas.

El estallido de la guerra en agosto de 1914 dividió por igual a los Gobiernos y a los partidos socialistas.

Como ha señalado Douglas Newton, en Gran Bretaña hubo serios debates en el seno del Gobierno, y dimitieron cuatro ministros, pero sin advertir a los diputados de por qué lo hacían, y por supuesto sin movilizar el apoyo de la opinión pública contra el conflicto. Gran Bretaña tenía el problema adicional de que necesitaba aferrarse a su propia colonia nacional: Irlanda. No podía correr el riesgo de que se viera cómo se desintegraba la Isla-Mundo, por temor a que ello desencadenara sublevaciones en otras colonias. A los irlandeses se les negó el autogobierno, y los conservadores instigaron a las fuerzas amotinadas del Ejército en Irlanda del Norte a desobedecer las órdenes, con lo que, a todos los efectos, sabotearon la posibilidad de una Irlanda unida. Los líderes protestantes del Ulster amenazaron con una sublevación declarada con apoyo del Ejército. Ese fue uno de los principales motivos del nerviosismo de los británicos respecto a la guerra civil europea.

El sobrio análisis de Lenin, titulado *El imperialismo, fase superior del capitalismo,* escrito dos años después del inicio de la guerra, sigue siendo un texto fundamental para comprender la Primera Guerra Mundial. Lenin la explicaba en términos del incesante ascenso del capitalismo industrial y de la contradicción de Alemania, que para entonces era la mayor potencia industrial de Europa pero que casi no poseía colonias. Dejando a un lado el Imperio Británico, a los estrategas de Berlín les parecía irritante que unos Estados del tres al cuarto como Bélgica, Holanda y Portugal tuvieran, proporcionalmente, más colonias que Alemania. Vale la pena leer en sus propias palabras el meollo del argumento de Lenin, al tiempo que reconocía estar en deuda con las investigaciones del historiador liberal inglés John Hobson:

> Para Inglaterra el periodo de intensificación enorme de las conquistas coloniales corresponde a los años de 1860 a 1880, y es muy considerable durante los últimos veinte años del siglo XIX. Para Francia y Alemania corresponde justamente a estos veinte años. Hemos visto más arriba que el periodo del desarrollo máximo del capitalismo premonopolista, el capitalismo en el que predomina la libre competencia, abarca de 1860 a 1870. Ahora vemos que es *justamente después de este periodo* cuando empieza el enorme «auge» de conquistas coloniales, se exacerba hasta un grado extraordinario la lucha por el reparto territorial del mundo. Es indudable, por consiguiente, que el paso del capitalismo a la fase de capitalismo monopolista, al capital financiero, se halla *relacionado* con la exacerbación de la lucha por el reparto del mundo. Hobson destaca en su obra sobre el imperialismo los años que van de 1884 a 1900 como un periodo de intensa «expansión» de los principales Estados europeos. Según sus cálculos, Inglaterra adquirió durante ese tiempo 3.700.000 millas cuadradas con una población de 57 millones de habitantes; Francia, 3.600.000 millas cuadradas con 36,5 millones de habitantes; Alemania, 1.000.000 de millas cuadradas con 14,7 millones de habitantes; Bélgica, 900.000 millas cuadradas con 30 millones de habitantes; Portugal, 800.000 millas cuadradas con 9 millones de habitantes. A finales del siglo XIX, sobre todo desde la década de 1880, todos los Estados capitalistas se esforzaron por adquirir colonias, lo que constituye un hecho universalmente conocido de la historia de la diplomacia y de la política ex-

terior. En la época de mayor florecimiento de la libre competencia en Inglaterra, entre 1840 y 1860, los dirigentes políticos burgueses de este país eran *adversarios* de la política colonial y consideraban útil e inevitable la emancipación de las colonias y su separación completa de Inglaterra. M. Beer indica en un artículo, publicado en 1898, sobre el «imperialismo inglés contemporáneo»[61], que en 1852 un estadista británico como Disraeli, tan inclinado en general al imperialismo, decía que «las colonias son una rueda de molino que llevamos atada al cuello». ¡En cambio, a finales del siglo XIX los héroes del día eran en Inglaterra Cecil Rhodes y Joseph Chamberlain, que predicaban abiertamente el imperialismo y aplicaban una política imperialista con el mayor cinismo!

No carece de interés señalar que esos dirigentes políticos de la burguesía inglesa veían ya entonces clara la ligazón existente entre las raíces puramente económicas, por decirlo así, del imperialismo moderno y sus raíces sociales y políticas. Chamberlain predicaba el imperialismo como una «política justa, prudente y económica», señalando sobre todo la competencia con que ahora tropieza Inglaterra en el mercado mundial por parte de Alemania, Norteamérica y Bélgica. La salvación está en el monopolio, decían los capitalistas al fundar cárteles, sindicatos y trusts. La salvación está en el monopolio, repetían los jefes políticos de la burguesía, apresurándose a adueñarse de las partes del mundo todavía no repartidas. Y Cecil Rhodes, según cuenta un íntimo amigo suyo, el periodista Stead, le decía a este en 1895 a propósito de sus ideas imperialistas: «Ayer estuve en el East End londinense (barriada obrera), asistí a una asamblea de parados. Al oír allí discursos exaltados cuya nota dominante era "¡pan!, ¡pan!", y al reflexionar, de vuelta a casa, sobre lo que había oído, me convencí, más que nunca, de la importancia del imperia-

---

[61] *Die Neue Zeit,* XVI, 1, 1898, S. 302 [nota de Lenin].

lismo... La idea que yo acaricio representa la solución del problema social: para salvar a los cuarenta millones de habitantes del Reino Unido de una mortífera guerra civil, nosotros, los políticos colonialistas, debemos posesionarnos de nuevos territorios; a ellos enviaremos el exceso de población y en ellos encontraremos nuevos mercados para los productos de nuestras fábricas y de nuestras minas. El imperio, lo he dicho siempre, es una cuestión de estómago. Si queréis evitar la guerra civil, debéis convertiros en imperialistas».

Así hablaba en 1895 Cecil Rhodes, millonario, rey de las finanzas y principal culpable de la guerra anglo-bóer. Esta defensa del imperialismo es simplemente un poco grosera, cínica, pero, en el fondo, no se diferencia de la «teoría» de los señores Máslov, Südekum, Potresov, David, del fundador del marxismo ruso, etc. Cecil Rhodes era un socialchovinista algo más honrado[62].

Las últimas líneas, que aluden a los socialdemócratas rusos que apoyaban a Rusia en la guerra, son relativamente suaves. Los estallidos de ira se habían producido con anterioridad, cuando el 4 de agosto de 1914 los socialistas alemanes decidieron votar en el Reichstag a favor de los créditos de guerra. La decisión se había tomado en una acalorada reunión interna del grupo parlamentario del SPD, que votó por 78 votos frente a 14 a favor de apoyar el imperialismo alemán en la guerra. Se tomaron medidas disciplinarias contra la minoría, pero ya resultaba inevitable una escisión pública. Tan solo Karl Liebknecht desafió la disciplina del partido y votó en contra de la guerra, calificando a los patriotas de «esquiroles internacionales».

---

[62] Lenin, *El imperialismo, fase superior del capitalismo*, en *Obras escogidas en tres tomos*, tomo I, Moscú, Progreso, 1961, pp. 403-404.

A Lenin le dejó anonadado la capitulación de Kautsky. Cuando leyó por primera vez en *Die Neue Zeit* el texto de Kautsky donde justificaba el voto a favor de la guerra, al principio estaba convencido de que se trataba de una falsificación. Rosa Luxemburgo le escribía a una amiga que «aquí lo más que uno saca en limpio de la prensa del partido son... náuseas». Cuando cayó en la cuenta de la verdad, Lenin fue inmediatamente consciente de la magnitud del desastre que había tenido lugar. A todos los efectos, la sección alemana de la Segunda Internacional —su mayor agrupación— había dinamitado el internacionalismo. En cuanto a Lenin, no existía ningún dilema real sobre lo que había que hacer. Colaborar a nivel internacional con aquella corriente —a la que se habían sumado los socialistas franceses y belgas, así como los principales líderes mencheviques (aunque no Mártov ni Axelrod)— ya resultaba imposible.

Rosa Luxemburgo, una de las dirigentes más respetadas del partido alemán y de la Segunda Internacional, estaba destrozada. Lo que empeoraba las cosas y provocaba su enfado eran las interminables justificaciones que se aducían en nombre del núcleo más blando de los parlamentarios del SPD. Habían sido «obligados», «lo hacían con buena intención», tenían «buen corazón», a diferencia de los «malvados» de la derecha, eran «patriotas de guerra sin chovinismo» en comparación con los verdaderos chovinistas. Y así rezaba la interminable letanía de justificaciones y autojustificaciones. Ella no cedía ni un ápice. «En casos de tamaña relevancia para la historia del mundo, no se puede entrar a valorar los *móviles,* tan solo cabe enjuiciar los actos». Cuando Robert Dissman, un dirigente del SPD, intentó argumentar que la derecha del partido era «sistemáticamente» partidaria de la guerra, y que los que habían votado a regañadientes con ellos eran belicistas incoherentes, ella respondió: «Yo estoy a favor de la coherencia en cualquier circunstancia, pero no espero otra cosa que desdichas de la idea de comulgar con quienes aprueben la guerra, y al diablo con la coherencia»[63].

Durante el primer año de la guerra, los activistas contrarios a la guerra —principalmente socialistas y unos cuantos pacifistas— venidos de toda Europa se congregaron en el pueblo suizo de Zimmerwald para evaluar la situación. Los bolcheviques y los mencheviques contrarios a la guerra se unieron para firmar la declaración, que fue aprobada por unanimidad. Para Lenin era demasiado suave, pues él esperaba que se aprobara un llamamiento a escala europea para transformar la guerra imperialista en una guerra civil contra los gobiernos burgueses partidarios de la guerra y contra sus Estados. También esperaba que se hiciera una sonora denuncia de la Segunda Internacional por haber renunciado a defender, de una forma tan clamorosa, sus propias resoluciones anteriores sobre la guerra. Una resolución aparte que presentaron los bolcheviques en ese sentido no fue aprobada. A Lenin no le sorprendió. En un panfleto titulado *Los socialistas y la guerra,* escrito poco después de la reunión de Zimmerwald, quedaba de manifiesto su preocupación por las guerras y las guerras civiles. Aludía a la máxima de Carl von Clausewitz de que «la guerra es una continuación de la política por otros medios», y elogiaba al político prusiano, por considerarlo «uno de los escritores más profundos sobre los problemas de la guerra. [...] Los marxistas siempre han considerado con razón que

---

[63] George Adler, Peter Hudis y Annelies Laschiza, eds., *The Letters of Rosa Luxemburg,* Londres y Nueva York, 2011, pp. 330-331.

El internacionalismo, el socialismo, los imperios y la guerra

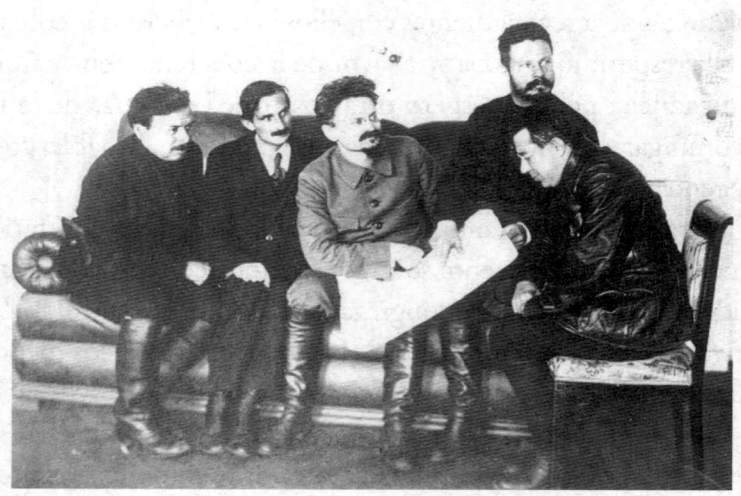

1920, de izquierda a derecha: Béla Kun, Alfred Rosmer, Trotsky, Mijaíl Frunze y G. I. Gusev.

esa tesis es la base teórica de las ideas relativas a la relevancia de cualquier guerra en concreto».

Lenin devoró los escritos de Clausewitz, y llenó todo un cuaderno con sus propios comentarios y preguntas. Su camarada bolchevique G. I. Gusev, que en una encarnación anterior había sido editor de la *Enciclopedia Militar Rusa* y había establecido contactos con muchos jóvenes oficiales del Ejército tras la Guerra Ruso-Japonesa, le había enviado un ejemplar de *De la guerra*. Gusev descubrió que muchos de aquellos jóvenes oficiales eran partidarios de que se llevaran a cabo reformas drásticas en el Ejército y de la unificación de las academias y la doctrina militar, pero que al mismo tiempo eran conscientes de la resistencia que encontrarían en caso de que hicieran públicas sus ideas. Ahí se ve el rastro de los inolvidables decembristas.

Pero ¿por qué Lenin ponía tanto interés en Clausewitz en aquel momento? Una razón salta a la vista. Lenin estaba en medio de una guerra, y la política había quedado silenciada. Retirarse a una biblioteca durante los malos tiempos no era algo inhabitual en él, y sin duda estudiar a Clausewitz para comprender la guerra contribuyó a su propio análisis de las verdaderas causas del conflicto. ¿Había alguna otra razón? ¿Acaso las ondas de choque creadas por la capitulación de una amplia mayoría de socialdemócratas europeos y rusos ante sus respectivas maquinarias de guerra le habían llevado a darle un nuevo enfoque a las complejidades del proceso revolucionario? Obviamente, Lenin estaba convencido de que si los grandes partidos se hubieran mantenido firmes, habrían podido abrir una brecha en la patriotería y el chovinismo que habían obnubilado temporalmente la conciencia de la clase obrera. Ya a finales de 1915 habían empezado las deserciones, y los soldados tenían que ejecutar a sus propios camaradas. Muy pronto ese estado de ánimo se extendió desde los campos de batalla hasta las capitales de distintos países beligerantes. Tan solo eso habría supuesto una recompensa de enormes dividendos políticos a una resistencia internacional unitaria contra la guerra. Pero Lenin comprendía mejor que todos sus camaradas que ya no había vuelta atrás. La reconciliación con los partidos que habían respaldado a sus gobernantes en el conflicto estaba descartada. No había ningún tipo de garantías de que las milicias de trabajadores que habían surgido durante la Comuna volvieran a alzarse espontáneamente en ningún país europeo. Al principio cabía la posibilidad de que a un partido revolucionario no le quedara otra opción que crear sus propias milicias armadas y organizar una insurrección armada. Esta vez no se podía dejar nada a merced del azar. De ahí la minuciosa lectura de Clausewitz, donde Lenin detectó que el filósofo militar alemán estaba en deuda con la dialéctica de Hegel. Por los comentarios al margen de Lenin está claro que para cuando llegó al tercer tomo de *De la guerra*, estaba intelectualmente entusiasmado.

Cuando Clausewitz analiza los cambios en la estrategia militar de Francia después de la Revolución, y lamenta que no se entienda la relación entre la política y la guerra, llega a la siguiente conclusión:

> Es cierto que la guerra misma ha sufrido cambios importantes en su esencia y en sus formas, que la han acercado a su forma absoluta; pero esos cambios no se han producido porque el Gobierno francés se haya en cierto modo emancipado, liberado de la tutela de la política, sino que han surgido de la nueva política que surgió de la Revolución Francesa tanto para Francia como para toda Europa. Esa política movilizó otros recursos, otras energías, y por tanto hizo posible una energía en la dirección que además habría sido imposible imaginar[64].

El comentario al margen de Lenin: «¡Exactamente!».

Clausewitz hace una reflexión en su *Estudio de la instrucción militar ofrecido por el autor a S. A. R. el príncipe heredero en los años 1810, 1811 y 1812* acerca de las guerras defensivas y ofensivas:

---

[64] Traducción del alemán por Carlos Fortea, *De la guerra*, Madrid, La Esfera de los Libros, 2005, p. 675. *(N. del T.)*.

En términos políticos, una guerra defensiva es una guerra que se libra por la independencia propia. Estratégicamente, una guerra defensiva entraña una campaña limitada a mi combate contra el enemigo en un teatro de guerra que yo mismo he preparado a tal efecto. Que en ese teatro de guerra yo combata defensiva u ofensivamente no supone ninguna diferencia.

Lenin comenta a renglón seguido: «¡Cierto!»[65].

El zar había necesitado un primer ministro inteligente, implacable y tenaz. Y desde luego hubo uno. El antiguo ministro del Interior ultraconservador, Piotr Durnovo, había aplastado la Re-

---

[65] Curiosamente, las ideas de Clausewitz se convirtieron en el tema de un acalorado debate poco después de la Guerra Civil, cuando el general M. V. Frunze y otros intentaron establecer unas normas dogmáticas para el Ejército Rojo, lo que provocó una feroz respuesta de Trotsky, que denunció los intentos de zanjar los debates militares por el procedimiento de adoptar una estrategia doctrinaria válida para siempre. Trotsky ganó el debate en el XI Congreso del Partido, pero las ideas de Frunze fueron adoptadas poco después de que Trotsky cesara como comisario de Guerra. Trotsky había argumentado que en lo relativo a las cuestiones militares, no tenía sentido apelar al marxismo, ya que en ese aspecto no tenía nada que ofrecer, e irritó a los comandantes del Ejército Rojo al insistir en que la Guerra Civil se había ganado gracias a que se habían aprendido las técnicas de la caballería móvil de los anarquistas ucranianos y del general blanco Ungern. «La maniobrabilidad», subrayaba Trotsky, «no es una característica de los ejércitos revolucionarios sino de las guerras civiles en sí». Frunze fue elevado a la categoría de Clausewitz soviético, y sus ideas entraron a formar parte de una ortodoxia irrefutable, de una dialéctica cristalizada. No es ningún secreto adónde condujo aquel dogma. Se aplicó el 22 de junio de 1941 y resultó gravemente deficiente. Frunze falleció en 1925, en circunstancias misteriosas. Mijaíl Tujachevski, el legendario comandante del Ejército capaz de hacer caso omiso del dogma, había sido ejecutado por orden de Stalin, acusado de ser un «espía alemán».

volución de 1905. La orden que dictó en aquella ocasión seguía grabada en la memoria de ambos bandos:

> Los alborotadores han de ser exterminados de inmediato por la fuerza de las armas, sus viviendas deben ser incendiadas en caso de resistencia. El autogobierno arbitrario [los soviets] debe ser erradicado de una vez y para siempre, ahora. Actualmente las detenciones no servirían de nada, y de todas formas es imposible juzgar a cientos y a miles de personas. Es esencial que las tropas comprendan plenamente estas instrucciones.
>
> P. Durnovo

¿Sería capaz Durnovo de darle la vuelta a la situación, en caso de que se le concediera el mando del país a todos los efectos? En vísperas de la guerra le pidieron que lo hiciera, pero él se negó, y le explicó sinceramente a su soberano que para entonces la situación estaba tan mal que no se podía excluir una oleada de asesinatos y sublevaciones durante los años siguientes; en caso de que él se pusiera al mando del Gobierno y del Ministerio del Interior, le harían responsable de lo que ocurriera. Tal vez Durnovo también era consciente de que, con el Ejército en el frente, en aquella ocasión la represión caníbal podía no dar resultado. Sí presentó un breve memorándum donde mostraba una fuerte animadversión contra los británicos. Durnovo opinaba que a Gran Bretaña no había nada que le gustara más que manipular a sus grandes aliados continentales para que lucharan contra sus rivales en Europa. Sugería que entrar en guerra contra Alemania (el principal socio comercial de Rusia) y el Imperio Austrohúngaro era una torpeza. Señalaba que apaciguar a los ultranacionalistas rusos por

Tropas rusas en el frente oriental: las deserciones
y los motines paralizaron el esfuerzo bélico.

el procedimiento de anexionarse Galitzia —y absorber un «separatismo "pequeño ruso"[66] sumamente peligroso que en un contexto favorable era capaz de asumir unas proporciones completamente inesperadas»— podía provocar que el nacionalismo ucraniano se convirtiera en un problema imposible de manejar[67].

La principal preocupación de Durnovo era la revolución. A pesar de ser un hombre profundamente reaccionario, en calidad de ministro de Interior debió de leer los panfletos y libros anteriores y posteriores a los sucesos de 1905. Es difícil imaginar que no hubiera leído a Lenin. Si no lo hizo, su advertencia al zar de que, en caso de que Rusia se desangrara a raíz de la guerra que se avecinaba y Alemania fuera derrotada, se producirían sendas revoluciones en ambos países, resulta aún más extraordinaria. Las

---

[66] Era el término utilizado por los nacionalistas rusos para referirse a los rusos de los territorios fronterizos del sur del Imperio. *(N. del T.)*.

[67] Lieven, *Towards the Flame*, p. 305.

ideas de Durnovo fueron ignoradas. Rusia entró en una guerra que, al cabo de un año y medio de graves pérdidas en vidas humanas por ambos bandos, estaba llegando a un *impasse*. En el frente occidental, las bajas aumentaban sin ningún éxito militar decisivo para ninguno de los dos bandos. En el frente oriental, las condiciones se habían deteriorado tanto que estaban fuera de control. Los alemanes avanzaban, y los soldados rusos, los «campesinos de uniforme», como los describía Lenin, empezaban a sufrir en sus propias carnes la inutilidad de sus jefes militares y la vacua retórica de los políticos. Al cabo de dos años y medio de guerra, una revolución se apoderó de Rusia y la autocracia fue derrocada. Se nombró un Gobierno provisional. En el próximo capítulo examinaremos la andadura de aquella revolución, pero antes es preciso echar un vistazo al otro lado del Atlántico. Si Estados Unidos hubiera permanecido neutral, como quería una mayoría del país, la única solución realista habría sido un alto el fuego y una tregua entre los imperios británico y alemán. Si de esa forma se habría evitado la Revolución Rusa o no, sigue siendo un asunto discutible. Pero antes de que pudiera considerarse una posibilidad de ese tipo, estalló una revolución en Rusia. Cayó la autocracia. El zar fue depuesto y un gobierno provisional de amplia base se hizo con las riendas del poder.

Ello hizo inevitable la intervención de Estados Unidos, que ya era objeto de un serio debate. En 1916, en un discurso pronunciado ante el Congreso Mundial de Viajantes de Comercio en Detroit, Woodrow Wilson, cuya retórica combinaba la falsa devoción con la hipocresía mejor que ningún otro político de su tiempo, ofrecía las siguientes perlas de sabiduría a los viajantes de comercio allí reunidos:

> Levanten la mirada hasta los horizontes de los negocios, y con la inspiración que da pensar que ustedes son estadounidenses, y que han nacido para llevar la libertad, la justicia y los principios de la humanidad dondequiera que vayan, dedíquense a vender unos productos que hagan que este mundo sea más cómodo y más feliz, y conviertan a sus gentes a los principios de Estados Unidos[68].

En otras charlas anteriores, Wilson había hecho un uso constante de la Providencia para justificar el marchamo de Estados Unidos en su conquista del mundo. Había enviado tropas a México, Cuba, Haití y Nicaragua. Llevar a su país a una guerra europea iba a costar vidas, pero teniendo en cuenta que tanto Alemania como Gran Bretaña estaban muy maltrechas, iba a ser una operación carente de riesgo. El «destino divino» aguardaba a Estados Unidos y, tal y como Wilson ya había dejado claro ante una reunión de empresarios sureños en Mobile, Alabama, en 1913, los estadounidenses iban derechos hacia la cumbre: «Escalando lentamente la tediosa subida que conduce a las últimas tierras altas, lograremos contemplar la visión por excelencia de las obligaciones del género humano. Hemos arrostrado una parte considerable de esa escalada», los estadounidenses se estaban aproximando a la meta final, hasta «alcanzar esas grandiosas alturas donde brilla sin impedimento la luz de la justicia de Dios». En una carta que le escribió a un amigo íntimo y asesor suyo el 21 de julio de 1917, Wilson alardeaba de que:

---

[68] Citado en Perry Anderson, *American Foreign Policy and Its Thinkers*, Londres y Nueva York, 2015, pp. 8-9.

Inglaterra y Francia no tienen en absoluto las mismas ideas que nosotros respecto a la paz. Cuando termine la guerra podremos obligarles a asumir nuestra forma de pensar porque para entonces, entre otras cosas, estarán económicamente en nuestras manos.

Decididamente, la guerra la ganaron los recursos humanos y la tecnología de Estados Unidos, no la Isla-Mundo. ¿Qué papel iba a asumir en el escenario mundial? La retórica rimbombante y el complejo de Jesucristo de Woodrow Wilson entraron en juego para proyectar a Estados Unidos hasta el estatus de potencia mundial. Sus «Catorce Puntos», ensalzados hasta los cielos por los liberales, eran poco más que un intento de dar una respuesta a los bolcheviques, ya en el poder, que habían hecho públicos todos los tratados secretos e imperialistas de los archivos zaristas. La propuesta de Wilson mostraba un gran apego al concepto de «autodeterminación» para algunos Estados europeos que anteriormente habían estado bajo soberanía austrohúngara, pero dejaba el resto del mundo a merced de sus imperios. Un joven vietnamita que se presentó en Versalles con el propósito de exigir la autodeterminación para Indochina fue ignorado con desprecio. Se trataba de Ho Chi Minh, que poco después asistió al congreso fundacional del Partido Comunista Francés (PCF) y que cincuenta y ocho años más tarde le infligió una memorable derrota a Estados Unidos.

En su nueva posición de árbitro, el presidente de Estados Unidos cometió graves errores desde el punto de vista imperialista en un sentido más amplio. Decidió hacer caso a la insistencia de Francia y Gran Bretaña en que había que imponer un severo castigo económico a Alemania (mediante las reparaciones de guerra), y neutralizarla permanentemente mediante la prohibición de reconstruir sus Fuerzas Armadas salvo en la medida imprescindible para mantener el orden dentro del país y mantener a raya a los bolcheviques. La exigencia adicional de los imperios británico y francés de que las colonias alemanas se repartieran entre los vencedores como paga extra por un trabajo bien hecho fue modificada ligeramente por Wilson. Las colonias alemanas debían ser administradas por mandato de la recién formada Sociedad de Naciones —un organismo impotente donde los haya, creado básicamente para mantener el *statu quo* de la posguerra—. Alemania fue despojada de sus colonias, mientras que sus rivales se fortalecieron y sus imperios permanecieron intactos. El Tratado de Versalles que se le impuso a Alemania fue calificado por Wilson de «incomparable consumación de las esperanzas de la humanidad».

Nosotros somos bien conscientes de sus consecuencias. El crac económico de 1929 produjo una drástica polarización política en Alemania. Sin duda, sus dirigentes comprendían la importancia de Estados Unidos, admiraban al país norteamericano en muchos aspectos, y se veían a sí mismos como su equivalente europeo. Poco más de un siglo después de las guerras napoleónicas, el Tercer Reich, en un intento faustiano de hacerse con el dominio del mundo, emprendió el último intento serio de unificar y homogeneizar Europa. El modelo que tenían en mente era la doctrina Monroe, muy admirada en Berlín como base del dominio de Estados Unidos en América del Sur. La doctrina era una afirmación clara y enormemente exitosa de hegemonía imperial sobre un continente dividido, y su principal cometido era económico: mantener a los europeos fuera de la región.

La doctrina Ludendorff/Hitler fue concebida como un calco de su rival estadounidense. El plan era crear un nuevo orden en Europa capaz de rivalizar con Estados Unidos espacial y militarmente, y al mismo tiempo utilizar la nueva base europea para aniquilar la Unión Soviética y el bolchevismo por los siglos de los siglos, con lo que Alemania obtendría recursos vitales, como espacio agrícola, petróleo y una fuente permanente de mano de obra eslava barata. Los dirigentes alemanes estaban seguros de que en caso de que estallaran guerras civiles (como ocurrió, por ejemplo, en España) aún podían contar con suficiente apoyo entre la población autóctona para crear cuerpos auxiliares eficaces y dispuestos a combatir codo con codo con sus ejércitos. Con Rusia bajo su dominio, Alemania sería inexpugnable y el Imperio Británico se desmoronaría por su propio peso.

Tercera parte
1917-1920: Estados y revoluciones

7

Febrero

En *1905*, su relato detallado del «ensayo general», donde desempeñó un papel destacado como presidente del Soviet de San Petersburgo, un Trotsky de veintipocos años no puede resistir la tentación de citar a un veterano funcionario de la autocracia, muy odiado pero no estúpido. Y por una buena razón.

> «La revolución», escribía a finales de noviembre de 1905 el viejo Suvorin, ese archi-reptil de la burocracia rusa, «confiere un extraordinario *élan* a los hombres, y consigue una multitud de seguidores devotos y fanáticos que están dispuestos a sacrificar sus vidas. Luchar contra la revolución resulta tan difícil precisamente porque hay que lidiar con todo el fervor, el valor, la sincera elocuencia y el ardiente entusiasmo que entraña. Cuanto más fuerte es el enemigo, más resuelta y valiente se vuelve la revolución, y con cada victoria atrae a un enjambre de admiradores. Quien desconozca este hecho, quien no sepa que la revolución es tan atractiva como una mujer joven y apasionada con los brazos abiertos, que le colma a uno de fervientes besos con sus labios ardientes y febriles, es que nunca ha sido joven»[69].

---

[69] León Trotsky, *1905*, trad. al inglés Anya Bostock, Londres y Nueva York, 1971, p. 197.

1917-1920: Estados y revoluciones

En 1905, Lenin escribió un texto titulado *Dos tácticas de la socialdemocracia* que fue ampliamente divulgado por el POSDR. Sus símiles no eran exactamente como los del reptil antes citado, pero no distaban tanto como cabría imaginar:

> Las revoluciones son la fiesta de los oprimidos y explotados. Nunca la masa del pueblo es capaz de ser un creador tan activo de nuevos regímenes sociales como durante la revolución. En tales periodos, el pueblo es capaz de hacer milagros, desde el punto de vista del rasero estrecho y pequeñoburgués del progreso gradual. [...] Seremos unos felones y traidores a la revolución si no aprovechamos esta energía de las masas en fiesta y su entusiasmo revolucionario para la lucha implacable y abnegada por el camino directo y decidido[70].

Doce años más tarde, un menchevique de izquierdas que participó en la Revolución, y muy crítico con Lenin, empezaba a escribir sus memorias:

> *Martes, 21 de febrero de 1917.* Estaba sentado en mi despacho en el Departamento para el Turquestán [del Ministerio de Agricultura]. Al otro lado de una mampara había dos mecanógrafas cuchicheando sobre las dificultades para conseguir comida, sobre las peleas en las colas de las tiendas, sobre el descontento entre las mujeres, sobre un intento de asaltar un almacén.

---

[70] V. I. Lenin, «Dos tácticas de la socialdemocracia en la revolución democrática», 1905, en *Obras escogidas en tres tomos,* tomo I, Moscú, Progreso, 1961, p. 298.

«¿Sabes qué?», exclamó de repente una de ellas, «si me lo preguntan a mí, ¡esto es el comienzo de la revolución!».

Aquellas chicas no comprendían lo que era una revolución. Y yo tampoco las creí.

Ese «yo» es N. N. Sujánov, antiguo director de la revista *Contemporánea*, y más tarde colaborador asiduo de la revista no partidista *Letopis* (Crónica) de Máximo Gorki. La cita procede de la primera página del primer capítulo de sus memorias, el «Prólogo». La historia de 1917 contada por Sujánov como una «crónica personal» es uno de los mejores libros sobre la Revolución Rusa, que utilizaron como referencia Trotsky y Deutscher (a pesar de sus desacuerdos), y también apreciada por historiadores de muy distinto cariz. Leídas conjuntamente, las historias de 1917 que escribieron los participantes en la Revolución fueron, durante mucho tiempo, una parte del legado político y literario de la izquierda en sentido amplio: los tres tomos de Trotsky sobre la Revolución y el gráfico relato que hace Victor Serge del año uno, complementados por dos crónicas periodísticas de primera mano y de primera calidad por los estadounidenses John Reed y Albert Rhys Williams. Los historiadores suelen preferir la obra de Sujánov debido a los asombrosos detalles que contiene. Se publicó por primera vez en Moscú en 1922 y estuvo en circulación durante algo menos de diez años, a pesar de sus crudas alusiones a Lenin («anarquista y dictador»), a Trotsky («prepotente y arrogante»), y a Stalin («una especie de masa gris borrosa, que surgía vagamente de vez en cuando sin dejar rastro. Realmente no se puede decir nada más de él»). Ahí se equivocó de medio a medio, y lo pagó caro. Sujánov fue ejecutado en 1940, acusado de «sabotaje».

Los historiadores reaccionarios de moda hoy en día (están de moda porque son reaccionarios), siguiendo el ejemplo del fascista italiano Curzio Malaparte, consideran la Revolución como un golpe de Estado de los bolcheviques, un triunfo de la técnica más que de la política, y un proceso con un apoyo popular limitado o directamente inexistente. Su principal líder, Lenin, a menudo aparece retratado como un dictador nato. A esta última cosecha de análisis históricos cabría añadir a un destacado autor ruso de lo más vulgar, el general Dmitri Volkogonov, cuya principal finalidad, cabe suponer, fue ganar un dinero fácil[71]. En comparación con ese grupo salvaje, la biografía de Robert Service y los escritos de David Shub, S. E. Utechin y otros se nos antojan como un modelo de ecuanimidad.

La literatura sobre la Revolución Rusa es abrumadora. Los lectores interesados encontrarán, así lo espero, los libros que necesiten. Este capítulo no pretende sustituirlos. Aspira a estudiar cómo afrontó Lenin los dilemas y las contradicciones que planteó la convulsión de febrero y la consiguiente crisis política, así como cartografiar los ocho meses cruciales que culminaron con la insurrección de octubre. Durante aquellos meses críticos, Lenin confeccionó y terminó dos textos, relacionados entre sí, pero de caracteres distintos. Las *Tesis de abril* fueron un llamamiento a la acción y al orden, un texto concebido para el Partido Bolchevique, cuyos dirigentes iban a la deriva. Más tarde, en vísperas de la Revolución de Octubre, Lenin más o menos terminó *El Estado y la revolución,* un texto

---

[71] En una de sus visitas a Londres, Volkogonov fue a ver a Tamara, la viuda de Isaac Deutscher, se inclinó ante ella, le besó la mano y le dijo: «Su marido fue una fuente de inspiración para todos nosotros». Ella no le contestó.

que había empezado a escribir en 1916 y que constituía la cúspide de sus logros político-teóricos. En él Lenin habla sin tapujos de lo que significaba y lo que entrañaría un futuro comunista. El modelo evocaba la Comuna de París, pero se centraba en lograr la propiedad social universal basada en una democracia universal. El fin del Estado, de las leyes, del castigo y de la división social del trabajo.

En un tono más concreto, en el texto encontramos algo igual de asombroso. En sus páginas no hay ni una sola referencia a las diferencias entre Rusia y Europa occidental, un tema constantemente recurrente en los anteriores escritos de Lenin. Lenin omitió ese asunto debido a la idea ya definitiva que se había hecho de la maquinaria del Estado: dado que organizaba y orquestaba la violencia de las clases dirigentes dentro y fuera del país, era esencial que cualquier revolución se apoderase de ella y la destruyera por medio de la violencia, al margen de cualesquiera otras diferencias. ¿Por qué? Porque en última instancia el conjunto total del Estado siempre se caracteriza por su función coercitiva. Sin esa forma de entender las cosas, no es posible revolución alguna. El triunfo de la revolución sobre el Estado es un tema sobre el que Lenin volvió a lo largo de sus últimos años, mientras preparaba un balance mental de todos sus fallos.

¿Cuáles fueron las condiciones materiales, algunas de las cuales se han descrito con detalle en los capítulos anteriores, que hicieron posible la revolución, que dieron forma al Partido Bolchevique —el único partido de ese tipo que surgió de la Segunda Internacional— y dejaron su enorme huella en el siglo XX, transformando la política mundial de una forma hasta entonces inimaginable? ¿Cuáles fueron los prerrequisitos históricos que hicieron posible aquella revolución?

1917-1920: Estados y revoluciones

La Primera Guerra Mundial precipitó los acontecimientos. Entre 1914 y 1916, la Rusia zarista perdió tantos soldados como los que iba a perder Gran Bretaña a lo largo de los cuatro años de conflicto, y muchos más de los que habían perdido Austria-Hungría o Italia una vez finalizada la contienda. En 1916, casi un millón de rusos habían caído en el frente oriental, un desastre amplificado por las malas cosechas de aquel año, provocadas en gran medida por el reclutamiento masivo de campesinos. Ello creó una situación rayana en la hambruna dentro del país, exacerbada por los trastornos en el sistema de transportes, también por cortesía de la guerra.

La nobleza, que hasta entonces había sido la base de la autocracia, fue dándose cuenta poco a poco de que ya no podía seguir gobernando de la misma forma, pero tampoco tenía un verdadero programa de reformas estructurales de ningún tipo. La desintegración era demasiado rápida. Presa del pánico, la nobleza, junto con los magnates de la industria, se volvió en contra de la monarquía, que estaba pudriéndose desde dentro. Emprendieron una campaña desaforada, acusando a la corte de ser condescendiente con los alemanes, y visualizando, con el respaldo de los diplomáticos ingleses y franceses de la capital, un rápido golpe de Estado contra el zar para poder seguir adelante con la guerra de una forma más decidida.

Rusia se ahogaba en unos sollozos que muy pronto se transformaron en ira. Como habían predicho las mecanógrafas de la oficina de Sujánov, se avecinaba a gran velocidad una ruptura revolucionaria. Lenin definió la guerra como el gran «director de escena» de la revolución. Trotsky escribió: «La guerra imperialista agudizó todas las contradicciones, arrancó a las masas atrasadas de su inmovilidad, y con ello preparó la grandiosa magnitud de la catástrofe».

Los conflictos que se libraron a lo largo de la segunda mitad del siglo XIX habían sido encabezados por mujeres y hombres que eran plenamente conscientes de que el desmantelamiento revolucionario del zarismo era una precondición imprescindible para el desarrollo de la economía y la cultura. Pero las fuerzas que movilizaron para resolver el problema resultaron insuficientes. La clase burguesa en ascenso se asustaba ante cualquier mención de una revolución. La *intelligentsia* había intentado elevar la conciencia del campesinado, a fin de movilizarlo para la enorme tarea que tenía ante sí. Esperaban que aquel llamamiento al pueblo convenciera al *mujik* para que generalizara sus propios sufrimientos y sus aspiraciones. La respuesta fue mínima. Desesperada, la *intelligentsia* rusa cambió el campesino por la dinamita. Toda una generación se consumió en aquella lucha.

Durante la Revolución de 1905, las mayores perturbaciones tuvieron lugar en las zonas imperiales de la Rusia zarista. La opresión nacional y la opresión de clase se combinaron para generar una resistencia que eclipsó los acontecimientos de Moscú y San Petersburgo. La sublevación de los campesinos letones y georgianos exigió el envío de varias divisiones zaristas bien equipadas hasta que se logró sofocar la rebelión. En 1917, las cosas fueron distintas. Rusia intentaba ponerse a la altura de Europa occidental. La industria había crecido. Para entonces existían gigantescas fábricas, en Petrogrado, en Moscú, en la cuenca del Dónets y en el Cáucaso. Las condiciones de trabajo y los salarios eran pésimos. El gran tamaño de las fábricas implicaba que no había un crecimiento ordenado ni del proletariado ni de sus patronos. La clase obrera crecía a ojos vistas y sin control, y los empresarios eran un número muy reducido, y por consiguiente social y políticamente débiles. Por esa razón eran incapaces de diferenciarse de la aristocracia, que les excluyó de los círculos interiores del poder hasta que fue demasiado tarde para ambos. Los capitalistas rusos, muy dependientes de los créditos y las contratas del Estado, ayudados y empobrecidos por los inversores extranjeros (principalmente franceses), se dedicaban a apaciguar constantemente a la corte, aportando fondos a la causa conservadora (Pável Miliukov, del Partido Demócrata Constitucional, más conocido como los «kadetes», era uno de sus favoritos), al tiempo que explotaban salvajemente a sus trabajadores.

La Revolución de Febrero en marcha, soldados y obreros, hombres y mujeres, confraternizando.

Febrero

La Revolución de Febrero que echó abajo el edificio del zarismo fue un alzamiento espontáneo y elemental de las masas de Petrogrado, con los obreros y los soldados al frente. Fue una reacción a la crisis en su conjunto, desencadenada por una grave escasez de pan en la ciudad, que vino acompañada de una huelga en la gigantesca fábrica Putílov para reivindicar un aumento de salarios del 50 por ciento. La fatídica respuesta de los dueños de la fábrica a la huelga fue un cierre patronal. Y eso dio rienda suelta a 30.000 obreros para manifestarse a través de los barrios proletarios y lograr que muchos otros trabajadores se unieran a ellos. Las fábricas cerraban. Estaba en marcha una huelga general. El 25 de febrero, las masas, como arroyos que fluyen hacia el río, se manifestaron en distintas formaciones hasta el centro de la ciudad. Al cabo de una hora habían ocupado las plazas.

La corte reaccionó de la única forma que sabía. El zar ordenó a los comandantes de las guarniciones que aplastaran la insurrección, costara lo que costara. Inicialmente, los soldados cumplieron aquellas órdenes, pero la consiguiente masacre hizo estallar una serie de amotinamientos en el seno del Ejército. Se había llegado a un punto crítico. Las masas habían perdido su ardor y los soldados desobedecían las órdenes en la retaguardia y desertaban del frente en un número creciente. Esa combinación es el rasgo que define toda crisis prerrevolucionaria. Los agitadores exigían «Pan y paz», se encaraban con los soldados hablándoles, rogándoles que se unieran a la revolución. La repugnancia provocada por la orden de abrir fuego contra los manifestantes se extendió por todos los cuarteles. Una sustancial y activa minoría de 160.000 soldados se unió a la sublevación, y casi todos los demás les siguieron. Al anochecer, el Gobierno del zar abandonaba la ciudad. Los obreros, con muchas mujeres, soldados, estudiantes e intelectuales entre sus filas, eran los dueños de la capital.

Al tiempo que los soldados del Regimiento Pavlovski le dejaban claro a sus oficiales que no estaban dispuestos ni a disparar contra los obreros ni a ir al frente, tenía lugar un suntuoso banquete en la mansión palaciega del millonario Guchkov. Asistían las fuerzas vivas del alto conservadurismo: Miliukov, el principal líder e ideólogo de la derecha, algunos generales visiblemente afectados, y temerosos de que la situación les afectara aún más, y todo tipo de personalidades destacadas. Todos estaban de acuerdo en que ya no era posible mantener en su puesto al zar. Enviaron una delegación para informar del hecho a Nicolás Románov. Al cabo de tres días abdicó. Había hecho falta una sublevación espontánea de las masas, que *ningún* grupo político había sido capaz de prever, y ocho días para poner fin al feudalismo y al debilitado Estado absolutista en Rusia.

Los desacreditados políticos de la Duma intentaron salvar la situación creando un comité, pero ahí resultó vital la experiencia de las masas en 1905. El primer acto político posterior a la marcha del zar fue la formación de los soviets de obreros y de soldados, que asumieron de inmediato el control de la situación. El 1 de marzo de 1917, el Soviet de Petrogrado emitía la Orden Número 1: todas las unidades militares debían conservar sus armas, elegir sus representantes al Soviet y utilizar plenamente esos derechos políticos. De un plumazo, el Soviet había borrado cualquier posibilidad real de que surgiera un estado burgués posfeudal tradicional. El monopolio legítimo de la violencia había sido transferido, por petición popular, a los soviets. Incluso la manifestación de espontaneidad más asombrosa, en este caso una revolución, tiene sus límites. ¿Qué repercusiones iba a tener en la política aquel increíble salto adelante institucional?

No existía un liderazgo con una estrategia para seguir avanzando. Durante aquellos ocho días cruciales, la dirección del Partido Bolchevique estaba formada por un minúsculo puñado de militantes encabezados por Shliapnikov. Los mencheviques y los social-revolucionarios (eseristas) se hicieron fácilmente con el control de Soviet de Petrogrado, pero como eran incapaces y tenían miedo de formar ellos solos un gobierno soviético, se presentaron humildemente ante un grupo de notables burgueses, a unos descompuestos políticos de la Duma que, en su mayoría, se habían unido a la oposición exclusivamente como parte de la campaña en contra de la corte que tuvo lugar en 1916. Aquellos caballeros recibieron autorización del Soviet para formar un gobierno provisional, una criatura débil y enfermiza desde su nacimiento. Formado por políticos no representativos y que no tenían que rendir cuentas a nadie, el Gobierno Provisional no representaba ni lo viejo ni lo nuevo. La posterior incorporación de nuevos ministros mencheviques y eseristas no contribuyó demasiado a alterar el equilibrio político. No hicieron más que prolongar las viejas políticas: continuación de la guerra, ni hablar de reforma agraria, y reiteración de la represión contra las nacionalidades. *Plus ça change, plus c'est la même chose*. Todo seguía igual.

Los exiliados revolucionarios rusos estaban desperdigados por las ciudades suizas. Se les habían unido los activistas pacifistas alemanes e italianos. Un grupo de juventudes socialistas de Zúrich había organizado una reunión el 22 de enero de 1917 en la Casa del Pueblo, donde Lenin dio una conferencia sobre la Revolución de 1905. Dejó claro un asunto esencial, y formuló una predicción honesta, aunque errónea. Lo primero fue una ruptura total con la ortodoxia del POSDR a la que se habían aferrado ambas facciones, cada una a su modo, a excepción de Trotsky. En segundo lugar, Lenin les dijo a los jóvenes que en Rusia no iba a haber una revolución en dos fases, primero la burguesa, después la proletaria. Dijo:

> Indudablemente, esta revolución que se avecina tan solo puede ser una revolución proletaria, y en el sentido más profundo de esa palabra: una revolución socialista proletaria incluso en su contenido. Esta revolución que se avecina mostrará en un grado aún mayor [...] que solo las batallas más duras, solo las guerras civiles, pueden liberar a la humanidad del yugo del capital.

Lenin no era capaz de predecir cuándo podía tener lugar tal acontecimiento, y concluía con un tono apesadumbrado: «Es posible que nosotros, los de la generación mayor, no vivamos para presenciar las batallas decisivas de esta revolución que se avecina»[72].

Unas semanas después, el revolucionario polaco Bronski irrumpía en la habitación que tenían alquilada Lenin y Krúpskaya en el 12 de la Spiegelgasse con la noticia de la Revolución de Febrero. Se quedaron estupefactos. Mientras tanto, otros exiliados ya estaban llamando a su puerta. Todos acudieron en tropel a los kioscos de periódicos a orillas del lago para que Lenin pudiera leer la noticia por sí mismo. Krúpskaya cuenta que «la mente de Lenin funcionaba intensamente». Una de las primeras cosas que hizo fue escribir a Alexandra Kollontái, compañera suya en el

---

[72] Nadezhda Krúpskaya, *Memories of Lenin*, Londres, 1930, p. 286.

Comité Central Bolchevique, a Estocolmo. El mensaje era bien claro: «¡<u>Nunca más</u> según las directrices de la Segunda Internacional! ¡<u>Nunca más</u> con Kautsky! Por todos los medios, un <u>programa más revolucionario</u> y una táctica más revolucionaria». Y de nuevo, por si la intensidad del primer mensaje no había tenido suficiente efecto: «Propaganda revolucionaria, como hasta ahora, agitación y lucha a favor de una revolución proletaria <u>internacional</u> y de la toma del poder por el "Soviet de Delegados de los Trabajadores" pero no por los impostores kadetes».

Kollontái le telegrafió pidiéndole instrucciones *concretas*. Eso le puso los pies en el suelo a Lenin. Contestó que no quería que le malinterpretaran. Lo que él había apuntado era el punto de vista estratégico, que no estaba concebido para la acción inmediata. Lo que había que hacer, junto con la reivindicación unitaria de los bolcheviques pidiendo «Tierra, paz, pan», era idear planes concretos para armar a las masas. Insistía en ello, y le decía a Kollontái que tenían que desplegarse. «¡Hay que despertar a otros estratos! ¡Poner en marcha iniciativas nuevas. [...] Demostrarle a la gente que la paz solo puede llegar con un Soviet de Delegados de los Trabajadores armado». Una vez más estaba pensando en la Comuna de París. Esta vez no iban a derrotarles tan fácilmente. Y eso fue lo que dijo en un mitin público celebrado el 18 de marzo en un centro de trabajadores suizos para conmemorar el aniversario de la Comuna. La nitidez y la intensidad de su charla impresionó a todo el mundo. Los suizos le veían como un visionario utópico. Los rusos se daban cuenta de que estaba hablando del presente.

Mientras tanto, Kollontái había llegado a Petrogrado, y se presentó ante el Buró del Comité Central. Allí ya se había recibido un mensaje de Lenin a través de terceros: «Qué suplicio es para todos nosotros estar aquí sentados en un momento como este». Los miembros del Comité Central insistieron en que Lenin tenía que regresar de inmediato, por el medio que fuese.

En Suiza, Lenin convocó una reunión de todos los exiliados para debatir cuál era la mejor forma de volver a Rusia. Todos estaban de acuerdo en que la única prioridad era llegar a Petrogrado lo antes posible. Mártov propuso recurrir a los británicos y a los franceses para conseguir un salvoconducto. Karl Radek se burló de esa propuesta, argumentando que una solicitud a esos dos países equivaldría a todos los efectos a: «Por favor, déjennos pasar para que podamos ir a poner fin a la guerra, y así dejarles las manos libres a los alemanes para que concentren sus fuerzas contra ustedes». Mártov rectificó y propuso Alemania. A juicio de Lenin, no era una mala idea, pero advertía de que podían detenerlos y fusilarlos a todos por traición cuando llegaran a Petrogrado. Los demás estaban nerviosos, y era comprensible. Cabía la posibilidad de que la historia no les diera la razón. Pero Lenin y Mártov les sacaron de su pasividad con buenos argumentos.

Al final, se acordó que la ruta alemana era la única posibilidad realista. Se envió una carta oficial a la Ejecutiva del Soviet solicitando apoyo para el viaje. No hubo respuesta. Alexander Helphand (más conocido como Parvus), un inveterado simpatizante alemán de los socialdemócratas rusos, que había contribuido a que *Iskra* se publicara durante sus primeros años, era el único mediador posible. ¿Podían seguir confiando en él?

Helphand había vivido en el suburbio muniqués de Schwabing, donde Lenin había pasado sus primeros meses en el exilio, en 1902; en aquella época ambos se veían habitualmente. De vez en cuando, Rosa Luxemburgo aparecía por allí para participar en la conversación. En aquella época, Lenin editaba *Iskra* junto con Mártov y otros. Más tarde, Helphand participó en algunos negocios y acabó adquiriendo una dudosa reputación. A partir de entonces, Lenin lo ignoró. Trotsky, que había tenido mucha más intimidad con Helphand, también cortó su relación con él y renegó de su «Falstaff [...] al que ahora hemos apuntado en la lista de los políticamente infectados».

Otros mantuvieron la relación. Cuando se pusieron en contacto con él, Helphand accedió a organizar una reunión en la Wilhelmstrasse con un viejo conocido suyo llamado Arthur Zimmermann —un alto funcionario del Estado del Ministerio de Asuntos Exteriores, en Berlín. En diciembre de 1914, Zimmermann había pronosticado que la guerra no «se iba a acabar en el plazo de unos pocos meses», a pesar de las fanfarronadas del káiser y del alto mando del Ejército. Cuando le pidieron consejo, Zimmermann preparó un inteligente memorándum titulado «Revolucionando», cuyo cometido era fomentar la disidencia en distintas partes de los territorios del zar, a fin de debilitar el centro, lo que obligaría a Nicolás y a sus generales a firmar una paz por separado. La visita de Helphand en marzo de 1917 debió de parecerle un regalo caído del cielo. La guerra estaba en un *impasse,* y las bajas alemanas iban en aumento. Necesitaban un golpe decisivo.

Zimmermann estaba muy al tanto de la socialdemocracia rusa, de sus divisiones y de sus flaquezas, y estaba estudiando con mucha atención los informes sobre la Revolución de Febrero. Dejó bien claro que la figura clave en el entorno de los exiliados era Lenin, el único con voluntad de abrirse paso a través de una revolución. Helphand le aseguró que eso no era ningún problema. Zimmermann acudió a palacio y puso al káiser al corriente de la situación, explicándole con todo detalle lo que conllevaría aquella operación: un salvoconducto para los exiliados revolucionarios rusos desde Suiza, a través de Alemania, y hasta la costa del Báltico. El káiser le envió un resumen del plan al emperador a Viena. Este se opuso enérgicamente. Era demasiado peligroso, y el tiro podía salirles por la culata. Pero el káiser estaba empeñado, y dispuesto a asumir el riesgo. Aunque aquellos locos se salieran con la suya, le dijo a Zimmermann, una vez que hayamos ganado la guerra, les aplastaremos. La respuesta de Lenin a aquel comentario fue inmediata: se estaba gestando una revolución en Alemania que le ajustaría definitivamente las cuentas a la Casa de Hohenzollern. Después de unas minuciosas negociaciones, Lenin y los exiliados emprendieron el largo viaje de vuelta a casa sin Yuli Mártov, el líder de los mencheviques de izquierdas, que, como era habitual en él, después de convencer a los indecisos de que asumieran el riesgo, en el último momento se negó a viajar hasta que lo autorizara el Soviet de Petrogrado. Por algo Trotsky se refería a él como el «Hamlet del socialismo democrático».

Mientras el «tren sellado» recorría Alemania con su carga, en Rusia la inutilidad del Gobierno Provisional y su parálisis autoinfligida habían quedado de manifiesto para el pueblo llano. Así describe Sujánov una reunión con el presidente del Gobierno:

> Le recordé a Kérenski el Cuartel General de la Policía Secreta. Al parecer nadie lo había ocupado. [...] Kérenski propuso que fuera yo mismo a tomar posesión de él y a poner a buen recaudo los archivos. Hablaba como si hubiera un destacamento y algún medio de transporte para llevarlo a cabo, pero yo me daba cuenta de que no era así.

De camino a Petrogrado, viajando a bordo de un «tren sellado», Lenin y otros exiliados reciben una cariñosa acogida de los socialdemócratas en Estocolmo.

¿Y qué pasaba con Pável Miliukov, el gran líder de la burguesía rusa? Sujánov decía:

> Él también se encontró con que no tenía nada que hacer. Por su aspecto estaba bien claro que no tenía nada que hacer, que no tenía ni la más remota idea de qué hacer. Iban a verle personas de todo tipo, empezaban a hablar con él, le hacían preguntas, le daban información. Él contestaba con una desgana y una vaguedad patentes. Se marchaban, y él se ponía otra vez a dar vueltas por ahí, solo.

La incapacidad de Miliukov para hacer nada estaba dando la razón a la prensa bolchevique y radicalizando a un sector cada vez mayor de la población. Por encima de todo, fue la negativa del Gobierno a poner fin a la guerra lo que le costó a Miliukov su carrera política. El viejo Ejército zarista estaba al borde del colapso, sometido a los ataques del Reichswehr en el ámbito militar, y políticamente a la presión de la propaganda revolucionaria que se transmitía a través de un flujo incesante de agitadores bolcheviques (en su mayoría de uniforme). Los soldados desertaban en tropel, en el campo se multiplicaban las ocupaciones de tierras, y la popularidad de las reivindicaciones de los bolcheviques se reflejaba en la fuerza cada vez mayor del partido. Desde los 30.000 afiliados que tenía a principios de marzo, el Partido Bolchevique pasó a reclutar a docenas de nuevos activistas revolucionarios cada día. El vacío se estaba llenando. Lenin llegó a la Estación de Finlandia y decidió que era el momento de acelerar el paso. Fue un momento histórico, calificado como tal incluso por Sujánov, un testigo ocular en calidad de miembro del Comité Ejecutivo del Soviet, que fue a dar la bienvenida al líder bolchevique a su regreso a Petrogrado. El cronista de la Revolución, que a menudo fue muy crítico con Lenin, se quedó asombrado y admirado ante la claridad de intenciones de Lenin nada más poner el pie en suelo ruso. Lenin fue recibido por Nikolái Chjeidze, el menchevique georgiano que presidía el Soviet:

> Camarada Lenin, en nombre del Soviet de Petrogrado y de toda la Revolución te damos la bienvenida a Rusia. [...] Pero creemos que ahora la principal tarea de la democracia revolucionaria consiste en la defensa de la Revolución de cualesquiera ataques desde dentro o desde fuera. [...] No necesitamos desunión [...] sino un cierre de filas democrático. Esperamos que usted persiga esas metas con nosotros.

A Sujánov le dio la impresión de que aquella «bienvenida» era una provocación. Lenin literalmente le dio la espalda a Chjeidze y se dirigió al resto de personas congregadas en la sala de espera imperial de la Estación de Finlandia. Fue un discurso que más tarde repitió desde lo alto del vehículo blindado que le llevó desde la estación al cuartel general bolchevique. Empezaba así:

¡Queridos camaradas, soldados, marineros y trabajadores! Me alegra poder saludar en *vuestras* personas a la victoriosa Revolución Rusa y saludaros como la vanguardia del ejército proletario mundial. [...] La rapaz guerra imperialista es el comienzo de una guerra civil a lo largo y ancho de toda Europa. [...] No está muy lejos la hora en que [...] los pueblos volverán sus armas en contra de sus propios explotadores capitalistas. [...] Alemania hierve de indignación. [...] Es posible que muy pronto el capitalismo europeo en su conjunto se desmorone. La Revolución Rusa que habéis culminado ha abierto las puertas a una nueva era. Viva la revolución socialista mundial.

Se trataba de una afirmación rotunda. La revolución tenía que ser de carácter socialista, de alcance internacional, y debía librarse por todo el continente. Una guerra contra todos los imperialismos, librada desde dentro y desde fuera. Al escuchar a Lenin, Sujánov se quedó asombrado. En su libreta apuntó lo siguiente:

De repente, ante los ojos de todos nosotros, que estábamos completamente inmersos en las tareas rutinarias de la Revolución, se nos presentaba un faro brillante, cegador, exótico, que borraba de un plumazo todo aquello «por lo que vivíamos». La voz de Lenin, recién apeado del tren [...] nos había sorprendido a los que estábamos sumidos en la Revolución con una nota que no era, desde luego, una contradicción, pero que era novedosa, cruda, y un tanto ensordecedora.

Y ya centrándose más en la cuestión, Sujánov consideraba que «Lenin tenía mil veces razón», pero no era suficiente. Era demasiado abstracto, y «nosotros teníamos que comprender qué uso práctico debíamos hacer de aquella idea en nuestras políticas revolucionarias». No obstante, para ello era necesario un Gobierno revolucionario. Lenin lo había comprendido muy claramente. Ni Sujánov y sus mencheviques de izquierdas, ni tampoco más de un dirigente bolchevique lo habían entendido.

Las diferencias de Lenin con los mencheviques y los social-revolucionarios eran tanto teóricas como políticas. Lenin aborrecía su pasividad. Se mostró desdeñoso cuando se negaron a *actuar* durante la Revolución de 1905, argumentando que los partidos obreros no tenían *ningún* papel que desempeñar mientas la Revolución se encontrara en su fase democrática. Consideraban que la insurrección de Moscú, encabezada por los bolcheviques, había sido una aventura, y la teoría de la «revolución permanente» de Trotsky era una desviación de extrema izquierda. Trotsky abandonó el Partido Menchevique y fundó un periódico. Después de verse obligado a buscar asilo en Nueva York a causa de la guerra, se encontraba justamente viajando de vuelta a su país cuando fue detenido y encarcelado por los británicos en Halifax, Canadá. Le pusieron en libertad a petición del Soviet, cuya ejecutiva ignoraba que las ideas de Trotsky iban a la par con las de Lenin. Se esperaban otra cosa.

En 1917, la postura del sector mayoritario de los mencheviques y de los social-revolucionarios no había cambiado. Se conformaban con dominar el Soviet y dejar el Estado en manos del Gobierno Provisional, a todos los efectos en manos de los kadetes, dado que lo que estaba ocurriendo era todavía la «fase democrática» de la Revolución. Pasaban por alto los lamentables errores de aquel Gobierno, y los mencheviques no entraron en el ejecutivo hasta mayo de 1917, diciendo adiós a su pasado, después de que los kadetes les convencieran de que su presencia en el Gobierno era imprescindible para conservar lo que quedaba de las unidades de combate del antiguo Ejército en el frente oriental. Un puñado de mencheviques de izquierdas, encabezados por Mártov y en el que también estaba Sujánov, se opuso a aquel

Lenin presenta las *Tesis de abril*.

suicidio. El sector mayoritario de los mencheviques, al verse obligado a participar en la política, capituló ante el Gobierno.

Las tácticas de Lenin tenían dos vertientes. En el frente político, Lenin hacía un llamamiento a apear del Gobierno a los kadetes y a sus aliados («abajo los diez ministros capitalistas») y a un traspaso de poderes a manos del único instrumento de autogobierno que había existido en la historia de Rusia («todo el poder a los soviets»). Y en la otra vertiente, Lenin destacaba una vez más la naturaleza cambiante de la Revolución, que en aquel momento estaba «madurando», y que consistía en «el proletariado y la mayoría de los campesinos, más específicamente de los campesinos pobres, contra la burguesía, contra su aliado, el capital financiero anglofrancés, y contra su aparato gubernamental, encabezado por el bonapartista Kérenski».

Ese fue el contexto en el que Lenin redactó las explosivas *Tesis de abril* que lanzaron al Partido Bolchevique por el camino de la revolución socialista. A diferencia de todas las anteriores revoluciones de la historia, aquel era un llamamiento a las armas plenamente consciente, cuidadosamente meditado. A Lenin no le fue fácil convencer a los dirigentes de su propio partido, un hecho que desmiente a quienes consideran que el Partido Bolchevique fue durante todo ese tiempo exactamente lo mismo en lo que se convirtió al cabo de diez años en el poder. Las *Tesis de abril* señalaron una abrupta ruptura con las ortodoxias que previamente habían unido a todas las facciones de la socialdemocracia rusa, sobre todo con el dogma de que la revolución *tenía que ser* burguesa y democrática, como había dicho Marx, y como habían demostrado las revoluciones inglesa y francesa. Sin embargo, los puntos de vista del propio Marx sobre esas cuestiones no eran ni mucho menos dogmáticas.

Febrero

Lenin presentó tres veces las *Tesis,* una ante su propio partido, otra ante un cónclave conjunto bolchevique-menchevique, y después ante el Congreso de Soviets y de Delegados de los Trabajadores de Todas las Rusias, el 4 de abril de 1917. Las *Tesis* eran una versión codificada de lo que Lenin había venido diciendo desde que se apeó del tren en la Estación de Finlandia. Rusia tenía que salir sin más dilación de la guerra imperialista, y explicarle «de un modo singularmente minucioso, paciente y perseverante» a los que seguían creyendo que se trataba de una guerra defensiva para proteger el país de que no era así. Tan solo un Gobierno revolucionario y anticapitalista era capaz de llegar a una paz «no impuesta por la violencia». El carácter de la Revolución había cambiado, en parte a consecuencia de la guerra y en parte por los acontecimientos internos. La Revolución de Febrero había puesto el poder en manos de la burguesía con el apoyo del Soviet. Eso tenía que acabarse, y era preciso formar un gobierno proletario basado en los soviets. Dado que los bolcheviques eran una minoría en los principales soviets, tenían que esperar, y convencer a la gente a través de la propaganda y la agitación. Pero la historia estaba de su parte. Los soviets eran «la *única forma posible* de gobierno revolucionario». Las primeras medidas de un gobierno revolucionario iban a consistir en confiscar las haciendas, crear un único banco estatal, y someter la producción social y la distribución de los productos al control de los soviets. Lenin argumentaba que el socialismo no consistía en eso, pero sí sentaba los cimientos para un Estado-comuna a fin de crear el espacio en el que pudiera tener lugar la transición al socialismo, un Estado-comuna tal y como propugnaban Marx y Engels. Y, seguía diciendo, dado que la propia Rosa Luxemburgo había denunciado, el 4 de agosto de 1914, al SPD alemán como un «cadáver maloliente», Lenin no tenía más remedio que insistir en la creación de una nueva Internacional.

Las descalificaciones fueron ensordecedoras. Lenin se había vuelto loco, era un «depravado» y había perdido el contacto con las realidades de Rusia, era un «criminal» (esta perla se la tributó Axelrod, su inveterado colega en *Iskra),* había ocupado el trono que Bakunin había dejado vacante, etcétera. Los dirigentes bolcheviques fueron más comedidos, pero en privado se mostraban igual de vehementes. La ortodoxia les tenía hipnotizados a todos, y en tal medida que todos ellos eran capaces de repetir como loros, o de entonar como monjes, un conocido párrafo de Marx:

> Ninguna formación social desaparece antes de que se desarrollen todas las fuerzas productivas que caben dentro de ella, y jamás aparecen nuevas y más elevadas relaciones de producción antes de que las condiciones materiales para su existencia hayan madurado dentro de la propia sociedad antigua[73].

Si en sus tiempos las ciencias médicas hubieran estado más adelantadas, Marx habría podido añadir perfectamente que en los casos excepcionales en que un parto normal pudiera dañar gravemente tanto al organismo como al ser que está madurando en el seno materno, podría resultar necesario un alumbramiento forzoso inducido por una comadrona. E incluso le habría divertido jugar con la palabra «cesárea».

---

[73] Disponible en https://www.marxists.org/espanol/m-e/1850s/criteconpol.htm. *(N. del T.).*

Febrero

Dos días después de la publicación del bombazo de Lenin, la *Rabochaya Gazeta*, el periódico del Partido Menchevique, remedaba una vez más a Marx y acusaba a todo aquel que «hiciera caso omiso de esos límites» (establecidos por Marx) de ayudar a la contrarrevolución:

> Lenin ha vuelto entre nosotros a fin de prestarle ese servicio a la reacción. Después de su discurso, podemos afirmar que cada éxito importante de Lenin será un éxito de la reacción, y que toda lucha contra las aspiraciones y las intrigas contrarrevolucionarias será inútil hasta que no aseguremos nuestro flanco izquierdo, hasta que no logremos que resulte inofensiva, a través de un rechazo decisivo, la corriente que encabeza Lenin.

Lo que no había comprendido ninguno de sus oponentes era que Lenin no había cambiado de ideas sobre si las fuerzas productivas habían llegado al nivel crítico prescrito por Marx. La guerra imperialista que seguía asolando y arruinando Europa continental le había convencido de que la revolución no podía limitarse a un solo país. Todo lo que dijo Lenin en 1917 se centraba en esa nueva realidad. El enemigo era el capitalismo financiero. ¿De qué servía Petrogrado sin Berlín y París? Había que ahondar en la Revolución de Febrero por el procedimiento de romper con la burguesía, de poner fin a su dominio, de poner fin a la guerra sin más derramamiento de sangre, y de instar a los soldados y marineros alemanes a volver a casa y a hacer su propia revolución. Lenin había cambiado de opinión, pero no como pensaban sus enemigos.

Cuando Lenin planteó por primera vez las *Tesis*, en una reunión del Soviet, la única que le apoyó fue la feminista bolchevique Alexandra Kollontái. Los demás no estaban convencidos. Lenin estaba solo contra todas las facciones de la socialdemocracia rusa, incluida la suya propia. Aquel episodio, célebre pero un tanto sonrojante, de la historia del joven Partido Bolchevique, posteriormente fue borrado de las historias oficiales. Lenin montó en cólera cuando recibió los números del *Pravda,* ya legalizado, posteriores a la Revolución de Febrero. Mólotov había sido destituido como director por Stalin y Kámenev porque le consideraban demasiado radical y exaltado. En el periódico no aparecía nada que fuera muy diferente de lo que publicaba la prensa menchevique. En aquel momento, Stalin y Kámenev se mostraban conciliadores. No era ningún secreto. Ambos propugnaban un congreso unitario entre los bolcheviques y los mencheviques sobre la cuestión de la guerra, y eso en un momento en que la mayoría de los dirigentes mencheviques (y el propio Kámenev) abogaban por seguir adelante con esa misma guerra. Ese fue el primer indicio del «estado de ánimo del partido» y de la enormidad de la tarea que tuvo que afrontar Lenin a su regreso. Le abrumaban los fallos de su propio partido. Al haber vivido tanto tiempo en el exilio, no era capaz de comprender en lo más mínimo el «estado de ánimo» a favor de la unidad que existía pocas semanas después de la Revolución. Si he de ser justo, no creo que a él le hubiera afectado un estado de ánimo de ese tipo en caso de que se hubiera encontrado en Petrogrado en aquella época. Lo que Lenin no podía comprender en absoluto era el deseo por parte de los bolcheviques moderados y de derechas de apaciguar al Gobierno Provisional, formado por notables de la Duma que habían sido «elegidos» para el Parlamento zarista por una minúscula minoría. La inmensa mayoría de la población no pudo votar.

El estado de ánimo del propio Lenin no mejoró cuando pasó revista a los nombres de quienes formaban aquel Gobierno. ¿El primer ministro? El príncipe Gueorgui Lvov, un hombre de fiar, en el que confiaba la derecha progresista, al que sacaron de un ayuntamiento para entregarle la tarea de dirigir la «etapa democrática» de la Revolución. Pável Miliukov era el ministro de Asuntos Exteriores, y el principal perro guía ideológico de un Gobierno ciego e impotente. Estaba flanqueado por otros tres miembros del PKD que ocupaban cargos de menor importancia. El ministro de la Guerra era Alexander Guchkov, uno de los capitalistas más ricos del país, hinchado con el dinero que estaba ganando gracias a la guerra, y que había estado colaborando en la dirección de sus operaciones desde agosto de 1914. El ministro de Hacienda era, muy apropiadamente, otro influyente capitalista, Mijaíl Tereshenko. El ministro de Justicia era Alexander Kérenski, hijo del antiguo director del colegio de Lenin en Simbirsk. No debería suponer una gran sorpresa para nadie el hecho de que todos aquellos dignos representantes de la burguesía rusa recibieran en última instancia el sello de aprobación del cónsul general de Estados Unidos en Petrogrado. Su nombre era John Snodgrass. Cuando regresó a su país, le confió sus pensamientos al periódico de referencia: «Los rusos no habrían podido encontrar en ningún lugar del país mejores hombres para guiarlos en su salida de la oscuridad de la tiranía. [...] Lvov y sus colaboradores son para Rusia lo que George Washington y sus colaboradores para Estados Unidos cuando se convirtió en una nación»[74].

---

[74] *The New York Times,* 25 de marzo de 1917.

Los mencheviques y los social-revolucionarios que fueron elegidos para dirigir el Soviet simplemente carecían del mínimo interés en cuestionar al Gobierno Provisional: los mencheviques, por razones de ortodoxia marxista que explicaban una y otra vez, y los eseristas porque estaban de acuerdo con los mencheviques en las cuestiones prácticas. Si provocaban la caída del Gobierno, eso supondría el fin de su colaboración con los generales y los capitalistas, lo que sabotearía la guerra. Cuando Mártov, el dirigente menchevique más respetado, llegó por fin a Petrogrado en mayo, habló convincentemente a favor de retirarle cualquier tipo de apoyo al Gobierno Provisional, y declaró que «o bien la democracia revolucionaria asume por sí sola la responsabilidad de la Revolución, o bien perderá la capacidad de influir en el destino de la Revolución»[75]. Lenin no mencionaba por su nombre ni a Kámenev ni a Stalin, pero no tuvo el mínimo reparo en desatar una crítica feroz contra *Pravda,* que en su editorial había comentado que la tesis de Lenin era «inaceptable, pues parte de la suposición de que la fase burguesa y democrática ha terminado, y cuenta con una transformación inmediata de las revoluciones en una revolución socialista». Respecto a las ideas sobre la guerra que seguían defendiendo los bol-

---

[75] *Rabochaia Gazeta,* 19 de julio de 1917, p. 3, citado en Alexander Rabinowitch, *The Bolsheviks Come to Power,* Nueva York, 1976, y Londres, 1979, p. 25. El estudio de Rabinowitch es uno de los relatos más detallados y valiosos de las Revoluciones de Febrero y Octubre. La información que contiene desmiente la mayor parte de las tonterías que se han escrito sobre la naturaleza de la Revolución de Octubre y sobre el carácter del partido que la llevó a cabo. Su autor ilustra especialmente bien la dinámica del aumento de la conciencia política de las masas en Petrogrado, y su intersección con los bolcheviques. La combinación de espontaneidad y organización dio lugar a la insurrección.

cheviques «moderados» (como por ejemplo el erudito Riazonov), Lenin no escatimaba calificativos. Se mostraba irreconciliable con los defensores de la guerra: «Creo que sería mejor quedarme solo, como Liebknecht, uno contra ciento diez». Nunca hay que subestimar el papel de los individuos en la historia.

La descripción que hace Sujánov de la escena que tuvo lugar en el antiguo palacio (y ahora cuartel general bolchevique) de Kshesinskaya, la bailarina amante del zar, cuando finalmente llegó Lenin procedente de la Estación de Finlandia, y tras pronunciar una docena de discursos durante el trayecto, es el *único* relato de un testigo presencial, y por consiguiente ha sido utilizado por todos y cada uno de los sucesivos historiadores de la Revolución. El periodista de izquierdas pudo entrar en el cuartel general únicamente gracias a que se aferró al faldón del chaqué de Raskólnikov, un líder marinero bolchevique (más tarde llegó a ser almirante de la Armada Roja), un amigo «extraordinariamente amable, sincero y honesto» de Sujánov, que también era «un revolucionario a ultranza de los pies a la cabeza», pero, ¡ay!, también «un fanático bolchevique». Lenin reconoció a Sujánov y le dio la mano, pero debía de preguntarse cómo había logrado infiltrarse en una reunión a puerta cerrada del partido. Menos mal que lo consiguió, ya que nos dejó un relato fascinante.

Tras una serie de discursos de bienvenida intrascendentes, incluido uno de Kámenev, cuya confusión era palpable, llegó la respuesta de Lenin, que duró dos horas. La descripción que hace Sujánov del discurso conserva toda su fuerza, incluso hoy en día:

> Nunca olvidaré aquel discurso atronador, que sobresaltó y me sorprendió no solo a mí, un hereje que casualmente se había dejado caer por allí, sino a todos los verdaderos creyentes. [...] Daba la

impresión de que todos los elementos se hubieran alzado de sus moradas, y que el espíritu de la destrucción universal, que no conocía barreras ni dudas, ni dificultades humanas ni cálculos humanos, planeaba sobre el salón de Kshesinskaya, por encima de las cabezas de los hechizados discípulos.

Para Sujánov, Lenin nunca fue un orador clásico de «frases pulidas [...] ni de imágenes luminosas [...] ni de un patetismo absorbente ni de agudas ocurrencias», pero no cabía duda de que era un «orador con un enorme impacto y una gran fuerza, que desmenuzaba los sistemas complejos en los elementos más sencillos y accesibles para todo el mundo, y los remachaba, los remachaba, los remachaba en la cabeza de sus oyentes hasta cautivarlos». Una forma más sencilla de decirlo sería que Lenin dominaba más a través del intelecto que de las emociones. Había llegado justo a tiempo, en el momento que se estaba celebrando una conferencia del Partido Bolchevique. Al día siguiente de su llegada, Lenin se lanzó a la refriega con la pregunta: «¿Por qué no tomasteis el poder?». Sus atónitos camaradas tartamudeaban, se atropellaban y alegaban razones que no eran muy distintas de las de los mencheviques. «Eso son tonterías», les decía Lenin. Sería más honesto decir esto:

> La razón es que los obreros no eran lo suficientemente conscientes y no estaban suficientemente organizados. Eso tenemos que reconocerlo. La fuerza material estaba en manos del proletariado, pero la burguesía era consciente y estaba preparada. Ese es el hecho monstruoso. Es preciso reconocerlo francamente.

En sus escritos ocurría algo no muy distinto. D. S. Mirski, el muy respetado crítico literario ruso de la época, señalaba que Lenin «nunca admitía en sus escritos nada que no fuera estrictamente relevante para su argumento. No hay ni rastro de escritura exquisita en los veinte tomos de las obras completas de Lenin»[76]. Su aversión por la retórica y las expresiones floridas formaba parte de su aversión por la exageración, por la «fraseología izquierdista», y eso lo sabían bien muchos de sus camaradas que fueron objeto de su desprecio. «Tal vez fue», prosigue Mirski, «el único escritor revolucionario que nunca dijo más de lo que quería decir. Si a pesar de ello Lenin sigue siendo el más elocuente de todos los escritores revolucionarios, es porque quiso decir muchísimas cosas». A continuación, el crítico compara a Lenin con Tolstói. Ambos escribieron «la prosa más correcta en lengua rusa», pero la prosa «intensamente afeminada» de Lenin difería de la del novelista en el sentido siguiente: «Lenin no era en absoluto literario. [...] Entre la sencillez estudiada y estética de Tolstói y la sencillez práctica de Lenin [...] [hay] una gran diferencia, igual que entre un elegante yate y una eficiente locomotora»[77]. A Mirski le encantaban los paréntesis y las notas a pie de página de los ensayos de Lenin, y advertía a los lectores de que no cometieran el error de saltárselos, porque «esos rápidos destellos a veces poseen una extraordinaria condensación de pensamiento y son inusitadamente sugerentes».

Tan solo es posible, confiesa Mirski para concluir, apreciar la «excelencia no literaria» de Lenin tras dedicarle un tiempo a su

---

[76] Creo que en general es verdad, pero hay excepciones, y una de ellas se incluye en estas páginas a modo de epílogo. A propósito de Tolstói, Mirski tampoco tiene en cuenta las divagaciones místicas y confusas intercaladas a lo largo de *Guerra y paz*, que restan solidez a la novela desde el punto de vista artístico.

[77] D. S. Mirski, *Lenin*, Londres, 1932, pp. 24-25.

Lenin disfrazado durante los Días de Julio.

obra, y sin leer nada más entremedias. «El shock que produce volver a leer a otros autores, y encontrar que son difusos, descuidados, vagos y engañosos, hace que uno se dé cuenta de la singularidad de Lenin como escritor».

Lenin tuvo que utilizar al máximo aquellas dotes para la literatura política y para la oratoria, primero para arrastrar a su renuente partido por aquel nuevo camino que él había trazado con tanto cuidado en las *Tesis de abril,* y después para arrastrar también a su país.

Durante aquellos ocho meses cruciales, los más libres de su historia, Rusia hablaba en voz alta sobre todo lo que había estado reprimiendo, por miedo y a lo largo de muchos siglos. Entre febrero y octubre, el país entero fue un hervidero, donde los argumentos volaban entre unos grupos y otros. Los transeúntes se acercaban para escuchar o para meter baza. Rusia se parecía a un gigantesco salón de reuniones, pero la reunión era ruidosa y alborotada. Las plazas de las ciudades, las fábricas, los astilleros, las estaciones del ferrocarril, los mercados de los pueblos rebosaban de política. Retumbar de truenos. Personas lanzadas por los aires. Abrazos y besos de hombres con el rostro rasposo y sin afeitar. ¿Alguien durmió durante aquellos meses? Normalmente a los soldados que venían del frente se les escuchaba sin interrupciones —incluidos los soldados franceses, uno de los cuales, Jacques Sadoul, un socialista, se quedó en Rusia y participó en la Revolución de Octubre.

El Ejército se estaba disolviendo en todos los frentes. En sus memorias de varios tomos, Konstantin Paustovski, un escritor sin filiación política, nos dejó una valoración objetiva de Kérenski mientras «recorría el país de un sitio a otro, intentando mantenerlo unido. [...] Lo que le faltaba en fuerza de ideas y en convicción intentaba compensarlo con frases pomposas, poses dramáticas, gestos grandilocuentes pero a destiempo [...] una figura fuera de lugar, pero que no era en absoluto consciente de serlo». Un día Paustovski vio a Kérenski «con su rostro cetrino e hinchado, con los párpados rojos y el pelo entrecano, ralo, y cortado a cepillo» insultando «a un soldado veterano y enfermo que se negaba a combatir, y arrancándole las charreteras. [...] "¡Cobarde! ¡Vuelve a la retaguardia! No te vamos a fusilar, eso lo dejamos a tu conciencia". Los soldados se alejaron refunfuñando y diciendo palabrotas»[78].

Octubre se estaba aproximando. La clase obrera estaba desplazándose rápidamente hacia la izquierda, y los millones de soldados campesinos ya no estaban dispuestos a luchar. Eso era lo que sentían en tiempos del zar, y no habían cambiado de opinión por el hecho de que ahora hubiera un nuevo Gobierno. Si acaso, habían acelerado su abandono del frente, «votando con las piernas», como dijo Lenin, y habían obligado al nuevo Gobierno a conceder al Ejército un estatuto de derechos políticos. La Orden Número 1 fue escrita por N. D. Sokolov, pero, como afirma Sujánov en sus memorias, gran parte del texto le fue dictado por los soldados que tenía a su alrededor. Al autorizar las elecciones a los comités de soldados y marineros rasos en el Ejército y en la Armada, la Orden Número 1 firmó la sentencia de muerte del antiguo Ejército Imperial. Había que hacer caso omiso de cualquier orden emitida por la comisión militar de la Duma (el antiguo Parlamento zarista) a menos que hubiera sido aprobada por el Soviet. El reparto de armas debían decidirlo *exclusivamente* los comités electivos y no los oficiales. Los «campesinos de uniforme» iban a determinar lo que le estaba permitido a los «terratenientes de uniforme». Se abolió el saludo militar, igual que la «mala educación» por parte de los oficiales. La Orden Número 1, que el Gobierno

---

[78] Konstantin Paustovski, *Story of a Life: In That Dawn,* trad. al inglés Manya Harari y Michael Duncan, Londres, 1967, p. 12.

Provisional consideraba una provocación, fue, como muy pronto descubrirían los legisladores, una declaración de guerra de clases en el seno de las Fuerzas Armadas. El intento por parte del Gobierno de revertir la decisión mediante una Orden Número 2, que limitaba aquellas medidas a la guarnición de Petrogrado, fue un fracaso total. Ya era demasiado tarde para dar marcha atrás. En el frente oriental, los soldados empezaban a confraternizar con sus homólogos alemanes, se intercambiaban pequeños obsequios con ellos, y les gritaban «*Germani nicht Feind. Fiend hinten*» [Los alemanes no son nuestro enemigo. Nuestro enemigo está en la retaguardia], provocando el pánico tanto del alto mando ruso como del alemán[79]. También en el frente occidental la brigada rusa coreaba «¡Abajo la guerra!» y decidía elegir su propio comité de soldados, que inmediatamente declaró su solidaridad con la Revolución. Algunos de sus soldados fueron castigados con el traslado al norte de África.

Lo que llevó a Lenin a redactar las *Tesis de abril* fue la constatación de todo aquello, y no, como imaginaban los bolcheviques conservadores de Petrogrado, una «falta de contacto con la realidad». Los principales historiadores de la Revolución coinciden en ello. En Rusia, la mayor parte de los dirigentes del partido se inclinaba por una reconciliación con los mencheviques. Y el pobre Mólotov fue despedido como director del *Pravda* por Kámenev y Stalin por ser demasiado imprudente y radical[80].

---

[79] John Erickson, *The Soviet High Command: A Military-Political History, 1918-1941*, Oxford y Nueva York, 1962, p. 4.

[80] Estoy convencido de que tarde o temprano, a algún catedrático revisionista se le ocurrirá una nueva versión que «demuestre», mediante una serie de documentos cuidadosamente escogidos, que a fin de cuentas no existía ninguna

1917-1920: Estados y revoluciones

La «organización militar» de los bolcheviques fue concebida para la propaganda, no para la lucha armada. En la *Historia de la Revolución Rusa*, de Trotsky, se explican los vínculos entre los soldados y el Soviet de Petrogrado como unos lazos por triplicado: los regimientos elegían a sus delegados para la sección de soldados del Soviet; el Comité Ejecutivo del Soviet enviaba comisarios a los regimientos, y estos tenían su propio comité electivo, que era una «especie de núcleo inferior del Soviet». En ese contexto, el número de agitadores bolcheviques en el seno del Ejército fue aumentando, y muy pronto se convirtió en la corriente de izquierdas más influyente en el Ejército y en la Armada. En las oficinas del *Pravda* en Petrogrado floreció una cafetería para los soldados especialistas que atraía a los soldados más radicales. En Riga, el Regimiento Novoladozhki 436 eligió un comité mayoritariamente bolchevique, que puso en marcha un club de soldados llamado «La III Internacional», dos años antes de que se creara la Tercera Internacional de verdad. Todo ello venía a sugerir que los militantes de base del Partido Bolchevique iban por delante de sus dirigentes, igual que su líder exiliado que iba de camino a su patria a bordo de un tren alemán. «Durante una revolución», había escrito Lenin, «millones y decenas de millones de personas aprenden en una semana más que en un año de una vida corriente y somnolienta».

---

división real, y que el partido iba por el mismo camino que Lenin, al que simplemente hubo que corregir en una o dos cuestiones, etcétera. Sería algo parecido a lo que ha hecho Stephen Kotkin, de la Universidad de Princeton, quien afirma que ¡el testamento de Lenin fue falsificado por su esposa y por el personal de su secretaría! Para un estudio crítico y perspicaz de ese tipo de «erudición», véase Tony Wood, «Lives of Jughashvili», *New Left Review*, n.º 95, septiembre-octubre de 2015.

8

Octubre

Durante el transcurso de la revolución, las masas fueron por delante del partido, y el partido fue por delante de sus dirigentes. Cuando Lenin llegó a la Estación de Finlandia, decidido a dar un giro a la izquierda a la dirección del partido, la gente pensaba que se había vuelto loco. En el Palacio Táuride, un menchevique llamado Bogdanov interrumpió a Lenin mientras este leía las *Tesis de abril* con gritos de: «¡Un delirio, el delirio de un loco!».

«Salí a la calle», escribía Sujánov, «con la sensación de que aquella noche me habían estado aporreando la cabeza con un mayal».

Raskólnikov comentaba: «Los obreros más respetables del partido estaban presentes. Pero las palabras de Vladímir Ilich fueron una auténtica revelación también para ellos. Marcaron un Rubicón entre las tácticas de ayer y las de hoy». Las *Tesis de abril* se publicaron en el propio *Pravda* con una nota de advertencia. Lenin estaba en minoría. A la insurrección de octubre se había opuesto una minoría de mayor tamaño: Kámenev, Zinóviev, Rykov, Frunze y otros, tanto «prácticos» como «teóricos». Durante los tediosos periodos anteriores a la Revolución de Febrero en que no se había producido ningún fermento revolucionario, los bolcheviques parecían estar demasiado a la izquierda; durante los meses que van de febrero a octubre, las masas corrieron por delante de la vanguardia. Su convergencia final dio lugar a la victoriosa toma del Palacio de Invierno.

En *El Estado y la revolución,* el texto teórico inacabado, interrumpido por la Revolución, Lenin abandonaba toda alusión a la línea divisoria entre Rusia y Europa occidental que salpicaba sus escritos anteriores. Aquel ensayo fue su texto teórico más elocuente, comparable o superior a *¿Qué hacer?* La Primera Guerra Mundial había obligado a Lenin a hacer un replanteamiento estratégico. Sin una estrategia internacionalista estructurada, la Revolución Rusa nunca lograría alcanzar su cumbre. Y en última instancia, la misión de las revoluciones en otros países europeos, por muy diferentes que fueran los caminos que conducían a cada una de ellas, era la misma que en Rusia. Sin la toma y la derrota de los aparatos estatales que defendían y mantenían a la clase dirigente, no podía haber socialismo. La última fase de la revolución en todos los países, al margen de su ubicación geopolítica, debía tener su momento insurreccional. Por eso Lenin definía el siglo XX como una época de guerras (imperialistas y civiles) y revoluciones. El Estado capitalista ejercía el monopolio de la violencia legítima. Había que poner fin tanto al monopolio como a la legitimidad, y «hacer añicos» el viejo Estado para que pudiera triunfar una revolución[81].

---

[81] Indudablemente, en las sociedades capitalistas de 1917, el Estado era consciente de ello, y lo comprendía. La coerción en Francia y en Alemania estaba bien documentada. También en Gran Bretaña se había desplegado la

Octubre

También en Rusia, a partir de julio de 1917, el alto mando militar, al constatar la desintegración del frente y advertir que la propaganda de los bolcheviques en contra de la guerra era sediciosa, se indignaba por la parálisis del Gobierno Provisional y su incapacidad de prepararle un funeral a la Revolución. Los jefes militares debatían seriamente la posibilidad de tomar el poder e instaurar una dictadura militar a fin de reconstruir el Ejército y seguir adelante con la guerra, pero el prerrequisito esencial de esos objetivos era aniquilar a los bolcheviques y desmantelar los soviets. Por supuesto, desde su punto de vista, tenían razón.

El general Kornílov, comandante en jefe del Ejército, decidió ganarse el apoyo incondicional del Gobierno Provisional o provocar una escisión en su seno. Y lo consiguió, aunque no logró convencer a Kérenski, para entonces primer ministro, de que respaldara lo que a todos los efectos debía ser un golpe de Estado contra el Soviet y el exterminio de los bolcheviques. A Kérenski le preocupaba, con razón, que Kornílov le utilizara y después se deshiciera de él, y por consiguiente había rechazado la oferta, pero decidió poner en práctica por su cuenta el programa político de Kornílov. Ambos dirigentes se miraban en el espejo y se veían como los dictadores del nuevo régimen. Eran puras fantasías. *Puede* que Kornílov hubiera logrado establecer temporalmente un gobierno militar; Kérenski no tenía ni la más mínima posibilidad.

---

fuerza y la represión contra los cartistas, así como en Manchester en 1819, con la masacre de Peterloo. Los socialdemócratas de toda Europa, con su decisión de sentar sus reales en los campamentos militares de sus respectivos Ejércitos nacionales, se habían manchado la camisa con la sangre de la Primera Guerra Mundial.

El Ejército planeaba llevar tropas desde el frente hasta Petrogrado para dar el grandioso golpe de Estado el 26 de agosto de 1917. El Soviet iba a estar ocupado conmemorando los seis meses de la Revolución. La prensa de derechas avivaba el fuego antibolchevique y advertía en contra de una insurrección. En caso de que fuera necesario, los militares estaban dispuestos a escenificar una falsa sublevación bolchevique para aplastarla y tomar el poder. La encargada de la operación debía ser la Unión de Oficiales, una facción del Ejército extremadamente antisemita y zarista a ultranza. Kornílov hizo todo lo posible por ganarse el apoyo de Kérenski, pero ahí se interpuso la ambición personal del primer ministro, aunque muchos miembros del Gobierno Provisional, sobre todo Savinkov, el subsecretario de la Guerra, ya estaban colaborando abiertamente con Kornílov. V. N. Lvov, un político entrometido y de poca monta, estaba totalmente de acuerdo con Kornílov, e intentaba por todos los medios convencer a Kérenski de que la única solución era un gobierno «nacional». Lvov afirmaba que había conseguido el apoyo de Kérenski, quien había accedido a dimitir como primer ministro. Sin embargo, Kérenski afirmaba que tan solo había simulado que accedía, a fin de ganar tiempo, pues sabía que Lvov era un enviado de Kornílov.

Todo ello pone de manifiesto la magnitud de la crisis. Kérenski no informó de todo el asunto a los líderes moderados del Soviet hasta después, cuando necesitó su ayuda, lo que ocurrió muy pronto. Lvov regresó al Palacio de Invierno y sugirió que si Kérenski tenía aprecio por su vida, debía dimitir de inmediato y abandonar Petrogrado. La respuesta del líder eserista fue una carcajada rayana en la histeria. Al día siguiente, para su propio asombro, Kérenski relevó a Kornílov de su puesto y nombró a Lukomski en su lugar. El «nuevo» comandante en jefe telegrafió su negativa a aceptar la oferta, e instó a Kérenski a elegir entre unirse a Kornílov o afrontar los indecibles horrores que iba a sufrir el país. Sus tropas ya avanzaban sobre la capital. Entonces Kérenski ordenó públicamente a Kornílov que diera marcha atrás, con lo que alertó a todos los partidos políticos que formaban parte de los soviets. Kornílov se negó, y emitió su propio comunicado, que hacía hincapié en su falta de ambición personal: «Yo, el general Kornílov, hijo de un campesino cosaco, no deseo nada para mí, salvo la conservación de una Gran Rusia». La mayor parte del alto mando del Ejército estaba de acuerdo con esa meta. La Bolsa de Petrogrado se disparó al alza. El Ejército estaba cada vez más cerca de Petrogrado.

Entonces Kérenski sugirió la formación de un directorio, como en las últimas fases de la Revolución Francesa. Los dirigentes oficiales del Soviet se mostraron dispuestos. Se oyó a Mártov gritar que «¡todos los directorios engendran contrarrevoluciones!». Lenin se había exiliado en Finlandia; Trotsky estaba en la cárcel. Tras el fracaso de la insurrección espontánea de los trabajadores en julio, una rebelión que no había autorizado ninguno de los dirigentes bolcheviques, pero que no tuvieron más remedio que apoyar, los líderes del Soviet ordenaron una detención masiva de activistas bolcheviques. Los bolcheviques que todavía formaban parte del Soviet estaban totalmente en contra de Kérenski y de su tinglado, pero accedieron a formar un frente unido para defender la Revolución frente a la ofensiva del Ejército. Desde su exilio, Lenin bramaba que los mencheviques y los eseristas moderados llevaban haciéndole el juego al Gobierno Provisional desde sus comienzos. Defendían la guerra. Kérenski había estado compinchado con los golpistas. A Lenin le resultaba difícil creer que aún quedaran «estúpidos y sinvergüenzas» en sus filas que fueran incapaces de darse cuenta de todo, ni siquiera en aquellos momentos. Su consejo sobre lo que había que decirle a los mencheviques:

> Nuestros soldados y nuestros obreros combatirán a las tropas contrarrevolucionarias, [...] no para defender al Gobierno, sino independientemente, para defender la Revolución. [...] Lucharemos, por supuesto, pero nos negamos a formar cualquier tipo de alianza con vosotros, y rechazamos siquiera la mínima expresión de confianza en vosotros.

No era ningún secreto que la popularidad de los bolcheviques iba en aumento. Sujánov admitía que sin los bolcheviques no era posible una defensa seria de la capital frente a Kornílov. Las masas de obreros y soldados, «en la medida que estaban organizadas, habían sido organizadas por los bolcheviques, y seguían a los bolcheviques. En aquel momento, la suya era la única organización grande, bien cohesionada por una disciplina elemental, y con vínculos con los niveles democráticos más bajos de la capital». Los partidos moderados de los soviets estaban asistiendo a la puesta en práctica de los principales argumentos de *El Estado y la revolución* y de las *Tesis de abril*.

Ni siquiera el mayor de los partidos puede «hacer» ni «secuestrar» una revolución, pero el éxito de una empresa como esa depende de la capacidad, la lucidez, la energía y la determinación de un partido revolucionario a la hora de afrontar una crisis prerrevolucionaria. La ruptura de Lenin no fue con la «ortodoxia», sino con un concepto reformista y mecánico que consideraba la conciencia de clase como una consecuencia natural del lugar de los obreros en la sociedad. Lenin rechazaba esa forma de sociología vulgar en favor de la política. Los eslóganes y las reivindicaciones de los bolcheviques no eran particularmente socialistas, si es que lo eran en alguna medida, pero eran indiscutiblemente revolucionarios. Las «tres ballenas» del Partido Bolchevique durante la década anterior habían sido: «la confiscación de las haciendas señoriales», «la república democrática» y «la jornada laboral de ocho horas». Esas tres reivindicaciones habían alumbrado el camino hasta la Revolución de Febrero. Otra trinidad más sucinta, la de «tierra, pan y paz», abrió las puertas a la Revolución de Octubre.

Al final, Kornílov fue derrotado políticamente. Los agitadores-soldados bolcheviques, los soldados musulmanes y caucasianos de Petrogrado leales al Soviet, y los delegados de los soviets se dirigían a las tropas de élite del general golpista cuando entraban en las pequeñas poblaciones próximas a la capital, y bajo la mirada sobrecogida de los oficiales, suplicaban a sus hermanos que no mataran a su propia gente. Los trabajadores de los ferrocarriles habían saboteado las vías, imposibilitando que los trenes cargados de tropas llegaran a la capital, y le explicaban tranquilamente a los soldados lo que estaba ocurriendo, lo que intentaban hacer los generales zaristas, por qué había que oponerles una fuerte resistencia, etcétera. Los agitadores ganaron la partida. Los generales se quedaron sin ejército. En un intento a la desesperada de salvar la situación en el último momento, Kérenski organizó un directorio. Fue una farsa de principio a fin, que resultó ser un periodo muy breve. Al amparo del directorio, Kérenski cerró dos periódicos radicales, *Rabotnik* (bolchevique) y *Novaya Zhizn* (independiente, pacifista e internacionalista). Los bolcheviques sencillamente ignoraron el cierre. Mientras los guardias rojos tomaban posiciones en el exterior, los empleados de las rotativas siguieron trabajando.

Dos periodistas estadounidenses, John Reed y Albert Rhys Williams, observaban muy de cerca los acontecimientos y se hacían mutuamente un resumen de la jornada antes de enviar sus crónicas a Estados Unidos. Reed había llegado a Rusia después que Williams, y su colega le estaba explicando la situación con cierto detalle, en concreto el impacto que habían tenido las *Tesis de abril*.

«Entonces, ¿los que critican a Lenin afirman que la revolución política burguesa de febrero no ha concluido, no es así?», dijo Reed.
«Tal y como yo lo entiendo, Lenin tampoco ha dicho que haya terminado», le respondí. «Todo es muy complicado. Y Lenin tampoco ha dicho en qué momento debería hacerse la transición a un gobierno socialista, tan solo que hay que dar esos primeros pasos».

Reed estaba impaciente, y quería saber en qué momento iban a dar el golpe los bolcheviques. Williams le contestó que el golpe se produciría tan solo cuando tuvieran una mayoría.

En el mes de octubre los bolcheviques ya habían logrado tener mayoría en los Soviets de Moscú y de Petrogrado. Eran la corriente política más fuerte en los comités de fábrica de muchas ciudades pequeñas donde no controlaban los soviets. Aquella combinación fue decisiva, y a eso hay que añadirle que los activistas campesinos estaban poniendo patas arriba el campo, pues desde todos los rincones del país llegaban noticias de ocupaciones de tierras. Las nacionalidades hacían ejercicios de calentamiento, y desde las trincheras del frente oriental hasta las fábricas y los centros de las ciudades, la reivindicación de la paz se había vuelto incontrovertible. En muchas ciudades surgían comités militares revolucionarios bajo el auspicio de los bolcheviques[82].

Tras el triunfo electoral de los bolcheviques, John Reed le preguntó a Rhys Williams: «¿Y ahora?».

«Ya no puede faltar mucho».

Poco después de su puesta en libertad, León Trotsky fue elegido presidente del Comité Militar Revolucionario (CMR) del Soviet de Petrogrado, y a partir de ahí empezó a preparar la insurrección del 25 de octubre[83]. La guarnición estaba bajo el control del CMR, y la Guardia Roja de las fábricas estaba en contacto directo con los regimientos de mayor importancia estratégica.

---

[82] Un año después, Lenin explicó por qué el partido no había hecho un llamamiento a la insurrección en julio, cuando a pesar de todo se produjo una sublevación espontánea de las masas, que fue reprimida, y que puso a la ofensiva a la derecha y obligó a Lenin y a otros dirigentes a pasar a la clandestinidad: «No solo pensábamos, *sabíamos* con certeza, por la experiencia de las elecciones *masivas* a los soviets, que en septiembre y a principios de octubre la inmensa mayoría de obreros y soldados *ya* se había puesto de nuestra parte». Fue aquella nueva realidad lo que «determinó *lo acertado del eslogan* "a favor de una insurrección" en octubre (el eslogan habría sido incorrecto en julio, y de hecho entonces *no* lo planteamos)».

[83] La reunión final para fijar una fecha tuvo lugar el 10 de octubre en casa de una activista bolchevique. Ella le pidió a Sujánov, su marido, y militante menchevique, que se fuera a dormir a otro sitio aquella noche. Después de colarse en el cuartel general de los bolcheviques la noche del regreso de Lenin, le prohibieron el acceso a su propia cama en vísperas de un acontecimiento mucho más importante, al que él se oponía, pero que fue el origen de su fama. En la reunión, que duró diez horas, se aprobaron todos los detalles. Hubo dos votos en contra: el de Zinóviev y el de Kámenev. En cuanto a los demás, todos habían decidido quemar las naves.

En las elecciones para renovar a los comisarios de las unidades militares de la guarnición, la mayoría de los comisarios mencheviques y eseristas perdieron el puesto en aras de los candidatos bolcheviques. En realidad, el poder ya estaba en manos del Partido Bolchevique. El asalto final contra el Palacio de Invierno fue más bien una formalidad, un acontecimiento simbólico, y mucho menos espectacular que el cuadro que pinta Serguéi Eisenstein en su película *Octubre*. La resistencia fue penosa[84].

Los dos estadounidenses estaban meditabundos. Reed cavilaba:

> Me pregunto cómo debe ser estar en el pellejo de Lieber, de Dan, o incluso del viejo Mártov, por no hablar de Gueorgui Plejánov. [...] Prácticamente todos esos dirigentes, anarquistas, mencheviques, eseristas de izquierdas o de derechas, y también bolcheviques —durante años fueron perseguidos, enviados a Siberia o azotados con el látigo en las cochambrosas cárceles rusas. [...] ¡Qué descolocados deben de sentirse los orgullosos y tercos antiguos dirigentes, qué virtuosos, al ver cómo sus camaradas se pasan al bando de Lenin! De repente admiten que tan solo Lenin puede traer paz, pan y tierra. Pero justamente por eso no son capaces de perdonarle; de modo que intentan apoyar desesperadamente a Kérenski[85].

---

[84] El fin del Gobierno Provisional no estaba muy lejos en el momento en que se inició una ofensiva espontánea contra su cuartel general. Los bolcheviques lograron convencer a los asaltantes, no sin grandes dificultades, de que no lincharan a los ministros, que fueron puestos a buen recaudo en la cárcel favorita del zar, la Fortaleza de Pedro y Pablo. Kérenski huyó del palacio disfrazado de mujer. Apropiadamente, el «Thomas Jefferson» de la Revolución de Febrero consiguió asilo en Estados Unidos, y falleció en Nueva York en 1970.

[85] Albert Rhys Williams, *Journey into Revolution: Petrograd 1917-1918*, Chicago, 1969, pp. 38-39.

Къ Гражданамъ Россіи.

Временное Правительство низложено. Государственная власть перешла въ руки органа Петроградскаго Совѣта Рабочихъ и Солдатскихъ Депутатовъ Военно-Революціоннаго Комитета, стоящаго во главѣ Петроградскаго пролетаріата и гарнизона.

Дѣло, за которое боролся народъ: немедленное предложеніе демократическаго мира, отмѣна помѣщичьей собственности на землю, рабочій контроль надъ производствомъ, созданіе Совѣтскаго Правительства — это дѣло обезпечено.

ДА ЗДРАВСТВУЕТЪ РЕВОЛЮЦІЯ РАБОЧИХЪ, СОЛДАТЪ И КРЕСТЬЯНЪ!

Военно-Революціонный Комитетъ
при Петроградскомъ Совѣтѣ
Рабочихъ и Солдатскихъ Депутатовъ.

25 октября 1917 г. 10 ч. утра.

La declaración del Comité Militar Revolucionario
anunciando la Revolución.

Unos días después, el 25 de octubre, los dos periodistas extranjeros se encaminaron muy temprano a la reunión del Soviet, donde estaba a punto de anunciarse algo.

La reunión de emergencia del Soviet de Petrogrado comenzó a las 14.35 del día 25. Se le concedió la palabra a Trotsky: «En nombre del Comité Militar Revolucionario, declaro que el Gobierno Provisional ha dejado de existir». Y a continuación ofreció a los delegados un relato de lo que se había logrado[86]. Mientras hablaba Trotsky, Lenin entró en el salón al tiempo que le recibía un aplauso ensordecedor, una ovación con los asistentes puestos en pie y coreando «Viva el camarada Lenin, que vuelve a estar entre nosotros». Trotsky le cedió la palabra. Un sosegado Lenin, que habló tan solo unos minutos, declaró que había comenzado una nueva época histórica, un nuevo periodo de la historia, y concluyó con su compromiso de construir un nuevo orden socialista y exclamando: «¡Viva la revolución socialista mundial!».

---

[86] Con motivo del primer aniversario de la Revolución, Stalin escribía en el *Pravda*: «Todas las tareas prácticas relacionadas con la organización de la sublevación se llevaron a cabo bajo la dirección directa del camarada Trotsky, presidente del Soviet de Petrogrado. Puede afirmarse con certeza que el partido está en deuda primera y principalmente con el camarada Trotsky por el rápido paso de la guarnición al bando del Soviet, y por la eficaz manera en que se organizó el trabajo del Comité Militar Revolucionario». Citado en Isaac Deutscher, *Stalin: A Political Biography*, Londres, 1966, pp. 210-211. Esas líneas no se eliminaron de las obras completas de Stalin hasta 1947, cabe suponer que a tiempo para el trigésimo aniversario de la Revolución, y para entonces ya se había borrado brutalmente de la historia cualquier mención a Trotsky y a la mayoría de los viejos bolcheviques. El libro documental del desaparecido David King, *The Comissar Vanishes*, Nueva York, 2014, ofrece un relato detallado de cómo se retocaron las fotografías.

Los bolcheviques habían tomado el poder. En Moscú hubo combates durante dos días, también se produjeron algunas escaramuzas en otras localidades, pero hubo muy pocas víctimas mortales. Los dirigentes mencheviques y social-revolucionarios habían decidido que la resistencia era una insensatez y carecía de sentido. Estaban echando humo, pero se hicieron a un lado. Incluso un menchevique internacionalista como Mártov había perdido la paciencia con Trotsky, en una reunión anterior, y había abandonado la sala. Él volvió, pero la mayoría de sus colegas partidarios de la guerra sabían que se les había acabado el tiempo. Cuando los mencheviques decidieron boicotear todas las instituciones del Soviet, Sujánov, furioso, les acusó de sumarse a la contrarrevolución. Cuando Mártov oyó a su antiguo camarada Tsereteli hablar en una reunión del Soviet, se puso pálido de ira y le tachó de *«versallés»,* una alusión a los que contribuyeron a aplastar la Comuna de París. Difícilmente podían imaginar que en el plazo de unos meses muchos de sus antiguos camaradas se unirían a los ejércitos blancos, apoyados por la Entente, en la Guerra Civil. La Bolsa fue presa del pánico, a imitación de la caída en picado del Gobierno de Kérenski y de quienes lo apoyaban. ¿Cuánto tiempo podía durar? Era la misma pregunta que se hacían en la Casa Blanca.

Al tiempo que Lenin presentaba las *Tesis de abril* ante el Soviet de Petrogrado, el bando belicista de Washington ya estaba casi listo para dar el salto a Europa. Woodrow Wilson debatía con sus asesores de confianza la entrada de Estados Unidos en la Primera Guerra Mundial. Wilson, al que en muchos círculos todavía se le consideraba una figura ética y progresista —y un internacionalista, nada menos—, en realidad era un político estadounidense bastante típico, solo que él llevaba puesta la careta mejor que la mayoría. En privado a menudo renunciaba a fingir, pues en una ocasión, en 1913, le dijo al coronel House, íntimo amigo y confidente suyo, que «consideraba que mentir estaba justificado en algunos casos, en particular cuando tuviera que ver con el honor de una mujer [...] [y] en lo relativo a las cuestiones de políticas públicas». Cuando House le sugirió que tal vez era mejor permanecer callado que mentir, Wilson le dio la razón un poco apresuradamente y le prometió que así lo haría en el futuro. Otra mentira. Sus declaraciones públicas eran, en su mayoría, un puro engaño y contradecían las medidas que ya se estaban aplicando sobre el terreno. Eso quedó meridianamente claro en su actitud hacia la Revolución Rusa. En público, Wilson manifestaba cierta comprensión ante los acontecimientos. Entre bastidores, era del mismo parecer que su correligionario presbiteriano ortodoxo Robert Lansing, su secretario de Estado, para quien el bolchevismo era el azote del cristianismo y de la civilización cristiana. Wilson vetó cualquier intento de reconocimiento del Gobierno soviético.

Wilson, que ya estaba enormemente ocupado supervisando las intervenciones en México para poner fin de una vez por todas a la revolución en aquel país, empezó a distraerse con la rápida evolución de la situación en Rusia. Todo ello disimulado con sus declaraciones en el sentido de que con el derrocamiento del zar todas las potencias de la Entente ya eran democráticas, a diferencia de los despotismos encabezados por Alemania. Wilson tan solo estaba «encauzando nuestra propia opinión pública por el buen camino», según decía él mismo.

Wilson veía a México y Rusia como dos problemas políticos parecidos. Tras la Revolución de Octubre, se convirtió en una obsesión. Con el firme respaldo de los sindicatos de Samuel Gompers y de la American Federation of Labor (AFL), Wilson lanzó una advertencia al sindicato IWW y a otros grupos radicales para prevenirles de que la propaganda bolchevique en Estados Unidos se castigaría severamente. Mantuvo su promesa. Y no solo en su país. Wilson estaba convencido, igual que la mayoría de sus aliados europeos, de que el Gobierno bolchevique era demasiado inestable, y de que no duraría más que unos meses, a lo sumo un año. Iba a resultar fácil acabar con él. Decidió armar y financiar a los ejércitos blancos de Alexander Kolchak y de Antón Denikin, igual que lo había hecho con Venustiano Carranza en México. Volvió a mentir en público, primero al declarar la gran pasión con la que apoyaba el derecho de las naciones a la autodeterminación, informando explícitamente al público estadounidense y al mundo de que «cada pueblo tiene derecho a determinar su propia forma de gobierno», e insistiendo en que los mexicanos tenían que elegir a sus propios dirigentes, al tiempo que se disponía a enviar a la Armada de Estados Unidos a ocupar Veracruz en 1914. Envió a la Infantería de Marina estadounidense para invadir Haití en 1915, y la República Dominicana en 1916, y más tarde envió una fuerza del Ejército de Tierra que se internó hasta lo más profundo de México.

En octubre de 1918, los embustes de Wilson alcanzaron nuevas cotas: «Mi política respecto a Rusia se parece mucho a mi política con México. Estoy convencido de que hay que dejar que resuelvan su propia salvación, aunque para ello tengan que sumirse un tiempo en la anarquía». Así comenzó una guerra secreta contra la Rusia revolucionaria que nunca fue autorizada por el Congreso. Aquel mismo año Wilson envió algunas unidades del

Ejército a Vladivostok y a Arcángel. Como era de esperar, los dirigentes bolcheviques respondieron con hostilidad, pero solo verbal. Al leer un telegrama del comisario de Asuntos Exteriores soviético, Wilson se indignó por su «insolencia». Trotsky había pedido, de una forma bastante descarada, que se expidiera la documentación necesaria a los diplomáticos soviéticos para viajar «a Estados Unidos y otros países a fin de proponer el derrocamiento de todos los Gobiernos que no estuvieran en manos de los trabajadores». Aquello preocupó tanto a Wilson que siguió el consejo de su ministro de la Guerra y no reveló a la opinión pública el telegrama de Trotsky, por temor a que alentara una «guerra de clases» y ayudara a los dirigentes del IWW y a los socialistas pacifistas.

Los dirigentes sindicales de derechas y los socialistas belicistas ya le habían manifestado a Wilson su grave preocupación por el hecho de que el experimento utópico bolchevique estaba animando a los soñadores en Estados Unidos; a menos que se pusiera fin a aquel pacifismo y a la glorificación de las huelgas, podía extenderse desde Europa a «Chicago, Nueva York, San Francisco, y a nuestras demás participaciones industriales en el extranjero». En 1918 se inició una represión masiva contra el IWW y contra «los anarquistas extranjeros, sobre todo italianos». En septiembre de aquel mismo año, Eugene V. Debs, líder del Partido Socialista (y uno de los fundadores del IWW), fue detenido, en virtud de la Ley de Sedición, por haber declarado en público que la guerra era imperialista y que «nuestros corazones están con los bolcheviques de Rusia», y condenado a diez años de cárcel. Los oficiales del Ejército estadounidense agregados a la fuerza expedicionaria de Arcángel imploraban una mayor intervención. Su jefe, el coronel

James Ruggles, sugería que «es mucho mejor matar la cabeza —aquí en Rusia— que correr el riesgo de tener que hacerlo en casa»[87]. En vísperas de la decisiva entrada de Estados Unidos en la guerra civil europea y en la política mundial, su política global podía definirse de una forma muy sencilla: contrarrevolución permanente. A pesar de todo, los bolcheviques preferían concentrar sus iras en el imperialismo británico y francés, e intentar crear una brecha entre este y Estados Unidos. Gueorgui Chicherin, que sucedió a Trotsky como comisario de Asuntos Exteriores, adoptó un tono más diplomático en sus comunicaciones con Washington, pero mantuvo un constante fuego de barrera, advirtiéndole a Wilson de que estaba desperdiciando el dinero y los cañones estadounidenses en su intento de ayudar a un «cadáver sentenciado».

---

[87] David S. Foglesong, *America's Secret War Against Bolshevism: US Intervention in the Russian Civil War, 1917-20*, Carolina del Norte, 1995. Escrito después de la Guerra Fría, se trata del relato más minuciosamente documentado de la intervención político-militar estadounidense contra la nueva República Soviética, y una explicación ejemplar de sus orígenes.

9

Las consecuencias

«LAS REVOLUCIONES SON LA FIESTA de los oprimidos y explotados», había escrito Lenin en *Dos tácticas de la socialdemocracia*.

Lenin se sorprendió cuando, unas semanas después de la Revolución, le informaron de que algunos grupos de oprimidos habían decidido celebrar su victoria de una forma más tradicional, organizando un festival improvisado, más acorde con las orgías medievales que con las elevadas ideas que había propuesto Lenin, pero con el propósito de liquidar cualquier vestigio del zarismo. El escenario fue Petrogrado. Estas son las palabras del dirigente Vladímir Antónov-Ovséyenko, comisario jefe del Ejército y comandante de la guarnición de Petrogrado. Los historiadores raramente mencionan la descripción de lo sucedido que figura en sus memorias. Fue una bacanal salvaje y descontrolada, que duró varias semanas y que paralizó la capital revolucionaria:

> Una orgía desenfrenada y sin precedentes se extendió por Petrogrado, y hasta ahora nadie ha dado una explicación plausible de si se debió o no a algún tipo de provocación subrepticia. [...] La bodega del Palacio de Invierno fue el problema más embarazoso. [...] El

Regimiento Preobrazhenski, que hasta ese momento había mantenido la disciplina, se emborrachó completamente mientras estaba de guardia en el Palacio. El Regimiento Pavlovski, baluarte de nuestra Revolución, tampoco pudo resistirse a la tentación. Entonces se envió una guardia mixta, escogida entre distintos destacamentos. También se emborracharon. Entonces encargaron del servicio de guardia a los miembros de los comités de los regimientos [es decir, a los dirigentes revolucionarios de la guarnición]. También ellos sucumbieron. Se ordenó a los soldados de las brigadas acorazadas que dispersaran a la multitudes, desfilaron un poco de un lado a otro, y al cabo de un rato empezaron a bambolearse de forma sospechosa. Al anochecer proliferaban las enloquecidas bacanales. «¡Acabemos con estos vestigios del zarismo!». Aquella divertida consigna se adueñó de las multitudes. Intentamos detenerlas tapiando las entradas. La multitud entraba por las ventanas, forzaba los barrotes y se apoderaba de las existencias.

Antónov-Ovséyenko, ya desesperado, pidió ayuda al Consejo de Comisarios del Pueblo (la máxima autoridad). Nombraron a un «comisario especial investido de poderes especiales» para intentar resolver la crisis, pero también él «demostró que no era de fiar». Es una lástima que el autor no le nombrara. Tan solo cuando un «regimiento finlandés con tendencias anarcosindicalistas» amenazó con volar la bodega y fusilar a los saqueadores, «se logró dominar aquella locura alcohólica»[88]. No tenía por qué haber sido una locura si el Soviet de Petrogrado lo hubiera organizado como un evento público abierto a todos los ciudadanos. En ese

---

[88] Citado en Isaac Deutscher, *The Prophet Armed*, Londres, 2003, pp. 266-267.

caso, el vino del zar habría sido degustado en el plazo de un día por los ciudadanos corrientes, así como por los regimientos del núcleo bolchevique. A mi juicio, la decisión que adoptó el Consejo de Comisarios del Pueblo de bombear al río Nevá todo el vino que quedaba en la bodega fue desacertada, y revelaba falta de imaginación. Se habría podido dar un uso mucho mejor a aquel vino con un reparto adecuado, pero evidentemente había problemas más graves que afrontar tanto dentro como fuera del país.

Lenin estaba plenamente convencido de que la combinación de la guerra y de la Revolución de Octubre de 1917 iba a provocar una tormenta de fuego revolucionaria por toda Europa, lo que pondría fin tanto al aislamiento de Petrogrado como al capitalismo europeo. Esa previsión no quedó del todo desmentida por los acontecimientos que se produjeron durante los tres años posteriores a la Revolución Rusa. Ni antes ni después Europa se ha visto sacudida hasta su mismo núcleo como lo estuvo entre 1918 y 1920. Una oleada de sublevaciones políticas e industriales casi simultáneas inundó el continente: el levantamiento de Berlín, el Soviet de Múnich, la Comuna de Budapest, la huelga masiva en Austria, las ocupaciones de fábricas en Italia, el descontento en los Ejércitos y las Armadas de numerosos países, y una creciente sensación por parte de los gobernantes de que ya no podían gobernar de la misma forma que antes[89].

---

[89] Como sabemos, ninguna de aquellas turbulencias tuvo éxito. Liebknecht y Luxemburgo fueron asesinados en enero de 1919 por los protofascistas del *Freikorps,* bajo la mirada de admiración de Noske, Ebert y Scheidmann, los dirigentes del ala derecha del SPD. También los gobernantes habían aprendido la lección de la Revolución de Octubre: en Italia optaron por el fascismo, mientras que en Alemania, una república débil, una clase trabajadora dividida

1917-1920: Estados y revoluciones

Tan solo Gran Bretaña, separada por el canal de la Mancha, evitó ese tipo de convulsiones, pero tuvo que afrontar otra amenaza: su colonia interior, Irlanda, era un hervidero desde la derrota del Alzamiento de Pascua de 1916. Las repercusiones a largo plazo de aquella insurrección dieron como resultado el motín de los Rangers de Connaught[90] en India en 1919 (un suceso muy poco estudiado), el primero y el último de esa naturaleza durante los largos años de dominio imperial británico en los territorios ocupados de Asia y de África.

En Petrogrado, dos días después de la Revolución, el nuevo Gobierno se puso manos a la obra a fin de cumplir sus promesas. La primera de ellas, y en cierto sentido la más importante, era poner fin a la guerra. El Soviet promulgó un decreto redactado por Lenin que hacía un llamamiento a «todos los pueblos beligerantes y a sus Gobiernos [...] a iniciar negociaciones de inmediato para lograr una paz justa y democrática». Se trataba de una espada de doble filo. Lenin insinuaba que, en caso de que los Gobiernos de Gran Bretaña, Francia y Alemania no respondieran, la clase obrera de esos tres países tenía que emprender acciones directas. El decreto elogiaba la tradición radical de dichos países.

---

y una burguesía asustada aseguraron la victoria del fascismo alemán. La descomposición del Estado en Italia y Alemania tras la Primera Guerra Mundial no estaba tan avanzada como en la Rusia zarista, pero tampoco le andaba demasiado a la zaga. El Estado se recompuso en ambos países gracias a una alianza inequívoca y declarada entre los refinados políticos y propietarios burgueses y los camisas negras y camisas pardas fascistas, que demostraron que solo ellos eran capaces de derrotar a los obreros y a los bolcheviques.

[90] Regimiento de Infantería formado mayoritariamente por soldados irlandeses. *(N. del T.)*.

Las consecuencias

Los obreros habían estado a la vanguardia de las luchas más progresistas, y, según Lenin:

> el movimiento cartista en Inglaterra, las revoluciones de importancia histórica mundial realizadas por el proletariado francés y, finalmente, la lucha heroica contra la ley de excepción en Alemania [...] todos estos ejemplos [...] de iniciativa histórica nos garantizan que los obreros de esos países comprenderán el deber en que están hoy de librar a la humanidad de los horrores de la guerra[91].

Los dirigentes de la Entente hicieron caso omiso del llamamiento. El Gobierno alemán aceptó y accedió a asistir a una conferencia para debatir una paz por separado con Rusia. Tanto Lenin como Trotsky consideraban que esa era la peor alternativa. La única forma de que los bolcheviques pudieran justificar una paz por separado era en caso de que estallara una revolución en Alemania[92].

---

[91] «Decreto de la paz», en *Obras escogidas en tres tomos*, tomo II, Moscú, Progreso, 1961, p. 249. *(N. del T.)*.

[92] Al final, la dirección del Partido Bolchevique, muy dividida, acordó firmar un tratado de paz por separado en Brest-Litovsk. Bujarin y sus partidarios abogaban por una «guerra revolucionaria», mientras que Trotsky y sus simpatizantes adoptaron la postura de «ni a favor de la guerra ni a favor de la paz», por el procedimiento de posponer y prolongar indefinidamente las negociaciones. Una vez más, Lenin se encontró prácticamente solo al argumentar que no había más remedio que aceptar los brutales términos de Alemania. Cualquier estupidez, afirmaba, podía llevar a la derrota de la Revolución. Todos los grupos coincidían en que la única solución real era una revolución en Alemania, pero no se podía improvisar así como así. Había, por supuesto, indicios de un activismo cada vez mayor en Alemania. La huelga de marineros en Kiel supuso un gran impulso, pero resultaba imposible posponer un armis-

1917-1920: Estados y revoluciones

De izquierda a derecha, V. V. Lipski, Trotsky, Vasili Alvater
y Lev Kámenev en Brest-Litovsk, 1918.

Trotsky, en calidad de ministro de Asuntos Exteriores, redobló la intensidad de los anteriores llamamientos instando a los Gobiernos británico y francés a participar en las conversaciones de paz. La guerra ya ni siquiera les beneficiaba a ellos, teniendo en cuenta la carnicería a gran escala que se estaba produciendo en el

---

ticio, fueran cuales fueran las condiciones. Lenin ganó la batalla, pero tuvo que pagar un precio muy alto. El único socio de los bolcheviques en el Gobierno, los social-revolucionarios de izquierdas, volvieron a sus antiguas tácticas tribales, asesinaron al conde Mirbach, embajador alemán, y acudieron armados a una conferencia conjunta con los bolcheviques en Moscú. Los bolcheviques se enteraron del complot y no se presentaron. Los social-revolucionarios de izquierdas fueron desarmados y detenidos, y su partido fue ilegalizado.

Las consecuencias

frente occidental. Era injustificable seguir así. No hubo respuesta ni de Londres ni de París. Los Aliados confiaban en que el nuevo actor que aguardaba entre bastidores al otro lado del Atlántico para hacer su entrada en escena iba a alterar decisivamente el equilibrio de fuerzas y les ayudaría a infligir una derrota al káiser.

El 15 de diciembre, Trotsky firmó el armisticio con Alemania, poniendo fin a la guerra en el frente oriental. En un llamamiento a los «esforzados, oprimidos y exhaustos pueblos de Europa», Trotsky explicaba que lo que habían hecho era imprescindible para poner fin a la carnicería, y les invocaba a dejar de lado los Gobiernos que se habían negado a asistir a la conferencia y a acceder a una paz inmediata: «Los trabajadores y los soldados deben arrancar la cuestión de la guerra y la paz y de las manos criminales de la burguesía y tomarla en las suyas propias. Tenemos el derecho de pediros eso porque eso es lo que hemos hecho nosotros en nuestro propio país». Aquel llamamiento sí tuvo repercusiones en Europa. Los obreros y los militantes del Partido Socialdemócrata de Austria reaccionaron airadamente cuando se enteraron de que el general austriaco Hoffmann había amenazado con sembrar la destrucción en Rusia a menos que capitulara ante las extravagantes exigencias revanchistas que se habían puesto encima de la mesa en Brest-Litovsk. Los socialdemócratas convocaron concentraciones masivas en Viena, en solidaridad con la Revolución Rusa. Al mismo tiempo, una gigantesca oleada de huelgas espontáneas, que sorprendió a los socialdemócratas, paralizó la vida industrial en Viena, en Estiria y en Alta Austria, y al día siguiente las huelgas se habían extendido a Budapest.

Un soviet de obreros austriacos, elegido por las fábricas, celebró su primera asamblea el 16 de enero de 1918. Los socialistas asistieron a la reunión y apoyaron las acciones propuestas, pero no presentaron un programa propio para llevar la cuestión más allá. Una delegación que incluía a Victor Adler y a Karl Seitz fue a entrevistarse con un asustado primer ministro. Nada más llegar, a los miembros de la delegación les fue entregado un comunicado del conde Czernin, ministro de Asuntos Exteriores. Se comprometía a que Austria dejara de apoyar cualquier conquista territorial a expensas de la República Soviética, y reconociera incondicionalmente el derecho a la autodeterminación de Polonia.

Los socialdemócratas austriacos lo consideraron un triunfo, y se apresuraron a declarar que los obreros habían logrado su principal objetivo. Indudablemente, en Austria reinaba un estado de ánimo prerrevolucionario. Incluso algunos socialdemócratas de izquierdas estaban de acuerdo en que así era. No había ninguna razón objetiva para la parálisis del país. Pero tampoco había un partido ni una corriente política organizados que propusiera una ruptura total con la guerra, el capitalismo y el imperio. Por el contrario, en una reunión crucial del Soviet de Viena, los socialdemócratas austriacos instaron a los obreros a poner fin a la huelga. Su discurso fue recibido con protestas, y se produjeron acalorados debates con los obreros activistas que denunciaban a los políticos. Al carecer de una alternativa política, la huelga se vino abajo al cabo de cuatro días. Al tiempo que los obreros volvían a las fábricas, estalló un motín entre los marineros de Cattaro, la base naval de la flota imperial austrohúngara, en la costa dálmata. La mitad de la flota —más de cuarenta buques, entre acorazados, cruceros y cañoneras— estaba fondeada allí. La pauta de la revuelta no fue muy distinta de lo que ocurrió en Rusia en 1905 y 1917. Los marineros se apoderaron de los buques, arrestaron a dos almirantes, izaron banderas rojas en todos los mástiles, y eligieron a sus delegados para formar un soviet de marineros. Exigían una mejora de las condiciones de servicio y que se pusiera fin a la guerra de inmediato. De nuevo, sus intenciones se vieron frustradas por la falta de agitadores políticos vinculados con un partido revolucionario. Von Gusseck, el comandante militar, intentó ganar tiempo, concentró a las unidades militares de Bosnia y pidió ayuda a la Armada estacionada en Fiume. Los marineros, fuertemente armados pero políticamente inermes, fueron rodeados por tierra y por mar, y no tuvieron más remedio que rendirse. Se formó consejo de guerra a ochocientos marineros, y la mayoría fueron condenados a muerte. Sin embargo, solo ejecutaron a cuatro, después de que Victor Adler amenazara al Ministerio de la Guerra con una huelga masiva. Posteriormente, Otto Bauer, un socialdemócrata de izquierdas, defendía a su partido, argumentando que si hubieran puesto en marcha una revolución, los alemanes habrían enviado su Ejército para aplastarlos, el frente sur, se habría venido abajo, y «los ejércitos de la Entente, avanzando desde el sur, habrían entrado en territorio austriaco, al tiempo que los ejércitos alemanes irrumpirían desde el norte. Austria se habría convertido en un campo de batalla». ¿Alguna vez se ha presentado un argumento más endeble y patético para justificar lo que a todos los efectos fue el sabotaje a una revolución? No se hizo ningún tipo de análisis sobre la fase en que se encontraba el conflicto, una fase de hastío universal de la guerra, ni de la posibilidad de que los soldados alemanes se amotinaran en caso de que les dieran la orden de disparar contra sus hermanos austriacos. Ni tampoco se tuvo en cuenta que los soldados de la Entente, ya muy traumatizados por la guerra, también estaban desertando.

Se estaban sofocando muchos amotinamientos en los ejércitos francés e inglés. El cáncer del chovinismo social había infectado a los socialistas austriacos en la misma medida que a sus colegas alemanes. En realidad, Bauer argumentaba que convertir la guerra mundial en una guerra civil contra los propios gobernantes de Austria habría llevado la guerra continental a suelo austriaco. Él se consideraba un marxista, pero su justificación sugiere que no había asimilado a Hegel. Los tiempos habían cambiado, pero los tradicionales hábitos de los socialdemócratas no. Veinte años después, mientras organizaban la trágica sublevación de la Schutzbund [Liga de Defensa Republicana], a la desesperada y en el último momento, en vísperas de la entrada de Hitler en Austria, ¿acaso alguno de los dirigentes socialistas austriacos reflexionó sobre la posibilidad de que tal vez habrían evitado aquella catástrofe si se hubieran mostrado más audaces en 1918?

¿Y qué pensaban Bauer, Adler y sus colegas del vuelco de la situación en Berlín? También allí el llamamiento de los bolcheviques a los trabajadores de Europa había dado sus frutos. Los obreros alemanes, animados por las huelgas masivas de Viena, intentaron hacer lo mismo en Berlín. Pero ya desde antes de la Revolución Rusa, en Alemania reinaba un descontento cada vez mayor.

El Primero de Mayo de 1916, la Liga Espartaquista, un grupo liderado por Karl Liebknecht y Rosa Luxemburgo que le había dado la espalda a los dirigentes del SPD después del 4 de agosto de 1914, hizo un audaz llamamiento a una gran manifestación a favor de la paz y el socialismo. Ambos dirigentes habían cumplido breves penas de cárcel en 1915 y acababan de ser puestos en libertad. La participación superó todas sus expectativas. El

Lenin pronuncia un discurso con motivo del Primero de Mayo, 1919.

estado de ánimo había cambiado. Las realidades de la guerra habían pinchado la burbuja chovinista. En *Karl y Rosa*, la primera novela de su gran trilogía, el escritor alemán Alfred Döblin describe aquella escena del Primero de Mayo en un estilo documental. No hay ni un solo dato fuera de lugar. El mensaje está claro: en tiempos de guerra, cualquier democracia capitalista, por truncada que esté (la mitad de la población no podía votar debido a su género), degenera en una dictadura. Y en algunos países ocurre de una forma más visible que en otros:

¡Qué momento tan magnífico en la Potsdamer Platz de Berlín! La policía ha ocupado la zona a primera hora de la mañana, pero, a pesar de todo, los obreros van llegando. Cada vez son más. Miles de ellos. Y entonces aparece Karl. Karl Liebknecht vestido de uniforme de soldado raso. Ella está de pie a su lado. [...] Ella habla. Pero la voz de Karl atruena por encima de todas las demás: «¡Abajo la guerra! ¡Abajo la guerra! Abajo el gobierno!».

Entonces los policías, con los sables desenvainados, avanzan con intención de detenerle. Rosa y otros se interponen en su camino. Él sigue gritando. [...] Llega la caballería al galope, Karl queda detenido. El tumulto es abrumador. Se lo llevan. La gente permanece varias hora dando vueltas por la plaza y las calles adyacentes mostrando su enfado. [...] ¡Qué Primero de Mayo tan volcánico! A Karl le condenan a cuatro años de cárcel. [...] y poco después también la detienen a ella. [...] La condenan a prisión preventiva indefinida. Y ahora se la ha tragado la cárcel.

Durante la primavera siguiente (1917) hubo huelgas masivas en Berlín, Halle, Brunswick, Magdeburgo y Leipzig por culpa de la escasez de alimentos. Sin embargo, en aquella época Leipzig era un feudo del Partido Socialdemócrata Independiente (USPD) —otra escisión de la izquierda del SPD posterior a agosto de 1914 que oscilaba entre las reformas y la revolución, pero que acabó inequívocamente en el bando reformista. En Leipzig, los obreros iban mucho más allá e insistían en un gobierno que «prometiera estar dispuesto a aceptar un acuerdo de paz inmediato, y renunciando a cualquier tipo de anexiones declaradas o encubiertas».

Durante el verano de aquel mismo año, los soldados amotinados de la Flota alemana en Kiel exigieron una paz sin anexiones ni reparaciones. Formaron consejo de guerra a «diez cabecillas» de aquel motín, de los que dos fueron ejecutados, y el resto, condenados a un total de 181 años de cárcel. Los gobernantes de Alemania habían aprendido las lecciones de la Revolución Rusa.

En enero de 1918, a renglón seguido de los sucesos de Viena, el distante ruido de los truenos estalló como un gigantesco temporal de huelgas por toda Alemania. El 27 de enero, el comité de representantes sindicales de Berlín había convocado una huelga general. El USPD los apoyó, igual que, por supuesto, la Liga Espartaquista, cuyos principales dirigentes y activistas estaban en la cárcel. Un millón de trabajadores (medio millón tan solo en Berlín) fueron a la huelga durante diez días. Su principal reivindicación era la paz, la solidaridad con Rusia, y renunciar a las anexiones, pero el estado de ánimo de los trabajadores, que querían un nuevo Gobierno, era mucho más militante. El general Ludendorff, dictador del país a todos los efectos, se negó a ceder un ápice. Optó por la represión, y los soldados cumplieron las órdenes que les dieron.

Posteriormente, un historiador socialdemócrata austriaco escribía que «tan solo con que las tropas se hubieran pasado al bando de los huelguistas, el movimiento habría podido convertirse en una lucha revolucionaria. Pero los soldados permanecieron impasibles e impertérritos»[93]. ¿Es posible que tuviera algo que ver con la abyecta capitulación del SPD en agosto de 1914? O se trataba de un fenómeno anterior a aquel acontecimiento? Al fin y al cabo, la mayoría de los dirigentes de los sindicatos a tiempo

---

[93] Julius Braunthal, *History of the International, 1914-1945,* trad. al inglés John Clark, Londres, 1967.

completo y de sus afiliados, sobre todo en el sur de Alemania, se habían contagiado hacía mucho tiempo del revisionismo procapitalista de Eduard Bernstein. Y, como más tarde señalaba Rosa Luxemburgo, la oposición centrista (liderada por Karl Kautsky) a Bernstein se basaba en su propio «conservadurismo». A Kautsky, que había sido el intérprete del marxismo durante tanto tiempo, le resultaba difícil romper teóricamente con aquel pasado. Pero la práctica era una cosa totalmente distinta. A pesar de todo, si el grueso de los partidos obreros de masas de Alemania se hubieran opuesto enérgicamente a la guerra (y la postura de Bernstein respecto a la guerra fue ambigua), indudablemente ello habría contribuido a concienciar a los trabajadores de uniforme que pertenecían al SPD.

Para un soldado, la misión más imposible es negarse a obedecer las órdenes. La deserción ya es difícil de por sí. Y muchos desertores de los ejércitos que combatieron en la Primera Guerra Mundial fueron fusilados como «cobardes» y «traidores» después de un consejo de guerra (por guardar las apariencias). Los amotinamientos a gran escala de los soldados en Rusia fueron posibles gracias a que los bolcheviques, al igual que muchos militantes de base y algunos dirigentes del Partido Menchevique y del Partido Social-Revolucionario, detestaban a su propio Gobierno. Eso facilitó mucho la oposición a la guerra. La decisión del SPD de votar a favor de los créditos de guerra había desarmado a los obreros en las fábricas y en el frente. Los dirigentes del SPD, asustados ante la oleada de chovinismo de la que hizo gala la multitud el 4 de agosto de 1914, no fue capaz de pensar más allá del presentismo. La conciencia política, tal y como había dicho Lenin en reiteradas ocasiones, no era lineal. Era cambiante, como había demostrado sobradamente el periodo transcurrido entre la derrota de 1905 y el triunfo de 1917. Y justamente por eso un partido necesitaba mantenerse fuerte durante los malos tiempos. Eso no había sucedido en Alemania. A los soldados no les presentaron ninguna alternativa seria a la mano dura de Ludendorff. Y cuando los obreros y los soldados estuvieron dispuestos a sublevarse, la Liga Espartaquista carecía de la fuerza suficiente.

En Gran Bretaña, una vez comenzada la guerra, el Congreso de los Sindicatos y una gran mayoría del Partido Laborista renunciaron a cualquier tipo de oposición al conflicto, firmaron una tregua sin huelgas mientras durara la contienda, participaron en las campañas de reclutamiento y publicaron un panfleto titulado *La guerra para acabar con todas las guerras,* un débil reflejo de la propaganda belicista de los partidos liberales. El Partido Laborista Independiente (ILP) y el Partido Socialista Británico se mantuvieron hostiles, pero carecían de influencia. Lo mismo ocurría con la mayoría de los cuarenta diputados laboristas del Parlamento, con la llamativa excepción de Ramsay MacDonald. También entre las sufragistas hubo división sobre la cuestión de la guerra. Emmeline Pankhurst desconvocó el movimiento de masas y dijo a sus seguidoras que volvieran a casa, a tejer calcetines para los soldados. Su hija Sylvia, una socialista inquebrantable desde mucho antes de la guerra, se oponía tenazmente a ella y se hizo comunista[94]. Bertrand Russell también era hostil a la guerra, se oponía a ella en unos términos muy vehementes, y pasó una temporada en la cárcel. Fue Escocia la que generó un mínimo atisbo de oposi-

---

[94] El panfleto de Lenin titulado *La enfermedad infantil del izquierdismo en el comunismo* iba dirigido contra ella, entre otros.

ción. John MacLean, un joven maestro socialista, dio grandes mítines en Glasgow, donde explicaba el carácter imperialista de la guerra e instaba a los obreros a no participar en un conflicto motivado por la codicia y las colonias. Si tantas ganas tenían de luchar, MacLean sugería que marcharan contra Londres y libraran al país de la monarquía. Desde los inicios de su vida política, MacLean destacó la singularidad de Escocia y argumentó a favor de una República Obrera Escocesa. Aborrecía al Imperio Británico, y viceversa. Fue detenido en 1914 en virtud de la Ley de Defensa del Reino, y condenado a tres años de trabajos forzados en la prisión de Peterhead. Cuando se declaró en huelga de hambre, lo alimentaron a la fuerza. A su salida de la cárcel, fue recibido por decenas de miles de obreros que lo llevaron en una marcha triunfal por las calles de Glasgow. Los bolcheviques rindieron un homenaje a la lucha de MacLean en contra de la guerra nombrándole presidente honorario del Primer Congreso de los Soviets de Todas las Rusias, junto con Lenin, Trotsky, Liebknecht, Adler y Spirionova. La noticia fue acogida con regocijo a orillas del Clyde[95]. MacLean

---

[95] En enero de 1918, Maxim Litvínov, embajador soviético en Gran Bretaña, le escribió a MacLean: «Voy a escribirle una carta al cónsul ruso [del régimen zarista] en Glasgow para informarle de su designación y para ordenarle que le traspase a usted el Consulado. Puede que se niegue a hacerlo, en cuyo caso usted abrirá un nuevo Consulado y lo anunciará públicamente a través de la prensa. Puede que su posición resulte un tanto difícil, pero contará usted con mi apoyo. [...] Es de suma importancia que me mantenga informado (y a través de mí, a los soviets rusos) del movimiento obrero en el norte de Gran Bretaña». MacLean abrió el nuevo consulado en el número 12 de South Portland Street, Gorbals, Glasgow, pero el Gobierno británico no le reconoció como cónsul, y dio órdenes a Correos para que no entregaran correspondencia en esa dirección a ese titular. ¡Las nimiedades de los imperios del mundo!

murió de una neumonía en 1923, a la edad de cuarenta y cuatro años. La pobreza, los años de cárcel y su decisión de regalarle su único abrigo a un camarada jamaicano que se estaba helando de frío provocaron su prematura muerte.

En el sur de Europa, el país donde la Revolución Rusa tuvo mayor impacto fue Italia. No había logrado su unidad como Estado hasta 1860, y demográficamente estaba dominada por un campesinado del sur del país que no hablaba italiano y que fue en su mayoría analfabeto hasta 1911. La decisión de Italia de unirse a las fuerzas de la Entente en 1915 no fue muy popular en el sur, ni entre los obreros de las fábricas del norte, pero fue un beneficio añadido para los industriales italianos. El enorme crecimiento de la industria para hacer frente a las necesidades de la guerra se reflejó en el sector del metal y la construcción, donde la producción y los beneficios (entre ellos, los de la empresa Fiat) se duplicaron entre 1914 y 1917. Aquel asombroso aumento del capital vino de la mano de un crecimiento igual de espectacular del proletariado: por ejemplo, el número de obreros que trabajaban en Fiat pasó de 4.400 en 1914 a 41.200 en 1918. Los tres vértices del triángulo de oro de Italia eran Turín, Milán y Génova.

Las protestas esporádicas de los campesinos contra la guerra, suscitadas por los brutales reclutamientos forzosos, la escasez de comida y las requisas de productos alimenticios, fueron evidentes en el campo a partir de enero de 1916, y habitualmente iban acompañadas de agresiones violentas contra la policía y las personalidades importantes de los pueblos. El descontento urbano, centrado en Turín, fue una consecuencia de la escasez de alimentos y de unos altos niveles de explotación en las fábricas. Apenas existían los servicios sociales. La situación social no era muy distinta de la de Petrogrado en vísperas de la Revolución de Febrero (los beneficios de Fiat eran el equivalente del crecimiento de la industria de armamento de Putílov). La noticia de que el zar había sido derrocado y de que los obreros habían tomado el poder había generado esperanzas entre los pobres en Italia, tanto en las ciudades como en el campo. En agosto de 1917, los *carabinieri* mataron a tiros a dos personas por protestar contra la escasez y por exigir pan y el fin de la guerra. Las mujeres y los niños participaban en todas aquellas protestas y coreaban consignas a la policía, como por ejemplo «uníos a vuestros hermanos, no les disparéis». No les hicieron caso. La respuesta a las matanzas fue una huelga general. Una vez más, se daban las condiciones para la creación de soviets de ámbito municipal, organismos autónomos de poder dual. Pero no existía una fuerza política que presionara para llevarlo a la práctica. Cuando finalizó la Primera Guerra Mundial, a la que siguió la imposición de una paz desastrosa que a buen seguro acabaría provocando una nueva guerra, las bajas italianas eran comparables a las de Rusia. Las Fuerzas Armadas habían reclutado a más de cinco millones de hombres. Las cifras varían, pero hubo entre 600.000 y un millón de muertos. Medio millón de hombres quedaron gravemente incapacitados y un millón resultaron heridos.

Un año después del armisticio, un grupo de jóvenes intelectuales revolucionarios, enardecidos por las huelgas de Turín, por la Revolución Rusa y por las turbulencias revolucionarias que conllevaban ambas cosas, se hicieron con el control de un periódico. El nuevo director de *L'Ordine Nuovo* era Antonio Gramsci, un joven intelectual sardo que había estudiado y residía en Turín, con la ayuda de Palmiro Togliatti. Aquel periódico se convirtió en la voz de los obreros turineses. A raíz de ello, Gramsci era muy respetado y admirado en las fábricas. Aún no era el líder de ningún partido ni de ninguna facción política. El 20 de junio de 1919, el periódico publicó un editorial titulado «Democracia obrera», donde Gramsci instaba enérgicamente a los obreros a transformar sus «comités internos», que prácticamente carecían de poder (una concesión de los tiempos de guerra) en consejos de obreros elegidos democráticamente. Los soviets habían llegado a Turín. Las reacciones al editorial fueron espectaculares. En diciembre de 1919, más de 150.000 trabajadores participaban en los nuevos consejos, formados por comisarios elegidos por cada cuadrilla de trabajo de la fábrica. El modelo era una estimulante mezcla de Petrogrado y de la Comuna de París. El mandato de cualquier comisario podía ser revocado cuando lo decidiera la mayoría de los que lo habían elegido.

Los patronos también se estaban preparando. En marzo de 1920 se reunieron para fundar una Confederación General de la Industria. Su secretario general, el *signor* Gino Olivetti, llevó a la reunión un memorándum mecanografiado que decía que había que aniquilar a toda costa los soviets de las fábricas. El Gobierno se mostró de acuerdo. Se desplegaron tropas para rodear Turín. Los patronos de Fiat utilizaron como provocación una disputa trivial sobre un cambio de horarios para ahorrar energía. Anunciaron un cierre patronal, e insistieron en que la única forma de llegar a un acuerdo era disolver los consejos obreros y volver a los antiguos «comités internos». Ante aquella burda maniobra para destruir las organizaciones de la clase trabajadora, el sindicato de trabajadores del metal y el Partido Socialista Italiano (PSI) convocaron una huelga general. Medio millón de trabajadores respondieron al llamamiento y paralizaron todas las grandes fábricas de la región de Piamonte. Sin embargo, los dirigentes de la Confederación Italiana del Trabajo (CGL) y el PSI se negaron a contribuir a la extensión de la huelga, con la esperanza de que se mantuviera a nivel regional. Al cabo de once días, los obreros turineses no tuvieron más remedio que zanjar la disputa, pero se negaron a disolver su soviet. El enfrentamiento terminó en tablas.

Cuatro meses y medio después se reanudó la batalla, esta vez en Milán, y a mayor escala. Los patronos habían roto las negociaciones con el sindicato de obreros del metal. Este respondió con una estricta huelga de celo. Los patronos nunca habían experimentado una táctica como aquella y estaban furiosos. Entonces decidieron recurrir a la violencia. Los patronos de Alfa Romeo ordenaron un castigo masivo en forma de cierre patronal. Los obreros ocuparon la fábrica. Y lo mismo ocurrió en otras plantas de la ciudad. Dos días después ocuparon las grandes fábricas metalúrgicas de Turín. El movimiento se extendió rápidamente a la industria pesada italiana, y planteó un desafío generalizado al capitalismo italiano. Los obreros ocupantes mantuvieron en marcha la producción y los guardias rojos protegían las fábricas contra ataques externos. La situación requería que un partido político diera un paso al frente a nivel nacional y se enfrentara al Gobierno. La CGL, incapaz de encabezar la lucha, le endilgó la responsabilidad al PSI, que se la devolvió sugiriendo la celebración de un referéndum. Se preguntó a los afiliados si querían seguir negociando o una revolución. Como era de esperar, la opción de seguir negociando ganó por un estrecho margen, ya que los obreros temían perder sus empleos y sus salarios, y pasar hambre en masa. El primer ministro, Giovanni Giolitti, del Partido Liberal Italiano, hizo algunas concesiones en materia económica, e incluso afirmó estar de acuerdo con el principio del «control obrero». Los trabajadores pusieron fin a las ocupaciones. Cuando ya les faltaba muy poco para llegar a la cima, los obreros italianos, abandonados por la CGL y el PSI (algunos de cuyos dirigentes estaban negociando en secreto con Giolitti), se deslizaron ladera abajo, y quedaron muy maltrechos por culpa de una derrota catastrófica que iba a tener unas consecuencias aún más horripilantes.

Los capitalistas italianos y los partidos políticos que estaban de su parte se habían puesto nerviosos ante la combatividad de los obreros. No estaban dispuestos a que se repitiera una cosa así, y, por consiguiente, optaron por el fascismo. ¿Acaso la CGL y el PSI, al contemplar cómo los «camisas negras» de Mussolini incendiaban las sedes de los sindicatos y los partidos por toda Italia se pararon a pensar que las cosas podían haber sido diferentes? Los que lo hicieron ya habían abandonado esas organizaciones para contribuir a fundar el Partido Comunista Italiano (PCI) en el congreso de Livorno de 1921. Quienes anteriormente estaban convencidos, como Antonio Gramsci, de que era posible un camino a la democracia obrera prescindiendo de los partidos, muy pronto cambiaron de opinión. La derrota de septiembre de 1920 había concentrado el pensamiento de Gramsci aún más que la Revolución Rusa. Admitía que su programa para un Consejo Obrero adolecía de graves limitaciones, y durante un tiempo adoptó una postura jacobina virulenta y se dedicó a denunciar todas las asambleas representativas como una distracción de la tarea principal. Muy pronto volvió a una visión más meditada de la relación entre el partido y las masas, pero nunca abandonó su nueva postura, la de que no era posible una revolución sin un partido político. En eso consistía el *«Moderno príncipe»*. Y un partido *político* revolucionario necesitaba un «sustrato militar» permanente[96]. Por entonces, Gramsci no había leído mucho a Lenin, pero la conclusión a la que llegó no era muy distinta de una de las tesis de Lenin (respaldada en su momento por Plejánov, Axelrod y la mayoría de dirigentes de la socialdemocracia rusa), en el sentido de que un partido revolucionario tenía que estar «preparado para *todo»,* y especialmente para «la preparación, la programación y la ejecución de la *insurrección armada nacional».*

Al observar desde lejos aquellas insurrecciones y aquellas derrotas, ¿se equivocaba Lenin al pensar que lo que se necesitaba desesperadamente era una nueva Internacional y nuevos partidos? El desplome de la socialdemocracia alemana aún le atormentaba. Lenin habría estado de acuerdo con las críticas que formuló Gramsci contra el SPD en diciembre de 1919. El italiano había argumentado entonces que en 1919-1920 el SPD alemán había reducido los consejos de soldados y obreros en aquel país a «una forma maleable y moldeable a la voluntad de los dirigentes». Y para colmo, el SPD había «creado *sus propios* consejos por decreto, para gozar de una cómoda mayoría de sus militantes en dichos consejos; había atado de pies y manos y domesticado la revolución», y su principal vínculo con los trabajadores era el «contacto del puño de Noske en la espalda de los obreros».

---

[96] Incluso quienes discrepaban de esta afirmación, entonces o más tarde, sin duda debieron de alegrarse de que se pusiera en práctica durante la resistencia italiana contra el fascismo. El desarme unilateral después de la guerra fue una concesión de Togliatti.

10

La Tercera Internacional

Durante la mayor parte de septiembre y octubre de 1917, dio la impresión de que Lenin veía el triunfo de la Revolución de Octubre principalmente como trampolín para nuevas revoluciones a lo largo y ancho de Europa. La guerra seguía haciendo estragos, y Lenin esperaba que provocara crisis revolucionarias en Alemania, Francia, Italia y en las posesiones del Imperio Austrohúngaro. A su juicio, esa era la forma más eficaz de derrotar a la contrarrevolución. Para lograrlo, era necesario empezar a organizar una nueva Internacional que marcara una ruptura definitiva con el federalismo y con la cobardía política de la Segunda Internacional, y sus secciones socialchovinistas que habían capitulado ante sus respectivos gobiernos capitalistas y los habían defendido en la guerra. A tal efecto, para formar parte de la nueva organización era imprescindible estar de acuerdo con los estatutos (y con las veintiuna condiciones que Lenin había instituido en 1920 para afiliarse al *Komintern*).

Lenin estaba firmemente convencido del inminente estallido de distintas guerras civiles por toda Europa y de que por ello hacía falta una Internacional Comunista como estado mayor de la revolución mundial. Se mostraba particularmente despectivo con

Delegados del Congreso Fundacional de la Internacional Comunista *(Komintern)*, Moscú, 1919.

la Segunda Internacional por conceder prioridad a los «blancos» y no prestar atención al resto del mundo, incluidas las víctimas de los países imperialistas. La Internacional Comunista iba a luchar al lado de los camaradas asiáticos y africanos para derrotar el dominio de los imperios europeos. La guerra había terminado, y su balance podía observarse en los cementerios, en los hospitales y en las clínicas psiquiátricas de toda Europa. Las cifras eran espantosas: treinta millones de muertos y heridos, hambrunas masivas, colosales deudas de guerra. Lenin denunciaba la creación de una Sociedad de Naciones por parte de las potencias vencedoras tachándola de «una sociedad de atracadores burgueses» creada para dar carta de naturaleza a los crímenes coloniales y de otro tipo.

La Tercera Internacional

La invitación para asistir al congreso fundacional en 1919 fue redactada por Trotsky. Iba firmada por Lenin y por Trotsky en nombre del Partido Comunista de Rusia, junto con un puñado de organizaciones de los países vecinos y del Partido Socialista Laborista de Estados Unidos. La invitación decía así:

> Durante la guerra y la revolución quedó meridianamente claro que no solo los viejos partidos socialistas y socialdemócratas, y con ellos la Segunda Internacional, estaban en la quiebra más absoluta [...] y eran incapaces de una acción revolucionaria positiva. [...] El gigantesco ritmo de la revolución mundial, que constantemente plantea nuevos problemas, el peligro de que esta revolución pueda quedar estrangulada por la alianza de los Estados capitalistas, que están haciendo causa común en contra de la revolución bajo el estandarte hipócrita de la «Sociedad de Naciones». [...] La época actual es la época de la desintegración y el colapso del conjunto del sistema capitalista mundial, que arrastrará consigo a toda la civilización europea a menos que se destruya el capitalismo con todas sus contradicciones irresolubles.

El I Congreso de la Internacional Comunista *(Komintern)* se reunió en Moscú entre el 2 y el 6 de marzo de 1919. Dado que la naciente República Soviética estaba prácticamente aislada del resto del mundo, sin delegaciones diplomáticas en ningún país y amenazada desde dentro por la guerra civil y las intervenciones de las potencias extranjeras, resultaba sumamente difícil llegar a la capital rusa. El recién formado Partido Comunista Alemán, muy mermado por el asesinato de sus dos principales dirigentes, Luxemburgo y Liebknecht, logró enviar a un delegado, pero este manifestó la misma opinión que Rosa, en el sentido de que la formación de una nueva Internacional resultaba prematura. Si ella misma hubiera estado presente, es muy probable que hubiera argumentado enérgicamente a favor de posponerla hasta que existieran más partidos de masas. La opinión de Lenin, apoyada unánimemente, esta vez sí, por los dirigentes bolcheviques, maltrechos y magullados por las graves diferencias surgidas a raíz de la firma del Tratado de Brest-Litovsk con Alemania, era que hacía falta una nueva Internacional justamente para ayudar a construir esos partidos de masas. Ya era un éxito de por sí que el evento tuviera lugar; en el transcurso del minúsculo congreso, al que acudieron tan solo cincuenta y cinco delegados, estos dejaron claras sus respectivas posturas a través de una serie de ponencias que explicaban la confrontación entre la democracia burguesa y la dictadura revolucionaria. El comunicado final, redactado por Trotsky en un momento «en que Europa está cubierta de escombros y de ruinas humeantes», se vio como una continuación del *Manifiesto comunista,* un llamamiento a generalizar las experiencias revolucionarias de la clase trabajadora y sus aliados, a fin de sentar las bases de una serie de revoluciones a escala mundial. Era un ataque feroz contra los dirigentes de la guerra de toda Europa: «Los más infames incendiarios están muy ocupados buscando a los criminales responsables de la guerra», como siempre con el respaldo de un coro de ranas de «catedráticos, diputados, periodistas, socialpatriotas y otros proxenetas políticos de la burguesía». Hay cosas que nunca cambian.

La Tercera Internacional recibió un impulso adicional temporal gracias a las efímeras revoluciones de Hungría y de Baviera, y, durante un momento fugaz, Lenin pensó que aquello podía presagiar el comienzo de una nueva ofensiva, después de la derrota de los comunistas en Berlín. Pero no pudo ser. La primera de ellas tuvo escasas repercusiones fuera de Budapest, y sus orígenes eran un tanto extraños. La burguesía le entregó literalmente el poder a una alianza conjunta aunque desigual de socialdemócratas y comunistas. El Partido Socialdemócrata tenía 700.000 afiliados, dado que a los trabajadores sindicados se les daba de alta automáticamente en el partido. Los comunistas eran prisioneros de guerra húngaros liberados por los bolcheviques. Su líder, Béla Kun, se había afiliado al Partido Socialdemócrata, y el Partido Comunista, recién creado, tenía 1.000 afiliados. Lenin se mostraba a la vez desconfiado y dubitativo. ¿Cómo había podido ocurrir una cosa así? Kun le aseguraba que estaba al mando del Consejo de Gobierno, a pesar de que los socialistas contaban con un peso infinitamente mayor. Otro dirigente comunista, Tibor Szamuely, se oponía a cualquier fusión con los socialistas, dada la diferencia en el número de sus militantes. Argumentó en contra de Kun, señalando que estarían a merced de sus socios desde el principio, y que los socialdemócratas podían prescindir de ellos cuando no los necesitaran. Entre algunos intelectuales prevalecía la opinión de que los progresistas húngaros querían un gobierno radical a fin de asustar a las potencias de la Entente, y así evitar que desmembraran Hungría en Versalles. De ser así, el truco dio resultado.

No obstante, el 4 de julio de 1918, Béla Kun argumentaba en un artículo para el *Pravda* que la huelga de Budapest no era un acontecimiento local. Formaba parte de «una serie de huelgas que abarcaban distintas industrias. [...] Se trata de un único movimiento de masas. [...] El trabajo ha cesado por doquier». Rebatía la idea de que se tratara simplemente de una huelga en contra del hambre, o a favor de una reforma electoral, y argumentaba que era contra el militarismo, y no había que subestimarla:

> Durante la guerra fue imposible transformar las organizaciones obreras conforme a las necesidades revolucionarias del proletariado; pero *ahora los obreros siguen adelante con la lucha a pesar de los dirigentes de los sindicatos*. [...] Durante quince largos años los órganos oficiales del Partido [Socialista] han estado amenazando a la burguesía: «Empezaremos a hablar ruso». En el momento actual, el proletariado húngaro está hablando ruso, y de hecho está actuando como los rusos.

Al cabo de seis meses, la Entente envió tropas rumanas y checas a Hungría, que derrocaron el Gobierno y crearon las condiciones para una dictadura, y a continuación fueron a unirse a los ejércitos de Denikin en la Guerra Civil Rusa. Kun no había expropiado las grandes haciendas para repartir la tierra entre los campesinos. Si el campo se hubiera puesto de su parte, el desenlace bien habría podido ser diferente.

Resulta difícil comprender lo que ocurrió en Baviera sin un relato más detallado de la debacle que tuvo lugar en Berlín. En otoño de 1918 ya había quedado claro, incluso para los más necios miembros del alto mando alemán, que habían perdido la guerra. El general Ludendorff, un defensor implacable de los intereses a largo plazo de Alemania, no entraba en esa categoría, pero incluso él sabía que la partida se había terminado. Le recomendó encarecidamente al káiser un alto el fuego y la formación de un nuevo gobierno más «democrático» para complacer a Woodrow Wilson. Y eso también podía ayudar a Ludendorff a eludir las críticas contra el Ejército por el procedimiento de desviarlas hacia un tinglado civil al que poder echarle las culpas de la derrota. El káiser accedió, se cumplieron sus instrucciones, y el SPD amablemente ofreció a dos de sus dirigentes para que formaran parte del Gobierno y se mostró dispuesto a seguir adelante con la monarquía, siempre y cuando se recortaran los poderes de la Corona, como ocurría en Gran Bretaña, por ejemplo. Pero las potencias vencedoras habían convertido al káiser Guillermo en un ogro tal que se negaron a llegar a un acuerdo. El káiser tenía que desaparecer. El Estado Mayor de la Armada Imperial se indignó y se ofreció a inmolar toda la flota, a cañonazo limpio, en defensa de su soberano. El 24 de octubre de 1918 (primer aniversario de la Revolución Rusa), enviaron a la flota a mar abierto para enfrentarse a la Armada británica. Los marineros alemanes, que no parecían muy convencidos de aquella misión suicida, decidieron amotinarse. Desde la principal base naval de Wilhelmshaven, su actitud se extendió por toda la costa de Alemania, y también se contagió a muchos soldados del Ejército de Tierra. Los intentos de sofocar la revuelta fracasaron. En Baviera, un soviet de soldados y obreros obligó al rey Luis III a abdicar. Múnich se convirtió en una Comuna. A principios de noviembre, la revolución alemana llegó a Berlín, donde grandes multitudes de soldados y trabajadores exigían la paz y el fin de la monarquía ondeando sus banderas rojas. El káiser abdicó. Daba la impresión de que se estaba gestando otro Petrogrado. Lenin estaba convencido de que era posible una revolución en Alemania, y tanto él como Trotsky estaban de acuerdo en que, en caso necesario, debían sacrificarlo todo en Rusia para asegurar el éxito en Alemania.

Una vez más, las condiciones objetivas eran favorables para una revolución, pero, a diferencia de Petrogrado, donde los mencheviques y los social-revolucionarios, asombrados y atónitos, se habían quedado de brazos cruzados a observar el desarrollo de los acontecimientos, sus equivalentes en Alemania estaban mejor preparados. Los dirigentes del SPD se oponían totalmente a cualquier levantamiento. Se habían enfadado mucho por el discurso sin concesiones que pronunció Karl Liebknecht en Berlín ante una multitud entregada nada más salir de la cárcel. Después de denostar la guerra capitalista que había convertido «Europa en un cementerio», dio la bienvenida a la Revolución Rusa y se comprometió a poner fin a su aislamiento:

> No debemos pensar que nuestra tarea se ha terminado porque el pasado ha muerto. Ahora debemos esforzarnos al máximo para construir un gobierno de obreros y soldados y un nuevo Estado proletario, un Estado de paz, alegría y libertad para nuestros hermanos alemanes y nuestros hermanos de todo el mundo. Les tendemos la mano y les instamos a llevar a buen término la revolución mundial. ¡Que levanten la mano quienes deseen ver la República Socialista Alemana libre y la Revolución Alemana!

Todos los asistentes levantaron la mano.

El nuevo canciller, Friedrich Ebert, líder del SPD, estaba convencido de que la única forma de restablecer el orden era decapitar la Liga Espartaquista, dado que los obreros y los soldados seguían manifestándose, mientras que en los mítines Rosa Luxemburgo y otros dirigentes de la incipiente organización comunista alemana se sumaban a Liebknecht. Anteriormente, justo después de la instauración de la república, Ebert había llegado a un «acuerdo verbal» con el general Wilhelm Groener, el nuevo jefe del Ejército, por el que la principal tarea era evitar «la propagación del bolchevismo». Más tarde, Groener afirmó que la aniquilación de los bolcheviques locales se convirtió en una cuestión absolutamente crucial para el cuerpo de oficiales, y que «Ebert había tomado una decisión al respecto. [...] Formamos una alianza contra el bolchevismo. [...] No había ningún otro partido que tuviera suficiente influencia en las masas como para hacer posible el restablecimiento del poder del Gobierno con la ayuda del Ejército». En 1933, ese mismo alto mando del Ejército se alió con un partido muy distinto para cumplir unos objetivos parecidos.

Ebert decidió aplastar a los comunistas, pero sabía que no iba a resultar fácil. Liebknecht era un símbolo de la valentía y un político muy popular, sobre todo porque se había opuesto a la guerra que habían defendido Ebert y su partido, y lo que es peor, el tiempo le había dado la razón. Había que exterminar a los cuadros del movimiento. La «Navidad sangrienta» de Ebert empezó muy pronto, con una ofensiva militar contra los activistas obreros de la ciudad a lo largo de todo el mes de diciembre, que comenzó cuando las unidades del Ejército atacaron una manifestación espartaquista y mataron a catorce personas. La redacción del periódico del partido fue atacada, y la tensión se adueñó de la ciudad. Berlín apareció empapelado con un cartel confeccionado por el Ejército:

¡Trabajadores! ¡Ciudadanos!
¡La perdición de la Patria es inminente!
¡Salvémosla!
No está amenazada desde fuera, sino desde dentro:

Por el Grupo Espartaquista.
¡Tenemos que matar a su líder!
¡Matad a Liebknecht!
¡Entonces tendréis paz, trabajo y pan!
Firmado: los soldados del frente.

El 29 de diciembre de 1918, Ebert autorizó el reparto masivo de un panfleto del SPD. Era una declaración de guerra:

> Las actividades desvergonzadas de Karl Liebknecht y Rosa Luxemburgo mancillan la revolución y ponen en peligro sus logros. Las masas no pueden permitirse el lujo de esperar ni un minuto más y quedarse de brazos cruzados viendo cómo esos salvajes y sus adláteres paralizan la actividad de las autoridades republicanas, incitan a la gente a sumirse más y mas en una guerra civil, y estrangulan con sus sucias manos el derecho a la libertad de expresión. Con sus mentiras, sus calumnias y su violencia quieren echar abajo todo lo que se atreve a interponerse en su camino. Con una insolencia que no conoce límites actúan como si fueran los amos de Berlín.

Dos días después, en una asamblea convocada especialmente al efecto, la Liga Espartaquista decidió que la insurrección armada era la única defensa posible contra el bloque Ebert-Groener. Rosa Luxemburgo estaba en contra de la aventura. Explicó pacientemente que eran un grupo muy pequeño, y que el SPD y el USPD contaban con el apoyo de la inmensa mayoría de los trabajadores de Alemania. Los espartaquistas no tenían mayoría ni en los consejos obreros ni en ninguna parte, y lanzar una lucha por el poder en aquellas condiciones era antidemocrático y al mismo tiempo una absoluta locura. Perdió la votación, pero se negó a quedarse al margen. Sin una estrategia previa, medio millón de obreros inundaron las calles; al cabo de poco más de una semana, la sublevación había sido aplastada. Entonces, sus dirigentes cometieron otro error. En vez de abandonar Berlín inmediatamente, pasaron a la clandestinidad, pero la policía averiguó su paradero y los detuvo. Fueron entregados al *Freikorps* (la mayoría de cuyos miembros más tarde acabaron siendo nazis a ultranza) con la autorización de Ebert, y sus milicianos asesinaron a Karl y a Rosa e intentaron deshacerse de sus cuerpos. Muy pronto les siguieron otros. La guerra civil en Alemania prosiguió a lo largo de los meses siguientes a pesar de la celebración de elecciones a una asamblea constituyente, donde el SPD y el USPD, una escisión del mismo, consiguieron 14 millones de votos entre ambos. El KPD había boicoteado aquellas elecciones. Ello no puso fin a las insurrecciones armadas ni a las huelgas a lo largo y ancho del país.

El Soviet de Baviera fue el que resistió durante más tiempo. Se había adelantado a Berlín al derrocar a su rey e instaurar una «república socialista» bajo la dirección del USPD, con Kurt Eisner como presidente. Existían más de 5.000 consejos, pero el SPD había ganado las elecciones de diciembre. El USPD consiguió el 2,5 por ciento de los votos. El 25 de febrero de 1919, mientras Eisner se dirigía a presentar su dimisión, fue asesinado por un monárquico ultraderechista. El suceso desencadenó una huelga general en Múnich y en Núremberg; los obreros y los soldados de ambas ciudades formaron milicias armadas para resistir a la contrarrevolución. Los tres partidos obreros —el SPD, el USPD y el KPD— se reunieron para debatir la crisis. Se presentó una propuesta para fundar la República Soviética de Baviera. Eugen Levine, el líder del KPD, se opuso a ella y argumentó enérgicamente en contra de cualquier tipo de toma del poder, poniendo como ejemplo lo ocurrido en Berlín. Y Levine tampoco estaba convencido de que el SPD hablara en serio; le preocupaba que sus dirigentes se retiraran a la primera de cambio con cualquier pretexto y dieran una puñalada por la espalda a los trabajadores, dado que ese era su método probado y ensayado. A pesar de la oposición de los comunistas, el 7 de abril los otros dos partidos declararon la República Soviética de Baviera. Se desmoronó muy pronto. Levine sabía de sobra que la situación era desesperada, pero no podía permitir que aplastaran el movimiento obrero. Se creó una nueva república soviética, bajo el control del KPD, que rápidamente organizó redes de producción y distribución, además de armar a los consejos y crear el embrión de un Ejército Rojo. Levine sabía que su ejército estaba abocado al fracaso, pero sentía que su deber era luchar codo con codo con las milicias obreras para intentar evitar una masacre total. El 1 de mayo, las unidades militares y los *Freikorps* de Gustav Noske, formadas por 30.000 hombres armados, entraron en Múnich. Murieron mil trabajadores. Levine fue detenido, juzgado y ejecutado. La contrarrevolución se apuntó un nuevo triunfo. Durante su juicio, Levine dijo lo siguiente:

> Los comunistas somos hombres muertos de permiso. De eso soy plenamente consciente. No sé si ustedes van a prorrogar mi permiso o si voy a correr la misma suerte que Karl Liebknecht y Rosa Luxemburgo. En cualquier caso, aguardo su veredicto con compostura y serenidad interior. Pues sé que, sea cual sea su veredicto, es imposible detener los acontecimientos. [...] Pronuncien su vere-

dicto si lo consideran oportuno. Yo solo me he esforzado por desbaratar su intento de manchar mi actividad política, el nombre de la República Soviética al que me siento tan estrechamente vinculado, y el buen nombre de los obreros de Múnich. Ellos —y yo con ellos— y todos nosotros hemos intentado cumplir con nuestro deber para con la Internacional y la Revolución Comunista Mundial lo mejor que sabemos y conforme a los dictados de nuestra conciencia[97].

La forma que asumió la Revolución Alemana fue la que había predicho Lenin en *El Estado y la revolución*. Fueron sobre todo las huelgas espontáneas masivas y las acciones de masas las que sentaron las bases de los consejos autónomos (soviets) de soldados y obreros, en los que la izquierda del USPD y del Partido Comunista intentaron concentrar todo el poder. Los consejos eran una modalidad de democracia extrema, aún más radical que los parlamentos anuales que habían exigido los cartistas ingleses durante el siglo anterior. Eran muy parecidos a la modalidad de democracia directa que se vivió durante el intervalo de ocho meses entre las Revoluciones de Febrero y Octubre en Rusia. Pero los

---

[97] Rosa Levine-Meyer, *Levine: The Life of a Revolutionary*, Glasgow, 1973. Se trata de una conmovedora crónica de aquellos días escrita por la esposa de Eugen Levine, que posteriormente se fue vivir a Londres. En una ocasión, tras un discurso particularmente incendiario que pronuncié con motivo de una manifestación en contra de la Guerra de Vietnam, Rosa Levine-Meyer se me acercó, se presentó y me dijo: «Ándese con cuidado. Le van a matar. Venga a tomar el té a mi casa». Lo lamentaré eternamente, pero nunca lo hice, aunque creo que ella malinterpretó mis palabras. Yo había hablado de la necesidad vital de crear un nuevo frente en Europa y Estados Unidos. Quería decir a través del movimiento pacifista. Ella debió de pensar que me refería a la lucha armada.

comunistas y su aliados del USPD no tenían la suficiente fuerza política o numérica como para preparar un plan *deliberado* para tomar el poder ni para organizar y coordinar las fuerzas de una revolución. A excepción de algunos comunistas (que eran una fuerza minúscula), no había nadie más. Los dirigentes del USPD eran los mismos perros con distintos collares. A pesar de la situación favorable que se le presentaba, el USPD no fue capaz de romper de un día para otro con los vicios intelectuales que había heredado tras las amargas experiencias vividas en el seno del SPD. Ni siquiera la propia Rosa Luxemburgo era inmune a aquel virus. A veces infravaloraba la capacidad de la clase dirigente de infligir una violencia generalizada a fin de defender sus instituciones y su lugar en la sociedad. En una fecha tan tardía como diciembre de 1918, cuando Ebert y el general Groener ponían en marcha el baño de sangre, Rosa no cambió de opinión. Tenía razón, por supuesto, en oponerse a la insurrección y fue valiente por luchar a favor de ella a pesar de todo, pero incluso si su partido hubiera sido mayoritario en los consejos obreros de Berlín y de la mayor parte de Alemania, cualquier intento de tomar el poder les habría llevado a una confrontación con una violenta maquinaria estatal. La guerra civil habría sido inevitable.

Lenin y Trotsky consideraban que la Tercera Internacional, en sus comienzos, era una escuela esencial para los debates sobre las tácticas y la estrategia revolucionarias. Indudablemente lo era, y durante los primeros cuatro congresos los debates fueron libres y animados, aunque ya entonces el peso de Moscú como depositaria de la única revolución lograda ofrecía algunos atisbos del futuro. Por ejemplo, en 1924, en el transcurso de un largo debate sobre la crisis económica, Trotsky predijo con asombrosa claridad

Lenin tomando notas para rebatir a un delegado italiano. Foto publicada en la revista *Illustrated London News*.

el efecto que iba a tener en el mundo de los imperios, y se refirió específicamente a los británicos, cuyo

> carácter se ha ido modelando a lo largo de los siglos. Llevan la autoestima de clase metida en la sangre y en la médula, en los nervios y los huesos. Va a resultar mucho más difícil quitarles de encima esa autoconfianza como gobernantes del mundo. Pero los estadounidenses se la quitarán de todas formas, cuando se pongan en serio manos a la obra. El burgués británico se consuela en vano pensando que será el guía de los inexpertos estadounidenses. Sí, habrá un periodo de transición. Pero el meollo de la cuestión no radica en los hábitos de liderazgo diplomático, sino en el poder real, en el capital y la industria existentes. Y Estados Unidos, si tenemos en cuenta su economía, desde la avena hasta los grandes acorazados de último modelo, ocupa el primer lugar. Produce todas las necesidades de la vida en un orden de magnitud que oscila entre la mitad y las dos terceras partes de lo que produce toda la humanidad.

En una fecha tan tardía como 1926, en una reunión plenaria del comité ejecutivo de la Tercera Internacional, el dirigente comunista italiano Amadeo Bordiga, aislado dentro de su propio partido, pudo exponer sus argumentos contra Bujarin y Stalin, aunque por última vez, y afirmar que:

> En la Internacional solo tenemos un partido que ha logrado la victoria revolucionaria: el Partido Bolchevique. Dicen que por consiguiente deberíamos emprender el camino que llevó al éxito al partido ruso. Eso es perfectamente cierto, pero sigue siendo insuficiente. Lo cierto es que el partido ruso luchó en unas circunstancias especiales, en un país en el que todavía no se había consumado

la revolución burguesa liberal, y en el que la aristocracia feudal aún no había sido derrotada por la burguesía capitalista. Entre la caída de la autocracia feudal y la toma del poder por la clase trabajadora transcurrió un periodo demasiado breve como para que se pueda hacer una comparación con el desarrollo que el proletariado tendrá que lograr en otros países. Porque no hubo tiempo de construir una maquinaria estatal burguesa sobre las ruinas del aparato feudal zarista. El giro de los acontecimientos en Rusia no nos brinda una experiencia de cómo el proletariado puede derrocar un Estado capitalista liberal-parlamentario que existe desde hace muchos años y que es capaz de defenderse. Sin embargo, nosotros debemos saber cómo atacar a un Estado burgués democrático moderno que por un lado tiene sus propios medios de movilizar y corromper ideológicamente al proletariado, y por otro es capaz de defenderse en el terreno de la lucha armada con mucha más eficacia que la autocracia zarista. Ese problema nunca se planteó en la historia del Partido Comunista Ruso[98].

El concepto anticomunista de la Guerra Fría que afirmaba que el «Kremlin» era el responsable de cualquier estallido de descontento social o de revolución en cualquier parte del mundo muy pronto encontró su equivalente mecánico marxista: el Kremlin era el responsable de cualquier represión del descontento social y de cualquier victoria de la contrarrevolución. Lo primero era ridículo, pero se predicaba con gran vigor; lo segundo no tenía en cuenta la autonomía de los partidos y los movimientos autóctonos. Los partidos con vitalidad y con dirigentes decididos

---

[98] Citado en Perry Anderson, «The Antinomies of Antonio Gramsci», *New Left Review*, 100: 1, noviembre de 1966.

que podían hacer y hacían caso omiso de los consejos de Moscú eran habitualmente los que tenían la suficiente fuerza y confianza en sí mismos para ganar la revolución. Los que calladamente aceptaban las directrices erróneas de la Tercera Internacional no tenían demasiadas posibilidades de derrotar al enemigo[99].

---

[99] Poco después se apagó cualquier posibilidad de disidencia en la Tercera Internacional, como ya había ocurrido en el partido matriz. La Tercera Internacional se convirtió en poco más que un instrumento de la política exterior soviética, para intentar estrangular la independencia de los partidos comunistas de todo el mundo y para expulsar a los disidentes. Y a veces forzando decisiones que costaban vidas. El Partido Comunista Chino no fue autorizado a poner fin a una alianza con el nacionalista Chiang Kai-Shek justo en el momento en que este preparaba un baño de sangre contra los comunistas en Shanghái en 1927. Los comunistas chinos no volvieron a cometer un error como aquel. Apoyaban a Stalin de boquilla, pero hacían de su capa un sayo. Se cuenta que Mao le entregó a Liu Shaoqui un ejemplar de la biblia del estalinismo, *Curso breve de la historia del PCUS* con el siguiente consejo: «Léelo cuidadosamente si quieres acabar muerto». A eso le siguió una política criminal que equiparaba la socialdemocracia con el fascismo en Alemania y rechazaba la idea de un frente unido entre los socialistas, los comunistas y los progresistas contra Hitler, que muy bien habría podido evitar su victoria en las elecciones. Los dirigentes comunistas alemanes eran demasiado débiles como para ignorar a Moscú, y pagaron un alto precio por ello, igual que Europa y Oriente Próximo.

Cuando en 1943 se disolvió la Tercera Internacional para apaciguar a los Aliados durante la Segunda Guerra Mundial, muy pocos loraron su desaparición. Las revoluciones vietnamita, yugoslava y china se produjeron en 1945 y 1949, respectivamente. El triunfo de los revolucionarios cubanos llegó diez años después, en 1959. En los cuatro casos, a Moscú le presentaron los hechos consumados. Todavía existe formalmente una Internacional Socialista.

11

El Ejército Rojo, la Guerra Civil, los filósofos militares

D URANTE LOS PRIMEROS cinco años de la Tercera Internacional, el recién creado Ejército Rojo era considerado tanto por sus amigos como por sus enemigos una fuerza de combate a favor del «proletariado mundial». Sus orígenes y su ideología fomentaron esa idea. Se creó apresuradamente para la Guerra Civil. Su núcleo lo formaba la Guardia Roja, que dependía de los soviets o de las organizaciones filiales equivalentes que fueron brotando del Partido Bolchevique. Algunos comandantes de la Guardia Roja se convirtieron en famosos líderes militares durante la Guerra Civil y después. En vísperas de la Revolución había 10.000 guardias rojos en Moscú y 20.000 en Petrogrado, además de otros grupos dispersos por distintas ciudades. El contingente de Petrogrado experimentó un gran impulso cuando un considerable sector de los obreros chinos que habían emigrado a la Rusia imperial para construir y ampliar las vías férreas abandonó su empleo y se alistó al Partido Bolchevique y a la Guardia Roja. Demostraron ser unos combatientes más resistentes que muchos de sus camaradas rusos. Junto con los prisioneros de guerra que querían formar parte de la Revolución, todos ellos fueron agregados al Ejército Rojo y encuadrados en el «Batallón Internacional», íntegramente proletario, a las órdenes de San Yu-Fan, y en mayo de 1918 se incorporaron oficialmente al Ejército Rojo.

A ese núcleo iban a sumarse los soldados rusos recientemente radicalizados que huían del frente. Incluso los que permanecían en el Ejército imperial, a pesar de su rápida desintegración, eran sumamente reacios a que los utilizaran en contra de los soviets. Tres semanas después de la Revolución, el general Posojov, jefe de Estado Mayor del XII Ejército, informaba a sus colegas que «simplemente, el Ejército ya no existe». Se convocó un Congreso del XII Ejército para elegir a su comité ejecutivo: el resultado fue una mayoría bolchevique y un presidente bolchevique. Aquellas unidades politizadas llegaron a ser un elemento crucial en el Ejército Rojo a medida que esa misma pauta empezó a repetirse en otros puntos.

Lenin, en calidad de presidente del Gobierno, dio instrucciones al general Dujonin, comandante en jefe del antiguo Ejército, para que iniciara negociaciones de paz en todos los frentes. Dujonin se negó. Lenin lo destituyó por teléfono. Con gran oprobio para el antiguo orden, los bolcheviques nombraron nuevo comandante en jefe al alférez Krylenko, con el antiguo oficial imperial M. D. Bonch-Bruevich como jefe de Estado Mayor. Los antiguos generales zaristas fueron relevados de todos sus puestos de mando. Cuando los soldados tomaron al asalto el Cuartel General del Ejército *(Stavka)*, el general Dujonin, que anteriormente se había negado a marcharse con sus colegas, fue sacado a rastras de un tren por una turbamulta enfurecida y ejecutado en el acto. El Ejército zarista había sido completamente destruido. Los generales y oficiales zaristas del núcleo duro acabaron trasladándose al sur de Rusia para crear un ejército contrarrevolucionario de voluntarios, con el respaldo de la Entente, para reconquistar el país. El escenario ya estaba preparado para una brutal guerra civil. Los blancos contaban con el apoyo de los kadetes (progresistas), de los social-revolucionarios de derechas y de los mencheviques de derechas.

Los bolcheviques habían creado el Ejército Rojo. Mientras que los blancos tenían un exceso de oficiales y necesitaban desesperadamente más soldados, los rojos sufrían una tremenda escasez de oficiales cualificados. El proceso revolucionario había llevado nuevos rostros al primer plano: Frunze, Budionni, V. K. Blyujer, Malinovski y Yegórov, entre otros. La Guerra Civil iba a ponerlos a prueba una vez más. Blyujer demostró ser un extraordinario comandante en el campo de batalla. Sin embargo, el jefe militar de mayor talento estaba preso en una cárcel militar alemana cuando estalló la Revolución. Su historia no deja de ser interesante. Para Lenin y sus camaradas, que ahora tenían que hacer frente a los ataques contra la Revolución desde dentro y desde fuera del país, la aparición de un militar ruso mitad Clausewitz y mitad Napoleón fue un regalo caído del cielo[100].

---

[100] Para una gran parte de esta sección me he basado sobre todo en dos fuentes. Las magistrales crónicas de John Erickson sobre el Ejército Rojo han sido una guía indispensable: *The Soviet High Command,* Londres, 1962, y *The Road to Stalingrad,* vols. 1 y 2, Londres, 1975. El primer tomo de la trilogía sobre Trotsky de Isaac Deutscher, *El profeta armado,* contiene la mejor crónica, que yo sepa, de los debates militares. Los escritos militares del propio Trotsky ofrecen insólitos puntos de vista sobre todos estos temas. Erickson le rendía su propio homenaje en la p. 129 de *The Soviet High Command:* «A la vista del posterior desarrollo de las "ciencias militares estalinistas", y del efecto paralizante que tuvo en el desarrollo militar soviético, los argumentos de Trotsky recibieron una confirmación póstuma. [...] Resultaría excesivo introducir un

El mariscal Tujachevski, el comandante más brillante del Ejército Rojo; ejecutado por Stalin.

La extraordinaria carrera militar de Mijaíl Tujachevski sirve para esclarecer importantes episodios del pasado militar y político de lo que entonces era la Unión Soviética. Tujachevski, nacido en 1893 en la provincia de Penza, en la Rusia zarista, provenía de una familia aristocrática venida a menos, de origen flamenco: un cruzado antepasado suyo acabó instalándose en los alrededores de Odesa con su esposa turca, donde se le concedió el señorío del pueblo de Tujachev. Tujachevski ingresó muy joven en el Ejército imperial y combatió en la Primera Guerra Mundial dentro del regimiento de élite de la Guardia de Semenovski. Cayó prisionero de los alemanes en 1915 y fue encarcelado en la fortaleza de Ingolstadt: uno de sus compañeros de cautiverio era Charles de Gaulle, al que le repugnaban bastante el nihilismo y el radicalismo del oficial ruso.

---

elemento profético en las afirmaciones de Trotsky sobre temas militares en aquel momento, pero resulta llamativo que muchas de las advertencias que hizo entonces demostraron ser válidas mucho tiempo después de que concluyera el denominado "debate sobre doctrina"». La filosofía político-militar del propio Tujachevski está formulada en un texto extraordinario traducido en 1969: «Revolution from Without», *New Left Review*, n.º 55, mayo-junio de 1969.

Después de cinco intentos de fuga, Tujachevski logró llegar a Petrogrado en octubre de 1917, tras la toma del poder por los bolcheviques. Desde muy joven, su fuente de inspiración habían sido la Revolución Francesa y los decembristas, por lo que Tujachevski no tuvo el mínimo inconveniente en ponerse al servicio de la Revolución. Primero se afilió al Partido Bolchevique, y fue enviado de inmediato al servicio de Sklyanski, el segundo de Trotsky en el Comisariado de la Guerra. No hubo tiempo para ponerlo a prueba.

El mariscal Frunze: viejo bolchevique y teórico militar; pensaba que el marxismo daba respuesta a las cuestiones militares.

Al cabo de unas semanas lo pusieron al mando del famoso Primer Ejército Rojo en el frente oriental, para enfrentarse a la Legión Checoslovaca (enviada por la Entente para luchar en el bando de los blancos) en las proximidades de Simbirsk, la ciudad natal de Lenin. La brillantez de Tujachevski en el campo de batalla fue la responsable de la crucial victoria que hizo añicos la línea del frente de Kolchak en las inmediaciones de Samara en mayo de 1919, y que marcó el comienzo de un avance que obligó a los ejércitos blancos a retroceder hasta Tomsk y Krasnóyarsk al cabo de pocos meses. Trotsky trasladó a Tujachevski al frente del Cáucaso, que en aquel momento es-

Clausewitz: enérgicamente defendido por Lenin, Trotsky y Skylanski.

taba amenazado por el reagrupamiento de Denikin, y allí Tujachevski repitió su brillante actuación. Sus tropas flanquearon rápidamente a las de Denikin y obligaron a los blancos a retroceder hasta Novocherkask y Tuapsé, junto a la costa del mar Negro, en marzo de 1920.

Dos meses después, tras un ascenso meteórico, Tujachevski fue nombrado comandante en jefe del frente occidental de la nueva guerra de la joven República Soviética contra Polonia, que había invadido Rusia. Tujachevski desbarató las expectativas internacionales y le dio rápidamente la vuelta a la situación en Bielorrusia, obligando a retroceder al enemigo hasta los territorios de etnia polaca. Al cabo de ocho semanas de avance, Tujachevski cruzaba el Bug y se aproximaba al Vístula. Piłsudski, el dictador militar de Polonia (cuyo hermano mayor había formado parte del mismo grupo terrorista que Sacha, el hermano mayor de Lenin) recordaba el momento:

> Aquel avance incesante, a la manera de una lombriz, de una gigantesca horda enemiga, que se prolongó durante varias semanas, con interrupciones esporádicas aquí y allá, nos daba la impresión de una fuerza irresistible que iba avanzando como unos terribles nubarrones de tormenta, y a la que era imposible hacer frente. [...]

El Ejército Rojo, la Guerra Civil, los filósofos militares

Con aquel avance sobre Varsovia, Tujachevski demostró que se había convertido en un general muy por encima de los comandantes comunes y corrientes.

A sus veintisiete años, la misma edad que tenía Napoleón en la batalla de Lodi, Tujachevski se encontraba a las puertas de Varsovia. El 26 de julio de 1920, Hans von Seeckt, el arquitecto del Reichswehr en la Alemania de posguerra, anotaba: «Ya resulta imposible cuestionar la victoria total de Rusia». Quería decir la «victoria total» en la mayor parte de Europa. El propio Tujachevski posteriormente argumentaba que si no hubieran sufrido un revés militar, el Ejército Rojo habría llegado a la frontera de Alemania y habría ayudado a la revolución alemana. Pero no fue así. Se da la circunstancia de que Von Seeckt se equivocaba. Un error militar garrafal y catastrófico privó a los ejércitos soviéticos de la gran victoria que anticipaba Lenin en un mapa de operaciones ante los delegados de la Tercera Internacional en Moscú al tiempo que se libraba la batalla. El Mando Suroeste, a las órdenes de Yegórov, Budionni y Stalin, que había sido asignado a la jurisdicción de Tujachevski después de cruzar la línea de Brest-Litovsk, se negó a obedecer la orden de avanzar hacia el norte para acercarse a Varsovia desde el sur. En un alarde de supina estupidez, el Mando Suroeste prosiguió su ataque contra Lvov, al sur, abriendo una enorme brecha en el arco de la ofensiva rusa. Aquel acto de insubordinación, en el que desempeñaron un papel tanto la estupidez como los celos por parte de Stalin y de Budionni, le costó la guerra al Ejército Rojo. Piłsudski lanzó de inmediato a sus tropas a través de la brecha abierta entre los dos mandos, y obligó a retroceder a los ejércitos de Tujachevski, que estaban a su izquierda.

Y a partir de ahí el Ejército Rojo sufrió una derrota aplastante, agravada por el desdén que había mostrado Tujachevski por la intendencia y los transportes durante su impetuoso avance. La Revolución bolchevique había quedado circunscrita a sus fronteras. Muchos comisarios de rango inferior habían sido ejecutados por faltas más leves. Stalin salió indemne, sin ningún tipo de reprobación oficial, por lo que a todos los efectos había sido un acto de sabotaje contra una importante operación militar.

También hubo, por supuesto, un grave problema político, que Lenin subestimó. La conciencia nacional polaca había recibido un enorme impulso a raíz del Tratado de Versalles. Durante décadas, todos los revolucionarios rusos habían apoyado la independencia de Polonia, y en particular Lenin había argumentado enérgicamente en contra de la opresión zarista del país. Los campesinos polacos no estaban dispuestos a sustituir a un ruso por otro. Además, la clase trabajadora polaca estaba dividida, y aunque cabía la posibilidad de que Polonia fuera utilizada como un puente fundamental hacia Alemania y de que Piłsudski fuera depuesto, cuánto tiempo habría durado aquella situación es una pregunta sin respuesta.

La muerte de Lenin y la caída de Trotsky decidieron el destino de Tujachevski. En vez de ponerlo al mando del Ejército Rojo y ofrecerle un puesto en el Politburó, sus enemigos le impusieron un cargo administrativo, aunque no carente de importancia. Tujachevski trabajó sucesivamente como director de la Academia Militar, como subjefe de Estado Mayor y como jefe de Estado Mayor. Fue destituido por el autómata Voroshílov, que le despreciaba, y de ahí pasó a la jefatura del departamento de operaciones del Ejército Rojo en 1931. Durante ese periodo fue pionero en el uso de las columnas motorizadas, de las batallas con carros de combate y del despliegue de tropas paracaidistas. Bajo su influencia, el Ejército Rojo se transformó durante la década de 1930 en una formidable máquina militar moderna. Tujachevski fue ascendido a mariscal, pero no llegó a ver los frutos de su trabajo.

Stalin había decidido eliminarlo en una fecha tan temprana como 1936, si no antes; en cualquier caso, aquel año el NKVD urdió un complot contra él. Había que purgar políticamente el partido y el Ejército. Si se iba a ejecutar al grueso de los miembros del Comité Central de Lenin por «traidores», ¿cómo iban a dejar vivos a los generales de Trotsky? Al enterarse de lo que se estaba tramando contra Tujachevski, el Sicherheitsdienst [Servicio de seguridad] nazi decidió echar una mano. Falsificó documentos para facilitar que el NKVD demostrara la connivencia de Tujachevski con el alto mando alemán a fin de traicionar a la URSS, y se los entregó a Rusia, con el propósito deliberado de acabar con el comandante que más temía la Wehrmacht en toda Rusia. La falsificación fue rápidamente utilizada como prueba por el NKVD en su acusación secreta contra Tujachevski y sus más estrechos colaboradores militares (Yakir, Blyujer, Uboervich, Putna, Gamarnik y otros) por traición. Tujachevski fue fusilado el 12 de julio de 1937. Fue «rehabilitado» en 1956, después del XX Congreso del Partido en la URSS: es decir, se le retiró la acusación de traición y se publicaron dos libros sobre él. En 1963 se emitió un sello de correos en su honor, pero no se autorizó una investigación sobre las razones de su ejecución, ni hubo un debate crítico sobre su papel histórico.

La vida y la obra de Tujachevski plantean dos importantes preguntas históricas. La primera tiene que ver con el carácter global de la Guerra Civil Rusa que estalló a raíz de la toma del poder por los bolcheviques. ¿Cuál fue su naturaleza militar y social? Existe una literatura abundante y variada sobre la Revolución de Octubre en sí, sobre todo de escritores marxistas, y en su mayoría de un alto estándar científico (Trotsky, Sujánov, Deutscher, Carr, Liebman y otros), mientras que prácticamente no hay ninguna obra de valor sobre la Guerra Civil, que fue una de sus consecuencias más trascendentales. Sin embargo, la Revolución de Octubre fue, como siempre subrayaba Lenin, poco más que un «¡Que viva el socialismo!»: la conquista del poder fue engañosamente simple y en su mayor parte indolora. La verdadera historia de las luchas de clase a vida o muerte que iban a decidir el destino de la Revolución Rusa no empezó en octubre de 1917, sino en marzo de 1918, cuando la Legión Checoslovaca izó la bandera blanca de la contrarrevolución a lo largo del Volga. Los tres devastadores años de guerra que vinieron a continuación determinaron la forma final de la Revolución, en una medida mucho mayor que su inocente y utópico nacimiento, retorciéndola y amoldándola a lo que más tarde llegaría a ser el estalinismo.

Existen, por supuesto, algunas reminiscencias de aquel periodo, algunos trabajos periodísticos de alto nivel, así como los fascinantes cuentos de Isaac Bábel, pero suele ser un material impreciso y autobiográfico. En realidad, sabemos muy poco de aquella decisiva prueba de fuego. No obstante, los debates militares de la época, en los que Tujachevski desempeñó un destacado papel, sí nos ofrecen importantes pistas para evaluar el significado de la Guerra Civil. Las diferentes aportaciones a aquel debate arrojan algo de luz sobre la naturaleza de los problemas que tuvo que afrontar la Revolución a partir de octubre, cuando estalló la guerra en las enormes llanuras y estepas de Rusia. Había básicamente tres posturas. Trotsky, comisario de la Guerra y arquitecto del Ejército Rojo, no creía en la existencia de una estrategia bélica inconfundiblemente marxista. Consideraba las cuestiones militares como una rama técnica del conocimiento, sin mayor relación con la política que la ingeniería o la arquitectura. Y así, afirmaba:

> El materialismo histórico no es en absoluto un método universal para todas las ciencias. [...] Intentar aplicarlo en el ámbito especial de los asuntos militares sería la mayor de las falacias, nada menos que un intento de trasladar la ciencia militar al grupo de ciencias naturales. [...] Aunque uno estuviera de acuerdo con que la «ciencia militar» es una ciencia, resulta imposible presuponer que dicha ciencia podría desarrollarse conforme al método del marxismo.

Las políticas militares de Trotsky eran absolutamente lógicas y coherentes con esa postura. Desde el principio, había tomado la decisión trascendental de utilizar a los antiguos oficiales zaristas para instruir y comandar al proletariado en armas. Dichos oficiales, a los que se consideraba depositarios del saber militar profesional, fueron rebautizados con el término de «especialistas militares», y se les puso al mando de las tropas: a lo largo de la guerra civil dominaron el cuerpo de oficiales del Ejército Rojo por encima del rango de capitán. Trotsky defendió aquella política con la máxima energía frente a los ataques de que era objeto, supuestamente por abrir la puerta a la reacción y la deserción entre las filas de los ejércitos revolucionarios. Trotsky contó con el apoyo de Lenin, que en ese aspecto era un seguidor ortodoxo de las ideas de Clausewitz. Ambos dirigentes eran conscientes, incluso en aquella etapa, de que las ideas de Marx no abarcaban todos y cada uno de los campos del saber o de la praxis. Eso incluía la filosofía militar, y también la literatura.

Mijaíl Frunze, el viejo soldado y teórico bolchevique que sucedió a Trotsky como comisario de la Guerra a partir de 1922 —y que, según algunos, fue víctima de un asesinato médico a manos de Stalin en 1925, inmortalizado en la valiente novela *El cuento de la luna inextinguida,* de Borís Pilniak—, era el principal antagonista de Trotsky en los debates militares, y representaba unas ideas mucho más afines a las que defendían las tropas del Ejército Rojo. Su punto de partida era diametralmente opuesto al de Trotsky. Frunze argumentaba a favor de una «doctrina militar unificada», que equivalía al rechazo de la separación que había establecido Trotsky entre el marxismo y la teoría de la guerra. Frunze estaba convencido de que era necesaria una nueva «ciencia de la guerra proletaria», que debía expresar el carácter social de la clase trabajadora como nueva dueña de la sociedad. «El carácter de la doctrina militar aceptada por el Ejército de cualquier Estado viene determinado por el carácter de la línea política general de la clase social que la encabeza», escribía Frunze[101]. Por consiguiente, era incorrecto encomendar la formulación de la estrategia a los miembros de la antigua clase gobernante en Rusia, a los oficiales zaristas, que en los asuntos militares reflejaban justamente los puntos de vista del enemigo contra el que la Revolución sostenía una lucha a vida o muerte. Frunze y la «oposición militar» argumentaban en contra de la jerarquía vertical y de la férrea discipli-

---

[101] «Introduction to Tukhachevsky», *New Left Review,* n.º 55, mayo-junio de 1969.

na que había establecido Trotsky en el Ejército Rojo: ellos querían democratizar la estructura de mando, con comisarios militares subordinados a los comisarios políticos, que a su vez serían elegidos desde abajo, no nombrados desde arriba. A continuación, Frunze especificaba la doctrina estratégica de cualquier Ejército proletario:

> Las tácticas del Ejército Rojo han estado y estarán impregnadas de la actividad basada en el espíritu de las operaciones ofensivas audaces y ejecutadas con energía. Es algo que se desprende de la naturaleza de clase de un Ejército de obreros y campesinos, y al mismo tiempo coincide con los requisitos del arte militar[102].

Frunze insistía en que, a partir de aquel momento, la guerra de maniobras iba a predominar sobre la guerra de posiciones, y analizaba la Guerra Civil como una lección histórica: en el futuro, los movimientos rápidos a lo largo de enormes distancias iban a decidir el resultado de los conflictos militares importantes y, como clase, la clase trabajadora estaba extraordinariamente bien dotada, por su temperamento y su moral, para ese tipo de acciones ofensivas móviles. Esa era la razón fundamental de la victoria del Ejército Rojo en la Guerra Civil.

Tujachevski adoptaba una tercera postura diferenciada en aquel debate. Estaba de acuerdo con Trotsky en la necesidad de una disciplina militar clásica y de la centralización del Ejército Rojo, y atacaba, junto con Trotsky, el culto a la guerra de guerrillas anárquica, algunos de cuyos adeptos posteriormente perdie-

---

[102] Ibíd.

ron la campaña de Polonia por su insubordinación y su incompetencia. Por otra parte, estaba de acuerdo con Frunze y con Gusev en su insistencia en el nuevo papel de la ofensiva. «La maniobra es el único medio de asegurar la victoria», escribía. El concepto de las batallas del futuro que tenía Tujachevski era un reflejo de su experiencia en el combate contra Kolchak y Denikin:

> Las reservas estratégicas, cuya utilidad siempre ha sido dudosa, son algo absolutamente innecesario en nuestra guerra. Y ahora surge una pregunta: cómo utilizar el número a fin de conseguir la máxima fuerza en el ataque. Hay una respuesta: es preciso lanzar todas las tropas en el ataque, sin dejar en la reserva ni una sola bayoneta[103].

Más tarde, Trotsky y Stalin se acusaron mutuamente de bonapartismo, un peligro universalmente temido en el Partido Bolchevique. De hecho, el único hombre que en aquel momento se inspiraba conscientemente en el ejemplo de Napoleón era Tujachevski, que incluso escribía sus discursos a las tropas antes de la batalla imitando el estilo del general francés. La estrategia militar napoleónica favorecía los ataques rápidos y móviles de unos ejércitos con equipo ligero que se alimentaban con lo que les ofrecía el terreno a medida que avanzaban. Lo que Frunze creía que era la *differentia specifica* de la guerra proletaria, para Tujachevski, que provenía de un entorno social muy diferente, equivalía a la reaparición de los principios de la guerra revolucionaria, perfeccionados por los ejércitos de Napoleón en los tempestuosos días de gloria de la lucha de Francia contra la Gran Alianza. A esos

---

[103] Ibíd.

argumentos Trotsky respondía que Francia, a principios del siglo XIX, era el país económica y socialmente más avanzado del continente europeo, mientras que Rusia era uno de los más atrasados. ¿Cómo se suponía que el país debía imitar la estrategia militar napoleónica, aun suponiendo que fuera deseable hacerlo? Por el contrario, el naciente Estado soviético debía guiarse por la norma de la primacía de la defensa formulada por Clausewitz.

¿Cuál era la naturaleza del conflicto militar que dio pie a aquellos debates? Las tres posturas antes esbozadas solo resultan comprensibles a la luz de la propia Guerra Civil. Contrariamente a la creencia popular, en el conflicto armado de 1918-1921 no participaron ingentes masas de soldados. Conforme a los estándares de la guerra moderna, tuvo una estructura marcadamente limitada y espaciada. La Guerra Civil, que fue muy destructiva por su impacto en la economía y en la sociedad (al remachar los daños catastróficos que ya había ocasionado la guerra imperialista), se libró entre unos ejércitos relativamente pequeños, ninguno de los cuales superaba los 100.000 o 150.000 hombres en cada frente. Probablemente en ninguna batalla participó una fuerza superior a los 50.000 soldados en un momento dado, y por lo general era un número mucho menor. El propio Tujachevski destacaba esa característica fundamental de la Guerra Civil en un informe que le escribió a Lenin en diciembre de 1919. La Guerra Civil se definía por los «ejércitos pequeños», la «tenue densidad de las unidades implicadas», los «frentes extensos», el «reclutamiento irregular» y un «bajo nivel técnico». «Todas esas singularidades», afirmaba Tujachevski, «distinguen la Guerra Civil de una guerra nacional o imperialista». La gráfica descripción que hacía John Erickson venía a reafirmar esa idea:

Los frentes sin orden ni concierto, con sus caóticas retaguardias, podían verse desbaratados por un golpe fulminante, que los atravesaba como un puño a través de un trozo de papel tensado. Sin embargo, una vez que el golpe perdía su impulso, y las fuerzas se extendían de una forma cada vez más dispersa por un espacio mayor, un contragolpe las ponía en fuga desordenadamente[104].

¿Cuál era la base social de aquel conflicto armado? Ahí es donde hay que buscar la raíz de los debates en el seno del Ejército Rojo. Los bolcheviques tomaron el poder con el apoyo de una minoría del país: tenían una «mayoría estratégica» (Lenin) porque la clase obrera rusa actuó como fuerza arrolladora en las principales ciudades durante la Revolución de Octubre. El campesinado, diez veces más numeroso que el proletariado, se mantuvo neutral o benévolo. Pero cuando arrancó la Guerra Civil, el régimen soviético perdió rápidamente la mayor parte de la buena voluntad de la que había gozado entre las masas campesinas debido a los estragos de la guerra en sí, a lo asfixiante del bloqueo de la Entente y a las necesidades inexorables de abastecimiento de alimentos; las entregas obligatorias de granos no surgieron con la colectivización sino con el comunismo de guerra. Trotsky expresó la verdad con brutal honestidad cuando posteriormente dijo: «Saqueamos toda Rusia para derrotar a los blancos». El resultado fue el que cabía esperar. A partir de entonces, la Revolución tuvo que luchar por su supervivencia en un país donde el campo le era mayoritariamente hostil. Los blancos, por supuesto, eran aún más temidos y odiados por la inmensa mayoría de los campesinos

---

[104] Erickson, *The Soviet High Command*, p. 50.

de ingresos medios y los campesinos pobres: lo suficiente como para que la victoria militar final estuviera asegurada, pero no lo suficiente como para modificar las consecuencias de dicha victoria para el socialismo. En la mayoría de las zonas no existía un vínculo orgánico entre el Ejército Rojo y la población civil. Trotsky señalaba que las acciones guerrilleras espontáneas en Siberia al principio del conflicto desempeñaron un papel positivo a la hora de hostigar a los blancos en su retaguardia. Más tarde, en Ucrania, donde el elemento *kulak* era mucho más importante, los campesinos creaban problemas en ambos bandos y actuaban como «fuerza desintegradora» (Tujachevski) en el Ejército Rojo. En el caso del Ejército Rojo en sí, la fuerza «proletaria» que Frunze postulaba para su teoría no tenía una composición de clase obrera. Justo al final de la guerra, tras denodados esfuerzos, los soldados proletarios suponían tan solo entre el 15 y el 18 por ciento de las tropas. El resto eran campesinos, en su mayoría de leva forzosa, que se enfrentaban a unos ejércitos enemigos formados (de una forma mucho más exclusiva) por conscriptos campesinos. Las deserciones del Ejército Rojo fueron masivas e incontrolables a lo largo de todo el conflicto, un cruel indicador de la naturaleza de la Guerra Civil. Tan solo en 1919 hubo no menos de 2.846.000 desertores. Fedotoff-White, un historiador de mentalidad afín, comenta: «La increíble cifra de desertores del Ejército Rojo era sin duda un síntoma de un conflicto profundo y agudo entre la voluntad del Estado controlado por los comunistas y las masas del campesinado ruso»[105]. Así pues, tanto el carác-

---

[105] Fue justo lo contrario de lo que ocurrió años más tarde en China, cuando los comunistas chinos, expulsados de las ciudades mediante la repre-

ter estratégico como el carácter social de la Guerra Civil Rusa la distanciaban profundamente de las guerras de liberación revolucionarias que se produjeron más tarde a lo largo del siglo xx.

    Contemplado frente a ese telón de fondo, salta a la vista el defecto principal de las teorías de Frunze: presuponían unas fuerzas políticas que no existían. Era imposible que surgiera una doctrina militar «proletaria» en Rusia en 1920 porque no había un ejército proletario para aplicarla. Por el contrario, el gran mérito histórico de Trotsky fue su inquebrantable conciencia de la fragilidad de la base social de la guerra. Justamente porque en ese sentido no era una guerra del pueblo, fue posible y necesario que el conflicto tuviera como oficiales al mando a los técnicos zaristas, y que se librara conforme a las directrices de las academias de Estado Mayor. Una estrategia «proletaria» resultaba utópica en las desesperadas circunstancias de 1919. El rechazo de Trotsky a la supremacía de las maniobras también estaba bien fundamentada; no tuvo la mínima dificultad para ver que era un factor común a ambos bandos del conflicto y reflejaba las circunstancias ruinosas e improvisadas de la atrasada Rusia. Trotsky fue un digno sucesor de Engels, que había escrito: «Nada depende más de las condiciones económicas que el Ejército y la Armada. Las metas, la composición, la organización, las tácticas y la estrategia están en relación directa con el grado del desarrollo de la producción y los medios

---

sión y las masacres por los nacionalistas y los ocupantes japoneses, reconstruyeron sus fuerzas en el campo. Sobre la base del apoyo abrumador que reunieron allí, ese incumplimiento de la ortodoxia marxista permitió a los ejércitos rojos chinos reconquistar las ciudades, una ofensiva que culminó con la marcha sobre Beijing en octubre de 1949. De esa forma, Mao Zedong trascendió los debates militares rusos de la década de 1920.

de comunicación en un momento dado»[106]. Cualquiera que aceptara esa formulación tenía que hacer gran hincapié en la importancia de la tecnología y la organización. Al llevarlo a cabo con una energía y una eficacia incomparables, Trotsky condujo a los ejércitos soviéticos a la victoria en la Guerra Civil.

El papel de Tujachevski en los debates militares, aún secundario durante la Guerra Civil, saltó al primer plano inmediatamente después, a raíz de la campaña en Polonia. Fiel a su inspiración napoleónica, Tujachevski empezó a abogar por la «revolución desde fuera» —por una guerra proletaria ofensiva contra los Estados burgueses vecinos— para derrocar el capitalismo e instalar en el poder a la clase obrera local. Siempre que triunfara una revolución socialista, esta tenía «como es lógico, el derecho natural a expandirse». El concepto de una milicia defensiva en vez de un ejército ofensivo era una «superstición anticuada de la Segunda Internacional», que siempre había relegado a los obreros a una «semibatalla pasiva». «La Segunda Internacional había inoculado el concepto de que ese tipo de ataques (del proletariado contra la burguesía) tan solo es permisible dentro de las fronteras del Estado»[107]. Tujachevski argumentaba que ahora se requería un Estado Mayor Internacional de la revolución proletaria que coordinara las operaciones exteriores a lo largo y ancho de todo el continente.

Los orígenes de esas ideas no eran ningún misterio. El talento militar de Napoleón se había manifestado en una oleada de campañas en el extranjero que llevaron por toda Europa las ideas de

---

[106] «Introduction to Tukhachevsky».
[107] Ibíd.

la revolución burguesa, transformando las instituciones políticas y las fronteras de los Estados dondequiera que llegaran. En Italia, en Alemania y en los Países Bajos, la invasión francesa fue acogida de forma generalizada como una liberación: Hegel y Beethoven eran representativos porque consideraban que los nuevos regímenes eran un indicador del progreso histórico. Tan solo cuando los ejércitos franceses se adentraron en un terreno social terriblemente atrasado, demasiado como para asimilar cualquiera de las ideas de la revolución burguesa salvo el nacionalismo —es decir, España y Rusia—, fueron recibidos como opresores, y salieron derrotados. Visto desde dentro de Francia, Bonaparte era, como siempre subrayaba Marx, la personificación de una clase burguesa estable y satisfecha. Visto desde fuera de Francia, para muchos europeos seguía siendo una fuerza subversiva y heroica.

Esa ambigüedad se refleja en las actitudes posteriores, e incluso contemporáneas, de los bolcheviques. No fue ni a Robespierre ni a Babeuf, sino a Napoleón, a quien citaba Lenin durante sus últimos años para justificar sus actos encaminados a desencadenar la Revolución de Octubre, frente a las perpetuas acusaciones de los mencheviques, que afirmaban que había sido prematura. *«On s'engage et puis on voit»*. Y Trotsky, con mucho tiempo libre a bordo de su tren durante la Guerra Civil, meditaba sobre las nuevas posibilidades internacionales. El 6 de agosto de 1919 envió un memorándum con el sello de «Alto secreto» a Lenin y al Comité Central. Su idea central era la siguiente: era muy posible que el Ejército Rojo no fuera una fuerza decisiva en Europa en caso de que el militarismo anglofrancés conservara «cierta medida de vitalidad», pero ¿acaso no podía modificar la relación de fuerzas en Asia por el procedimiento de derrotar al Imperio

Británico? Argumentaba que existía la posibilidad de acortar mediante una política decidida en Asia el largo intervalo que les esperaba antes de que se reanudara la revolución europea:

> El camino a la India podría resultar en el momento actual más fácilmente transitable y más corto para nosotros que el camino a una Hungría soviética. El tipo de ejército que actualmente no puede ser de gran relevancia en la balanza europea puede trastocar el equilibrio inestable de las relaciones de dependencia colonial en Asia, dar un empuje directo a una sublevación por parte de las masas oprimidas y garantizar el triunfo de dicha insurrección en Asia[108].

Al fin y al cabo, existían algunos precedentes que avalaban la postura de Tujachevski.

El Partido Bolchevique había legitimado las guerras ofensivas por parte de un Estado proletario contra un Estado burgués vecino con el propósito de ayudar en su lucha a una clase obrera hermana. En 1914, Lenin había escrito:

> El desarrollo económico y político desigual es una ley absoluta del capitalismo. De ahí que la victoria del socialismo primero sea posible en varios países capitalistas, o incluso en uno solo. Después de expropiar a los capitalistas y organizar su propia producción socialista, el proletariado victorioso de ese país se alzará *contra* el resto del mundo —del mundo capitalista— y atraerá a su causa a las clases oprimidas de otros países, con lo que fomentará las subleva-

---

[108] León Trotsky, *The Trotsky Papers, 1917-1922,* ed. anot. Jan M. Meijer, Londres y La Haya, 1964, p. 622.

ciones en esos países contra los capitalistas, y en caso de necesidad, empleará incluso la fuerza armada contra las clases explotadoras y sus Estados[109].

Trotsky reiteraba esos principios en 1921: «En principio, el Gobierno soviético siempre estará a favor de una guerra revolucionaria ofensiva cuando las condiciones de una guerra de ese tipo puedan conducir a la liberación de las clases trabajadoras de otros países».

Así pues, la doctrina de Tujachevski tenía ciertos antecedentes canónicos. Además, como veremos, también había que contar con la presencia de una poderosa contrarrevolución. El imperialismo, además de intervenir en la propia Rusia, se había movilizado rápidamente para aplastar con ejércitos extranjeros nuevas insurrecciones, y lo había logrado en tres importantes casos. La atribulada Comuna Húngara había sido aniquilada por la invasión de un ejército rumano; el poder burgués quedó consolidado en Budapest durante los veinticinco años siguientes. La Revolución Finlandesa, que había logrado contener a la Guardia Blanca en el norte, había sido sorprendida en su retaguardia por el desembarco del ejército alemán de Von der Golz, y acabó siendo aplastada. En el este, la República de Guilán, a orillas del mar Caspio, fue derrocada por un ejército de mercenarios persas controlado y comandado por oficiales británicos. En todos los casos, el Estado soviético fue incapaz de acudir en ayuda de una revolución hermana, y asistió impotente a su derrota, no a manos de fuerzas internas, sino de una intervención extranjera. Lenin, en particu-

---

[109] «Introduction to Tukhachevsky».

lar, había lamentado amargamente la imposibilidad de ayudar a la Comuna Húngara en 1919. En ese contexto, las ideas de Tujachevski podrían contemplarse como una respuesta lógica a la «contrarrevolución desde fuera» en la nueva situación creada a raíz del fin de la Guerra Civil en Rusia.

La agresión anexionista de Piłsudski en 1920 resultó ser un trampolín natural para un contraataque. Cuando el Ejército Rojo cruzó el Bug y se adentró en Polonia, el objetivo inmediato era la liberación de Varsovia y de la clase trabajadora polaca. Los bolcheviques tenían motivos razonables para creer que el proletariado polaco era revolucionario y socialista, y que se uniría a ellos para luchar contra la camarilla de coroneles de Piłsudski y de Smygły-Rydz. La huelga general de 1905 había durado más en Varsovia que en cualquier otro lugar del Imperio Ruso; en 1918 surgieron los soviets, y allí aún pervivía el legado de Rosa Luxemburgo y Leo Jogisches, 'Tischa'. Por añadidura, más allá de Polonia estaba Alemania —la «clave de la situación internacional», como posteriormente la denominó Trotsky—. Alemania, presa de la insurrección y de la guerra civil, se encontraba en una situación semirrevolucionaria. La sublevación espartaquista había sido sofocada por los *Freikorps* del Báltico; ¿era posible que su sucesora pudiera salvarse con la ayuda de otro ejército procedente del este de Europa, de la Caballería Roja? En 1920, todos los bolcheviques estaban convencidos de que el futuro de la Revolución Rusa dependía de la Revolución en Occidente, de modo que el avance del Ejército Rojo más allá de las fronteras de Rusia parecía estar justificado tanto por motivos de solidaridad internacional como de autodefensa. Lenin resumía esos motivos cuando dijo que la campaña de Polonia iba a suponer un duro golpe a todo el sistema de Versalles —el bloqueo coordinado internacionalmente contra el socialismo en Rusia y su represión en Europa occidental y central.

Tan solo Trotsky se opuso al avance sobre Polonia, y advirtió de los peligros que entrañaba. Y de nuevo volvió a mostrar su clarividente apreciación de los límites de la Revolución Rusa. El nacionalismo polaco, argumentaba, era una fuerza primaria que se movilizaría ante la presencia de un ejército ruso, con independencia de cuál fuera su bandera, en suelo polaco —de la misma forma que el chovinismo ruso se había movilizado a raíz de la invasión por los ejércitos polacos unos meses atrás—. Y no solo era eso. Trotsky recordaba a los bolcheviques una cuestión más fundamental: que el Ejército Rojo era una fuerza mayoritariamente campesina, con un bajo nivel de educación política, que no podía emplearse a discreción para realizar incursiones por toda Europa. Los soldados campesinos que lo formaban no iban a luchar con ningún entusiasmo fuera de sus propias fronteras. «Con ese tipo de tácticas», escribía Trotsky, «no lograremos conquistar el alma del campesino». El Ejército Rojo no había sido concebido para conquistar Bruselas ni Galitzia. Por el contrario, para Rusia, un país con una economía retrógrada y un campesinado no socialista, solo existía la posibilidad de una política militar defensiva.

Trotsky demostró estar en lo cierto. La clase obrera alemana, que carecía de tradiciones revolucionarias antes de la Primera Guerra Mundial, se radicalizó a raíz de la derrota, y llevó a cabo reiteradas intentonas de insurrección después de la contienda. La clase obrera polaca siguió una evolución en sentido contrario. Tras una larga historia de alzamientos revolucionarios, se desmovilizó a raíz de la guerra y la aparición de un Estado polaco bajo la protección del Tratado de Versalles. *No* hubo una respuesta popular al llamamiento de los ejércitos soviéticos a un alzamiento contra Piłsudski. La derrota militar en la campaña de Polonia era evitable: la derrota política del concepto que había detrás no. La formulación teórica que hizo Tujachevski de ello es bastante explícita:

> Es posible que la clase trabajadora no siempre esté preparada para la mano auxiliadora que se le tiende. Puede que aún necesite tiempo para mirar a su alrededor y darse cuenta de dónde está su salvación. En resumen, no siempre se dará el caso de que una ofensiva socialista se coordine con una insurrección revolucionaria del país implicado.

En otras palabras, el papel del Ejército Rojo ya no consistía simplemente en prestar ayuda a una insurrección autóctona en caso de ataque, sino en iniciarla y, en caso necesario, reemplazarla. Trotsky veía con gran claridad la distinción. Subrayaba que «en la gran guerra de clases que está teniendo lugar en este momento, una intervención militar desde fuera únicamente puede desempeñar *un papel concomitante, secundario, de cooperación*. Es posible que una intervención militar acelere el desenlace y haga más fácil la victoria, pero solo en caso de que se den la conciencia política y las condiciones adecuadas para una revolución».

Ese principio, como señala Deutscher en su memorable análisis de la campaña, era justo lo que había pasado por alto Tujachevski. Frunze había intentado zafarse de los estrechos límites de la experiencia de la Guerra Civil por el procedimiento de imaginar una estrategia marxista del futuro. Tujachevski también intentó zafarse de ellos, pero a través de una vuelta al pasado. Lo que no logró entender, por supuesto, era la *diferencia de naturaleza* fundamental entre una revolución burguesa y una revolución socialista. Napoleón logró durante un tiempo exportar satisfactoriamente las ideas de 1789 en la punta de sus bayonetas, porque la transformación política de la sociedad que implicaba la revolución burguesa no exigía *ipso facto* una participación masiva desde abajo. Las ideas de la Revolución Francesa podían implantarse —como atestiguarían más tarde los acontecimientos de Alemania, Japón o Italia— de una forma burocrática y represiva por parte de una pequeña oligarquía y desde arriba. Por el contrario, la revolución socialista, por definición, solo es socialista si involucra a las masas de la población que asumen en sus propias manos el control de sus vidas, y son ellas las que ponen patas arriba la sociedad existente. Durante el siglo XX no fue posible ninguna versión proletaria de la campaña de Italia.

Tras la Segunda Guerra Mundial, Stalin impuso una «revolución desde fuera» de tipo burocrático —ya históricamente divorciada de sus orígenes del periodo leninista— por toda Europa oriental, con unos resultados tristemente célebres. Por lo menos, aquellas creaciones *contra natura* eran un subproducto de la victoria sobre la agresión nazi y la defensa frente a la amenaza de una invasión angloestadounidense. La degradación por excelencia de las tradiciones antaño generosas del Ejército Rojo fue el regreso de una *kommandatura* soviética en Praga veinte años después, pero ya no para expulsar a los alemanes, sino simplemente para reprimir a los checos: la reacción desde fuera. Fue un gran clavo en el ataúd de la Unión Soviética.

A fin de encuadrar históricamente los debates militares y políticos a tres bandas en los albores del Ejército Rojo, puede resultar útil una comparación. Como se recordará, Engels había subrayado que: «Las metas, la composición, la organización, las tácticas y la estrategia están en relación directa con el grado de desarrollo de la producción y los medios de comunicación en un momento dado». Evidentemente, el defecto de la formulación de Engels es que reduce los condicionantes materiales de la guerra a las fuerzas de producción, concebidas como tecnología. Lo que falta son la *relaciones* de producción. De ahí su famoso fallo de apreciación cuando dijo que la artillería y la metralla habían provocado que las barricadas resultaran obsoletas, y que a partir de ese momento fueran imposibles las insurrecciones armadas. Las relaciones sociales para un nuevo tipo de guerra brillaban por su ausencia en Rusia después de la Revolución de Octubre; no había más opciones que echar mano de los esquemas tradicionales.

La segunda gran cuestión histórica que suscitó el enigmático eclipse de la vida de Tujachevski tiene que ver con la actuación de los ejércitos soviéticos durante la Segunda Guerra Mundial. A partir de finales de la década de 1920, Tujachevski se había dedicado a la construcción de un Ejército mecanizado e industrializado: para entonces saltaba a la vista el peligro de una segunda intervención imperialista, con el ascenso del fascismo en Europa. Durante la segunda mitad de su vida, Tujachevski abandonó sus ideas preconcebidas a raíz de su experiencia en la Guerra Civil —la prioridad del ataque sobre la defensa y la sustitución de la posición por la maniobra—. Los cambios técnicos que introdujo la aparición de las unidades mecanizadas —ausentes durante la Guerra Civil, al margen del empleo ya anacrónico de los trenes blindados— habían transformado los problemas estratégicos de la guerra convencional. En su artículo «La guerra como problema de la lucha armada» (1928), Tujachevski exponía con una extraordinaria precisión las líneas principales de la pauta de la Segunda Guerra Mundial. Destacaba la importancia de las iniciativas diplomáticas a fin de dividir al enemigo capitalista; predecía que la guerra de trincheras no iba a desempeñar ningún papel en futuros conflictos; criticaba la insistencia unilateral en el ataque y la maniobra, y argumentaba que la guerra posicional y defensiva iba a ser igual de importante; por último, atribuía una gran importancia a un empleo competente de los carros de combate, pero dejaba claro que no había que convertirlos en un fetiche aislado de los demás elementos de una estrategia general (conforme a las teorías del británico John Fuller y de la guerra relámpago) y, debían combinarse con las unidades de infantería para lograr un resultado óptimo.

Dos años más tarde, Tujachevski era el jefe del departamento de operaciones del Ejército Rojo. Rápidamente creó la primera brigada mecanizada en 1930 (carros de combate y vehículos blindados), y después experimentó con las primeras unidades paracaidistas en 1931. Según una fuente, contempló la posibilidad de enviar ayuda a una posible insurrección proletaria en Alemania por el procedimiento de desplegar unidades paracaidistas tras las líneas enemigas en las regiones del Ruhr, Baja Sajonia y Prusia. Esa idea suponía una vuelta a un concepto genuinamente leninista, y de hecho fue puesta en práctica tanto por los Ejércitos Aliados como por el Ejército soviético durante la Segunda Guerra Mundial en sus operaciones de enlace con los movimientos de resistencia en los Balcanes. La siguiente innovación de Tujachevski fue el desarrollo de lo que él denominaba la «maniobra concéntrica», o doble rodeo, que contemplaba abrir brecha a través de las líneas enemigas por medio de formaciones móviles, y que practicó en unas gigantescas maniobras militares en 1933. Los agregados militares extranjeros que asistieron a aquellas maniobras advirtieron que su concepto táctico iba por delante de la capacidad de las tropas para ejecutarlas. Ocho años después fue la «maniobra concéntrica» lo que aprisionó a Von Paulus en Stalingrado. Como decía el artículo de *New Left Review:*

> No es en absoluto exagerado afirmar que muchas de las grandes operaciones de rodeo de la Segunda Guerra Mundial, como las batallas de Stalingrado y Korsun-Shevchenkovski en 1944, debían su concepción a los experimentos que llevaron a cabo Tujachevski y su equipo en las llanuras de Bielorrusia y Ucrania a partir de 1931[110].

En el marco de las invariadas relaciones sociales de la guerra, durante la década de 1930, Tujachevski desarrolló lo que tal vez fueron las concepciones tácticas más avanzadas del mundo. Si un hombre en concreto fue responsable de la victoria final del Ejército Rojo sobre la Wehrmacht en el campo de batalla, ese hombre fue, sin ningún género de dudas, Tujachevski.

El último interrogante de su carrera tiene que ver con la Guerra Ruso-Alemana de 1941. Desde la firma del Pacto de Rapallo, en 1922, los Ejércitos de ambos países se habían ejercitado juntos en bases especiales dentro de la URSS, que incluían una academia de carros de combate y de aviación. Tujachevski visitó Alemania en 1932, el año anterior a la llegada de Hitler al poder. Algunos informes afirman que Tujachevski y Gamarnik le pidieron a Sta-

---

[110] «Introduction to Tukhachevsky».

lin que cerrara las bases de entrenamiento inmediatamente después de que Hitler fuera nombrado canciller. Otros dan a entender que Tujachevski lamentaba el fin de la cooperación técnica entre los dos Ejércitos. Sea como fuere, las bases se cerraron en octubre de 1933. A partir de entonces, Tujachevski tan solo realizó una declaración pública importante en materia de asuntos exteriores, un largo artículo militar que se publicó en el *Pravda* el 31 de marzo de 1935, cuyas funestas advertencias sobre los peligros de la agresividad de los nazis resultaron proféticas.

Un año después, ya en eclipse parcial y bajo sospecha, Tujachevski accedió a responder a una serie de preguntas del general Isserson, director de la recién fundada Escuela de Estado Mayor, y de su colega Pável Vakulich, jefe del departamento operativo, con la única presencia de altos mandos del Ejército. Tujachevski estuvo dos horas hablando con ellos sobre lo que había que hacer. La primera pregunta era sencilla: cuando le preguntaron contra qué enemigo potencial tenían que prepararse para combatir, Tujachevski respondió sin vacilar: «Contra Alemania». La segunda pregunta tenía que ver con la conducción de la guerra que se avecinaba en el aspecto operativo. Ahí el mariscal advirtió a sus interlocutores de que debían tener cuidado con los dogmas. La situación internacional iba a determinar la «situación estratégica concreta». No obstante, Tujachevski señalaba que la estrategia desplegada durante la Primera Guerra Mundial ya estaba moribunda. En la próxima guerra el enemigo iba a atacar de forma repentina y a desplegar todas sus fuerzas disponibles por tierra, mar y aire para sorprender al Ejército Rojo. Para prevenirlo, la Unión Soviética tenía que estar en un permanente estado de disposición para el combate, con formaciones operativas ocultas y en alerta, capaces de pasar a la ofensiva en cuanto se hubiera detenido el avance del enemigo. Y añadía más detalles:

> En cuanto a la guerra relámpago, de la que tanto alardean los alemanes, está dirigida contra un enemigo que no quiere hacerle frente ni va a hacerlo. Si los alemanes se encuentran con un adversario que les planta cara, y lucha, y él mismo pasa a la ofensiva, las cosas asumirían un aspecto distinto. La lucha sería encarnizada y prolongada; por su propia naturaleza provocaría grandes fluctuaciones en el frente para uno u otro bando, y con gran profundidad. Como último recurso, todo dependerá de quién tenga mayor fibra moral, y de quién disponga, al final de las operaciones, de mayores reservas en profundidad.

Poco después fue fusilado. Stalin ya había decidido eliminar a Tujachevski, junto con otras veteranas figuras militares que le habían cuestionado en el pasado, y en las que él se negaba a confiar. La connivencia cínica entre el NKVD y el Sicherheitsdienst (SD), que fue la responsable de la muerte de Tujachevski, donde la primera actuó como víctima del engaño de la segunda, reafirmó ulteriormente sus «argumentos» y anticipaba el pacto nazi-soviético que se firmó dos años después.

La purga de los generales resultó ser, tal y como esperaba el SD, un golpe de consecuencias desastrosas para la capacidad de combate del Ejército Rojo. La catástrofe que tuvo lugar entre junio y octubre de 1941, cuando la invasión alemana pilló totalmente desprevenida a la URSS, provocando millones de bajas y la pérdida de muchos años de construcción industrial, hay que achacarla mayoritariamente a la desaparición de todos los mandos militares con experiencia a partir de 1937; fue más que una metedura de pata; fue un crimen, y su responsabilidad en el desastre fue tan importante que el tema estuvo prohibido en la Unión Soviética hasta la desaparición del Estado. Nunca se denunció la enormidad de la ceguera y de la incompetencia de Stalin. Las dudosas anécdotas del discurso secreto de Jruschev no hicieron más que eclipsar los verdaderos cargos que pesaban sobre el «generalísimo».

En contra de la leyenda popular, en ningún momento la Wehrmacht tuvo superioridad militar sobre los ejércitos soviéticos en la frontera. Era justo al contrario. Las fuerzas del Ejército Rojo desplegadas en las posiciones avanzadas no solo superaban a las alemanas por una diferencia de treinta divisiones en junio de 1941. El Ejército Rojo contaba con una pasmosa superioridad de *siete a uno* en carros de combate, que supuestamente era el arma decisiva de la Wehrmacht: el parque soviético de carros de combate ascendía a 24.600, frente a los aproximadamente 3.500 *Panzer* desplegados en su contra. Incluso en el aire, la URSS tenía una superioridad de cuatro a uno en aviones frente a la Luftwaffe. Así pues, carece de fundamento el mito de que el poderío de los blindados alemanes fue capaz en un primer momento de abrirse paso a través de las defensas rusas, con todo a su favor, y que tan solo fue posible detenerlos cuando la movilización popular total logró restablecer el equilibrio en Moscú y Stalingrado. Las conquistas alemanas de 1941 fueron victorias *estrictamente* militares, logradas gracias a la habilidad y al factor sorpresa frente a un adversario más fuerte, arruinado por unos mandos incompetentes y desmoralizados, que cometían una metedura de pata tras otra. La responsabilidad personal de Stalin por aquella debacle fue múltiple: a lo largo de dos años había destruido el cuerpo de oficiales del

Ejército Rojo, había desmantelado las posiciones defensivas de 1939, se había negado a creer en un ataque de Alemania tras reiteradas advertencias y había faltado a su deber de poner a la industria soviética en pie de guerra.

Al final se ganó la Segunda Guerra Mundial, no por una mayor pericia militar —después de Tujachevski, en el Ejército Rojo tan solo hubo generales corrientes, no extraordinarios— ni por el vínculo entre un ejército revolucionario y su base de masas —las deserciones al bando alemán ascendieron a decenas de miles—, sino por el peso económico y social de la URSS después de los planes quinquenales, un factor que fue fatídicamente infravalorado por los servicios de inteligencia alemanes. La Wehrmacht siguió cosechando victorias hasta que por fin aquella gigantesca maquinaria se organizó para la guerra con una racionalidad aceptable; entonces, los alemanes fueron obligados a retroceder poco a poco, bajo el estandarte del nacionalismo. Aquella victoria a destiempo salvó a Europa del fascismo: el coste fue colosal. Todavía queda por calcular qué parte de ese coste fue innecesario.

En el prefacio a la tercera edición de su memorable libro sobre el alto mando soviético, escrito en 2001, algunos meses antes de la muerte de su autor, John Erickson terminaba diciendo lo siguiente:

> El sistema vivió permanentemente sobre el estrecho filo de la navaja. Me di cuenta de lo aterradoramente estrecho que era a lo largo de una singular conversación con N. N. Voronov, mariscal jefe de Artillería. Él me preguntó si estaba satisfecho con la ayuda recibida en mi investigación de los acontecimientos de junio de 1941. [...] Sabiendo que él estuvo presente en el mismísimo centro de los

acontecimientos durante la madrugada del domingo 22 de junio, le pregunté cuál era su interpretación. Dijo que a eso de las 7.30 el Alto Mando había recibido noticias alentadoras: el Ejército Rojo estaba contraatacando. La peor pesadilla quedaba atrás. Los soldados del Ejército Rojo habían ido a la guerra, «el sistema» había respondido, e iba a responder[111].

Hicieron mucho más que eso, y vale la pena reiterar el hecho (reconocido en su momento por Churchill y sus generales, así como por Roosevelt y el general Marshall) de que sin la resistencia de Rusia y las capacidades de que dio muestra el Estado soviético, el Tercer Reich habría conquistado Europa. Los sufrimientos infligidos al *Untermensch* eslavo habrían sido muy superiores, aunque no tan clínicos como el exterminio de los judíos. La cultura política triunfalista que predomina hoy en día en Occidente subestima constantemente la contribución soviética a la «Guerra del soldado Ryan». El grueso de los daños infligidos a los regímenes fascistas corrió a cargo del Ejército Rojo. La rendición de Von Paulus y su Sexto Ejército en Stalingrado, y la efectividad de los blindados soviéticos en Kursk le partió el espinazo al Tercer Reich. El retraso deliberado de Estados Unidos y Gran Bretaña a la hora de abrir un nuevo frente de guerra costó más de un millón de vidas soviéticas. El choque de las maquinarias de guerra dio lugar a gigantescas pérdidas para ambos bandos en territorio soviético. El Ejército Rojo reivindicaba la destrucción de 48.000 carros de combate alemanes, 167.000 cañones y 77.000 aviones. En total, los ejércitos movilizados por el Estado fascista alemán perdieron

---

[111] Erickson, *The Soviet High Command*, p. xx.

13,6 millones de soldados. De ellos, no menos de 10 millones encontraron la muerte en los campos de batalla de la Unión Soviética. En el frente oriental, Alemania perdió 506,5 divisiones, «mientras que los malhadados satélites de Alemania perdieron otras 100 divisiones como precio por participar en la guerra contra la Unión Soviética»[112]. El hecho de que en Croacia, en Ucrania, respaldada por la OTAN, en Hungría y en Serbia se siga homenajeando a quienes lucharon al lado del Tercer Reich y sus sucesores dice mucho sobre los tiempos en que vivimos.

La victoria potenció el prestigio militar soviético por todo el mundo, y sin duda fue un estímulo para los ejércitos revolucionarios de China y de Vietnam. Dentro del país, una vez finalizada la guerra, nada cambió. El Ejército Rojo, que ya había roto con su pasado en casi todos los niveles, utilizó su recién lograda popularidad nacionalista para exigir una financiación cada vez mayor. El gasto militar descontrolado, las aventuras en países extranjeros, como Etiopía y Afganistán, los intentos de imitar la política exterior de Estados Unidos y la incapacidad de lidiar con una economía gravemente afectada por la obsolescencia finalmente pusieron fin al sistema. Entre los dirigentes del Partido Comunista y del Ejército, nadie había previsto un derrumbe tan rápido.

Ni el propio Lenin, ni Trotsky, Skylanski, Tujachevski o Blyujer se habrían sorprendido del todo.

---

[112] Erickson, *The Road to Berlin*, p. xx.

Cuarta parte
La cuestión de las mujeres

12

La primera oleada

EL SOCIALISMO FUE EL PRIMER movimiento político que comprendió la opresión de las mujeres y que la debatió en serio entre sus seguidores. Los dos principales textos fueron obra de Friedrich Engels y de August Bebel, y no hay que subestimar su impacto inicial. En un aparte, Engels lamentaba no haber prestado más atención a la obra de Charles Fourier. El texto «La degradación de las mujeres en la civilización», que el autor francés escribió en 1808, anticipaba una gran parte de lo que se escribiría después. Fourier estaba profundamente convencido de que la naturaleza progresista o regresiva de una sociedad podía juzgarse por un único criterio: la forma en que trataba a las mujeres[113].

---

[113] «¿En el destino que les ha tocado a las mujeres puede apreciarse la mínima sombra de justicia? ¿La mujer joven no es acaso una mercancía expuesta para su venta a quien desee negociar su adquisición y la propiedad exclusiva? ¿No es risible el consentimiento que ella otorga al vínculo conyugal, y acaso no le viene impuesto por la tiranía de los prejuicios que la obsesionan desde su infancia? Se pretende convencerla de que sus cadenas tan solo están tejidas con flores; pero ¿puede hacerse alguna ilusión sobre su degradación, incluso en las regiones hinchadas de filosofía, como Inglaterra, donde los hombres tienen derecho a llevar a sus esposas al mercado con una cuerda alrededor del cuello, y a venderlas como una bestia de carga a quien quiera pagar su precio de venta?

Lenin se había imbuido de todos esos textos, y en sus discursos a menudo repetía la prueba con papel de tornasol de Fourier para evaluar una sociedad.

En *El origen de la familia, la propiedad privada y el Estado* (1874), Engels esbozaba a grandes rasgos una historia de las sociedades humanas primitivas, basándose en gran medida en el estudio antropológico de Henry Lewis Morgan sobre las costumbres y prácticas de las tribus iroquesas de la región de Nueva York. A eso Engels le añadió su propio análisis de la aparición de la propiedad privada y del vínculo entre esta y las prácticas de género. Engels escandalizaba a sus contemporáneos al referirse al matrimonio como «prostitución legalizada», y dirigía sus mordaces críticas contra la Iglesia y la sociedad burguesa en general, que propagaban la idea de que la monogamia era divina y eterna. Engels respondía, en *El origen de la familia, la propiedad privada y el Estado,* adentrándose en el reino animal, y sugiriendo:

A ese respecto, ¿acaso nuestra opinión pública es más avanzada que en aquellos tiempos toscos en que el Sínodo de Mâcon, un verdadero concilio de vándalos, puso en deliberación si las mujeres tenían alma; y decidieron que sí por un margen de tan solo tres votos? La legislación inglesa, tan alabada por los moralistas, otorga a los hombres distintos derechos que no son menos deshonrosos para el sexo [femenino], como el derecho de reclamar que le concedan una indemnización pecuniaria a expensas del amante reconocido de su esposa. En Francia las formas son menos toscas, pero en el fondo la esclavitud es siempre la misma. [...] Como tesis general: los progresos sociales y los cambios históricos se producen en razón del progreso de las mujeres hacia la libertad, y las decadencias del orden social se producen en razón de la disminución de la libertad de las mujeres». Charles Fourier, «Avilissement des femmes en civilisation», en *Théorie des Quatre Mouvements et des Destinées Générales,* 3.ª ed., París, 1808. La última frase sigue siendo un criterio válido (aunque no el único) para evaluar las sociedades de todo el mundo hoy en día.

Y si la estricta monogamia es la cumbre de la virtud, hay que ceder la palma a la tenia solitaria, que en cada uno de sus cincuenta a doscientos anillos posee un aparato sexual masculino y femenino completo, y se pasa la existencia entera cohabitando consigo misma en cada uno de esos anillos reproductores. Pero si nos limitamos a los mamíferos, encontramos en ellos todas las formas de la vida sexual: la promiscuidad, la unión por grupos, la poligamia, la monogamia; solo falta la poliandria, a la cual nada más que seres humanos podían llegar[114].

Engels escribió muy poco sobre las modalidades específicas de la opresión de género bajo el capitalismo. El estudio de August Bebel, titulado *La mujer y el socialismo* (1879), intentaba poner remedio a esa carencia. Tenía un carácter más sociológico, presentaba un esquema de las realidades de la época y aportaba pruebas estadísticas de la discriminación de género a todos los niveles. El libro fue concebido para forzar a los partidos socialdemócratas a incorporar en sus programas las necesidades y las reivindicaciones de las mujeres. A Bebel le indignaba sobre todo que se denegara el derecho a la educación a la mitad de la población en Inglaterra, Alemania y otros países. En un detallado y perturbador capítulo sobre la prostitución («un complemento de la monogamia»), de sus causas y sus consecuencias, y de lo que hacía falta para que desapareciera voluntariamente, Bebel condena con fuerza el maltrato y la persecución contra las prostitutas, y considera que la institución es igual de legítima que «la policía, el Ejército regular, la Iglesia y el capitalismo».

---

[114] Traducción del alemán de las obras completas de Marx y Engels publicadas por la Editorial Progreso de Moscú, disponible en www.marxists.org. *(N. del T.)*.

La cuestión de las mujeres

Ni Bebel ni Engels tenían mucho que decir sobre la homosexualidad. Engels la ignoraba. Su amigo Bebel la consideraba una «aberración», incluso en la antigua Grecia, y solo dejaba a sus lectores unos presupuestos embarullados y ridículos, sin ningún valor real. Argumentar que «una vez que la población masculina se hizo adicta a la pederastia, la población femenina cayó en el extremo opuesto: se dedicó al amor por los miembros de su propio sexo» revela una total falta de comprensión. La homosexualidad siguió siendo un punto débil para la práctica totalidad de las distintas facciones de la izquierda europea hasta mediados del siglo XX. No es que los gays fueran invisibles para el Estado. Estaban sometidos a la legislación penal, especialmente brutal en Prusia, y más tarde extendida a la Alemania unificada de Bismarck[115]. La exigencia o la implementación de la despenalización de la homosexualidad, una reivindicación claramente democrática, iba a tener que esperar hasta la Revolución Rusa.

La situación de las mujeres en la Rusia zarista, como todo lo demás, estaba condicionada por la autocracia. Las limitadas re-

---

[115] La tarea de intentar dar una explicación más refinada quedó en manos de otro alemán de la misma época, Karl Heinrich Ulrichs (nacido en 1825 en Frisia oriental, hijo de una familia luterana a ultranza). La experiencia sexual de Ulrichs en el colegio con un chico mayor que él, al que acabó amando, le llevó a estudiar la antigua Grecia y a aprender griego y latín. Escribió doce cuadernos sobre *Urning*, la palabra que utilizaba para denominar el amor homosexual masculino. Fue el primer intento serio de comprender la homosexualidad masculina, e inauguró un debate que prosigue hasta nuestros días. Ulrichs no podía tolerar la nueva Alemania y se fue a vivir a Italia, como relata Hubert Kennedy en su biografía titulada *Karl Heinrich Ulrichs: Pioneer of the Modern Gay Movement*, San Francisco, 2002 (disponible en hubertkennedy.angelfire.com).

formas introducidas por Pedro el Grande durante el siglo XVIII estaban destinadas a una pequeña minoría de mujeres de la nobleza y las clases mercantiles. Dichas reformas se concentraban principalmente en el derecho de las mujeres a poseer bienes, un paso adelante que socavaba la dominación patriarcal. La doble explotación de que eran objeto las mujeres campesinas bajo la servidumbre y después de su abolición nunca se puso en entredicho. Una serie de nuevas reformas introducidas a lo largo del siglo XIX aflojaron la camisa de fuerza en materia educativa y profesional. En 1900, en Rusia ya había más maestras, médicos y abogadas que en Europa occidental y en Norteamérica: si se aplicara estrictamente el criterio de Fourier para evaluar una sociedad, habría que calificar a la Rusia zarista del cambio de siglo como un país mucho más progresista que Alemania, Gran Bretaña, Francia o Estados Unidos, cosa que manifiestamente no era verdad.

Lo mismo podía decirse de la política. Las mujeres rusas estaban más metidas en política que lo que reconocen los historiadores de hoy en día. Los poemas de Pushkin y Nekrasov elogiando a las mujeres decembristas que acompañaron a sus maridos al destierro siberiano popularizaron la experiencia entre muchos lectores rusos. Las memorias, los diarios y las cartas que escribieron las propias mujeres hicieron el resto. Fueron leídas, o leídas en voz alta a terceros, a lo largo de varias generaciones.

Las revoluciones francesas que culminaron con la Comuna de 1871 tuvieron un gran efecto en distintos sectores de la *intelligentsia* rusa, empezando por los decembristas y terminando con las dos facciones principales del POSDR. Cuando los mencheviques lo acusaban de ser un Robespierre, Lenin insistía en que no sentía un especial cariño por los jacobinos como tales. Lo que le preocupaba era su desalojo del poder. Y añadía, con acierto, que era Pável Axelrod (el dirigente menchevique) quien se identificaba plenamente con Robespierre, igual que Mártov con los jacobinos.

En particular, a las mujeres rusas los acontecimientos de Francia les dejaron un agradable regusto. Habían leído que las mujeres desempeñaron un activo papel en muchos ámbitos. Los manifiestos feministas de Olympe de Gouges se tradujeron al ruso. Hija de un carnicero, De Gouges fue dramaturga, defendía la igualdad de derechos, y escribió un texto para criticar o complementar la «Declaración de Derechos del Hombre», titulada «Declaración de Derechos de la Mujer y la Ciudadana», donde exigía igualdad de derechos para todas las mujeres, a saber «libertad, propiedad, seguridad, y sobre todo resistencia a la opresión». La nación era soberana, pero solo si es «la reunión de la mujer y el hombre». De los diecisiete puntos de la carta feminista, algunos merecen ser destacados. De Gouges subraya que solo existe un límite para el progreso de las mujeres, la tiranía del hombre, y de ahí que «estos límites deben ser corregidos por las leyes de la naturaleza y de la razón». Reivindica que «para el mantenimiento de la fuerza pública y para los gastos de administración, las contribuciones de la mujer y del hombre son las mismas; ella participa en todas las prestaciones personales, en todas las tareas penosas», y por tanto «debe participar en la distribución de los puestos, empleos, cargos, dignidades y otras actividades». Dado que la mujer tiene derecho a «subir al cadalso, debe tener también igualmente el de subir a la Tribuna» para manifestar su opinión. El hecho de que De Gouges le dedicara la Declaración a María Antonieta amortiguó en cierta medida su impacto. Olympe de Gouges, que políticamente era monárquica-girondina, fue despreciada por los jacobinos, pero no solo por ellos. El 3 de noviembre de 1793, en

La primera oleada

pleno periodo del Terror, fue juzgada y condenada a muerte. La guillotina estaba instalada en la plaza de la Concordia.

Las principales influencias intelectuales sobre las mujeres cultas de las clases altas y medias de la sociedad rusa no eran muy distintas de los pensadores y los poetas venerados por los jóvenes durante la segunda mitad del siglo XIX. Puskin, Lermontov y Gógol eran los grandes favoritos del público, pero en lo que respecta a la mayoría de los estudiantes, los populistas y los terroristas, dichos autores no podían competir con la ficción didáctica de Chernyshevski, con las críticas literarias de Dobrolyubov, ni con las polémicas de Písarev. Como hemos visto en el capítulo 1, *¿Qué hacer?*, la novela de Chernyshevski, definió la política de al menos dos generaciones de rusos. Las largas condenas que dos de esos escritores cumplieron en las cárceles zaristas les conferían un aura especial, un atractivo adicional entre los sectores radicales de la sociedad. Chernyshevski era aborrecido por los críticos y escritores progresistas y conservadores más tradicionales. La última novela que escribió Nabókov en Rusia, *La dádiva*, es sumamente burlona, lo que suscita la pregunta de por qué, si el libro de Chernyshevski es tan malo, Nabókov dedica cincuenta páginas a mofarse de su autor y sus colegas. Pero incluso Nabókov admite que «sin lugar a dudas había un toque de arrogancia clasista en las actitudes de los escritores de buena familia hacia el plebeyo Chernyshevski», y que, cuando se encontraban en un ambiente distendido, y entre amigos de su misma mentalidad, «Tolstói y Turguéniev le llamaban el "maloliente caballero cubierto de chinches" [...] y se mofaban de él de todas las formas posibles». Claramente, las críticas no se limitaban a los méritos o deméritos literarios de la obra.

En el caso de las mujeres, la novela les ofrecía una protagonista, el personaje de Vera Pávlovna, con el que podían identificarse fácilmente. Era una mujer independiente, radical, vivía en una vivienda comunitaria y había organizado un grupo que se dedicaba a encuadernar libros. A la feminista bolchevique Alexandra Kollontái la novela le pareció hipnótica cuando la leyó por primera vez a los dieciséis años, tanto que le suplicó a su madre que contratara a un encuadernador que pudiera enseñarle el oficio, aunque se llevó una buena decepción cuando se presentó un hombre de mediana edad, vestido de forma desaliñada y no muy atractivo. Lo mismo le ocurrió a muchas otras mujeres cultas, que descubrieron en la novela las ideas de emancipación, de la igualdad de la mujer, de la vida en las comunas y las uniones libres. Aquellas ideas también alejaban a los hombres de las ideas patriarcales que predominaban en Rusia y en otros países. En las ideas del propio Lenin sobre la mujer no solo habían influido Engels y Bebel, sino también la literatura radical rusa. Chernyshevski hacía hincapié en la igualdad de género, pero no era un gran creyente en el camino no monógamo hacia la liberación de las mujeres. Pensaba que incluso las uniones sin pasar por la iglesia debían ser monógamas, y que la cohabitación casta era una importante demostración de disciplina revolucionaria, una manifestación de verdadera igualdad.

Las mujeres rusas que formaban parte de la *intelligentsia* eran políticamente mucho más avanzadas que sus contemporáneas europeas. El número de mujeres que se sumaron a los *narodniki* (populistas) y participaron en el movimiento de emigración al campo para trabajar con los campesinos fue sorprendentemente elevado. Y eso ocurría varias décadas antes del nacimiento del movimiento sufragista en Gran Bretaña y Estados Unidos, un movimiento que, en general, se limitaba a una única cuestión: el derecho al voto de las mujeres. En otros países, en la cuestión de la mujer, muchas sociedades europeas iban muy rezagadas.

La primera oleada

Vera Figner (1852-1942): encarcelada durante veinte años por su participación en el asesinato de Alejandro II.

Sofía Perovskaya (1853-1881): organizó el asesinato de Alejandro II y fue ahorcada. Shostakóvich compuso un vals en su honor.

Anna Korba (1849-1939): amiga de Perovskaya desde el colegio, se radicalizó después de la Guerra Ruso-Turca. Se afilió al Partido Bolchevique y siguió militando en él hasta su muerte.

La cuestión de las mujeres

En Rusia nadie tenía derecho al voto y, por consiguiente, las mujeres y los hombres luchaban juntos contra la autocracia. Cuando el viejo partido populista Tierra y Libertad se escindió por la cuestión del terrorismo y la violencia, y a partir de ahí surgió un nuevo partido dispuesto a proseguir con la tradición del terror, algunas de las intelectuales de mayor talento se afiliaron a la nueva organización La Voluntad del Pueblo, cuyo objetivo principal era asesinar a Alejandro II. La decisión que tomó por unanimidad el comité ejecutivo, formado por veintiocho miembros, de llevar a cabo dicha misión fue aplaudida en distintas zonas del país. Diez de aquellos miembros, algo más de un tercio del total, eran mujeres, una proporción mucho más alta de la que se alcanzó posteriormente en los comités directivos de las dos facciones que formaban parte del POSDR.

Aquellas mujeres eran Vera Figner, Sofía Ivanova, Anna Korba, Tatiana Lebedeva, Olga Lyubatovich, las hermanas Natalia Olennikova y María Oshanina, Sofía Perovskaya, Elizaveta Sergueyeva y Anna Yakimova. Esta última era hija de un monje. Las demás provenían de la aristocracia terrateniente o de familias de militares. Y todas, excepto tres, acabaron en la cárcel o subiendo las escaleras del cadalso.

Vera Figner dejó para la posteridad una vívida imagen de aquellos tiempos en sus memorias. Al igual que muchas otras, como por ejemplo Vera Zasúlich (la primera mujer que utilizó un revólver en un atentado, que más tarde fue miembro del comité editorial de *Iskra*, y sucesivamente militante menchevique), le dolió mucho la idea de que el partido se dividiera, y luchó enérgicamente durante un tiempo para que se mantuviera unido. Había vivido muchos años en el campo. Ser médico la ayudó a establecer vínculos con muchas mujeres campesinas que nunca habían recibido ningún tipo de tratamiento sanitario y, como memorablemente describía Gorki, estaban acostumbradas a dar a luz en los campos y en las cunetas y a cortar a dentelladas el cordón umbilical. A Figner le frustraba que la propaganda de su grupo no lograra penetrar en el campo. Regresó a San Petersburgo, y finalmente se incorporó a la facción terrorista, llegando a convertirse en una de sus organizadoras centrales y a contribuir a preparar las ejecuciones de los miembros más odiados de la autocracia. Tras el asesinato de Alejandro II, no se dejó llevar por el pánico, sino que se dedicó a proteger a los miembros de su partido contra la enorme cantidad de policías e informadores que recorrían el país como una plaga de langostas. Al final dieron con su paradero en 1883. El nuevo zar se sintió aliviado: «Alabado sea Dios, esa mujer depravada ha sido detenida». Fue condenada a cadena perpetua, y cumplió veintidós años en régimen de aislamiento en la Fortaleza de Schlusselburg. Quedó en libertad en 1905, cuando Rusia se preparaba para una revolución. En la cárcel, Figner se había dado cuenta de que la propaganda a través de la acción resultaba igual de inútil que la otra, hecha de discursos vacuos. Nunca dio lugar a sublevaciones de masas. En sus conmovedoras memorias, Figner renunciaba totalmente a la violencia, y argumentaba que tanto el partido como la autocracia, al recurrir al «combate cuerpo a cuerpo», corrompieron todo lo que les rodeaba. «Por su parte», decía, «el partido proclamaba que todos los métodos eran permisibles en la lucha contra el enemigo, y que los fines justifican los medios». Denunciaba el «culto a la bomba y al revólver y la santificación del terrorista». Después de quemarse ella misma con la experiencia, Figner comprendía muy bien que «el asesinato y la horca cautivaran la atención de nuestros jóvenes; y cuanto más débiles fueran sus nervios y más opresivo fuera su entorno, mayor era su sensación de exaltación al pensar en el terror revolucionario».

Sofía Perovskaya fue la principal organizadora del plan para asesinar a Alejandro II. Todos y cada uno de los detalles —la colocación de los vigías y de los encargados de lanzar las bombas, la señal final que hizo ella misma— eran responsabilidad suya. Fue detenida inmediatamente después del atentado, y tras ser interrogada por Von Plehve, el tristemente célebre jefe de la policía, admitió su participación sin el mínimo reparo.

Más tarde, durante el juicio, tan solo levantó la voz una vez: cuando el fiscal jefe (M. N. Muraviev), uno de sus amigos de la infancia, la acusó a ella y a otros de ser unos asesinos brutales e inmorales. Perovskaya le respondió con una dura reprimenda. Ella había reconocido por voluntad propia los hechos relacionados con el zar. No había necesidad de calumniarla, porque

> en lo que respecta a las acusaciones de inmoralidad, brutalidad y desdén por la opinión pública que se formulan contra mí y contra otros, me gustaría protestar y señalar que cualquiera que esté familiarizado con nuestras vidas y con las condiciones en las que teníamos que trabajar no podría lanzar acusaciones de inmoralidad y brutalidad contra nosotros.

Perovskaya luchó hasta el final. Cuando subió al cadalso lucía una sonrisa de triunfo, y para colmo asentó firmemente los pies debajo de un resalte de la plataforma, de modo que hicieron falta dos hombres para tirar violentamente de ella y poder ahorcarla[116].

---

[116] En julio de 1904, Vyacheslav von Plehve era ministro del Interior cuando un grupo de miembros de la «unidad de combate» del Partido Social-Revolu-

Fue la primera mujer revolucionaria que murió en la horca. El zar rechazó un ingente número de cartas suplicándole que se apiadara de ella, porque, aparte de todo lo demás, su padre era el gobernador general de San Petersburgo.

Perovskaya se lo había pensado muy bien antes de ingresar en La Voluntad del Pueblo. Su valor y sus habilidades tácticas la impulsaron rápidamente hasta la dirección. En una cuestión se mostraba categórica. Sus acciones no tenían nada que ver con la revancha. «La venganza», insistía, «es un asunto personal, algo que podría, forzando un poco las cosas, explicar los actos de terrorismo cometidos por la voluntad y la iniciativa personales de individuos aislados, pero no los de un partido organizado». Y resultaba ridículo pensar que un partido político pudiera «formarse alrededor del estandarte de la venganza, sobre todo si se granjea la simpatía personal de la que indudablemente goza el nuestro. El primer tiro —de Zasúlich— se disparó no por venganza, sino como represalia por un insulto a la dignidad humana»[117].

---

cionario (PSR) le asesinó por sus crímenes pasados y presentes. Dos años antes la misma organización había ejecutado una sentencia parecida contra el predecesor de Von Plehve. El panfleto de los eseristas explicaba que «condenamos a este villano en nombre del pueblo». Su razonamiento afirmaba que «Von Plehve era uno de los pilares que mantenían en pie el muro de la autocracia, un muro que le cortaba al pueblo el paso hacia la libertad y la felicidad. Si echamos abajo los pilares, el muro caerá». Sin embargo, las cosas no funcionaron del todo así, como iban a descubrir muchos propagandistas de la acción. Incluso en este caso lo que llevó al asesinato de Von Plehve fue su antisemitismo. Yevno Azef, el informador policial de origen judío que encabezaba el «grupo de combate» del PSR, no se molestó en informar a la Ojrana de los planes de aquel asesinato en particular.

[117] Vera Zasúlich y otra camarada, Kolenikina, ambas pertenecientes al grupo terrorista de línea dura Los Rebeldes de Kiev, habían decidido asesinar

La cuestión de las mujeres

En agosto de 1918, Lenin había escrito y firmado un decreto con la lista de revolucionarios y figuras públicas que merecían ser homenajeados a título individual con un monumento. La ecléctica lista de revolucionarios estaba formada por los siguientes nombres:

1. Espartaco
2. Tiberio Graco
3. Bruto
4. Babeuf
5. Marx
6. Engels
7. Bebel
8. Lassalle
9. Jaurès
10. Lafargue
11. Vaillant
12. Marat
13. Robespierre
14. Danton
15. Garibaldi
16. Stepan Razin
17. Pestel
18. Ryleyev
19. Herzen
20. Bakunin
21. Lavrov
22. Jalturin
23. Plejánov
24. Kaleyev
25. Volodarski
26. Fourier
27. Saint-Simon
28. Robert Owen
29. Zhelyabov
30. Sofía Perovskaya
31. Kibalchich[118]

En 1918, el escultor soviético Vladímir Tatlin inauguró un monumento a Perovskaya, obra del escultor Rajmanov. A la ma-

---

al gobernador y al fiscal jefe del juicio colectivo contra docenas de miembros del partido. A Zasúlich le enfureció la decisión del gobernador de mandar azotar a los presos. Se enfrentó a él y le disparó varios tiros. El gobernador sobrevivió por muy poco. La trataron como a una delincuente, pero el día del juicio el público de la sala la recibió como una heroína, y fue absuelta. Después huyó a Europa occidental. Durante ese periodo se dio cuenta de que los actos individuales de terrorismo eran inútiles, y se afilió al Grupo para la Emancipación del Trabajo en Suiza, donde ya estaban bien instalados Plejánov y Axelrod. Allí fue donde la conoció Lenin, durante su primer viaje a Europa occidental.

[118] Está claro que el viejo Lenin tenía prisa. Se le olvidaron, entre otros, los europeos James Connolly, John MacLean y Thomas Münzer, así como los no europeos Simón Bolívar, la Rani de Jhansi y Toussaint Louverture.

yoría de los críticos les pareció inaceptable; la escultura de Rajmanov fue sustituida por una nueva representación, obra del futurista italiano Orlando Grizelli. Según los rumores de la época, a Lenin le disgustaba enormemente la nueva escultura. Se encargó una tercera, más tradicional y sobria, pero nunca se terminó por culpa de la Guerra Civil. Sin embargo, Perovskaya sí dio nombre a varias calles, en Leningrado y otras ciudades[119].

Las dos últimas décadas del siglo XIX fueron años de derrota y desesperación para las mujeres. Una carta de lo más modosa que una feminista le envió al ultrarreaccionario zar Alejandro III, pidiéndole algunas reformas que pudieran aliviar el sufrimiento de las mujeres, fue castigada con el destierro. La sociedad rusa se estaba descomponiendo. El zar y sus ministros estaban convencidos de que la única forma de mantener el orden era un estado de represión permanente. La autocracia descansaba sobre cuatro pilares fundacionales: la propiedad privada, la monarquía, la Iglesia y el Ejército, con el apoyo de los sectores burocráticos del aparato del Estado. Alejandro III había reforzado a la Iglesia y le había proporcionado un brazo armado no oficial, denominado las Centenas Negras, que periódicamente llevaba a cabo pogromos contra los judíos. Pero la corte sí recurría a las reformas cuando algo desestabilizaba el aparato del Estado. Los reveses en la Guerra de Crimea habían sentado las bases para la ley que puso fin a la ser-

---

[119] La mayoría de los demás nombres de la lista ni siquiera alcanzaron ese estatus. Sus monumentos ni se empezaron, para gran irritación de Lenin. Simplemente, le informaron de que había prioridades más urgentes. La excepción fue una estatua de Marx y Engels que inauguró el propio Lenin. Un crítico constructivista comentó sobre aquel monumento sumamente tradicional: «Parece que acaban de salir de un baño completamente vestidos y juntos».

vidumbre. La derrota a manos de Japón había sido el telón de fondo de la Revolución de 1905, y la «Gran Guerra» había precipitado la de 1917. Al final, el zar fue apeado del pedestal, y con él su régimen.

Pero pocos habrían podido preverlo entre 1880 y 1890. Los triunfos reaccionarios a menudo inducen un quietismo político y una pasividad temporales por parte de los derrotados. La topografía política se asemeja a un desierto; se ven espejismos, pero el oasis no aparece. Tras la diezma de los grupos anarcopopulistas, a falta de cualquier indicio de oposición política, y con la ausencia de reformas serias desde arriba, el país vegetaba en silencio. El zar y su mojigata esposa danesa, la princesa María Dagmar, eran alérgicos a cualquier forma de emancipación de la mujer.

Irina, el personaje de *Las tres hermanas,* de Chéjov (1900), resume el estado de ánimo predominante en los ambientes de clase media de aquella época:

> ¡Oh, qué desgraciada soy!... ¡No puedo trabajar!... ¡No trabajaré!... ¡Basta, basta!... ¡Lo mismo antes, cuando estaba empleada de telefonista, que ahora trabajando en la Delegación, detesto cuanto me dan a o para hacer!... ¡Ya tengo veintitrés años!... ¡Hace mucho tiempo que trabajo y mi cerebro se ha secado! [...] ¡Estoy desesperada y no comprendo cómo todavía sigo viva y no me he matado![120].

Las obras de teatro de Chéjov se centraban en su propio entorno social. Las condiciones de las campesinas y de las mujeres

---

[120] Traducción del ruso E. Podgurski, Biblioteca Virtual Miguel de Cervantes, www.cervantesvirtual.com. *(N. del T.).*

que accedían por primera vez a un trabajo en la industria eran indescriptibles. Las propias familias de las jóvenes, que las consideraban un estorbo, las casaban cuando llegaban a la pubertad o muy poco después. A menos que tuvieran mucha suerte, el paso de vivir con sus padres a ingresar en su familia política era simplemente un traslado desde un estrato del infierno a sus máximas profundidades. En algunas regiones existía una costumbre nupcial por la que la novia no solo aportaba su cama, sino también un látigo como regalo para el novio; en las familias grandes, no era insólito que el suegro insistiera en tener relaciones sexuales con su nuera cuando su hijo estaba trabajando o de viaje. El trabajo duro, los incesantes embarazos y las suegras brutales provocaban el envejecimiento y una muerte prematura. A diferencia de la Irina de Chéjov, aquellas jóvenes campesinas eran condenadas a una muerte prematura desde el momento que contraían matrimonio. Durante cuánto tiempo podían sobrevivir dependía de sus propias ganas de vivir. Algunas eran fatalistas y sucumbían.

Pero otras resistían y sobrevivían, dando muestras de una valentía y unas habilidades como emprendedoras de las que carecían sus maridos. A menudo aquellas mujeres exigían una vivienda aparte, lejos de su familia política. Algunas evitaban completamente la trampa matrimonial por el procedimiento de buscar refugio en un convento. A ese respecto, un ejemplo sensacional fue el que dio Ella, la hermana de la zarina, que se hizo monja tras el asesinato de su marido, el gran duque Serguéi. Sin embargo, el recurso a los conventos nunca llegó a ser un movimiento de masas. Hubo un aumento del número de monjas, de las 7.000 que había en 1855 a las 47.000 de 1911, pero era una cifra insignificante comparada con las mujeres y las niñas que acudían en masa a las fábricas. Es posible que las historias que llegaban a los pueblos desde los conventos no fueran demasiado alentadoras al fin y al cabo. La vida de las mujeres que se convirtieron en obreras fabriles recordaba los peores días de la Revolución Industrial en Gran Bretaña.

Tras la derrota de la Comuna de París, las mujeres radicales de Rusia pasaron a ser las más avanzadas social y políticamente. Luchaban no solo por ellas mismas, sino por la emancipación de todo el país, un fenómeno excepcional en la historia social del mundo en aquella época. En 1918, Lenin, recordando a Fourier, pensaba sobre todo en su propio país cuando afirmaba: «De la experiencia de todos los movimientos de liberación, cabe señalar que el éxito de una revolución puede medirse por el alcance de la participación de las mujeres en ella».

Tras la muerte de Perovskaya en la horca, la autocracia abandonó cualquier tipo de moderación. Muchas otras mujeres fueron ahorcadas o fusiladas. Varios cientos languidecían en la cárcel, donde a menudo eran violadas, apaleadas e inducidas al suicidio. La llama parpadeaba, pero nunca se apagaba. Y lo más importante, se había sentado un precedente para las mujeres que vinieron después. El terrorismo como ideología más o menos había desaparecido, como si se lo hubiera llevado el viento, pero ya era imposible revertir la irrupción de las mujeres en la política radical, como se vio en las Revoluciones de 1905 y 1917 que estaban por llegar.

La igualdad entre los sexos se limitó al movimiento revolucionario de Rusia a lo largo de todo el siglo XIX. ¿Y qué ocurría con la sexualidad en sí? La monogamia y el amor libre eran objeto de acalorados debates, pero las mujeres y los hombres populistas eran bastante comedidos a ese respecto. Habitualmente sus debates se centraban en la revolución. Cualquier cosa que les apartara de ese camino era una distracción. No se ponía ningún tipo de estigma moral a la cohabitación casta, al sexo desinhibido o a las parejas monógamas, siempre y cuando no se quebrara la disciplina revolucionaria. Engels había escrito que el amor libre era un corolario de todos los movimientos revolucionarios.

Durante la Edad Media surgieron todo tipo de sectas heréticas, tanto en el cristianismo como en el islam, que prestaban una gran atención al amor y a la sexualidad, ocasionalmente de una forma más disimulada desde la corriente mayoritaria. Teresa de Ávila, la monja carmelita mística del siglo XVI, dejaba poco espacio a la imaginación durante un trance «espiritual» que describía en sus escritos de la forma siguiente:

> Veíale [a un ángel durante una visión] en las manos un dardo de oro largo, y al fin del hierro me parecía tener un poco de fuego. Este me parecía meter por el corazón algunas veces, y que me llegaba a las entrañas. Al sacarle, me parecía las llevaba consigo, y me dejaba toda abrasada en amor grande de Dios. Era tan grande el dolor, que me hacía dar aquellos quejidos; y tan excesiva la suavidad que me pone este grandísimo dolor, que no hay desear que se quite, ni se contenta el alma con menos que Dios[121].

Gianlorenzo Bernini plasmó exquisitamente este orgasmo espiritual en su escultura *Éxtasis de santa Teresa* para la capilla Cornaro de la iglesia de Santa María della Vittoria en Roma. Distin-

---

[121] Teresa de Jesús, *Vida de Santa Teresa de Jesús*, en *Obras completas*, Madrid, Aguilar, 1970, p. 177. *(N. del T.)*.

tas sectas presufíes y sufíes del mundo islámico habían predicado las alegrías del éxtasis y la unión, habitualmente, pero no siempre, con el Creador. Según un memorable hadiz, el profeta Mahoma insistía en que los creyentes se prodigaran en la estimulación erótica con las mujeres antes de abordar el acto final. Para el Profeta, el principio del placer era importante. A su vez, el judaísmo dio al mundo el delicioso *Cantar de los Cantares*.

La Iglesia católica se dedicaba a perseguir incesantemente a las sectas libertinas. Los Frailes del Libre Espíritu eran una secta utópica del siglo XII que creían que a medida que la historia del mundo se aproximaba a su fin, el propio Dios se aparecería para tutelarles y solazarles. Tres siglos después, el «hereje» gay bohemio Martin Húska, un radical en materia sexual, fue quemado en la hoguera por empezar sus oraciones con «Padre nuestro que estás en nosotros». Sus discípulos, los adamitas, fueron castigados por cultivar una inocencia como la del Jardín del Edén: iban desnudos a todas partes, predicaban la inocencia de todos los pecados y tenían relaciones abiertas entre ellos. No hay cifras sobre su número ni sobre su reclutamiento, pero lo curioso es que la mayor parte de aquellas sectas libertinas tendían a un comunismo primitivo y manifestaban públicamente su odio a la Iglesia, a sus dignatarios y a las riquezas que habían acumulado. Karl Kautsky afirmaba en sus escritos que eran los precursores del socialismo, aunque él mismo era mucho más conservador que ellos en esa y en otras cuestiones.

Respecto a las revoluciones, incluso la más puritana de aquellas sectas generaba una explosión de pensamiento libre y de sectarios que rompían con todas las ortodoxias. Políticamente, la corriente más radical durante la Guerra Civil Inglesa fueron los niveladores *(levellers)* y sus vástagos, los cavadores *(diggers);* social y sexualmente, los más avanzados fueron los ranters. Eran contrarios a la religión organizada y a las iglesias, no creían en el diablo ni en el infierno, insistían en que toda vida humana terminaba en la tierra y rechazaban airadamente cualquier noción de pecado original. Los intelectuales ranters, como Abiezer Coppe, de Oxford, estaban a favor del amor libre y de la libertad de elección, y hacían campaña públicamente a favor de la abolición de la familia y de «las relaciones sexuales con distintas parejas», tanto para los hombres como para las mujeres. Todo estaba a disposición de todos. No es de extrañar que los ranters atrajeran mucho público. El eslogan inglés «Hurra, hurra, Primero de Mayo, hoy empieza el sexo al aire libre» tiene su origen en los círculos ranters del siglo XVII. Probablemente, el clima era más fiable en aquellos tiempos.

Christopher Hill, uno de los principales expertos en aquel periodo, escribía que los ranters eran un grupo muy grande, que incluía a Peter Sterry, el capellán de Cromwell, así como al hijo del alcalde de Londres, Isaac Pennington. Hill argumenta que raramente les perseguían porque la mayoría de ellos, al no creer en la vida eterna, ni en la santidad de la Biblia, y realmente ni siquiera en Dios, no tenían ningún deseo de convertirse en mártires, y se retractaban de buena gana cuando las autoridades se lo exigían. Por su parte, la revolución puritana fomentaba el *«companionate marriage»* [matrimonio compañero], por el que la esposa no era un igual en sentido estricto, sino más bien una «ayudante», con plena libertad para divorciarse. Entre 1653 y 1660 también estuvieron permitidos los matrimonios civiles, llevando la Reforma hasta sus conclusiones lógicas.

La cuestión de las mujeres

Los populistas-terroristas de Rusia no eran tan generosos y desenfadados con los favores corporales como los ranters o los adamitas[122]. Su biblia, la popularísima novela de Chernyshevski, era un ataque feroz contra la familia tradicional y contra la utilización de las mujeres como esclavas, y una defensa del derecho de las mujeres a escoger por su cuenta a su pareja. Sin embargo, en lo referente al placer sexual, no era un libro particularmente audaz; a pesar de su radicalismo, Chernyshevski siempre tuvo algo de monje. El libro brindó a la generación de 1860 una moral alternativa, un espíritu de autodisciplina y de sacrificio que plasmaba la ética de aquellos tiempos[123]. Vera Figner, en sus extraordina-

---

[122] Lenin era un firme defensor del nudismo y de bañarse desnudo, y señalaba que además de suponer una oportunidad de recibir los saludables beneficios del sol y del agua, era el único momento en que el origen de clase de una persona quedaba totalmente oculto.

[123] Es posible que en este momento sea conveniente una confesión. Todos mis intentos de leer a Chernyshevski, a los diecisiete, los treinta y dos y los setenta y dos años, fueron fracasos estrepitosos. Esta última vez logré leer más de cien páginas, y pude comprender el atractivo de su autor, que radicaba en las verdades que contaba y en los elementos utópicos que incluía, más que la eficacia del libro como obra de ficción. ¿Quién estaría dispuesto a leerlo teniendo a su disposición *Las mil y una noches,* el *Decamerón* de Boccaccio y otras joyas? Era un sucedáneo de otros textos más explícitamente políticos. Cuando se hacían mayores, la mayoría de los radicales simplemente pasaba a leer a Marx.

En una ocasión, Vera Zasúlich regañó a una persona que ponía en duda a Chernyshevski: «Le entorpecía la censura. [...] Tenía que escribir mediante alusiones y jeroglíficos. Nosotros éramos capaces de descifrarlos, pero vosotros, la generación de 1900, no tenéis ese don. [...] Le encontráis aburrido y vacuo. [...] Incluso después de que desterraran a Chernyshevski a Siberia, y de que ya no pudiera explicar sus artículos, circulaba una especie de clave. [...] Vosotros ya no disponéis de esa clave, y sin ella no podéis conocerlo. [...] No podéis

rias y conmovedoras memorias, relata que cuando estaba en la cárcel sintió la necesidad de algunos aspectos del cristianismo, y más tarde de un sueño utópico de vida campesina que procedía directamente de Chernyshevski. Los activistas leían la novela al mismo tiempo que los ensayos, donde Chernyshevski demostraba ser un revolucionario intransigente y entregado. En sus diarios se define como un *«montagnard»*, como un «jacobino» y como «un simpatizante de los socialistas y los comunistas», y afirmaba que sentía «un anhelo irreprimible de la inminente revolución». En una letra firmada con seudónimo que envió a la revista *Kolokol* (La Campana), que editaba Alexander Herzen desde Londres, Chernyshevski exigía la solución más extrema para curar los males de la Rusia zarista: «¡Tan solo puede salvarnos el hacha, y nada más que el hacha! Cambiad de música, y que vuestra Campana no sea un llamamiento a la oración, ¡sino un toque a rebato! ¡Instad a los rusos a empuñar el hacha!». Herzen no hizo nada de eso, pero los populistas radicales rusos respondieron al llamamiento, y acusaban a los jacobinos de incoherencia por no terminar la tarea cuando la habían iniciado tan bien en 1792. Por ese motivo, argumentaban algunos, habían perecido Robespierre y Saint-Just.

En nuestra propia época, a muchos les resulta difícil aceptar que la violencia y el terrorismo desatados por La Voluntad del Pueblo en la Rusia zarista estaban motivados por las ideas y las soluciones de los progresistas. Por algo Lenin se refería a ellos

---

comprender que no era lo que, por vuestra ignorancia, imagináis que era». No había ningún otro escritor ruso, con la posible excepción de Tolstói, que inspirara tanta devoción y lealtad.

con la expresión «progresistas con bombas». Estaba simplemente resumiendo su propia autodescripción. Cuando el presidente de Estados Unidos James Garfield fue asesinado por un perturbado llamado Charles Guiteau en 1881, los dirigentes de La Voluntad del Pueblo emitieron una declaración pública donde dejaban clara

> su profunda solidaridad con el pueblo estadounidense. [...] El Comité Ejecutivo considera su deber declarar, en nombre de los revolucionarios rusos, su repulsa ante semejantes actos de violencia. [...] En un país donde la libertad personal ofrece la oportunidad de una honesta batalla de ideas, donde el libre albedrío del pueblo determina no solo las leyes, sino la personalidad de su gobernante, en un país como ese el asesinato como forma de lucha supone una manifestación de ese espíritu despótico que aspiramos a destruir en Rusia. [...] La violencia solo puede estar justificada cuando va dirigida contra la violencia.

Vera Figner, Vera Zasúlich, Sofía Perovskaya y muchas otras terroristas que habían salido huyendo de sus familias aristocráticas y burguesas, a menudo falseando una boda ficticia con sus camaradas masculinos, estaban mucho más preocupadas por destruir los pilares de la autocracia y por reformar la sociedad que por crear comunas utópicas o establecer guarderías en el lugar de trabajo, y cosas por el estilo. Indudablemente fueron pioneras de la igualdad de género, pero no les interesó demasiado formular un feminismo sexualmente liberado o provocar una transformación revolucionaria de las condiciones de las mujeres que estaban incorporándose en gran número al trabajo en las fábricas.

Para eso, en quien debemos centrar nuestra atención es en sus sucesoras octubristas, porque fueron ellas (junto con algunos de sus camaradas masculinos) las que renovaron las ideas de los ranters, de los disidentes que huían de la tiranía de la Iglesia y de las mujeres de la Comuna de París.

13

Las mujeres octubristas

Las mujeres desempeñaron un importante papel en las dos revoluciones de 1917, y en una medida mucho mayor de lo que lo habían hecho en 1905. De hecho, la chispa que desencadenó la sublevación de febrero fue una huelga de mujeres de la industria textil, en su doble papel de obreras y, en muchos casos, de esposas de los soldados del frente. Hicieron llamamientos a los obreros metalúrgicos para que se unieran a ellas, y al final de la jornada había 50.000 trabajadores manifestándose por las calles de la capital. Se les unieron las amas de casa, que se presentaron ante las puertas de la Duma para exigir pan. Era el Día Internacional de la Mujer (el 8 de marzo según el calendario gregoriano), una fecha que la activista bolchevique Konkordia Samoilova había dado a conocer a todos los rusos en 1913, y que siempre se había festejado, observado y conmemorado a partir de aquel año. Habitualmente se trataba de un evento público bastante discreto que se celebraba en unas pocas ciudades. Celebrarlo con una huelga masiva encabezada por mujeres trabajadoras carecía de precedentes. Y tenía un peculiar toque irónico: los capitalistas de Rusia habían dado por sentado que las mujeres iban a ser el elemento más obediente y menos problemático de la población activa, dado que eran el grupo más oprimido, más dócil y socialmente más retrógrado (en el sentido de que, a diferencia de las terroristas de las décadas pasadas, la mayoría eran analfabetas). Fue un error de cálculo. A medida que se prolongaba la Primera Guerra Mundial, también persistía la demanda de mano de obra. El porcentaje de las mujeres que trabajaban en las fábricas se duplicó y se triplicó. Además, la industria de armamento Putílov era la que estaba generando una mayor cantidad de obreros activistas y de organizadores bolcheviques, tanto mujeres como hombres.

También en Moscú las obreras estaban radicalizándose. Una de ellas, Anna Litveiko, que en 1917 tenía dieciocho años, posteriormente describió el proceso en unas breves memorias. Trabajaba con dos amigas suyas de aproximadamente la misma edad en la fábrica Elektrolampa, en el cinturón industrial de Moscú. Anna recordaba el día de 1905 en que su padre regresó a casa procedente de la última barricada que quedaba en la ciudad, «totalmente destrozado, con los bolsillos llenos de balas». Esta vez las cosas eran distintas. Muchos soldados y muchos cosacos estaban de parte de los sublevados. En octubre hubo que tomar decisiones. ¿De qué parte estaban? ¿Con los mencheviques o con los bolcheviques? Anna admiraba a las dos organizadoras bolcheviques que trabajaban con ella. En aquella fábrica, los mencheviques enviaban a unos cuantos intelectuales para que les dieran charlas desde el exterior «pero entonces me dijeron que a menudo era al revés, los mencheviques eran los obreros y los bolcheviques los intelectuales. ¿Quién podía entender todo aquello?».

Un día esperó a uno de los bolcheviques y le preguntó: «¿Cuál es la diferencia entre los bolcheviques y los mencheviques?». Él le contestó:

Verás, han echado a patadas al zar, pero los *burzhui* [burgueses] se han quedado y se han adueñado de todo el poder. Los bolcheviques somos los que queremos luchar contra los burgueses hasta el final. Los mencheviques no son ni una cosa ni la otra.

Anna decidió que «si iba a ser hasta el final, yo me quería afiliar a los bolcheviques». Muy pronto sus dos amigas hicieron lo mismo[124].

Ninguno de los participantes ni de los dirigentes de los partidos políticos clandestinos infiltrados en la capital tenía ni la más remota idea de que era el primer día de una revolución, salvo las oficinistas cuya conversación escuchó Sujánov nada más llegar al trabajo aquella mañana. Las mujeres volvieron a echarse a la calle al día siguiente, pero esta vez también lo hicieron los hombres. Y para entonces, los partidos de la izquierda tenían los ojos bien abiertos, y se dedicaban a redactar, imprimir y repartir panfletos, que en su mayoría tenían un tono parecido, salvo los de los bolcheviques, que también exigían la paz y el fin inmediato de la guerra imperialista. Cuando llegó el fin de semana, la suave brisa se había convertido en un vendaval. Sujánov, que ya estaba constantemente en la calle, tomando notas y saboreando la situación, oyó la conversación entre dos transeúntes poco entusiastas. «¿Pero qué quieren?», preguntó un tipo de aspecto adusto. Y esta fue la respuesta de su doble: «Quieren pan, paz con los alemanes, e

---

[124] Anna Litveiko, «In 1917», en Sheila Fitzpatrick y Yuri Slezkine, eds., *In the Shadow of Revolution: Life Stories of Russian Women,* trad. al inglés Yuri Slezkine, Princeton, 2000, pp. 49-53. Este fascinante libro incluye las memorias de algunas mujeres social-revolucionarias y de las que se pusieron del bando de los blancos en la Guerra Civil.

igualdad para los *yids* [judíos]». Ha dado en el clavo, pensó el futuro historiador, manifestando su gozo por aquella «brillante formulación del programa de la gran revolución».

En 1917 tan solo había dos mujeres en el Comité Central Bolchevique: Alexandra Kollontái y Elena Stásova. Varvara Yákovleva se incorporó un año después, fue ministra de Educación en 1922, y posteriormente ministra de Hacienda. Los mencheviques no estaban mucho mejor. El contraste numérico con el grupo terrorista La Voluntad del Pueblo no podía ser más llamativo, pero incluso su sucesor, el Partido Social-Revolucionario (PSR), daba muestras de lo mucho que habían cambiado las cosas en el nuevo siglo. La proporción de mujeres en sus órganos directivos también había sufrido una drástica disminución, aunque un poco menos acusada en su ala terrorista secreta, la Organización de Combate[125].

Los motivos eran diversos. Las trabajadoras estaban siendo reclutadas en masa por los conglomerados industriales. Una comparación política resulta igualmente esclarecedora. Los hombres y mujeres de los antiguos grupos que querían mantener sus lealtades en una época distinta probablemente se afiliaban al PSR. La mayoría de ellos ahora se mostraba en público sin la máscara del terrorismo[126].

---

[125] Fue disuelta en 1909 cuando se descubrió que su jefe trabajaba para la Ojrana, la policía secreta zarista.

[126] Dos dirigentes eseristas, Alexander Kérenski y Víctor Chernov, llegaron a ser miembros destacados del Gobierno Provisional. Kérenski siempre había sido un moderado, y estaba a favor de la guerra; Chernov había asistido a la Conferencia de Zimmerwald, y era muy aficionado a decirle a los campesinos que, cuando llegara la revolución, todos y cada uno de los terratenientes

Las mujeres octubristas

Alexandra Kollontái (1872-1952): veterana militante bolchevique, la única que apoyó las *Tesis de abril;* fue la primera mujer que asumió el cargo de embajadora (en Noruega).

Elena Stásova (1873-1966): otra veterana militante bolchevique, y muy cercana a Lenin. Fue secretaria del partido en Petrogrado, en 1917, y más tarde funcionaria de la Tercera Internacional.

La cuestión de las mujeres

Alexandra Kollontái no fue la única mujer que desempeñó un importante papel en los comienzos de la Unión Soviética, pero sin duda tenía un enorme talento y una mentalidad y un espíritu enconadamente independientes. En su obra es donde podemos ver una síntesis del feminismo revolucionario (socialista, no radical). Kollontái entendía mejor que nadie las necesidades sociales, políticas y sexuales de la liberación de las mujeres. A veces podía ser dura en su valoración de las mujeres de las distintas clases sociales, pero muchos de sus camaradas, hombres o mujeres, no compartían sus puntos de vista. Fue deliberadamente malinterpretada y tachada de defensora del libertinaje permanente; en el campo, los pequeños terratenientes utilizaban su nombre para advertir a los campesinos pobres de que si accedían a los planes de colectivización de las granjas, iban a tener que compartir a las jóvenes de sus familias con el resto de hombres, mientras que a las mujeres mayores iban a utilizarlas para hacer jabón.

Kollontái era muy consciente de lo absurdo de la mayor parte de la propaganda, y en especial le irritaba mucho que la acusaran de dar prioridad al sexo frente al amor. En su breve ensayo autobiográfico titulado «Autobiografía de una mujer comunista sexualmente emancipada», Kollontái explicaba que el amor siempre había desempeñado un gran papel en su vida, pero que era una experiencia pasajera. Lo más importante era la necesidad de

---

y sus herederos tenían que ser exterminados físicamente para que triunfaran las reformas. En calidad de ministro de Agricultura incompetente del Gobierno de Kérenski, Chernov intentó poner en práctica unas políticas un tanto distintas. Otra eserista, Fanny Kaplan, intentó asesinar a Lenin en agosto de 1918, y casi lo logró.

«comprender que el amor no era el principal cometido de nuestra existencia y que sabíamos poner el trabajo en el centro de nuestras vidas». Y habría podido añadir: «... como hacen los hombres». Quería que el amor se combinara armoniosamente con el trabajo, pero «una y otra vez las cosas acababan siendo de una forma distinta, dado que el hombre siempre intentaba imponernos su ego, y adaptarnos totalmente a sus fines». La opción consistía en aceptar esa postura en aras de la vida, o bien ponerle fin oponiéndose a ella. Explicaba que «dado que el amor se ha convertido en una traba», la única salida consistía en «una inevitable rebelión interior. [...] Nos sentíamos esclavizadas, e intentábamos deshacer las ataduras del amor». No decía que no hubiera contradicciones en la carrera «hacia la libertad», sino todo lo contrario: «Una vez más volvíamos a sentirnos solas, infelices, aisladas, pero libres..., libres para el trabajo ideal querido y elegido». Fue una de las primeras afirmaciones nucleares de los valores feministas modernos, y de la que el siglo XXI parece haberse retractado, a pesar de los interminables hosannas en honor del «matrimonio homosexual».

En 1918, Lenin afirmaba: «De la experiencia de todos los movimientos de liberación, cabe señalar que el éxito de una revolución puede medirse por el alcance de la participación de las mujeres en ella». La práctica totalidad de los revolucionarios rusos, al margen de la facción o del partido al que pertenecieran, siembre habían estado de acuerdo en eso. Como ya he comentado en el capítulo 12, a partir de la década de 1860, las mujeres rusas desempeñaron un papel ejemplar, mucho más avanzado que sus hermanas del resto de Europa y demás continentes.

Los debates sobre el papel de la familia nuclear en las ciudades y en el campo, y sobre la función del matrimonio, fueron más avanzados y más reales en Rusia que en cualquier otro lugar durante los últimos años del siglo XIX y principios del XX. Las revoluciones de 1917 aceleraron aún más ese proceso, dado que todas esas cuestiones habían dejado de ser una abstracción. Era preciso tomar medidas concretas. Marx, Engels y Bebel habían insistido en que el capitalismo estaba negando los usos y necesidades tradicionales de la familia. En las sociedades campesinas, la familia actuaba como una unidad colectiva de producción. Todos sus miembros trabajaban, aunque las mujeres trabajaban más duramente. Clara Zetkin, dirigente del SPD alemán, utilizó como punto de partida la obra de los tres sabios, y analizó las diferencias entre una familia campesina y una proletaria. Esta, argumentaba Zetkin, era una unidad de consumo, no de producción. Los teóricos soviéticos desarrollaron esa idea después de la revolución. Para Nikolái Bujarin, el desarrollo del capitalismo había plantado las semillas necesarias para la desintegración de la familia: el traslado a las fábricas de la unidad de producción, el trabajo asalariado de mujeres y hombres, y por supuesto, la naturaleza peripatética de la vida y el trabajo en las ciudades. Kollontái estaba de acuerdo en que la familia se encontraba al borde de la extinción. Lo crucial era que el gobierno bolchevique llevara a cabo la transición a las nuevas formas de la manera más indolora posible; por ejemplo, haciendo que el Estado proporcionara guarderías y colegios de alta calidad, comedores comunitarios y ayuda con las tareas domésticas. Lenin apoyaba firmemente ese punto de vista. Sus críticas a la familia eran característicamente mordaces. Lenin denunciaba «la descomposición, la putrefacción y la inmundicia del matrimonio burgués, con sus dificultades para disolverlo, su libertinaje para el marido y la sumisión de la esposa, y su moral y sus relaciones sexuales asquerosamente falsas».

El enemigo era siempre el marido, que eludía totalmente las faenas de la casa y el cuidado de los hijos. «Las tareas triviales del hogar», despotricaba Lenin en 1919, «aplastan, estrangulan, atontan y degradan a la mujer, la encadenan a la cocina y a la habitación de los niños, y ella desperdicia su trabajo en unas faenas bárbaramente improductivas, mezquinas, enervantes, anquilosantes y apabullantes». Las soluciones que proponía eran las mismas que las de otros dirigentes revolucionarios de la época: cocinas, lavanderías, talleres de reparación, guarderías, jardines de infancia, etcétera, colectivos. Pero para Lenin, la abolición de la esclavitud doméstica *no* significaba la desaparición de los hogares ni las familias individuales.

Esas ideas se reflejaron en la arquitectura de los constructivistas. Los edificios de apartamentos de Moisei Ginzburg, grandes y pequeños, eran la expresión de una nueva época. Las lavanderías y los comedores comunales se consideraban un enorme éxito. La zona de juegos de los niños era visible desde la cocina de todos los apartamentos, y el tamaño de los espacios podía modificarse desplazando unos grandes tabiques de madera sobre ruedas. La visión de Ginzburg estaba inspirada, como él mismo explica en su obra maestra, *La época y el estilo,* sobre todo en los cinco años que estuvo en Crimea, donde tuvo tiempo, a pesar de la Guerra Civil, de visitar las antiguas mezquitas y otros edificios, de los que aprendió mucho más de lo que había aprendido en la academia tradicional de Milán. Ginzburg describía la arquitectura espontánea e impulsiva del pueblo tártaro, que «se precipita por su curso natural, adaptándose a sus curvas y sus irregularidades, añadiendo un motivo sobre otro con una espontaneidad pintoresca que oculta un orden creativo inconfundible». El edificio del *Pravda* de Leningrado, construido en 1924, en el que trabajó alegremente con otros dos arquitectos, consolidó su prestigio como uno de los mejores exponentes de la nueva cultura[127]. Muy pronto su obra quedó eclipsada por los oportunistas del la época de Stalin, pero por suerte a Ginzburg le dejaron en paz. Falleció apaciblemente en su cama en 1946.

Los bolcheviques estaban sumamente orgullosos de sus primeros decretos, en su mayoría redactados por Lenin. En octubre de 1918, para conmemorar el primer aniversario de la Revolu-

---

[127] En 1986, en una de mis últimas visitas al antiguo Moscú anterior a los oligarcas, mis anfitriones de la Unión de Escritores (cuya sede era a la sazón la vieja mansión de un noble, cuya familia era íntima amiga de la de Tolstói, tanto que este se basó en ella para idear la familia de Natasha en *Guerra y paz*), me preguntaron qué quería hacer en mi día libre. Les pregunté si podía visitar el Moscú de los constructivistas. Un arquitecto tártaro accedió a hacerme de guía, y resultó ser una gira verdaderamente memorable. Los edificios seguían allí, pero eran casi invisibles a menos que me los señalaran; estuve mucho tiempo en cada uno de ellos, mientras mi culto cicerone iba indicándome los rasgos más destacables. Fue entonces cuando oí hablar por primera vez de Ginzburg. El plato fuerte estaba a unos cuantos kilómetros del centro de la ciudad, en lo que antiguamente había sido la primera zona industrial que se construyó tras la Revolución. Las fábricas ya habían desaparecido hacía mucho tiempo, pero seguía en pie un bloque de apartamentos de tamaño medio para familias de clase trabajadora. Era realmente sorprendente. La lavandería comunal seguía funcionando. Me enseñaron un apartamento típico. Todas las cocinas tenían una ventana desde donde se podía ver en todo momento la zona de juegos infantiles. Los tabiques de madera maciza sobre ruedas permitían modificar el diseño conforme a las necesidades. No pude evitar comparar aquella Jerusalén, y sus espacios verdes, con la mayoría de los bloques de viviendas de estilo brutalista que se construyeron en Gran Bretaña durante la posguerra. La falta de imaginación imperante en Gran Bretaña era espantosa. Las épocas y los estilos.

ción, el Comité Ejecutivo Central del Soviet aprobó por unanimidad el nuevo Código del Matrimonio, la Familia y la Custodia. Fue redactado por el jurista radical Alexander Goijbarg, de treinta y cuatro años, que explicaba que su cometido era fomentar el «decaimiento» de la familia tradicional. «El poder proletario», escribía, en un momento en que eran bastante habituales las esperanzas de ese tipo, «construye sus códigos y todas sus leyes de forma dialéctica, de modo que cada día de su existencia socava la necesidad de su existencia». Lo que se pretendía era «que las leyes resultaran superfluas». Goijbarg, que había sido militante menchevique, basaba sus ideas en la filosofía política que subyacía a *El Estado y la revolución*, de Lenin. Numerosos historiadores han comentado que durante el primer año de la Revolución parecía que se estaba representando de nuevo la Comuna de París.

El nuevo derecho familiar carecía de precedentes en la historia[128]. Las leyes zaristas sobre la familia se formulaban en función de las necesidades de la Iglesia ortodoxa y de otras religiones cuando era necesario. Resulta esclarecedora una comparación con las disposiciones de Arabia Saudí y el wahabismo. La Iglesia hacía cumplir la brutalidad patriarcal con esa misma energía. Las mujeres necesitaban el permiso de los hombres prácticamente para todo, incluso para solicitar el pasaporte. Se imponía obe-

---

[128] Para un debate más detallado sobre esta cuestión y otros asuntos relacionados con ella, recomiendo vivamente el memorable libro de Richard Stites, *The Women's Liberation Movement in Russia: Feminism, Nihilism and Bolshevism, 1860-1930*, Princeton, 1978. Igualmente útiles resultan dos estudios más recientes: Wendy Z. Goldman, *Women, the State and Revolution*, Cambridge, 1993, y Jane McDermid y Anna Hillyar, *Midwives of the Revolution*, Londres, 1999.

diencia total, y las mujeres no tenían derechos, salvo en lo referente a la propiedad. El derecho familiar de Europa occidental, que tenía sus orígenes en el feudalismo propiamente dicho, había instituido la propiedad «conjunta», que a todos los efectos significaba la propiedad y el dominio por parte del hombre. La Iglesia rusa consentía los derechos de propiedad separada, en lo referente a dotes, herencias, regalos y tierras. Eso es lo que ocurre también en Arabia Saudí. A las mujeres les están negados los derechos políticos y la igualdad, pero pueden poseer bienes; las empresarias funcionan perfectamente bien.

Unos meses después de la Revolución de Octubre, un decreto abolió todas las leyes zaristas relacionadas con la familia y la criminalización de la sodomía. Las mujeres ya no eran jurídicamente inferiores, tenían los mismos derechos que los hombres; el matrimonio religioso era nulo, y la ley solo reconocía los matrimonios civiles; el divorcio se concedía cuando lo solicitaba cualquiera de los cónyuges, y no era imprescindible alegar un motivo. Lo mismo ocurría con la pensión alimenticia: ambos cónyuges tenían las mismas garantías. Se abolieron las leyes sobre la propiedad que se remontaban a muchos siglos atrás, lo que puso fin a los privilegios del varón y se eliminó el estigma de los hijos «ilegítimos». Todos los hijos tenían los mismos derechos, independientemente de si sus progenitores estaban casados. Ello supuso una reestructuración radical del derecho europeo, al desvincular las obligaciones familiares del contrato o el certificado de matrimonio. Curiosamente, se prohibieron las adopciones privadas, alegando que el nuevo Estado iba a ser mejor tutor que las familias individuales. Teniendo en cuenta la preponderancia del campesinado, se temía que las adopciones facilitaran el uso de mano de obra infantil en el campo. Los educadores más utópicos argumentaban que abolir las adopciones privadas era un paso de transición hasta que el Estado fuera capaz de ofrecer cuidados a todos los niños.

Los críticos del nuevo código denunciaban las nuevas medidas por considerarlas una capitulación frente a las normas burguesas. Goijbarg escribía: «Nos gritaban: "registro de los matrimonios, matrimonio oficial, ¿pero qué clase de socialismo es este?"». Y N. A. Roslavets, una delegada ucraniana al Comité Ejecutivo Central del Soviet de 1918, donde se estaba debatiendo el nuevo código, estaba furiosa por el hecho de que el Estado tuviera siquiera algo que ver con el matrimonio. Se trataba de una decisión individual, y no debía pasar de ahí. Roslavets tachaba el código de «vestigio burgués»: «La interferencia del Estado en el asunto del matrimonio, incluso en la forma de registro que sugiere el Código, es totalmente incomprensible, no solo en un sistema socialista, sino en el periodo de transición», y concluía airadamente: «No puedo comprender por qué este Código establece la monogamia obligatoria». Como respuesta, Goijbarg le rogaba a ella y a otros que entendieran que la principal razón de implantar un código secular era ofrecer una alternativa a la Iglesia a las personas que sí deseaban registrar un matrimonio. Si el Estado no lo hacía, mucha gente, sobre todo en el campo, celebraría bodas religiosas clandestinas. Goijbarg se impuso en la discusión, pero tras un considerable debate[129].

Mientras tanto, en 1919, el Gobierno revolucionario establecía el *Zhenotdel* (departamento para el trabajo entre las obreras y

---

[129] Goldman, *Women, the State and Revolution*, pp. 55-56.

campesinas), cuyo objetivo era la emancipación de las mujeres. Sus responsables eran mujeres con mucha experiencia en ese campo en los cruciales años previos a la Revolución —Inessa Armand, Alexandra Kollontái, Sofía Smidovich, Konkordia Samoilova y Klavdia Nikolayeva— y que comprendían las necesidades específicas de las mujeres. Aquella lucha por la liberación no era una meta para la mayoría de las mujeres. Los socialdemócratas, así como Vera Zasúlich y Rosa Luxemburgo, la consideraban una distracción en un momento en que el conjunto de la humanidad afrontaba unas tareas gigantescas. Las mujeres del *Zhenotdel* no se consideraban a sí mismas unas utopistas. Simplemente estaban convencidas de que la emancipación de las mujeres era una de las tareas que tenía que afrontar la Revolución. Ninguna de ellas pensaba que pudiera lograrse rápidamente, ni siquiera a lo largo de sus vidas, pero había que ponerla en marcha *ya,* porque de lo contrario simplemente se desvanecería en el horizonte. Y era preciso tomar medidas inmediatas respecto al traspaso de las tareas domésticas y del cuidado de los hijos a las instituciones del Estado. No se referían a los enormes falansterios que vislumbraban Fourier, Chernyshevski y Bujarin. Las mujeres querían que la administración municipal ofreciera instituciones locales, como guarderías gratuitas, comedores públicos y lavanderías. El asunto pasó a ser objeto de un acalorado debate. Lenin, en un discurso que pronunció ante un congreso de mujeres en septiembre de aquel mismo año, argumentaba que las reivindicaciones y el trabajo del *Zhenotdel* «no pueden arrojar resultados a corto plazo […] ni producirán un efecto fulgurante». Trotsky argumentaba lo mismo en varios artículos de periódico, y citaba muchos ejemplos de la vida de la clase obrera que sugerían que hacía falta cautela, al tiempo que también defendía la idea de que la propaganda abstracta no bastaba para transformar las relaciones entre los sexos. Tenían que darse algunas acciones, algunos experimentos para mostrarles las ventajas a todos los interesados.

En realidad, al final resultó que los utopistas eran, ¡ay!, los viejos bolcheviques (hombres y mujeres). La abolición de la propiedad privada no fue suficiente. La victoria del conservadurismo en la Unión Soviética a partir de 1930 dio lugar a un «Thermidor sexual» y a la reafirmación de los roles «tradicionales» de las mujeres incluso sin modificar las leyes, salvo la recriminalización de la homosexualidad en 1934. En el extremo diametralmente opuesto, las ideas prácticas que planteaba el *Zhenotdel* fueron implementadas después del fin de la Guerra Civil por los arquitectos a la hora de diseñar nuevos complejos de viviendas, como veíamos antes.

A nivel nacional, las mujeres del *Zhenotdel* se mostraron sumamente activas para garantizar que no se pasara por alto a las mujeres a la hora de prestar servicio en los comités revolucionarios militares, en los aparatos locales del partido y de los sindicatos, y en el departamento político del Ejército Rojo. Una vez más, la participación de las mujeres rusas en la guerra de guerrillas y en el terrorismo clandestino sirvió de ejemplo. En 1812, las mujeres campesinas a menudo habían liquidado a los soldados franceses que se habían quedado aislados del ejército de Napoleón, a golpe de hoz o de horca, o simplemente quemándolos vivos.

Durante la Guerra Civil, muchas mujeres actuaron como comisarias políticas y como enfermeras en los hospitales de campaña. La vida guerrillera era dura, pero a las mujeres les gustaba gozar de aquella igualdad con los hombres, una tradición que volvió ponerse de relieve durante la Segunda Guerra Mundial. Richard Stites cuenta que «las enfermeras que caían prisioneras eran tratadas con una brutalidad especial por los blancos. En 1919, cerca de Petrogrado, ahorcaron con vendas a tres enfermeras, colgándolas de las vigas de su hospital de campaña, y les clavaron en la lengua sus insignias del *Komsomol* (juventudes comunistas)». Y miles de mujeres combatieron en el Ejército Rojo y «lucharon en todos los frentes y con todas las armas, prestando servicio como fusileras, como comandantes de trenes blindados, como artilleras»[130]. También se hicieron espías. A Lenin le impresionaron enormemente las noticias procedentes de Odesa y de Bakú, que decían que las mujeres más cultas del Ejército Rojo se habían enfrentado eficazmente a los soldados franceses y británicos que combatían junto a los blancos, y que discutían con los soldados enemigos en su propio idioma en contra del intervencionismo extranjero. Lenin ordenó la creación de una academia especial para el espionaje y la desorganización. Estaba ubicada en una gran mansión de Moscú, y su director era Kamo, el legendario revolucionario georgiano, que tenía en su haber infinidad de hazañas en la clandestinidad antizarista. Los que pasaron por aquella academia (entre sus alumnos hubo muchas mujeres, por ejemplo, Larissa Reisner, una espía de gran talento) formaron el Primer Destacamento Partisano de Operaciones Especiales[131].

---

[130] Stites, *The Women's Liberation Movement in Russia*, p. 318.

[131] Cathy Porter, *Larissa Reisner: A Biography*, Londres, 1988. Porter también es autora de otra fascinante biografía de una feminista revolucionaria soviética: *Alexandra Kollontai*, Londres, 2013.

Sin embargo, las feministas bolcheviques se toparon con una fuerte resistencia en otros frentes por la emancipación. Surgieron enormes problemas cuando establecieron sus modestas sedes en el Cáucaso y en Asia central, y de hecho también Ucrania. Las mujeres locales eran miedosas y tímidas. Los hombres amenazaban con la violencia a las feministas, a pesar de que lo único que hacían era enseñar a leer a las mujeres de la zona en una de las «cabañas de lectura» del *Zhenotdel*.

En 1920, tras un viaje por el Cáucaso, Clara Zetkin relataba en el cuartel general del *Zhenotdel* todo lo que le habían contado las mujeres, después de dedicar varias semanas a convencerlas de que hablaran:

> Éramos esclavas mudas. Teníamos que escondernos en nuestra habitación y arrastrarnos ante nuestros maridos, que eran nuestros señores.
>
> Nuestros padres nos vendieron a la edad de diez años, o incluso menos. Nuestros maridos nos azotaban con un palo y un látigo cuando les apetecía. Si querían que nos congeláramos, nos congelábamos. A nuestras hijas, que eran nuestra alegría y una ayuda en las tareas de la casa, las vendían, igual que nos habían vendido a nosotras.

El trabajo que llevaron a cabo las mujeres de los escalafones inferiores del *Zhenotdel* por todo el país indudablemente dio sus frutos. Sentó las bases para la implantación de un estricto sistema de igualdad de género incluso en las regiones socialmente más atrasadas de la Unión Soviética[132]. Aquellas mujeres valientes y

---

[132] Las mujeres musulmanas de las antiguas Repúblicas Soviéticas son de las más cultas de todo el mundo islámico, y se han integrado completamente

seguras de sí mismas se enfrentaban frontalmente con los hombres, sin armas ni escolta. Tres dirigentes del *Zhenotdel* fueron asesinadas «por bandidos». En pleno centro de una ciudad musulmana proyectaron una película donde se veía a su protagonista musulmana negándose a casarse con un anciano que la había comprado. En Bakú, un grupo de mujeres que salían de un club del *Zhenotdel* sufrió el ataque de unos hombres con perros salvajes (no había mucha diferencia entre unos y otros) y a algunas de ellas les desfiguraron el rostro con agua hirviendo. Una mujer musulmana de veinte años, orgullosa de haberse liberado, fue a bañarse con un traje de baño. Fue descuartizada por su padre y sus hermanos porque aquello «era un insulto para su dignidad». En 1929 hubo trescientos asesinatos de ese tipo («delitos contrarrevolucionarios» para el Estado) a lo largo de tan solo tres meses. Pero a pesar del terrorismo patriarcal, al final ganaron las mujeres. Cientos de mujeres musulmanas y de otras minorías empezaron a presentarse voluntarias como traductoras y oficinistas en las delegaciones del *Zhenotdel*. Y llegaban noticias sumamente conmovedoras de que con motivo de cada Primero de Mayo y de cada Día Internacional de la Mujer, miles de mujeres se quitaban el velo de forma *voluntaria* e insolente. Y ya nunca dieron marcha atrás. La autoemancipación fue el modelo que proponía el *Zhenotdel,* no una imposición del Estado. Y fue un éxito.

---

como médicos, catedráticas, maestras, pilotos, abogadas, etcétera. Hace unos años conocí a dos de ellas en un congreso sobre el islam, donde ellas se dedicaron a defender enérgicamente la modernidad en contra de algunos relativistas. Les pregunté quiénes eran, y una de ellas me contestó: «Somos mujeres de la antigua Unión Soviética».

Numerosos destacados bolcheviques se habían opuesto al *Zhenotdel*. Rykov, muy implicado en los sindicatos, donde predominaban los hombres, exigió la disolución del *Zhenotdel* porque a su juicio causaba división. Zinóviev se opuso incluso a convocar el Congreso de Mujeres de 1919. Otros querían utilizar el *Zhenotdel* para marginar a las mujeres bolcheviques y así dejar el «verdadero» partido en manos de los hombres, que fue más o menos lo que ocurrió de todas formas. Elena Stásova, secretaria del partido en 1917, fue destituida de su cargo cuando la capital se trasladó a Moscú. Se enfadó mucho (aunque su sucesor, Jacob Sverdlov era el organizador con más talento que había), se negó a que la relegaran al *Zhenotdel*, y acabó siendo una de las secretarias políticas de la oficina de Lenin. El propio Lenin defendía el *Zhenotdel* frente a cualquier modalidad de reduccionismo. En la que probablemente fue su última entrevista sobre el asunto (su interlocutora fue Clara Zetkin), Lenin reaccionó airadamente cuando Zetkin le informó de que muchos «buenos camaradas» eran hostiles a cualquier propuesta de que el partido creara órganos especiales para un «trabajo sistemático entre las mujeres». Argumentaban que había que emancipar a todo el mundo, no solo a las mujeres, y que Lenin se había rendido al oportunismo en esa cuestión. Escribe Zetkin:

> «Eso no es ni una novedad ni una prueba», dijo Lenin. «No te dejes engañar por eso. ¿Por qué nunca hemos tenido tantas mujeres como hombres en el partido, en ningún momento en la Rusia soviética? ¿Por qué es tan baja la cifra de mujeres organizadas en sindicatos? Los datos dan que pensar. [...] Por eso está bien que presentemos reivindicaciones que favorezcan a las mujeres. [...]

Nuestras reivindicaciones son conclusiones prácticas que hemos sacado de las necesidades apremiantes, de la vergonzosa humillación de las mujeres en la sociedad burguesa, indefensas y carentes de derechos. [...] Reconocemos esas necesidades y somos sensibles a la humillación de las mujeres, a los privilegios del varón. Eso lo odiamos, sí, odiamos todo eso, y aboliremos todo lo que tortura y oprime a la mujer trabajadora, al ama de casa, a la mujer campesina, a la esposa del pequeño comerciante, y en muchos casos a las mujeres de las clases adineradas[133].

La sexualidad era otro campo de batalla, pero no constituía un debate nuevo. A partir de la década de 1860 surgieron fuertes diferencias de opinión entre los progresistas, los populistas, los terroristas y los socialistas. Chernyshevski, conocido por sus comunas abstractas y utópicas de ficción, demostró tener un lado más práctico. Cuando estaba en la cárcel, alguien le informó de que durante su ausencia su esposa había tenido distintos escarceos con algunos amantes, pero Chernyshevski la defendió enérgicamente con el argumento de que si él podía hacerlo y lo había hecho, ¿por qué no iba a hacerlo ella? Tolstói tendía a definir el sexo no destinado a la procreación como «lujuria», y predicaba las virtudes del celibato, sobre todo en *La sonata a Kreuzer*. Entre los socialdemócratas rusos, Alexandra Kollontái era una de las principales defensoras de la liberación social, política y sexual de las mujeres. Se convirtió en un símbolo del «amor libre». Y por eso la vilipendiaban dentro y fuera del país. Le dirigían los comentarios más insultantes, y los más ofensivos a menudo provenían de

---

[133] Clara Zetkin, *Reminiscenses of Lenin,* Londres, 1929, pp. 64-65.

los eruditos de Europa occidental, habitualmente bastante comedidos. Pitirim Sorokin, al observar el país posterior a 1917, reprochaba a Kollontái su «sadismo sexual», y anotaba en su diario que «su entusiasmo revolucionario no es más que su forma de satisfacer su satiriasis sexual». Para Robert Daniels, Kollontái era «la amante de Shlyapnikov (entre otros, ya que ella ponía en práctica lo que predicaba)». A E. H. Carr le resultaba difícil disimular su hostilidad, e informaba a sus lectores de que Kollontái «predicaba la satisfacción desinhibida del impulso sexual, apoyándose en la suposición de que asumir las consecuencias era asunto del Estado»[134].

La sexualidad no era un tema tabú, pero Marx, Engels y Bebel habían presupuesto que la auténtica liberación en ese frente llegaría con la consolidación de una sociedad comunista. A juicio de algunos, la victoria de una revolución hecha por marxistas había abreviado el proceso y había iniciado la transición a una liberación heterosexual. Kollontái había escrito algunos ensayos y relatos de ficción entre 1922 y 1923 donde subrayaba el nuevo giro de la moral. La intimidad sexual solo debía regirse por las necesidades individuales. No era asunto ni del Estado ni de cualquier tipo de autoridad. Muchos le recriminaban que predicara un feminismo utópico imposible de alcanzar o que era, para algunos, simplemente un error. Teniendo en cuenta las caóticas condiciones del país, los dirigentes de mediana edad del partido (entre otros) argumentaban que el deber del Gobierno era disciplinar o canalizar las energías

---

[134] La hipocresía de Carr es asombrosa. No es ningún secreto que al viejo verde le resultaba difícil controlar sus propios «impulsos sexuales», y como el Estado británico no reconocía los hijos ilegítimos, debió de tener bastantes problemas relacionados con las consecuencias.

juveniles para evitar la explotación de las jóvenes. Alarmada ante la ferocidad de los ataques, Kollontái se batió en retirada y aceptó el cargo de embajadora soviética en Noruega, y así se convirtió en la primera mujer de la historia a la que se encomendó un cargo diplomático de tanta importancia. También el *Zhenotdel* dio un paso atrás a raíz de los ataques, y accedió a concentrarse en un trabajo más práctico y político, y a dejar a un lado la teoría por el momento. A pesar de todo, sus dirigentes se negaron a aceptar las ideas de Bujarin sobre la capacidad transformadora de las instituciones centralizadas del nuevo Estado. Para ellas, el camino a seguir era la actividad autónoma y la autoemancipación a través del debate democrático y la acción colectiva. En 1927, tres años antes de que Stalin disolviera el *Zhenotdel*, un texto escrito por Sofía Smidovich (una veterana de la Revolución) para conmemorar el décimo aniversario de la Revolución de Octubre, enumeraba los objetivos esenciales del *Zhenotdel* en un solo párrafo:

> La satisfacción de todas las necesidades; la posibilidad de que cada persona pueda desarrollar su tendencia innata a participar en este o en aquel campo, sus correspondientes gustos e inclinaciones; la plena libertad de cualquier tipo de opresión de una persona por otra, y la nueva conquista de todas las nuevas posibilidades en la lucha contra las fuerzas de la naturaleza y las nuevas victorias sobre ella; y el desarrollo de las polifacéticas potencialidades de la personalidad humana, esos son, aproximadamente, los rasgos básicos de ese futuro brillante, cierto, todavía lejano. [...] ¿Acaso es eso posible en condiciones de opresión de las mujeres?[135].

---

[135] Citado en Barbara Evans Clements, «The Utopianism of the Zhenotdel», *Slavic Review* 51: 3, otoño de 1992, p. 493.

Pero no pudo ser. Los experimentos con el «amor libre» del *Komsomol* y de los estudiantes habían degenerado, según algunos miembros del Politburó, en una fornicación desenfrenada, a la rebatiña, y dominada por los hombres[136], aunque todavía es objeto de debate si esa visión se ajustaba a la realidad. A la *troika* de dirigentes —Stalin, Zinóviev y Kámenev— les había sorprendido la cantidad de células comunistas de las universidades que aprobaron resoluciones de conformidad con la crítica de Trotsky en *Pravda* contra la creciente burocratización del partido y del Estado. El Politburó empezó a aludir a las tendencias pequeño-burguesas, a lo que Trotsky contestó que hasta el día anterior habían estado aludiendo al crucial «barómetro de la juventud» como guía imprescindible para evaluar el progreso de la Revolución. Resulta difícil saber en qué medida ello afectó también a las posturas sobre la sexualidad.

Lo que resulta innegable es que a no pocas jóvenes no les gustaba la actitud excesivamente desenfadada respecto al sexo que habían importado a las universidades los soldados desmovilizados al final de la Guerra Civil. Esa actitud también estaba presente entre los transgresores más bohemios, entre los miembros del movimiento *Proletkult* (cultura proletaria) y del culto a Mayakovski, que adoptaron los abrigos de cuero negro que solía ponerse el poeta, su porte erguido y la arrogancia despreocupada que le granjearon una enorme popularidad entre los jóvenes, tanto a él

---

[136] Y no solo los hombres jóvenes. Anatole Lunacharski, un hombre mayor, utilizó su cargo en el Ministerio de Cultura para aprovecharse al máximo de las bailarinas del Bolshói, una antigua tradición zarista que se prolongó hasta los últimos años de Breznev, y que probablemente sigue existiendo.

como a su poesía. A Lenin le disgustaba intensamente la poesía de Mayakovski, ya que prefería a Pushkin, pero al poeta eso le importaba un bledo. Solía preguntar en público, y con toda la razón, cómo podían las formas artísticas permanecer inmutables en medio de una revolución. Y tampoco era esa la única incoherencia de Lenin.

Todo ello no redundó en beneficio de muchas jóvenes en ningún aspecto. No disponían de anticonceptivos, o si los había eran rudimentarios; una mujer sugería que el lema de los hombres debía ser «Libertad, Igualdad, Maternidad». El «Eros alado» de Kollontái fue convincentemente malinterpretado. Ella había defendido las relaciones libres basadas en el amor. Pero un dirigente del Komsomol que mucho tiempo después apareció retratado en un relato, hablaba en un tono mucho más evocador de aquel periodo: «Abajo la tiranía capitalista de los progenitores! ¡Besaos y abrazaos! [...] El amor libre es gratis».

La historiadora Sheila Fitzpatrick ha argumentado de forma convincente que durante la década de 1920 no hubo una pauta establecida de la sexualidad en la vida real y cotidiana, aunque es cierto que la gente se sentía mucho más libre y menos cohibida. Una gran parte de los estudiantes que accedían a la universidad, sobre todo desde un entorno proletario o desde del Ejército Rojo, solían ser mayores, y a menudo estaban casados. La separación conyugal se aducía como la causa de la mayoría de los casos de «adulterio». Las encuestas realizadas en Moscú, Omsk y Odesa sacaron a la luz muchísimas «infidelidades», y aunque había más hombres que mujeres que las admitían, a veces ellas se mostraban inusitadamente francas. Una mujer joven, «técnicamente fiel», de Odesa confesaba que «aparte de tener marido, me siento atraída por otros hombres que me interesan». Sus actividades sexuales se limitaban a los besos, dado que «para mí el acto sexual como tal no tiene un interés particular. Mis relaciones familiares no se resienten por ello». ¿Y su cónyuge?

> Ahí no puedo poner la mano en el fuego por mi marido, dado que todos creen firmemente en la propiedad privada [es decir, en que sus esposas o sus parejas eran de su propiedad], incluso los comunistas, y nunca sacan conclusiones. No quieren comprender y ponerse de acuerdo. Los propios hombres pueden ser promiscuos, pero sus esposas, Alá no lo quiera, no pueden. Yo les pago con la misma moneda; me comporto igual que los hombres[137].

El amor homosexual no entraba en absoluto en el debate. Se habían derogado las leyes zaristas, y a los homosexuales se les dejaba en paz, aunque el debate público habría podido beneficiar a quienes consideraban esa orientación sexual como una enfermedad, entre ellos Gueorgui Chicherin, el comisario de Asuntos Exteriores, una autoridad en música clásica, que hablaba con fluidez los principales idiomas europeos, y uno de los miembros más cultos de la dirección del Partido Bolchevique. Durante los años prerrevolucionarios que vivió en el exilio, aquel hombre inteligente pasó muchas horas con los médicos alemanes intentando encontrar una «cura» para su homosexualidad, pero acabó dándose por vencido, desesperado. Kollontái, su amiga íntima, decía que Chicherin sublimaba su deseo por el procedimiento de trabajar dura-

---

[137] Sheila Fitzpatrick, «Sex and Revolution: Soviet Students in the 1920s», *Journal of Modern History*, n.º 50, junio de 1978, pp. 252-278.

mente, durante largas e indudablemente atormentadas horas en el Ministerio de Asuntos Exteriores, y más tarde la Tercera Internacional.

La homosexualidad fue ilegalizada en Rusia por Pedro el Grande, que decidió imitar la modernidad europea en todos sus aspectos. Le habían dicho que la disciplina de las «revoluciones militar y naval» en Gran Bretaña exigía criminalizar la sodomía. Pedro hizo otro tanto. La Iglesia presionó a Nicolás I para que ampliara la ley al conjunto de la población masculina, y que la prohibición no se limitara a las Fuerzas Armadas. El zar hizo lo que le pedía la Iglesia. Por supuesto, ninguna de aquellas medidas tuvo el mínimo efecto sobre las actividades homosexuales en la Armada, en el Ejército, en la Iglesia, ni en el resto de la sociedad. Existían numerosos locales para ese tipo de placeres en la mayoría de las ciudades, y en ese aspecto las carrozas eran uno de los medios de transporte favoritos tanto de los hombres como de las mujeres.

¿Qué pensaba hacer la Revolución al respecto? Aparte de la despenalización (que en Europa occidental y en Norteamérica no llegó hasta la década de 1960), no mucho más. Hubo debates, y algunos psiquiatras opinaban que aunque se trataba de una «dolencia patológica», no debía estigmatizarse severamente, como se había hecho anteriormente. Era una perversión, pero no una perversidad. Y en cualquier caso, los avances médicos acabarían resolviéndolo todo. Ese era tan solo un punto de vista. La despenalización entró en vigor a partir de 1918. Tres años después de la clausura del *Zhenotdel,* la homosexualidad volvió a considerarse un delito. El hecho de que en el seno del Partido Nazi alemán existiera la homosexualidad se utilizaba en la retórica homófoba soviética, que incluía perlas como insinuar que los gays eran más susceptibles de convertirse en espías extranjeros, sin darse cuenta de que probablemente la criminalización hacía a las personas más vulnerables a los chantajes. Pero los responsables de los escalafones superiores del Partido Nazi no eran homosexuales, como afirmaban algunos propagandistas soviéticos. Tan solo en las SA (camisas pardas) había un número significativo de hombres gays en cargos directivos, en parte debido a la fuerte cultura de *Männerbund* (fratría masculina) que se remontaba a la guerra, y en parte porque Röhm había ascendido a los camaradas con una mentalidad más afín a la suya. En 1934, el célebre *Libro marrón* sobre el juicio por el incendio del Reichstag fomentó el mito de los «nazis gays» (Marinus van der Lubbe, el comunista holandés falsamente acusado de provocar el incendio, fue calificado falsamente de homosexual, y «por consiguiente» también fue vinculado con los nazis), e, irónicamente, lo mismo ocurrió con la «Noche de los cuchillos largos», un suceso explícitamente antihomosexual. Aunque todo aquello sirvió para justificar la retórica homófoba soviética, el nuevo énfasis que ponía el régimen de Stalin en una cultura masculina «marcial» (que supuso, por ejemplo, la abolición de la educación mixta) fue igualmente responsable de generarla.

La homofobia oficial alcanzó su contaminada cumbre con el siguiente exabrupto del comisario de Justicia, N. V. Krylenko, en marzo de 1936, durante una reunión del Comité Ejecutivo Central:

> En nuestro entorno, en el entorno de los obreros, que asumen el punto de vista de unas relaciones normales entre los sexos, que están construyendo su sociedad sobre unos principios saludables, no necesitamos ese tipo de caballeretes *[gospodchiki]*. Además, ¿quié-

nes son nuestros clientes en esos asuntos? ¿Los obreros? ¡No! La chusma venida a menos *[animación alborozada en la sala, risas]*. La chusma venida a menos, procedente o bien de la hez de la sociedad o de los restos de las clases explotadoras. *[Aplausos]* No saben qué partido tomar. *[Risas]* De modo que toman el partido de... la pederastia. *[Risas]*[138].

En 1936, el Estado soviético ilegalizó el aborto a fin de fomentar la «responsabilidad familiar». Se ofrecían incentivos para tener hijos; se dificultó el divorcio; se ampliaron los permisos de maternidad para las mujeres trabajadoras; se construyeron más guarderías, y se implantaron sanciones penales para los hombres que se negaran a pagar la pensión alimenticia. En aquella época circulaba por Moscú un chiste sobre un juez que insistía en que el acusado tenía que pagar una pensión alimenticia mayor:

---

[138] Citado en Dan Healey, *Homosexual Desire in Revolutionary Russia*, Chicago y Londres, 2001, p. 196. Se trata de una historia de un gran valor, bien documentada y muy completa del asunto, de la que sin duda he aprendido muchas cosas. Durante la era de Breznev, en los últimos tiempos de la Unión Soviética, la ley homófoba se trasladó a Cuba, donde la homosexualidad se ha despenalizado hace muy poco, un escándalo, teniendo en cuenta que el mártir más venerado del país es José Martí, que era gay. En cuanto a Krylenko, siempre estuvo un poco trastornado, ya que por ejemplo exigió un plan quinquenal para enseñar ajedrez proletario soviético, que nunca podría ser derrotado por el enemigo de clase. A pesar de su ciega lealtad a Stalin, Krylenko fue detenido a finales de 1938, confesó ser un espía extranjero y fue ejecutado. Poco antes, su hermana había abandonado el país y se había casado con Max Eastman, un estrecho colaborador de Trotsky, y su traductor al inglés. ¿Pudo ser aquella la verdadera razón por la que acusaron a Krylenko de espiar para las potencias extranjeras? Nunca lo sabremos.

«Debe usted abonar un segundo "tercio"», dice el juez.
«No puedo, también lo estoy abonando», contesta el hombre.
«Bueno, entonces tiene usted que pagar un tercer "tercio"».
«No puedo, ya lo estoy pagando también».
«¿Pero cómo?», pregunta el juez. «¿Le está pagando su salario íntegro a sus exesposas? ¿Y entonces de qué vive usted?».
«Estoy viviendo de la pensión alimenticia que cobra mi esposa de otros cinco hombres», contesta el acusado.

Se trataba de un chiste estalinista que reflejaba el hecho innegable de que la rueda había dado una vuelta completa. Los primeros años de la Revolución ya se les antojaban utópicos a muchos de sus críticos, que empezaron a añorar sus incertidumbres y sus debates. Hacía tiempo que habían quedado atrás los días en que los dibujantes podían publicar una viñeta de la Virgen María en avanzado estado de gestación haciendo cola impacientemente para que le practicaran un aborto en la Unión Soviética.

Hasta nuestros días ha subsistido una persistente vena homófoba en la cultura rusa (sea o no sea una «negación» freudiana de las prácticas homosexuales generalizadas entre los hombres rusos). El resurgir de la religión cristiana ortodoxa en la era postsoviética le ha conferido una voz política. La Duma y los Parlamentos regionales han promulgado distintas medidas contra los homosexuales. Pero Putin ha rechazado los llamamientos a ilegalizar la homosexualidad, y en reiteradas ocasiones ha afirmado públicamente que no tiene nada en contra de los gays, y a pesar del acoso que sufren los homosexuales, en las principales ciudades rusas hay una notable y floreciente vida gay.

14

Luz del sol, luz de luna

En el transcurso de un debate público que tuvo lugar a mediados del siglo XIX sobre la necesidad de educar a las mujeres y de reformar el sistema existente, una de las feministas participantes, Nadezhda Stásova, describía la nueva generación de mujeres rusas afirmando que «deseaban no la luz de la luna, sino la luz del sol». Su sobrina, Elena Stásova, que se afilió al Partido Bolchevique y ocupó temporalmente el cargo de secretaria en 1917 sentía lo mismo, y con más fuerza todavía. Otra Nadezhda —Nadia Krúpskaya— había dado clases a los obreros junto con Elena en una escuela dominical radical en San Petersburgo, antes de que ambas se afiliaran al Grupo para la Emancipación del Trabajo, después al POSDR, y más tarde a su facción bolchevique. Krúpskaya accedió a ser novia de Lenin y a acompañarlo a su destierro siberiano, pero insistió en que también les acompañara su madre. Sin duda se trataba de un hito en la historia revolucionaria rusa. Los destierros eran habituales, y que las esposas aristocráticas acompañaran a sus maridos para compartir una minúscula habitación en un desierto nevado se convirtió en materia para la poesía, la ficción y las obras de teatro, sobre todo en relación con los decembristas. En un periodo posterior, los «matri-

Inessa con los hijos de su matrimonio con Alexander Armand, Bruselas.

monios» ficticios que permitían que las jóvenes radicales populistas salieran de casa de sus padres, y que a menudo acompañaran a sus «maridos» al destierro, no eran infrecuentes. Muchas de aquellas mujeres permanecieron célibes. Se habían casado con la causa, con la revolución y con los principios éticos de las obras de Chernyshevski. Pero ¿que una futura suegra acompañara a una pareja de revolucionarios? Era algo inaudito. Dejó atónitos tanto a Lenin como a su familia. La madre de Lenin desaprobaba bastante todo aquel asunto, pero admitía que su hijo necesitaba compañía, y, dado que no había ninguna alternativa, aceptó aquel arreglo a regañadientes[139].

---

[139] La madre de Lenin sabía muy bien que a su hijo no le interesaba cocinar, y que sus posteriores alusiones verbales a la creación de un Estado que

Luz del sol, luz de luna

¿Y el joven Lenin? Se preguntaba qué le depararía el destino en ese frente, y reservó una habitación adicional para madre e hija. Obviamente, él conocía a Nadia Krúpskaya, pero como camarada. Anteriormente Lenin se había sentido más atraído por tres amigas de Nadia. Nina Gerd no había mostrado el mínimo interés por él, y se casó con Piotr Struve. Lidia Davidova había preferido a Mijaíl Tugan-Baranovski, y Elena Stásova, según algunas fuentes, sí tuvo un breve escarceo con Lenin que no funcionó, aunque siguieron siendo íntimos amigos hasta la muerte de Lenin. Krúpskaya no dejó ningún testimonio del primer periodo de su amor, de su noviazgo o de lo que fuera. Lenin y ella se conocieron en una reunión política clandestina, en San Petersburgo en 1894, para debatir el papel de los mercados y el contenido económico del populismo. No era desde luego un asunto que facilitara hacer manitas por debajo de la mesa. El evento se organizó como una merienda. Uno de los asistentes, de ideología progresista, pidió a los demás que distribuyeran unos panfletos del Comité para el Fin del Analfabetismo. La propia Krúpskaya era muy tolstoyana en ese aspecto, y creía en el trabajo misionero. Se quedó atónita ante la sarcástica respuesta de Lenin a la petición del progresista: «Su risa tenía un tono maligno y árido. Nunca volví a oírle reír así». Otros sí le oyeron. Y tampoco lo olvidaron nunca. Los sarcasmos de Lenin eran objeto de los comentarios generalizados tanto de sus camaradas como de sus enemigos. En sus memorias de Lenin, Krúpskaya dice que a partir «del invierno de 1894-

---

«podría gestionar hasta un cocinero» no eran alusiones a sí mismo. Su insistencia en las cocinas comunales, en las lavanderías, etcétera, era otro indicio de sus propias carencias en materia de tareas domésticas.

1895 ya conocía a Vladímir Ilich bastante íntimamente». Lo que quería decir es que ambos daban clases a los mismos obreros en diferentes círculos de estudio. La intimidad creciente era con las ideas políticas y los métodos de Lenin. No hay indicios de ninguna otra cosa. De haberlos, alguna de las hermanas de Lenin habría informado a la madre de Krúpskaya y a alguna amiga. Por motivos no aclarados, y a diferencia de sus hermanos menores, María y Dmitri, la hermana mayor de Lenin, Anna, nunca intimó con Krúpskaya. Y en cuanto a la pasión, no existe el mínimo indicio por parte de Lenin. A instancias de Lenin, Krúpskaya quemó todas las cartas que él le había escrito donde hablaba de asuntos más personales.

El destierro siberiano de la joven pareja fue un éxito. Lo ficticio se hizo real tanto en el aspecto sexual como en el jurídico. Las autoridades habían amenazado con poner fin a aquel arreglo a menos que hubiera un matrimonio en toda regla, y les fijaron una fecha límite. Encontraron a un artesano campesino local que confeccionó unas alianzas baratas de cobre, y a un monje que ofició la ceremonia. No cabe duda de que los contrayentes sentían apego el uno por el otro. Uno de los motivos era la monumental eficacia y las dotes organizativas de Nadia. El flujo de libros de los que Lenin dependía para escribir *El desarrollo del capitalismo en Rusia* raramente se interrumpía.

Después de que Lenin cumpliera su condena, a Krúpskaya aún le quedaba algún tiempo más por cumplir. De modo que ambos regresaron a Ufa con la madre de ella. La organización sugirió que Lenin se exiliara en el extranjero, para que pudiera seguir adelante con su trabajo político para el partido y con su propio trabajo intelectual sin contratiempos. La principal prioridad era la creación de un periódico socialdemócrata. Después de cumplir su condena, Krúpskaya se reunió con él, y su madre hizo lo mismo poco después. El exilio duró diecisiete años. Múnich, Zúrich, Bruselas, Londres, Varsovia y Tampere les estaban tentando. Lo mismo que París.

Fue allí, en 1909, donde Lenin conoció a Inessa Armand. La luz de luna le tentó. Inessa era una feminista bolchevique que aca-

Inessa Armand en la época en que comenzó
su relación con Lenin.

baba de perder a su compañero, Vladímir Armand, un hombre igual de radical que ella. Vladímir contrajo la tuberculosis después de ir a visitar a Inessa en el Círculo Polar Ártico, donde estaba desterrada, y más tarde falleció en el sur de Francia, a pesar de sus esperanzas de que una estancia allí le ayudara a reponerse. Inessa Armand decidió quedarse un tiempo en París y restableció el contacto con una vieja amiga suya, Elena Vlasova, que vivía allí. Armand había leído los artículos y los libros de Lenin, y en particular *¿Qué hacer?* le había causado una gran impresión. Inessa casi podía vislumbrar el carácter del hombre que había escrito aquello. Fue a oírle hablar al café bolchevique de la avenida de Orleáns. Corría el mes de mayo, y París estaba en todo su esplendor. Pero antes de seguir adelante tengo que hacer una breve digresión literaria.

Unos años antes de aquel encuentro fortuito en París, durante la estancia de Krúpskaya y Lenin en Ginebra, un puñado de jóvenes bolcheviques —Vorovski, Gusev y Volski (Valentinov)— también estaban en la ciudad con una misión política, que a todos los efectos consistía en escuchar a Lenin, actuar como correos de documentos y publicaciones ilegales, etcétera. Durante los debates, Lenin manifestaba un estado de ánimo relajado y abierto; cuando surgió el tema de la obra de Turguéniev, todos coincidieron en que era un excelente escritor, a pesar de ser progresista. Al día siguiente Lenin no apareció; Krúpskaya le contó a los asistentes allí reunidos que Lenin y ella habían mejorado su alemán en Siberia por el procedimiento de traducir a Turguéniev a esa lengua. Y contaba que:

> Por insistencia de Ilich, tradujimos con especial atención unas cuantas páginas de *Andréi Kolosov*. Lenin se había sentido particularmente atraído por aquella historia desde sus tiempos de escolar,

y tenía una excelente opinión de ella. Opinaba que Turguéniev le había enseñado en aquellas páginas, con total corrección y en unas pocas líneas, a comprender adecuadamente lo que de forma un tanto pomposa se denomina la «santidad» del amor. Lenin a menudo me decía que sus ideas sobre esa cuestión eran exactamente las mismas que había expresado Turguéniev.

Aquella información dejó perplejos a los jóvenes tertulianos. Volski cuenta que «conseguí un ejemplar de *Andréi Kolosov* y volví a leerlo». Su veredicto confirmó la exactitud de su primera reacción. Era una «historia débil e insípida, por lo general menospreciada por todo el mundo». Volski estaba verdaderamente perplejo, y se preguntaba qué podía haber encontrado Lenin en la historia que le afectara tanto. La línea argumental es casi banal. Kolosov es un hombre «insólito». ¿Por qué? Porque se enamora de una chica, y después se desenamora y la abandona. Lo que acaba resultando «insólito» es que lo hace con atrevimiento y honestamente, lo que impresiona a Turguéniev, un hombre débil por naturaleza. Obviamente, lo que a Lenin le gustó, y lo que calificaba de «revolucionario», tan diferente del «vulgar concepto burgués de las relaciones entre hombres y mujeres» era el párrafo siguiente:

> ¿Cuántos de nosotros hemos sido capaces de romper a tiempo con el pasado? Decidme, ¿quién no tiene miedo a los reproches, no me refiero a los reproches de la mujer, sino a los reproches del primer tonto que pasa por ahí? ¿Quién de nosotros no se ha rendido al deseo de parecer magnánimo, o de jugar de forma egoísta con el devoto corazón de otra persona? Por último, ¿cuántos de nosotros tenemos la fuerza suficiente para no ceder al mezquino amor pro-

pio y a unos sentimientos tan nimios como la piedad y el remordimiento? [...] Una persona que rompe con una mujer a la que un día amó, en ese momento amargo, grande, en que reconoce involuntariamente que ella ya no llena del todo su corazón, esa persona, créanme, comprende más profundamente la santidad del amor que los pusilánimes que por aburrimiento o debilidad siguen tocando las cuerdas ya medio rotas de sus corazones desganados y sentimentales. [...] A una determinada edad, ser natural equivale a ser una persona fuera de lo común[140].

En la época en que Lenin y Krúpskaya traducían esas líneas al alemán, acababan de iniciar su relación amorosa. ¿No sería esa la forma en que Lenin le decía a Nadia que cuando la relación se terminara él iba a actuar de una forma tan «fuera de lo común» como Kolosov? Resulta difícil decirlo, porque ella destruyó todas las pistas, pero ¿cómo le harían sentir aquellas líneas en París, cuando Lenin se dio cuenta de que se había enamorado de Inessa Armand? La canonización de Lenin ha mantenido a la mayoría de los biógrafos al margen de esos asuntos. Nunca se ha escrito

---

[140] Nikolay Valentinov (N. V. Volski), *Encounters with Lenin,* trad. al inglés Paul Rosta y Brian Pearce, Oxford, 1968. Volski era un socialista de toda la vida, procedente de una antigua familia terrateniente. Rompió con Lenin tras una gigantesca bronca sobre filosofía, y se convirtió en uno de sus críticos más severos. Por esa razón sus recuerdos de Lenin, a pesar de las muchas cosas con las que el lector puede no estar de acuerdo, son honrados y espontáneos en comparación con los cientos de hagiografías que se publicaron tras la muerte de Lenin, y que solo sirven para sujetar las puertas. A mí me parece uno de los mejores libros que se han escrito sobre Lenin. Hacia el final, en el momento en que agonizaba su biografiado, Volski le envió una nota proponiéndole un breve encuentro. Recibió una respuesta de María, hermana de Lenin, diciéndole que su hermano también esperaba poder verlo. Pero ya era demasiado tarde.

nada sobre sus aventuras escolares, aunque inmediatamente después del 1917 habría sido bastante fácil entrevistar a sus amigos y conocidos, tanto hombres como mujeres, y dejar constancia de sus recuerdos. Lenin, que aborrecía sinceramente las banalidades de cualquier tipo, se habría puesto furioso si se hubiera enterado, pero tenía muchas otras cosas en las que pensar y, en cualquier caso, la misión de un buen biógrafo es intentar descubrirlo todo. Lo que al final se publica es, por supuesto, cuestión de criterio. Las notas de su hermana Anna sobre la familia se publicaron en ruso, pero nunca se tradujeron, y aunque ella aportaba algún material interesante, tuvo cuidado de no tocar temas que sabía que podían irritar a Lenin.

La conversación más detallada con Lenin sobre la sexualidad, el amor libre, la monogamia y otros asuntos relacionados, como la muy debatida teoría de que el sexo es algo tan simple e intrascendente como beber un vaso de agua, la publicó Clara Zetkin después de la muerte de Lenin en su libro *Recuerdos de Lenin,* basado en dos largos encuentros que mantuvo con él. Sobre la cuestión de la sexualidad y su transformación en las sociedades poscapitalistas, Lenin se mantenía fiel a sus posturas tradicionales, basadas en Bebel y Engels, con una pizca de Marx. Su mojigatería no era infrecuente en aquellos tiempos. Lenin argumentaba que, a pesar de su relativa autonomía respecto a la lucha de clases, seguía siendo importante contemplar los nuevos conflictos en defensa de los derechos de las mujeres y la liberación sexual dentro del marco general de una transformación social total. De lo contrario, el debate acabaría desequilibrándose. La noticia de que en Hamburgo los camaradas alemanes planeaban crear un periódico especial para las prostitutas a fin de que se incorporaran al movimiento revolucionario le sorprendió. Lenin se preguntaba en voz alta si eso debía de ser una prioridad en aquel momento. Zetkin estaba de acuerdo en que no tenía por qué, pero insistía en que la cuestión de la prostitución no debía simplemente esconderse debajo de la alfombra, estaban en juego cuestiones importantes. La respuesta de Lenin no fue desconsiderada:

> Rosa actuó y sintió como una comunista cuando defendió en un artículo la causa de las prostitutas que eran encarceladas por cualquier infracción de la normativa policial en el ejercicio de su deprimente oficio. Las prostitutas, por desgracia, han sido doblemente sacrificadas por la sociedad burguesa. En primer lugar por su execrable sistema de propiedad, y en segundo lugar por su execrable hipocresía moral. Eso es evidente. Tan solo una persona brutal y miope es capaz de olvidarlo. Pero aun así, eso no es en absoluto lo mismo que considerar que las prostitutas —¿cómo decirlo?— son una sección especial de militantes revolucionarias, hasta el extremo de organizarlas y publicar un periódico sectorial para ellas. ¿De verdad que en Alemania no existe ningún otro tipo de trabajadoras a las que organizar?[141].

---

[141] Clara Zetkin, *Reminiscenses of Lenin,* Londres, 1929, pp. 50-54. Y hay otro asunto que tiene que ver con este. Las prostitutas no suponen un segmento vital ni de los medios ni de las fuerzas de producción, pero en calidad de mujeres trabajadoras son perfectamente capaces de politizarse, y de hecho lo hacen. Durante la gigantesca sublevación de 1968-1969 en Pakistán, muchas prostitutas acudieron a las calles del centro y se sumaron a los manifestantes que acabaron con la dictadura.

Algunas de ellas incluso presumían de haber hecho huelga contra los políticos defensores de la dictadura. Durante la Guerra de Vietnam, muchas *call girls* (prostitutas a domicilio) y sus compañeras de los niveles inferiores trabajaban activamente a favor de los objetivos políticos del Frente de Liberación

En aquella misma entrevista Lenin sugería que comportarse como un donjuán resultaba inaceptable, lo mismo que actuar como un monje o tirar «por el camino de en medio que siguen los incultos alemanes». Es de suponer que «el camino de en medio» se refería a la hipocresía y las mentiras de los dirigentes del SPD alemán. La postura de Lenin era la de monogamia por acuerdo mutuo, sin inhibiciones jurídicas. El «debate del vaso de agua» llegó a su apogeo después de la Revolución, pero nadie —ni Kollontái ni Zetkin ni Armand— admitió nunca ser el inventor de la expresión. Puede que alguien lo utilizara verbalmente en el calor del debate. Fuera cual fuese su origen, Lenin lo utilizaba regularmente en sus propias discusiones con los defensores del amor libre. Lenin sugería, con Zetkin, que después de una revolución es muy necesario un debate sobre «la verdadera innovación del matrimonio y las relaciones sexuales», pero que había que posponerlo un tiempo dado que «hay otros problemas más urgentes que las modalidades de matrimonio entre los maoríes o el incesto en la antigüedad. La cuestión de los soviets sigue presente en la agenda del proletariado alemán», y las repercusiones del Tratado de Versalles que se le había impuesto a una Ale-

---

Nacional, y enviaban información importante a los movimientos de Estados Unidos para que ayudaran al FLN a preparar la siguiente ofensiva. Se han documentado ejemplos parecidos durante la Guerra Civil China anterior a la revolución. Hace pocas décadas, una serie de entrevistas con prostitutas, rodadas en Teherán, puso en evidencia su verdadero enfado por la hipocresía de los mulás, que «vienen y se nos echan encima con sus barbas de dos toneladas, nada más volver del Muharram y de otras festividades religiosas». La temperatura política de una sociedad es lo que determina la conciencia de muchos estratos sociales diferentes.

mania derrotada habían sido desastrosas para las mujeres trabajadoras.

Cuando la conversación abordó las condiciones que predominaban en la Unión Soviética posrevolucionaria, Lenin se mostró un tanto desanimado. Por supuesto, estaba de acuerdo con que las hipocresías del matrimonio burgués eran repugnantes, le dijo a Zetkin, pero algunos de «nuestros jóvenes más prometedores» se están replanteando las «relaciones entre el hombre y el hombre, entre el hombre y la mujer». «Se están revolucionando los sentimientos y los pensamientos», pero «la cuestión sigue todavía en un estado de fermento caótico». Lenin era consciente de todo ello, pero aun así le inquietaba que la obsesión sexual tuviera atrapados a tantos jóvenes. En parte se trataba de una respuesta generacional, pero había algunos motivos de preocupación (como hemos comentado antes).

Entonces Lenin volvió a mencionar, de nuevo, el asunto siempre presente del que Zetkin debía de ser consciente:

> La famosa teoría de que en una sociedad comunista la satisfacción de los deseos sexuales, del amor, será tan intrascendente como beber un vaso de agua. Esta «teoría del vaso de agua» ha sacado de quicio, totalmente de quicio, a nuestros jóvenes. Ha resultado mortífera para muchos chicos y chicas jóvenes. Sus partidarios dicen que es marxista.

Esta última afirmación suscitó unos cuantos sarcasmos característicos de Lenin, como este: «Pero hay que darle las gracias a ese marxismo que atribuye directa e inmediatamente todos los fenómenos y los cambios de la superestructura ideológica a su base económica». Y entonces llega el pronunciamiento: «Yo creo que la "teoría del vaso de agua" es completamente a-marxista, y por añadidura antisocial». Beber agua es una decisión individual, «pero en el amor hay dos vidas implicadas, y una tercera, si surge una nueva vida. Eso es lo que le confiere su interés social, lo que genera una obligación para con la comunidad».

La solución parcial de Lenin —«el deporte saludable, la natación, correr, dar paseos, el ejercicio físico de todo tipo y los intereses intelectuales polifacéticos»— era de corte victoriano, y seguía vigente en la mayoría de colegios privados ingleses. Su efecto, como han descrito muchos autores, era represivo; ocultaba el sexo bajo tierra, lo trataba como algo sórdido o vinculado a la procreación, y limitaba el sexo antes del matrimonio a los burdeles «prohibidos». Obviamente, esos no eran los designios de Lenin, pero en consonancia con esa actitud, arremetía contra un joven camarada cuyo nombre Zetkin omitía discretamente. El muchacho era, a juicio de Lenin, «un chico espléndido y con un enorme talento», pero parecía estar en un estado autodestructivo, en el que «va dando tumbos de una aventura amorosa a la siguiente». Eso «no sirve para la lucha política, para la revolución»[142]. Y a continuación, para mostrar su ecuanimidad de género, Lenin dijo que «no apostaría por la fiabilidad y la resistencia en la lucha de esas mujeres que confunden su romanticismo personal con la política». Y en ese momento, cuenta Zetkin, Lenin «se puso en pie de un salto, pegó un manotazo sobre la mesa y estuvo un rato dando vueltas por la habitación».

---

[142] Si yo hubiera estado en el lugar de Zetkin, le habría preguntado a Lenin: «¿Qué pasaría si un joven renuncia temporalmente al deporte y al ejercicio y lo sustituye por el sexo? Eso le dejaría más tiempo para la revolución, ¿no?».

La cuestión de las mujeres

¿En quién estaba pensando? ¿Solo en los jóvenes? Incluso durante aquella entrevista, cuando comentaron la función de las mujeres dentro del partido, Lenin le confesó a Zetkin que quería que la camarada Inessa estuviera presente, pero que por desgracia estaba descansando en Crimea. No añadió «... por recomendación mía».

Pues bien, ¿qué ocurrió en el Café des Manilleurs, un local bolchevique situado en el 11 de la avenida de Orleáns de París, aquel día de verano de 1909 cuando Armand oyó hablar por primera vez a Lenin, y posteriormente le conoció? Nada, según los dos biógrafos de Armand, y sin duda así fue. Sin embargo, uno de ellos insiste en que *nunca* ocurrió nada entre Armand y Lenin, en cuyo caso surge la pregunta de por qué escribió la biografía de Armand, para empezar. El otro biógrafo recopila todas las pruebas circunstanciales y afirma lo contrario. Cuenta con la ventaja de haber conocido a los descendientes directos de Armand, y de haber descubierto que en el seno de la familia la aventura amorosa de Inessa con Lenin no era ningún secreto. Como tampoco lo era para el círculo íntimo de camaradas de Lenin en el exilio. De hecho, los únicos motivos para el misterio son el hermetismo de Lenin en *todos* sus asuntos personales, y los hagiógrafos, que le convirtieron, después de su muerte, en un santo bizantino, sagrado, infalible, puro y concebido únicamente para ser adorado. Esa es la tragedia del culto a Lenin en todo el mundo.

La historia de Armand es extraordinaria. Nació en París, en un apartamento de la Rue de la Chapelle en mayo de 1874. En su barrio había depósitos del ferrocarril, y a Inessa acabaron gustándole el ruido de los trenes y la cháchara de los trabajadores. Sus progenitores eran cantantes de ópera, aunque no eran unas estrellas, ni mucho menos. A veces su padre también hacía alguna incursión en el circo. Su padre y su madre ensayaban mucho, y la música casi siempre sonaba de fondo en el minúsculo apartamento. Cuando ambos murieron, una tía de Inessa que trabajaba como institutriz y gobernanta para una familia franco-rusa en Pushkino, no lejos de Moscú, dispuso que su sobrina se fuera a vivir con ella. El señor Armand, un rico industrial, y su familia tenían una mentalidad democrática, e insistieron en que la joven entrara a formar parte de la familia. Inessa tenía una facilidad innata para los idiomas, aprendió rápidamente el ruso y recibió la mejor educación posible. Se enamoró de Alexander, el mayor de los dos hermanos Armand. Se casaron y tuvieron dos hijos, Inessa («Inna») y Varvara. La madre y los hijos leyeron la novela de Chernyshevski, y empezaron a ver una gran semejanza entre Inessa y Vera Pávlovna. Un joven estudiante de medicina, al que habían contratado para que diera clases particulares a los niños, como se acostumbraba a hacer en aquellos tiempos, resultó ser un radical. Solivianto a la joven pareja con historias de valor y relatos sobre las insufribles condiciones a las que eran sometidos los trabajadores. Los abuelos Armand trataban bien a sus obreros, y así se lo decían a sus hijos, pero la semilla ya estaba plantada. Muy pronto el tutor trajo una pequeña imprenta para publicar propaganda socialdemócrata. También traía libros prohibidos como regalo. La policía registró la vivienda. El tutor asumió toda la responsabilidad. El matrimonio Armand pagó la fianza y el tutor huyó al extranjero. Décadas más tarde, Armand avalaría su solicitud de ingreso en el Partido Bolchevique.

Para entonces, Inessa ansiaba con todas sus fuerzas participar en la política radical. Hacer buenas obras a nivel local en nombre de la familia se había vuelto aburrido e irritante. Aborrecía las partes más reaccionarias de *Guerra y paz,* sobre todo cuando Tolstói cuenta que Natasha tan solo llega a ser una mujer completa después de contraer matrimonio.

Mientras tanto, Alexander Armand empezaba a desempeñar su papel de joven capitalista. Era miembro de la Duma y de distintas organizaciones comerciales, así como del Club Inglés de Moscú. El hermano menor, Vladímir («Volodia») Armand, se había hecho bolchevique. Prácticamente todos los miembros de la familia Armand, al margen de los padres, se consideraban marxistas de uno u otro tipo. Dos de ellos eran miembros del PSR. Los demás eran socialdemócratas. Inessa se veía cada vez más a menudo en compañía de Volodia. Le entró pasión por él, un sentimiento muy distinto del cariño que seguía sintiendo por su marido. Iniciaron una aventura amorosa. La familia se enteró. Al principio estaban destrozados, pero Alexander aceptó la nueva situación, e insistió en que bajo ningún concepto Volodia e Inessa debían abandonar la casa familiar. Y así vivían todos juntos, como los personajes de una novela utópica burguesa, y eso excluye al ubicuo Chernyshevski. Inessa ya tenía tres hijos de Alexander, y volvió a quedarse embarazada de Volodia. Se marcharon todos de vacaciones al extranjero. Nació un nuevo bebé y toda la familia se regocijó por ello.

Como casi todo el mundo, Inessa Armand tenía sus filias, sus fobias y sus puntos débiles, pero también sus puntos fuertes —unos puntos fuertes que ella desconocía poseer hasta que la historia aceleró el paso—. Unos puntos fuertes que ya daba por sentados, pero que ponían nerviosos a quienes la querían. Lenin le advirtió de que debía cuidarse de sobrevalorarlos.

Caben pocas dudas de que Armand y Lenin se enamoraron en París. En Longjumeau, a las afueras de la ciudad, había una escuela de educación bolchevique para los miembros y simpatizantes del partido. A veces desaparecían un día entero, se iban a recorrer la campiña en bicicleta, y poco a poco se fueron encariñando más y más. En una ocasión, Lenin le dijo a Máximo Gorki en Capri que para llegar a ser un revolucionario había tenido que renunciar a tres vicios: el ajedrez, el latín y la música. Su famoso comentario, que tenía que ver con que no era capaz de escuchar la *Patética* de Beethoven porque le «enternecía» a menudo se distorsiona sacándolo de contexto, y a veces algún burgués ignorante lo ha interpretado al pie de la letra. Lo cierto es que Lenin nunca dejó de escuchar música, como bien sabía todo su círculo de amistades. La propia Armand era una pianista de talento, y a menudo tocaba para él. Lenin cantaba bien, y una vez, en Ginebra, sorprendió a Volski cuando al subir a una montaña, se encontraron con un panorama tan asombroso que se pararon a observarlo en silencio. De repente, Lenin empezó a cantar una canción, un poema de Nekrasov que elogia la naturaleza, que sorprendió aún más al grupo de excursionistas. Siguieron caminando en silencio durante un rato, pues la vista y el sonido seguían reverberando en sus mentes.

La temporada idílica que pasaron juntos Lenin y Armand no pasó desapercibida. Su suegra le miraba fijamente, con ojos de halcón, dejándole bien clara su desaprobación. Lenin se lo contó a su esposa. Ella ya lo había adivinado, y sugirió que se separaran para que Armand y él pudieran vivir juntos. ¿Sintió la tentación? No lo sabemos. ¿Pensó en Turguéniev y en *Andréi Kosolov?* Habría sido difícil no hacerlo, dadas las circunstancias. ¿Aquel dilema llegaría a resolverse algún día? Él tenía treinta y nueve años y ella treinta y cinco cuando se conocieron. ¿Qué hacer? Yo creo que la solución por la que optó Lenin fue conservadora, pero vino motivada por la política. Cualquier cambio en el escenario de fondo de la facción bolchevique podía ser aprovechado por los adversarios de otras facciones. Los propios camaradas de Lenin y las redes clandestinas en Rusia podían sentirse desconcertados. Era Krúpskaya la que se carteaba con ellos, la que atendía a sus necesidades cuando asistían a los congresos clandestinos en el extranjero. Todo aquello podía correr peligro, en un momento sumamente complicado para él y para la facción bolchevique. Esas debían de ser las consideraciones.

En una ocasión, para poner a prueba a Krúpskaya, Lenin le había preguntado: «¿A quién quieres más, a mí o al partido?». Tras una larga pausa, ella optó por «Os quiero a los dos», y no superó la prueba. Si Armand le hubiera hecho la misma pregunta a él, Lenin no habría vacilado ni un segundo. El partido significaba para él más que nada en el mundo, porque era el instrumento necesario para hacer la revolución. Sí, la revolución. Se había convertido en lo más importante de su vida poco después de que ahorcaran a su hermano por orden del zar. El trauma lo endureció. Su adolescencia se terminó el día que le dieron la noticia. Los coqueteos en el colegio, perseguir a las chicas, todo aquello se terminó, como más tarde le confesó a Gusev, un compañero bolchevique exiliado en Suiza. Lenin no podía permitir que un romance, por apasionado que fuera, por profundo que fuera, se interpusiera en su camino ahora y lo desbaratara todo. Indudablemente, eso fue lo que le explicó a Armand cuando dieron un largo paseo de ruptura por Cracovia en 1911. Es evidente que

Armand y Krúpskaya hablaron sobre el asunto. Los biógrafos más ignorantes que afirman que es imposible que hubiera un romance porque Armand y Krúpskaya siguieron siendo amigas, lo hacen para proyectar sus propios valores sobre los bolcheviques. Krúpskaya, Kollontái, Zetkin, Balabanova y, probablemente, Luxemburgo estaban enteradas del «enamoramiento» de Lenin. Armand y Krúpskaya debieron de discutirlo sin ambages. La única sección del archivo de Lenin que permanece cerrada es una carta que le escribió a Armand, que, si se hiciera pública, probablemente haría imposible negar que eran amantes apasionados. Lenin le pidió una reunión especial cara a cara, para que ella pudiera devolverle sus cartas, ya que Lenin no se fiaba del correo, en este caso ni siquiera del correo certificado. Es probable que Lenin quemara aquellas cartas. Los fragmentos que han sobrevivido no dejan lugar a dudas acerca de la profundidad del amor que se tenían. El 12 de enero de 1917, Armand recibió una nota que incluía el párrafo siguiente:

> Tus últimas cartas estaban llenas de tristeza, y me suscitaron unos pensamientos tan tristes y me provocaron tales remordimientos de conciencia que simplemente no soy capaz de serenarme. Me gustaría decir por lo menos algo amable, y te pido encarecidamente que no te quedes sentada, prácticamente en soledad, en un pueblo donde no hay vida social, sino que vayas a algún lugar donde puedas encontrar viejos y nuevos amigos y donde sacudirte de encima ese estado de ánimo.

Teniendo en cuenta que una carta suya había logrado hacer flaquear la indomable voluntad de Lenin, ¿a Inessa le resultaría fácil «sacudirse de encima ese estado de ánimo»? Debía de estar enfadada, porque se negaba a responder siquiera a sus cartas «de trabajo» que tan solo tenían que ver con sus actividades como militante, aunque incluso en una de ellas, fechada el 19 de enero de 1917, Lenin incluye algunas frases sobre cuestiones personales:

> Te pido encarecidamente que, cuando elijas tu lugar de residencia, <u>no</u> tengas en cuenta si yo iré allí. ¡¡¡Sería bastante absurdo, irresponsable y ridículo que yo condicionara la ciudad que elijas por el hecho de que «podría» darse el caso de que en el <u>futuro</u> yo también <u>fuera a vivir allí</u>!!!

Como es comprensible, ella no contestó. Lenin le hacía demasiadas preguntas sin tener en consideración el efecto que tenían sobre Inessa. El 22 de enero de 1917 él le volvía a escribir:

> Aparentemente, tu incapacidad de responder a varias de mis últimas cartas revela por tu parte —y en relación con otros asuntos— cierto cambio de estado de ánimo, de decisión o de estado de las cosas. Tu última carta contenía una palabra que repetías dos veces, y al final, lo comprendí y lo afronté. No te preocupes. No sé qué pensar, si te he ofendido en algo, y si estabas demasiado preocupada por el traslado, o por otra cosa... Me da miedo preguntar, porque supongo que ese tipo de preguntas te resultan desagradables, y por consiguiente accedo a interpretar tu silencio sobre esa cuestión precisamente en ese sentido, que las preguntas te resultan desagradables, y punto. Por consiguiente, te pido disculpas por todas [las preguntas] y, por supuesto, no [las] repetiré.

Sabemos que siguieron siendo buenos amigos hasta la muerte de Inessa. Solo cabe especular sobre si fueron o no íntimos después de la ruptura. Mi corazonada es que sí, y el relato *Un gran amor,* de Kollontái, basado en esa relación amorosa (de la que lo sabía todo) tiende a ratificar mi intuición. Esta escena es de después de su separación oficial:

«¡Natalia Alexandrovna! Natalia Alexandrovna!».
  Natacha se dio la vuelta rápidamente.
  «Aquí estoy, a fin de cuentas».
  Semión Semiónovich estaba de pie delante de ella, jadeando pesadamente, con un enigmático brillo de triunfo en sus ojos.
  «Al final me he separado. [...] En realidad he sido cruel. [...] Lo siento por Aniuta, pero...». Semión la agarró del brazo con familiaridad, mientras ella miraba asombrada la extraña expresión de pícara exultación que persistía en su rostro. El compartimento del tren ya estaba abarrotado, y no tuvieron más remedio que sentarse muy juntos. Semión Semiónovich seguía mirando fijamente a Natacha con unos ojos que por primera vez dejaban traslucir al hombre que había detrás de las gafas con montura dorada.
  Natacha estaba desconcertada, y se sintió aún más confusa al advertir que la mano de Semión temblaba cuando la tocaba. La agitación de Semión ya había perturbado intensamente la tranquilidad de Natacha. Los ojos, buscándose y evitándose precipitadamente, hablaban su propio lenguaje, al tiempo que la dulce y embriagadora corriente que les atormentaba y les estimulaba por igual, ataba cada vez más estrechamente a Natacha con el hombre que estaba sentado a su lado.
  En una de las paradas largas, salieron del vagón para tomar el aire. Respiraron su cortante frescor invernal con un suspiro de alivio porque habían huido de aquel sueño hermoso pero perturbador. La ciudad, eclipsada por el humo, quedaba muy lejos.

Hablaron de asuntos prosaicos, triviales, y la tensión que les oprimía fue desvaneciéndose poco a poco. Ninguno de los dos tenía ganas de volver al tren abarrotado de gente.

Pero una vez de vuelta en el compartimento, el travieso niño con su flecha empezó a obrar su magia. La atmósfera sofocante y la proximidad forzosa de sus cuerpos evocaba un encanto irresistible. Semión Semiónovich buscó la mano de Natacha, y ella no la retiró.

La ternura no desaparece del todo ni siquiera en las cartas publicadas, como cuando Lenin intenta convencerla de que modere un panfleto sobre el amor libre. En las cartas se ve que Lenin irrita a Inessa, pero las respuestas de ella no se han publicado. Tras el atentado contra Lenin que cometió la terrorista eserista Fanny Kaplan en 1918 (que recordaba a la girondina Charlotte Corday y al radical Marat), cuando una bala se le quedó alojada en la clavícula y otra en el hombro, los médicos dictaminaron que operarle de inmediato era demasiado peligroso, y Lenin se vio obligado a descansar. Le explicó a Krúpskaya que necesitaba tener cerca a Armand. No en el Kremlin, pero tampoco demasiado lejos. Se encontró un apartamento idóneo, y ambos se veían con regularidad. Se instaló una línea telefónica directa que conectaba el despacho de Lenin con el apartamento de Armand.

Armand había sido nombrada directora del *Zhenodtel*, y trabajaba a todas horas, con el mismo ardor que el propio Lenin. A Lenin le impresionó tanto lo cansada que parecía Inessa que insistió en que se marchara de Moscú y se fuera al Cáucaso a descansar. A pesar de que su propia intuición se lo desaconsejaba, Armand capituló. Siguieron en contacto. La última carta que le envió Lenin, en marzo de 1920, habla por sí sola:

Querida amiga: de modo que el médico dice que es una neumonía. Tienes que ser *extra*-cuidadosa. Tienes que decirle a tu hija que me llame todos los días (de 12 a 4). Escríbeme, *sinceramente, ¿qué necesitas?* ¿Tienes leña? ¿Quién enciende el fuego? *¿Tienes comida? ¿Quién la prepara?* ¿Quién te hace compresas? Estás eludiendo las preguntas, eso no está bien. Responde de inmediato en esta misma hoja, responde A TODO LO QUE TE PREGUNTO. ¡Ponte bien!
   Tu Lenin.
   ¿Han arreglado el teléfono?

Armand le escribió una respuesta, la envió a través de su hija, y pidió que se la entregaran a la hermana de Lenin, que se aseguraría de que le llegara. Al enterarse del pánico de su líder, los médicos la trasladaron a otro hospital. Allí contrajo el tifus y murió. Llevaron su féretro de vuelta a Moscú. Las feministas bolcheviques formaron una guardia de honor. Lenin, triste y destrozado, caminaba detrás de la guardia, solo. La descripción que nos dejó Angélica Balabanoff es inquietante:

Vi a Lenin en el funeral de una persona particularmente querida para él. Nunca había visto un sufrimiento semejante; nunca había visto a ningún ser humano tan completamente absorbido por la pena, por el esfuerzo de guardársela para sí, de mantenerla a salvo de la atención de los demás, como si la conciencia ajena pudiera atenuar la intensidad de sus sentimientos. [...] Yo me encontraba en las inmediaciones de Lenin. No solo su rostro, sino todo su cuerpo expresaba tanta pena que no me atreví a saludarle, ni con el más leve gesto. Estaba claro que quería estar a solas con su pena. Parecía haber encogido; la gorra casi le cubría el rostro, y tenía los ojos empapados en unas lágrimas que se esforzaba por contener.

La cuestión de las mujeres

Funeral de Inessa Armand en Moscú.

Armand llevó un diario durante las últimas semanas de su vida, un reflejo de lo agotada que estaba, y a todos los niveles. La carta que le escribió a Lenin pudo ser parecida a esta:

> Los últimos sentimientos de cariño que me quedan son para mis hijos y para V. I. En lo que respecta a todo lo demás, lo que se ha muerto es mi corazón; es como si, al haber entregado toda mi fuerza, toda mi pasión, a V. I. y al trabajo, hubiera agotado todas las fuentes de amor por las personas con las que anteriormente tenía tanta confianza. No tengo a nadie, aparte de a V. I. y a mis hijos. [...] Para las personas románticas, el amor ocupa el primer lugar en la vida de una persona. El amor es superior a cualquier otra cosa. Y hasta hace poco yo estaba más cerca de esa idea de lo que estoy ahora. [...] Además del amor siempre estuvo la causa, y en el pasado ha habido muchas veces en que sacrifiqué por ella mi felicidad

y mi amor. [...] Es cierto que incluso ahora el amor sigue ocupando un lugar importante en mi vida. [...] Pero ni por un momento dejo de reconocer que, por doloroso que me resulte, el amor y las relaciones personales no son nada en comparación con las necesidades de la lucha[143].

---

[143] Michael Pearson, *Inessa,* Londres, 2001, p. 218. Otra biografía de Armand es la del historiador canadiense R. C. Ellwood: *Inessa Armand: Revolutionary and Feminist,* Cambridge, 1992.

Quinta parte
Agrupémonos todos en la lucha final

15

Hasta el final

LA MUERTE DE ARMAND produjo en Lenin un efecto parecido al que tuvo la de Sacha hacía tantísimos años. En ambos casos Lenin ocultó su duelo y se entregó al trabajo. En el primer caso, decidió leer a destajo, empezando por Chernyshevski (cuya novela había sido la favorita de Sacha), y después se dedicó a leer cualquier cosa que hubiera escrito Marx y que estuviera traducido al ruso. A partir de ahí estableció contacto con los círculos clandestinos de La Voluntad del Pueblo en Kazán.

Ahora, la vuelta al trabajo era obligatoria. Por mucho que Lenin llorara en privado la pérdida de Armand (cosa que nunca hay que infravalorar), era consciente de que no era más que una víctima entre tres millones. Lenin y Krúpskaya adoptaron a los hijos de Armand, lo que le proporcionó cierto consuelo. Le ponía problemas de ajedrez al joven André, y se aseguraba de que a Varvara le fueran bien los estudios en la universidad, llegando a provocar un pandemonio al presentarse de improviso en la clase de Varvara en la universidad para darle a los estudiantes una charla sobre literatura. Cuando Lenin les preguntó el nombre de su poeta favorito, respondieron al unísono: «MAYAKOVSKI». Al ser un clasicista, con unos gustos literarios y artísticos conservadores,

Lenin se quedó sorprendido. Nunca había sido capaz de apreciar a Mayakovski. Los estudiantes se rieron cuando Lenin aseguró que Pushkin era el mejor y que siempre lo sería. Le respondieron tranquilamente que Mayakovski era el poeta del bolchevismo. Lenin resopló con desdén. Había discutido por lo mismo con Lunacharski en el Comisariado de Ilustración, y había quedado desautorizado de una forma parecida.

Tan solo hubo una ocasión en que Lenin se sintió totalmente de acuerdo con el poeta:

> Ayer leí por casualidad en *Izvestia* un poema político de Mayakovski [«Los constantemente reunidos»]. No soy admirador de su talento poético, aunque admito que tampoco soy un juez competente. Pero hacía mucho tiempo que no leía nada sobre la política y la administración con tanto placer como he leído esta pieza. En este poema, Mayakovski se burla del hábito de reunirse, y se mofa de los comunistas por sus incesantes reuniones. No estoy seguro de la poesía; pero en cuanto a la política, doy fe de su absoluta exactitud. Efectivamente, estamos [...] en la absurda posición de pasarnos el día en las asambleas, montando comisiones y trazando planes sin cesar.

El poema dice así:

> Apenas la noche se convierte en madrugada,
> observo cada día:
> unos van al glavk,
> otros al com,
> otros al polit,
> otros al prosvet,
> la gente se dispersa por las instituciones.

Hasta el final

Apenas entras en el edificio,
el papeleo burocrático huele a lluvia:
habiendo elegido medio centenar de ejemplares,
¡los más importantes!,
los empleados parten a las reuniones.

Te presentas:
«¿No me pueden conceder una audiencia?
Vengo desde tiempos inmemoriales» —
«El camarada Iván Vánich se fue a celebrar una reunión —
de la asociación Teo y Gukón».

Recorres cien escaleras.
El mundo no te es grato.
De nuevo:
«Os han mandado venir dentro de una hora.
Están reunidos:
para la compra de un frasco de tinta
por la cooperativa principal».

Al cabo de una hora:
¡no hay nadie!
Ni el secretario,
ni la secretaria.
Todos los menores de 22 años
están en la reunión del Komsomol.

De nuevo, al atardecer, subo
al piso superior de un edificio de siete.
«¿Ha llegado ya el camarada Iván Vánich?»
«Está en la reunión del
Comité a, be, ce, de, efe».

Enfurecido,
irrumpo como un torrente
en la reunión,
vomitando por el camino salvajes maldiciones.
Y veo:
sentados, a la gente por la mitad.
¡Diablos!
¿Dónde está la otra mitad?
«¡Los han degollado!
¡Los han matado!»
Me agito, gritando,
Ante este espantoso cuadro he perdido la razón.
Y oigo
la vocecita tranquila del secretario:
«Están en dos reuniones a la vez.
Diariamente
debemos llegar a tiempo
a una veintena de reuniones.
Forzosamente debemos desdoblarnos.
Hasta la cintura aquí
y el resto allí».

Desasosegado no te duermes.
Es de madrugada.
Ilusionado recibo el despuntar del día:
«¡Oh, desearía
otra reunión más
acerca de la erradicación de todas las reuniones!»[144].

---

[144] Traducción del ruso de Tomás Nuño Oráa, https://tomasnunooraa.wordpress.com/2015/02/05/los-constantemente-reunidos-1922-vladimir-mayakovski/.

Eso le trae a la memoria a Lenin el antihéroe que da nombre a la obra maestra de Goncharov, que «tipificaba la vida en Rusia: Oblómov». La imagen que tiene Lenin de él es la de un hombre que se pasa la vida «holgazaneando permanentemente en su cama, e ideando planes en su mente». Pero después, Lenin da el golpe decisivo. A pesar de las tres revoluciones, «los Oblómovs han sobrevivido». Puede que en la novela fueran el retrato de los terratenientes perezosos, pero los Oblómovs también «existían entre los campesinos [...] los intelectuales [...] y también entre los obreros y los comunistas». Ha estado observándolos «en nuestras asambleas, en nuestros trabajos en las comisiones, y está en condiciones de decir que <u>el viejo Oblómov aún vive; y que va a ser necesario darle un buen baño y un buen lavado, un buen fregado, frotándolo bien, para hacer de él un hombre</u>». Lenin concluye, como era su costumbre, con un llamamiento a la autoridad de Marx, que en una ocasión escribió «que durante una revolución se cometen muchas insensateces, puede que más que en ningún otro momento. Los revolucionarios debemos aprender a contemplar imparcialmente y sin miedo esos actos insensatos»[145].

En cuanto a los asuntos personales, ya no había nada que ocultar. La joven Inessa estaba constantemente entrando y saliendo del minúsculo apartamento de la familia en el Kremlin. Había sido la niña mimada, tenía el mismo espíritu indomable que su madre y sus mismas posturas políticas, y había adoptado a Krúpskaya como madre suplente. Lenin nunca se recuperó realmente de la muerte de Armand. Las últimas cartas que le escribió lleva-

---

[145] V. I. Lenin, *Collected Works,* vol. 33, trad. al inglés David Skvirski y George Hanna, Moscú, 1966, pp. 223-224. Subrayado en el original.

ban la inusual firma de «Tu Lenin», y eso era lo que sentía. Profundamente. Cuántas veces debió de pensar que si no hubiera insistido tanto en que Inessa se tomara una cura de descanso en el Cáucaso probablemente todavía estaría viva. Aparte de su amor recíproco, Armand también era una camarada muy próxima y de total confianza, con la que Lenin podía hablar de todo. Su discrepancia con Lenin sobre el Tratado de Brest-Litovsk y sobre el decreto que ponía fin al control obrero en las fábricas no había perjudicado su relación. Las posturas de Armand sobre esos temas no eran demasiado distintas de las de Kollontái, pero Armand no se integraba en ninguna facción opositora. Lenin tenía el don inverosímil de que los acontecimientos le dieran la razón, y sin duda eso fue lo que ocurrió con Brest-Litovsk. Muchos observaron que nada más terminar el funeral, cuando sus emociones eran incontrolables, había acudido directamente a su despacho a reanudar sus quehaceres. Era justo lo que cabía esperar de él. Había mucho que hacer.

La crisis europea aún no había amainado. Lenin seguía obsesionado con la situación en Alemania. ¿Cómo podía la Tercera Internacional contribuir a generalizar el motín de los 20.000 soldados que ocupaban Járkov, y que en 1918 le dieron la espalda a sus oficiales y se manifestaron por la ciudad portando banderas rojas y proclamando su solidaridad con la Revolución Rusa? Una insurrección en Alemania no era una pura fantasía, incluso después del intento fallido en Berlín. Dentro de Rusia, la Guerra Civil casi había concluido. Quedaban unos cuantos rezagados aquí y allá, sobre todo en el Cáucaso, y el ajuste de cuentas final con Wrangel en Crimea, pero Denikin y Kolchak habían sido derrotados juntos, y a pesar de la ayuda de las potencias de la

Entente. ¿Qué habría pasado si hubieran conquistado Petrogrado en 1919? Lenin se había equivocado al sugerir la evacuación de la ciudad. Trotsky le había convencido de que habría sido un golpe durísimo que la cuna de la Revolución cayera en manos de la contrarrevolución. La resistencia de los ciudadanos y el recién creado Ejército Rojo habían salvado la situación. Ahora Lenin hasta podía sonreír al pensar en Trotsky a lomos de su caballo, arengando sin parar a las tropas del Ejército Rojo, asegurándose de que no se viniera abajo el frente defensivo y poniendo en fuga a los blancos. Dos semanas después de la muerte de Armand, Lenin escribió un llamamiento a los campesinos ucranianos. Aquellos llamamientos durante la Guerra Civil fueron concebidos no solo para sus destinatarios, sino también para los propagandistas bolcheviques del Ejército Rojo, a fin de proporcionarles una línea política y unas cuantas frases concisas.

A LOS CAMPESINOS POBRES DE UCRANIA

Camaradas, el general zarista Wrangel está intensificando su ofensiva contra Ucrania y contra Rusia. Con el apoyo de los capitalistas franceses, está avanzando y amenazando la cuenca del Dónets y Yekaterinoslav. El peligro es grave. Una vez más, los terratenientes están intentando restablecer su poder, recuperar sus fincas, y volver a esclavizar a los campesinos.

Camaradas, el campo ucraniano ha padecido unos sufrimientos sin igual bajo el yugo de los terratenientes. Estos han logrado derrocar a los soviets, el poder de los obreros y campesinos, en más de una ocasión; en más de una ocasión han recibido la ayuda de los *kulaks,* de los campesinos ricos, que o bien se pusieron abiertamente de su parte, o bien entorpecieron los esfuerzos de los campesinos pobres y trabajadores para implantar el nuevo orden, la nueva forma de vida, la nueva organización en los pueblos. Cada uno de dichos intentos de restablecer el dominio de los terratenientes ha concluido con una nueva victoria para los obreros y campesinos. Hoy, por toda Ucrania, los aldeanos pobres han empezado a crear sus comités para poder aplastar la resistencia de un puñado de ricos, y por último para consolidar el dominio del pueblo trabajador. Wrangel, el general de los terratenientes, está incrementando su presión con la intención de derrotar a esas organizaciones del pueblo trabajador.

Camaradas, levantaos como un solo hombre para expulsar a Wrangel. Que todos los comités de los campesinos pobres concentren todos sus esfuerzos en ayudar al Ejército Rojo a aplastar a Wrangel. Que ni un solo campesino trabajador se quede al margen de la lucha por la causa de los obreros y los campesinos, ni permanezca inactivo o indiferente. Camaradas, recordad que se trata de salvar las vidas de vuestras familias, de defender las tierras de los campesinos y su gobierno.

¡Acudid en ayuda del Ejército Rojo! ¡Muerte a los terratenientes opresores!

2 de octubre de 1920
Lenin[146]

El nuevo Estado tenía prácticamente asegurada su supervivencia. Lenin comprendía muy bien que lo que había inclinado el fiel de la balanza había sido la negativa de los campesinos pobres a apoyar a los blancos. Tampoco es que estuvieran contentos

---

[146] V. I. Lenin, «To the Poor Peasants of the Ukraine», *Kommunist* (Kiev) 199, 13 de octubre de 1920, en *Collected Works*, 4.ª ed., vol. 31, trad. al inglés Julius Katzer, Moscú, 1965, pp. 314-315.

con las constantes requisas que llevaba a cabo el Ejército Rojo, pero en última instancia sabían que una vuelta de los blancos al poder podía traer consigo una nueva oleada de salvajismo y explotación, y a los terratenientes. La imagen de una familia terrateniente vestida con sus mejores ropas, con abundancia de seda de color crema y de sombreros de paja, paseando por la pradera de su hacienda, y sentándose desenfadadamente a ambos lados de una larga mesa aparejada con manteles y servilletas inmaculados, y siendo atendida por una legión de sirvientes, no era algo que los antiguos siervos y los campesinos pobres de Rusia quisieran volver a ver. Wrangel fue derrotado en otoño de 1920.

En 1921 los bolcheviques ganaron la Guerra Civil. Habían muerto tres millones de personas, entre ellas la flor y nata de la clase obrera rusa; sus miembros con mayor conciencia política fueron aniquilados. El triunfo militar de Trotsky fue una asombrosa hazaña de armas, realizada por un Ejército recién formado. El precio político fue alto. Lenin escribía que, aunque habían derrotado a los capitalistas en Rusia, sus amigos en el extranjero los habían castigado sin piedad mediante la economía y la Guerra Civil. El hecho de que los bolcheviques hubieran conservado el poder del Estado «se debió a la escisión del imperialismo mundial en dos grupos depredadores», que habían luchado entre sí casi hasta la muerte. Por consiguiente, «ninguno de los dos grupos fue capaz de reunir una fuerza sustancial contra nosotros, cosa que habrían hecho si hubieran estado en condiciones de lograrlo». La Guerra Civil había demostrado que tanto los puntos débiles de la Entente como el crecimiento de un movimiento de solidaridad con Rusia en Gran Bretaña, en Francia y en Alemania le habían puesto las cosas mucho más difíciles a los imperialistas. En Washington, Woodrow Wilson se encontró con una fuerte oposición a cualquier nueva guerra en Europa, tanto por parte de las familias de los soldados como de los diputados disidentes. La pequeña fuerza expedicionaria enviada a Arcángel había sido bien acogida por los ricos y por un sector de la *intelligentsia*, pero a ambos grupos les decepcionó que no se hubiera enviado un ejército propiamente dicho para derrotar a su enemigo bolchevique, mientras que el cónsul estadounidense Felix Cole informaba al Departamento de Estado que «la clase trabajadora brillaba por su ausencia» entre los sectores que les habían dado la bienvenida. La Entente envió más soldados para dar un impulso a la contrarrevolución. Los dirigentes soviéticos habían intentado separar al imperialismo europeo de su aliado americano, y futuro rival, pero a raíz de los últimos desembarcos, Lenin perdió la paciencia, y el 20 de agosto de 1918 redactó su «Carta a los obreros norteamericanos», donde acusaba a Wilson de «jefe de los multimillonarios norteamericanos y lacayo de los tiburones capitalistas». En octubre de aquel mismo año, al tiempo que llegaban más tropas estadounidenses, Lenin le sugería a Chicherin, ministro de Asuntos Exteriores, unas cuantas líneas para que se las enviara a Wilson, dándole las gracias por contribuir a resucitar la «contrarrevolución rusa que ya se había convertido en un cadáver», pues le «había abierto los ojos a los obreros y los campesinos de Rusia sobre las aspiraciones de la contrarrevolución rusa y de sus ayudantes extranjeros». A consecuencia de todo ello, los bolcheviques estaban contraatacando con una determinación aún mayor.

La opinión pública estadounidense se estaba poniendo nerviosa. El 12 de diciembre de 1918, Hiram Johnson, senador republicano por California, presentó en el Senado una propuesta de resolución donde se pedía al Departamento de Estado una explicación de por qué había soldados estadounidenses luchando en Rusia, a pesar de su propio comunicado de prensa, donde rechazaba una intervención armada. El discurso de Johnson en el Senado fue cáustico, y se burlaba abiertamente de Wilson por su hipocresía y por la disonancia entre sus palabras y sus actos. El embajador de Estados Unidos en Rusia exigía el envío de 50.000 soldados norteamericanos, y otros tantos auxiliares de los países Aliados para «restablecer el orden en interés de la humanidad y erradicar el bolchevismo». Pero la balanza se estaba inclinando del lado de los bolcheviques, y el embajador estadounidense en París se negó a recibir a Kérenski, que también había acudido a pedir que enviaran más tropas. Se le denegó el visado de entrada a Estados Unidos. A Wilson le preocupaba el creciente fervor antiintervencionista dentro del país, y le dijo a su embajador en Moscú que, aunque compartía sus opiniones, una medida así simplemente «sería muy impopular en Estados Unidos»[147]. No se produjo una intervención militar a gran escala de Estados Unidos, pero sí se estableció una correa de transmisión para enviar armamento y suministros de alimentos desde Estados Unidos y los países de la Entente a los ejércitos blancos durante la mayor parte de la Guerra Civil, al tiempo que se mantenía un eficaz bloqueo contra los bolcheviques.

Los tres rasgos cruciales de la Guerra Civil Rusa —las requisas forzosas en el campo, una disciplina y un liderazgo de hierro para trascender el caos que genera cualquier guerra civil, y, lo más im-

---

[147] David S. Foglesong, *America's Secret War Against Bolshevism,* Carolina del Norte y Londres, 1995, pp. 224-230.

portante, un proletariado politizado y dispuesto a sacrificar su vida por la Revolución— están descritos con una asombrosa claridad en los cuentos de Isaac Bábel, que estaba integrado en el Ejército Rojo. El sistema que predominó durante aquel periodo —el «comunismo de guerra»— era estricto, pero mantenía cierta igualdad. También contribuyó a disimular las realidades de la crisis económica. Las fábricas cerraban mientras los soldados o bien luchaban en la Guerra Civil o bien regresaban a sus pueblos para poder comer por lo menos una vez al día. Incluso antes de que la Guerra Civil empezara en serio, Lenin era consciente de que «existía una situación extraordinariamente difícil, compleja y peligrosa» internacionalmente y dentro del país. Después de la Guerra Civil, Lenin comprendió con claridad que el Estado-comuna que todos habían deseado desde que conquistaron el poder ya resultaba imposible. Los obreros que no habían muerto estaban desperdigados entre la burocracia del partido y del Estado. La industrialización debía comenzar lo antes posible, no solo para atender a las necesidades del país, sino también para crear un nuevo proletariado, sin el que los bolcheviques estaban abocados al fracaso. La Nueva Política Económica (NEP) fue concebida para relajar los controles del Estado y permitir cierto grado de capitalismo como motor de arranque de la economía. No existía ninguna otra alternativa creíble. Pero para asegurarse de que el Estado no iba a contagiarse de capitalismo, no era el momento de poner en práctica las ideas del Estado-comuna plasmadas en *El Estado y la revolución*. Para presidir aquella nueva transición, la dictadura revolucionaria tenía que ser inflexible y asegurarse de que la Revolución no se derrumbara. Era preciso abandonar el control obrero en las fábricas. Había que incorporar a los expertos, con independencia de sus orígenes políticos o de clase, para que la economía pudiera crecer «y que comenzara la tarea de una reconstrucción pacífica». Ese era el razonamiento de Lenin.

Suponía un enorme riesgo, y los problemas se debatieron abiertamente en el IX Congreso del Partido en 1920, donde la dirección de Lenin y Trotsky se unió para hacer frente a las duras críticas de los militantes de base. Una parte de esas críticas se expresaba de una forma suave, pero todos los oradores manifestaban claramente su oposición al nuevo giro de los acontecimientos y al régimen propuesto para las fábricas. Un delegado le preguntó dónde acabaría la dirección unipersonal. ¿No saltaría rápidamente de las fábricas al partido? «¿Quién iba a elegir al Comité Central?». Ese mismo delegado vaticinó que la consecuencia de todo aquello iba a ser «la dictadura de la burocracia del partido». Lenin tuvo que emplearse a fondo para convencer a los delegados de que se trataba de una fase temporal, que no era un buen momento para prodigarse en la teoría. Tenían por delante importantes «tareas *prácticas*», y para reconstruir el país se requería la misma energía que había derrotado a los blancos.

La NEP dio resultado, pero incluso un poquito de capitalismo trae consigo una creciente cuota de desigualdad. Y a eso había que sumarle que, como beneficio adicional especial, se hacían «regalos» ocultos, o sobornos, a los funcionarios del partido. La corrupción enfurecía particularmente a los miembros del partido, y contribuyó a alimentar la corriente Oposición Obrera. También los veteranos de la Guerra Civil denostaban ese aspecto de la NEP.

Hay dos episodios emblemáticos de aquel periodo. Las autoridades abrieron e inspeccionaron un cargamento con el rótulo de «suministros militares», dirigido a Abel Enukzide, miembro del Comité Central, en la estación ferroviaria de Kazán. Los suministros militares consistían en botellas de vino y de coñac, harina, azúcar, tabaco, y otros artículos a los que los ciudadanos corrientes no tenían acceso. Una de las dirigentes del partido (una fiel *apparatchik* hasta el final de su vida) se puso furiosa y presentó una enérgica protesta. El suceso, argumentaba Rozalia Zemlyachka, al margen de todos los demás asuntos, desacreditaba al partido a los ojos de los obreros no afiliados. La Secretaría de Organización del Comité Central le salvó el pellejo a Enuzkuide informando a Zemlyachka de que el alcohol estaba destinado a su uso en los hospitales por parte del Comisariado de Sanidad. Otro escándalo puso en evidencia que una mansión adjunta a una gran finca, y rediseñada como centro para la infancia, había sido confiscada por un general como su refugio en el campo. Necesitaba un descanso después de la Guerra Civil. El diario bolchevique *Pravda* publicó numerosas y crudas denuncias de corrupción, y una Comisión de Investigación redactó un informe igualmente mordaz para el siguiente congreso del partido. Los organizadores del congreso no fueron capaces de dedicar tiempo a debatir el informe, pues estaban muy ocupados con otros asuntos más importantes. Uno de ellos consistía en un apretón de tuercas: la prohibición oficial de todas las facciones dentro del partido y una inclemente propuesta de expulsión de los dirigentes de la corriente Oposición Obrera que presentó Lenin.

El congreso se negó a aceptar aquella propuesta. Un partido sin Kollontái ni Shlyapnikov (dos de los escasísimos dirigentes bolcheviques que habían apoyado las *Tesis de abril* en 1917) era impensable. Sí se aprobó la prohibición de las facciones. En última instancia, aquella era la consecuencia lógica del rumbo que habían tomado los bolcheviques poco después de la Revolución. Tras establecer un rígido monopolio de la representación política en los soviets —hasta el extremo de que habían quedado excluidos incluso los grupos leales y defensores de la Revolución (aunque no pro-bolcheviques), como los mencheviques de izquierdas, liderados por Yuli Mártov—, ya solo era cuestión de tiempo que se desautorizara cualquier tipo de oposición en el seno del propio Partido Bolchevique. Desde luego, era lógico, pero a pesar de todo era una tragedia, y algunos de los miembros del partido con mayor conciencia política se dieron de baja. Lenin iba a darse cuenta de aquel error muy pronto, pero ya sería demasiado tarde. Se estaba muriendo. Igual que su partido.

El 26 de mayo de 1922, a los cincuenta y dos años, Lenin sufrió su primer derrame cerebral. Se recuperó bastante pronto, pero le prescribieron reposo absoluto. Su cerebro funcionaba con normalidad, sin embargo ahora le abrumaba una sensación de urgencia. Había demasiado que hacer y muy poco tiempo. Sabía que no le quedaba mucho de vida. Su padre había fallecido de una hemorragia cerebral más o menos a esa misma edad, y tenía una constitución parecida. Al estrés y las tensiones de la Revolución y la Guerra Civil se le había sumado la muerte prematura e innecesaria de Inessa Armand. Cuando Lenin cumplió cincuenta años, sus camaradas del partido en Moscú insistieron en que había que celebrarlo. Lenin se resistió, y permaneció fuera de la sala mientras Lunacharski, Gorki y Stalin, entre otros, pronunciaban sus discursos. Lenin no entró hasta que concluyeron aquellas intervenciones[148]. En aquella ocasión no habló mucho. Citó un clarividente texto de Kautsky que se había publicado en *Iskra*, donde el socialista alemán afirmaba que los eslavos podían llegar a ser perfectamente los portadores de la revolución socialista en Europa:

> En el momento actual [a diferencia de 1848] da la impresión de que los eslavos no solo han pasado a engrosar las filas de las naciones revolucionarias, sino que el centro del pensamiento revolucionario y de la acción revolucionaria se está desplazando cada vez más hacia los eslavos. El centro revolucionario se está desplazando de Oeste a Este. Durante la primera mitad del siglo XIX estaba situado en Francia, a veces en Inglaterra. En 1848 también Alemania entró a formar parte de las naciones revolucionarias. [...] El nuevo siglo ha comenzado con una serie de acontecimientos que sugieren la idea de que estamos acercándonos a un nuevo desplazamiento del centro revolucionario, a saber hacia Rusia. [...] Rusia, que ha tomado prestada tanta iniciativa revolucionaria de Occidente, ahora tal vez está dispuesta a desempeñar la función de fuente de energía revolucionaria para Occidente. Es posible que el movimiento revolucionario ruso que ahora está entrando en erupción demuestre ser el medio más potente para exorcizar el espíritu de la ignorancia indolente y de la política fríamente calculadora que empieza a cundir entre nosotros, y puede provocar que resurjan nuestro espíritu de lucha y nuestra apasionada devoción a

---

[148] Hay una excelente crónica de aquella fiesta de cumpleaños en el ejemplar texto de Valentino Gerratana sobre cómo se fabricó el «leninismo» y se convirtió en moneda de cambio en los debates en el seno del partido tras la muerte de Lenin: «Stalin, Lenin and "Leninism"», *New Left Review*, 1: 103, mayo-junio de 1977, pp. 59-71.

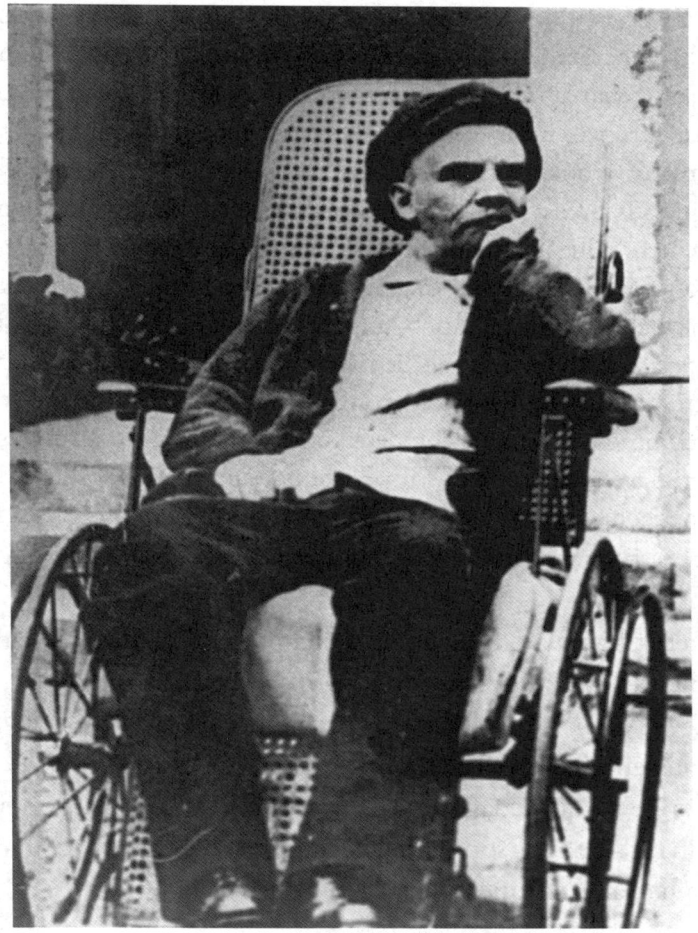

Lenin en 1922, tras su primer derrame cerebral.

nuestros grandes ideales. Para Europa occidental, hace tiempo que Rusia dejó de ser un baluarte de la reacción y el absolutismo. Creo que hoy es cierto justo lo contrario. Europa occidental se está convirtiendo en el baluarte de la reacción y el absolutismo para Rusia.

[...] Es posible que los revolucionarios rusos ya hubieran logrado desembarazarse del zar hace mucho tiempo si no hubieran tenido que luchar al mismo tiempo contra el aliado del monarca, el capital europeo. Esperemos que esta vez logren derrotar a ambos enemigos, y que la nueva «Santa Alianza» se derrumbe más deprisa que sus predecesoras. Comoquiera que finalice la lucha que está teniendo lugar actualmente en Rusia, la sangre y el sufrimiento de los mártires que, por desgracia, generará en un número excesivo, no habrán sido en vano. Alimentarán los brotes de la revolución social a lo largo y ancho de todo el mundo civilizado y harán que crezcan más exuberantes y con mayor rapidez. En 1848 los eslavos fueron como una helada destructora que malogró las flores de la primavera del pueblo. Tal vez ahora están destinados a ser la tormenta que rompa el hielo de la reacción y traiga consigo, de forma irresistible, una nueva y feliz primavera para las naciones[149].

Lenin había buscado aquella cita para un panfleto que estaba escribiendo —*La enfermedad infantil del izquierdismo en el comunismo*—, pero, probablemente irritado por la atmósfera autocomplaciente que reinaba entre los dirigentes del partido con motivo de su quincuagésimo cumpleaños, la leyó de principio a fin. Sin duda, todos sonreían y hacían gestos de aprobación mientras lo hacía. Y entonces llegaba la puntilla:

Estas palabras me llevan a pensar que es posible que nuestro Partido se halle en una postura muy peligrosa en estos momentos, la postura de un hombre engreído. Es una situación muy estúpida,

---

[149] Karl Kautsky, «Los eslavos y la revolución», *Iskra*, 18, 10 de marzo de 1902.

vergonzosa y ridícula. Sabemos que el fracaso y el declive de los partidos políticos a menudo han venido precedidos por una situación en que es posible cierto engreimiento. Y, de hecho, lo que el hombre que acabo de citar, y que ahora es nuestro acérrimo enemigo, esperaba de la Revolución Rusa, era de una inmensidad incalculable.

Por supuesto que había habido éxitos brillantes, pero contra los enemigos tradicionales del socialismo ruso.

Hubo que posponer las tareas que constituyen la sustancia de la revolución socialista para poder afrontar la tarea de organizar la lucha contra las manifestaciones corrientes, cotidianas, de los instintos, la división y la desunión pequeñoburgueses, es decir, contra todo aquello que pudiera arrastrarnos de vuelta al capitalismo. Esas tareas se pospusieron tanto en la esfera económica como en la política; fuimos incapaces de afrontarlas adecuadamente. [...] Permítanme que concluya con la esperanza de que bajo ninguna circunstancia permitiremos que nuestro partido se vuelva engreído[150].

Mientras iba recuperándose poco a poco de su derrame cerebral, Lenin tuvo tiempo de reflexionar sobre la Revolución que él, por encima de todos los demás, había hecho posible. Al principio Lenin estaba totalmente seguro de que el conocimiento del marxismo sería suficiente para resolverlo todo, para resolver cualquier cosa, pero los problemas que surgían venían a demostrar lo contrario. El marxismo solo era una aproximación. ¿Cómo podía ser de otra forma? Lenin tenía grandes diferencias sobre tres asuntos

---

[150] Lenin, *Collected Works*, vol. 30, p. 528.

con el secretario general que él mismo había apoyado: Stalin. Se puso furioso cuando se enteró de que Stalin, Dzerzhinski (director de la Checa) y Ordzhonikidze (un miembro del Comité Central) habían visitado Georgia y habían agredido físicamente a los dirigentes bolcheviques locales, y por ello exigía un repudio inmediato de ese tipo de conductas, denunciaba el chovinismo ruso, y recordaba el trato dispensado a los tártaros y a los georgianos durante el periodo zarista, y los términos despectivos con que se les denominaba. Le propuso a Trotsky hacer un frente común, y para ello le envió una nota sumamente cordial, que Lenin insistió en que le leyeran a Trotsky por teléfono:

> Le pido de todo corazón que asuma la defensa del asunto de Georgia en el Comité Central del Partido. Ahora mismo el asunto está siendo «investigado»; en manos de Stalin y Dzerzhinski, y no puedo confiar en su imparcialidad. ¡De hecho, es más bien lo contrario! Si usted accediera a asumir la defensa del asunto, me quedaría tranquilo. Si por alguna razón no está usted de acuerdo, envíeme de vuelta todos los papeles. Lo consideraría una señal de desacuerdo por su parte. Con mis mejores saludos de camaradería,
> Lenin[151].

Enviaron a Kámenev a Georgia para pedir disculpas, con una carta personal de Lenin instando a los georgianos a presentar una queja ante el partido, e informándoles de que estaba preparando algunas notas para ellos, y un discurso. Sabía que la vida se le estaba

---

[151] Moshe Lewin, *Lenin's Last Struggle,* Londres, 1969. Este libro, obra de un historiador polaco, sigue siendo el estudio más perspicaz de los dos últimos años de Lenin.

escapando de entre las manos, y a pesar de todo libró aquella última batalla contra Stalin y su camarilla. En sus notas sobre la cuestión nacional, Lenin pedía perdón a los obreros por «no haber intervenido lo bastante enérgica y decisivamente en la tristemente célebre cuestión de la autonomía política». Achacaba aquella falta a su mala salud, y contaba que el informe de Dzerzhinski le había sobresaltado y le había abierto los ojos. Exigía que apartaran del partido a Ordzhonikidze por haber pegado a un camarada. Declaraba su odio contra «ese hombre tan ruso, el chovinista de la Gran Rusia, que en sustancia es un granuja y un tirano, igual que lo es el burócrata ruso típico»: aquella enfermedad había infectado a los más altos escalafones del Partido Bolchevique, y los máximos dirigentes se habían comportado «de una forma totalmente imperialista». Lenin acusaba a Stalin y Ordzhonikidze, al margen de que ellos mismos fueran originarios del Cáucaso, de actuar como los típicos matones de la Gran Rusia. Era posible mantener la Unión Soviética, decía Lenin, pero su unionismo debería operar únicamente en los campos de la política exterior y la defensa. En todo lo demás, era preciso conceder autonomía a los no rusos para que ellos mismos gestionaran sus territorios. En el siguiente congreso, Lenin exigió la destitución de Stalin de su cargo de secretario general, y que el partido nombrara a una persona más capacitada. Stalin «había concentrado demasiada autoridad en sus manos».

En febrero de 1923, Lenin había escrito su mensaje para el inminente congreso del partido, y el que iba a ser su último texto para el *Pravda*. El Politburó pospuso su publicación, y Kúibyshev, un prometedor *apparatchik,* sugirió que imprimieran un número falso del periódico para engañar a Lenin. El Politburó rechazó esa solución, y finalmente el artículo se publicó, con su título original intacto: «Más vale poco y bueno». ¿Por qué estaban tan preocupados los miembros del Politburó? Las 5.000 palabras del artículo eran impersonales pero condenatorias. Lenin y otros habían presupuesto que el marxismo ofrecía una base suficiente para resolver todos lo problemas que estaban por llegar, pero al final no había sido así.

Las ideas de Marx y Engels, por brillantes que fueran muchas de ellas, tan solo ofrecían una aproximación a lo que había que hacer. Marx no conceptualizó las estructuras de un Estado socialista. La teoría de la revolución proletaria era lo que diferenciaba a los bolcheviques de todos su precursores y contemporáneos. La teoría política de Maquiavelo se basaba en la manipulación de la política de las élites; la teoría rousseauniana de la voluntad general, aunque deploraba la desigualdad, negaba toda representación política; Bakunin no creía en absoluto en el Estado. La política marxista no podía brotar ya plenamente formada de las cabezas de Marx y Engels. Exigía largos y pacientes periodos de participación en el movimiento obrero. Exigía experimentar con una amplia variedad de tácticas antes de que estallara una revolución que pudiera culminarse con éxito. Una vez que eso ocurriera, la revolución tendría que enfrentarse rápidamente a un poderoso enemigo, el sistema capitalista mundial. Tan solo la experiencia iba a determinar cómo podía consolidarse la democracia proletaria. No había una conceptualización de la política de la misma forma que se había conceptualizado la filosofía, la economía o la historia, pero la claridad y el vigor de las intervenciones políticas de Marx y Engels puede apreciarse en numerosos ensayos, publicados en tres tomos[152].

---

[152] Karl Marx, *The Revolutions of 1848, Surveys from Exile* y *The First International and After,* ed. David Fernbach, Londres y Nueva York, 2010.

Fue Lenin quien desarrolló las ideas de Marx y las politizó aún más, destacando la autonomía de lo político y el hecho de que en tiempos de crisis política, «la política es la teoría económica concentrada». Eso era válido para las revoluciones burguesas aunque sus dirigentes no fueran conscientes de ello, e indudablemente era cierto en el caso de las revoluciones proletarias. Describirlas como tales es ya de por sí una afirmación de que eran revoluciones conscientes. La Revolución de Octubre de 1917 fue la primera insurrección de ese tipo, seguida de la Revolución de Octubre de 1949 en Beijing.

«Más vale poco y bueno» es un balance de la experiencia de Rusia tras seis años de Revolución y Guerra Civil. Es un documento sombrío cuya importancia radica en que, mientras convalecía, Lenin comprendía perfectamente la magnitud del problema. La podredumbre estaba dentro. Las causas eran a la vez objetivas y subjetivas, y cada una de ellas amplificaba a las demás y empeoraba aún más las cosas. La primera cuestión crucial a menudo se ha subestimado o se ha pasado por alto. Tiene que ver con una palabra que Lenin utilizaba cada vez más después de la Guerra Civil: la *cultura*. Se quejaba de que, a pesar de la Revolución, los revolucionarios no estaban «a la altura de los tiempos», que su cultura era «muy inferior» a los mejores estándares de Europa occidental, y que, hasta que hubieran superado a Occidente, iba a resultar difícil una transformación seria a todos los niveles. El uso de la palabra *cultura* era una variante de lo que más tarde Antonio Gramsci, el pensador italiano, denominaría *hegemonía*. Lenin afirmaba que los comunistas habían conquistado el poder político, pero que eso no era suficiente ni dentro ni fuera del país:

Desde luego, esta es una condición harto modesta para una república socialista. Pero los primeros cinco años nos han llenado la cabeza de no poca desconfianza y escepticismo. Nosotros, involuntariamente, estamos inclinados a dejarnos influir por esta desconfianza y escepticismo frente a aquellos que excesiva y ligeramente hablan sin ton ni son, por ejemplo, de la cultura «proletaria»: para empezar nos bastaría una verdadera cultura burguesa; para empezar nos bastaría saber prescindir de los tipos más caracterizados de cultura preburguesa, es decir, de una cultura burocrática, feudal, etc. En los problemas de cultura lo más perjudicial es la prisa y el querer abarcarlo todo. Muchos de nuestros jóvenes literatos y comunistas deberían grabar esto en su memoria[153].

Desde ese punto de arranque, Lenin pasa a abordar el meollo de la cuestión con una frase sorprendente, tanto por su contenido como por su longitud:

Nuestro aparato estatal se encuentra en un estado tan lamentable, por no decir detestable, que primero debemos reflexionar profundamente en la manera de luchar contra sus deficiencias, recordando que las raíces de estas se hallan en el pasado, el cual, a pesar de haber sido subvertido, no ha desaparecido por completo, no ha quedado en la fase de una cultura perteneciente a tiempos remotos.

Después explica por qué es así, y por qué utiliza deliberada y conscientemente la palabra *cultura*:

---

[153] Todas las citas de «Más vale poco y bueno» son de V. I. Lenin, *Obras escogidas en tres tomos,* tomo III, Moscú, Progreso, 1961, pp. 423-433.

porque en estas cosas debe considerarse como logrado solo aquello que ha entrado en la cultura, en la vida diaria, en las costumbres. Y entre nosotros se puede decir que lo que hay de bueno en la organización social no ha sido meditado a fondo, no ha sido comprendido ni sentido, ha sido tomado al vuelo, no ha sido comprobado, ni ensayado, ni confirmado por la experiencia, ni consolidado, etc. Naturalmente, tampoco podía ser de otro modo en una época revolucionaria y dada la rapidez vertiginosa del desarrollo que en cinco años nos ha llevado del zarismo al régimen soviético.

Era preciso hacer algo al respecto. A juicio de Lenin, era necesario que el escepticismo y la duda sustituyeran a la jactancia que reinaba por doquier. Lo que el partido afirmaba haber conseguido era, mirándolo con más detalle, «endeble, superficial y mal comprendido»; por consiguiente, debemos «entrar en razón a tiempo». Lenin dedica en particular unas cuantas frases cortantes a los engreídos burócratas del partido que estaban constantemente intentando agradar:

> Lo más perjudicial en este caso sería la prisa. Lo más nocivo sería contar con que sabemos algo, aunque sea poco, o pensar que hay entre nosotros un número algo considerable de elementos para la organización de un aparato realmente nuevo, que en verdad merezca el nombre de socialista, de soviético, etc.

Que se trataba de un vuelco respecto a sus propias posturas anteriores está fuera de discusión. Lenin no estaba simplemente criticando a los demás, sino también echándose un rapapolvo a sí mismo. ¿Acaso no había dicho en 1918 que todo el campesinado había tomado el camino al socialismo? ¿No había encabezado él mismo el avance hacia un Estado-comuna? ¿Qué había ocurrido? ¿Se les habían quemado las alas en su vuelo hacia el paraíso? Las derrotas en Alemania, en Hungría y en Polonia hicieron necesario pisar el freno antes de que la locomotora descarrilara del todo. Y en la Guerra Civil habían muerto demasiados simpatizantes comprometidos con la Revolución. Cabía la posibilidad de que la revolución europea resucitara, y en caso de que no lo hiciera, la revolución podía avanzar hacia el este a raíz del impacto del imperialismo en India y en China. Esos países serían un buen sustituto de Europa, pero los camaradas soviéticos mártires suponían una enorme pérdida. Sustituirlos por nuevos reclutas procedentes del campo no iba a ser suficiente. Esos reclutas carecían de las experiencias de 1905 y 1917, unas experiencias que no podían replicarse. La paciencia, la diligencia, la vigilancia, el aprendizaje, esas eran las virtudes que predicaba Lenin en su último sermón al Partido Bolchevique, al tiempo que argumentaba que el aparato existente era «risible por lo escaso». Era preciso rehacerlo completamente. Ahí también había problemas, y Lenin no tenía miedo de enumerarlos:

> ¿Qué elementos poseemos para crear este aparato? Solamente dos: en primer lugar los obreros, entusiasmados por la lucha en pro del socialismo. Estos elementos no están lo suficientemente instruidos. Querrían darnos un aparato mejor, pero no saben cómo hacerlo. No pueden hacerlo. Hasta ahora no han alcanzado el desarrollo, la cultura indispensable para ello. Y para esto hace falta precisamente cultura. En este sentido no se puede hacer nada de súbito, por asalto, con viveza o energía, o con cualquier otra de las mejores cualidades humanas. En segundo lugar, poseemos unos conocimientos, una educación, una instrucción, que son risibles por lo escasos en comparación con todos los demás Estados. [...]

Para renovar nuestro aparato estatal tenemos que fijarnos a toda costa como tarea: primero, estudiar, segundo, estudiar, tercero, estudiar y después comprobar que la ciencia no quede reducida a letra muerta o a una frase de moda (cosa que, no hay por qué ocultarlo, ocurre con demasiada frecuencia entre nosotros), que la ciencia se convierta efectivamente en carne y sangre nuestra, que llegue a ser plena y verdaderamente un elemento integrante de la vida diaria. [...] Para que pueda alcanzar la debida altura, es preciso atenerse a la regla: mide siete veces antes de cortar. [...]

Hace ya cinco años que estamos atareados con el mejoramiento de nuestro aparato estatal, ajetreando, pero este es precisamente tan solo un ajetreo que en cinco años no ha demostrado sino su ineficacia, e incluso su inutilidad y su nocividad. Como todo ajetreo, nos daba la impresión de trabajo, pero, en realidad, entorpecía nuestras instituciones y embrollaba nuestros cerebros.

Muy pocas veces una confesión de fracaso de un dirigente político revolucionario ha sido más exhaustiva. Muy pocas veces un líder habrá lamentado tan profundamente que se le esté acabando el tiempo, que ya no sea capaz de subir al estrado, decirle todo aquello a los delegados allí reunidos y conseguir su apoyo. Se habrían quedado horrorizados, pero tenían que estarlo. Dado que todo aquello ya no era posible, Lenin les escribía igual que había escrito sus *Cartas desde lejos,* desde el exilio, antes de la Revolución. Esta vez escribía desde el Kremlin, pero se sentía solo. Sabía que Trotsky, Bujarin y unos cuantos más no iban a discrepar de lo que él había escrito, pero Stalin y el aparato que presidía eran una cosa completamente distinta. Lenin dudaba de que fueran capaces de comprender la importancia de todo aquello y la necesidad de impulsar nuevas medidas en aras de la salud de la Revolución. Lenin había logrado superar la mayor parte de los dilemas que tuvo que afrontar durante su vida adulta. La burocracia del partido y del Estado a la que ahora Lenin quería poner coto, reducir de tamaño, castigar por incumplir las normas, y someter a la vigilancia permanente de una Inspección Obrera y Campesina, formada exclusivamente por veteranos de probada confianza, y conocidos por su valentía y su integridad —esa burocracia iba a contraatacar, a escabullirse de las medidas que se proponían. Y Lenin lo decía claramente en su último llamamiento a sus camaradas bolcheviques:

> Es preciso tener por norma: más vale poco en cantidad, pero bueno en calidad. Es preciso seguir la regla: más vale esperar dos o incluso tres años, que apresurarse, sin ninguna esperanza de conseguir un buen material humano. Yo sé que esta norma será difícil de mantener y de aplicar a nuestra realidad. Sé que la norma contraria tratará de abrirse paso valiéndose de mil subterfugios. Sé que habremos de oponer una gigantesca resistencia y dar pruebas de una perseverancia diabólica, que en este sentido el trabajo será, por lo menos durante los primeros años, endemoniadamente ingrato; no obstante, estoy convencido de que solo por medio de este trabajo lograremos nuestro objetivo y que, únicamente después de haber conseguido este objetivo, crearemos una república realmente digna de ser llamada soviética, socialista, etc.

Nunca se llevó a cabo un esfuerzo de ese tipo, y quienes habrían podido luchar por todo ello fueron neutralizados poco a poco, depurados del partido o simplemente ejecutados. Además, el llamamiento de Lenin tenía un punto débil. La magnitud del problema que había esbozado era enorme, pero no era algo que fuera capaz de resolver ni siquiera el más puro de los camaradas que formaran parte de una Inspección Obrera y Campesina. ¿Quién habría sido el encargado de aplicar sus informes críticos? ¿El Politburó? ¿Y quién iba a elegir a sus miembros? Los delegados elegidos por las burocracias de los partidos a nivel local que tenían poder sobre la vida y la muerte —o, por decirlo de una forma menos dramática, los funcionarios con más influencia— eran quienes autorizaban los empleos, tomaban decisiones sobre el reparto de alimentos, sobre los cargos en las fábricas, etcétera. Lenin había exigido una reconstrucción total del Estado, sin especificar el instrumento adecuado para poner en marcha el proceso. En su ciclo de conferencias «Sobre el Estado», que pronunció en 1919 en la Universidad Sverdlov, Lenin había subrayado una y otra vez que la cuestión central de la política, ya fuera en tiempos prerrevolucionarios, revolucionarios o de paz, era el Estado. Su naturaleza, y «la actitud de nuestro Partido» eran de crucial importancia, porque si uno no estudiaba esa cuestión «varias veces, si no volvía sobre ella una y otra vez, y la consideraba desde distintos puntos de vista, a fin de llegar a una total comprensión del asunto», uno nunca lograría entender la cuestión del poder político. Lenin había estado contemplándola desde todos los ángulos, y por eso la solución que sugería era tan endeble y un tanto patética. Puede que pensara que eso podía bastar para empezar, y que todo lo demás vendría por descontado, o tal vez comprendía demasiado bien que el partido y sus estructuras también suponían un enorme problema. Lo había sugerido en numerosos textos. El sueño de un Estado-comuna había sido sustituido por la realidad de un Estado de partido, y ambas cosas, el Estado y el partido, adolecían de deformaciones burocráticas porque la vieja maquinaria estatal zarista no había sido destruida. Sus cimientos seguían allí. Lo único que habían hecho era remodelar alguna que otra sala, y cambiar el mobiliario en el resto del edificio.

La solución era obligar al partido a rendir cuentas a los soviets, pero estos ya eran una institución muerta. Resucitarlos exigía elecciones libres y, sí, el derecho a existir de otros partidos soviéticos. Ese había sido el meollo del debate entre Lenin y Yuli Mártov, el líder menchevique de izquierdas. Lenin no estaba convencido de que fuera una solución por culpa del nivel cultural de los bolcheviques y de la sociedad en su conjunto. Y, a consecuencia de todo ello, nada cambió.

Fue una tragedia, porque elevar el nivel cultural de la población plantea muchos problemas[154]. Los debates abiertos entre los dirigentes bolcheviques y el número de cartas de los lectores corrientes a la prensa de todo el país eran un claro indicio de ello. Muchos prefieren aprender, y de hecho aprenden más, de la manifestación de opiniones antagónicas que incluso de las repeticiones más inteligentes o *sofisticadas* de la ideología dominante, sea cual sea. Una conversación vehemente y descortés, rayana en la

---

[154] En 1938, el director de la Sección de Propaganda de la ciudad de Gorki informaba a Stalin del enorme problema que tenían que afrontar: «A menudo, un propagandista semialfabetizado, con educación secundaria, o sin ningún tipo de educación, consulta a un ingeniero con educación superior, una persona leída que tiene una mayor comprensión de la teoría marxista-leninista; este plantea unas preguntas que el educador no es capaz de contestar». El escaso nivel cultural de los «cuadros» de los departamentos de propaganda, de las editoriales y de los periódicos de provincias sufrió un drástico declive a partir de la década de 1920. Una de las razones que aducía el propio Stalin era la «pérdida de cuadros»; es decir, de las personas que él mismo había encarcelado o ejecutado.

polémica acalorada, es mucho más instructiva que un cortés acuerdo para discrepar. El verdadero debate fortalece la mente. El acuerdo a menudo oculta la incapacidad de cuestionar unas ideas que uno sabe que son erróneas. Por esa razón, incluso a nivel personal, el deber de los amigos íntimos es decirse la verdad unos a otros, a cualquier precio, porque los silencios pueden erosionar una amistad por dentro. En ese aspecto, la historia de Lenin y Mártov resulta aleccionadora.

16

Amigos y enemigos

Un verso de Jelalludin Rumi condensa muy bien una visión mística de la amistad: «Más allá de las ideas de hacer el mal y hacer el bien hay un campo», dice el poeta. «Te veré allí. Cuando el alma se recuesta sobre esa hierba el mundo es demasiado pleno como para hablar de él». ¿Y qué ocurre si el alma es muy política? Al misticismo le resulta inexplicable esa pregunta; pero las amistades íntimas entre personas de ideas políticas muy opuestas no son demasiado habituales, y a veces lo que dos amigos consideran visiones antagónicas, en el fondo no son tan diferentes. Eso es especialmente válido en nuestros tiempos, cuando los progresistas, los conservadores y los socialdemócratas fingen ser enemigos, pero, a falta de una adecuada formación teatral, acaban quedando en evidencia como malos actores. Las diferencias políticas serias, a pesar de que se pueda coincidir en los gustos literarios o cinematográficos, pueden echar a perder incluso las amistades más duraderas.

En el caso de la generación de Lenin, las actitudes discrepantes respecto a la Primera Guerra Mundial acabaron con muchas amistades íntimas, personales y políticas, por todo el continente. Muchos de los que teológicamente eran de izquierdas resultaron ser temperamentalmente de derechas. Y casi todos los socialistas que apoyaron a sus «propios» imperialismos durante aquella guerra, después se apresuraron a ayudar a sostener el capitalismo, a defender las guerras imperialistas grandes y pequeñas, y en algunos casos, a convertirse en ideólogos públicos de sus antiguos enemigos. Es un proceso que ha proseguido hasta nuestros días.

Todo ello es comprensible, pero existe otra categoría exclusivamente aplicable a lo político. Se trata de las batallas entre facciones dentro de un mismo partido. También en esos casos un momento de precipitación o de incertidumbre puede dar al traste con las viejas amistades. El POSDR no era inmune a ese proceso, y, dado que se trataba de un partido en el exilio, o bien clandestino en Rusia, a veces las divisiones adquirían una importancia desproporcionada. Las discusiones en el seno del marxismo ruso eran objeto de muchas burlas y comentarios negativos en los pasillos que rodeaban las salas de reuniones de la Segunda Internacional, pero quienes manifestaban más irritación —los dirigentes del SPD alemán— acabaron ellos mismos en una truculenta guerra civil con el *Vorwärts*, el periódico del partido, cuando este celebró los asesinatos de Rosa Luxemburgo y Karl Liebknecht que habían posibilitado algunos de sus líderes.

Lenin y Mártov fueron dos de los miembros fundadores del Grupo para la Emancipación del Trabajo, creado en 1899 en San Petersburgo, y que desempeñó un papel decisivo a la hora de colocar los cimientos del POSDR. Tenían casi la misma edad, si bien Lenin era tres años mayor que Mártov (una diferencia que se antoja mucho mayor cuando uno está en la veintena). Durante los cinco años siguientes fueron íntimos camaradas y amigos. Mártov era el único amigo varón al que Lenin llamaba de tú *(ty)*, y viceversa. Temperamentalmente no podían ser más diferentes. Ya hemos hablado por extenso de Lenin. Su derrotado oponente ha sido tratado con lo que el historiador inglés Edward Thompson una vez, referido a otro caso, definió como la «gran condescendencia de la posteridad».

Lenin y Mártov provenían de distintos extractos sociales. Yuli Mártov Tsederbaum era hijo de una familia judía ilustrada de Odessa. Cuatro generaciones de Tsederbaums habían sido el producto del *Haskalah,* una corriente partidaria de la asimilación dentro del judaísmo, que destacaba el papel crucial de la educación para sacar a los judíos del gueto, a pesar de todas las restricciones. Mártov, al igual que todos los judíos en el Imperio Ruso, no se hacía ilusiones respecto a su estatus, y estaba acos-

Lenin y Mártov: tiempos de cordialidad
como fundadores del POSDR.

tumbrado al antisemitismo desenfadado que imperaba en la vida cotidiana de Rusia. Curiosamente, nunca hubo pogromos en Georgia, donde los judíos babilonios llevaban viviendo desde hacía más de dos mil años. Con lo que tenían que enfrentarse los jóvenes judíos, en el colegio o en la universidad, y con independencia de su clase social, era con la variante rusa del racismo. A Mártov le escandalizaba el racismo del director de su colegio, considerado el mejor *gymnasium* (instituto de bachillerato) de Odesa[155].

La implacable opresión de los judíos en tiempos del zarismo empujó a muchos intelectuales y obreros a la socialdemocracia. El propio Mártov decía que se preguntaba cómo habría sido su biografía si no hubiera sido judío. Recordaba cómo su madre ponía grandes ollas de agua a hervir cuando se difundía la noticia de un pogromo. Le decía a los sirvientes que se marcharan a sus casas y se preparaba para verter el agua desde las ventanas contra las bandas antisemitas que se congregaban en la calle. Las descripciones angustiosamente elocuentes que hacen Mártov y Trotsky de aquellos pogromos forman una categoría aparte. En octubre de 1905, Mártov, de camino de vuelta a Rusia, vio los andenes de la estación de Vilna abarrotados de refugiados judíos que habían huido

---

[155] La única biografía que existe de Mártov es la de Israel Getzler, *Martov: A Political Biography of a Russian Social Democrat,* Cambridge, 1967. Getzler no es en absoluto acrítico con su biografiado, pero llega a la conclusión de que lo que mantenía a Mártov en la amplia esfera de influencia de Lenin, a pesar de que nunca fueron amigos íntimos, era su fe en el marxismo y en el proletariado. El libro contiene gran cantidad de información valiosa, aparte de un retrato humano del hombre al que Trotsky denominaba el «Hamlet del socialismo democrático».

de los recientes pogromos de las ciudades rusas. Aquello le trajo recuerdos del pogromo de Odesa de 1881, del anciano judío al que había conocido a bordo del tren que iba desde aquella ciudad ensangrentada a San Petersburgo, «los mismos ojos apagados, la misma sumisión al destino y la misma historia [...] de un torbellino humano que se abatió sobre unas personas que dormían pacíficamente y las arrojó a un abismo de suciedad y sangre»[156]. Mártov nunca olvidó aquellas imágenes; muchos años después, durante la Guerra Civil, le gritaba furioso a Grigori Aaronson, un dirigente del Bund judío, cuando sugirió que tal vez los miembros de su organización debían permanecer neutrales, teniendo en cuenta que los ejércitos blancos, aunque estaban a las órdenes de generales zaristas, contaban con el apoyo de un gran sector del campesinado que se resistía a la opresión bolchevique. Mártov le recordó los pogromos que los blancos dejaban tras de sí por doquier, y exclamó:

> ¿Ya no te acuerdas de que, en el pasado, cuando teníamos que dilucidar si un movimiento político era progresista o reaccionario, descubrimos que la persecución contra los judíos era una buena prueba de fuego? ¿Acaso tengo que recordarte esa prueba del papel de tornasol a ti, que eres del Bund?[157].

Aquella temprana colaboración entre el joven Lenin y el joven Mártov fue ejemplar. Colaboraban bien en *Iskra*, y tanto Lenin como muchos otros admiraban el virulento tono moral de los

---

[156] Getzler, *Martov*, p. 110.
[157] Ibíd., p. 191.

artículos de Mártov denunciando distintos aspectos de la autocracia. A menudo le llamaban «nuestro Dobrolyubov». Las diferencias entre ambos fueron en aumento, aunque hay que decir que no fue Lenin el primero que pasó a la ofensiva. Y durante un tiempo Mártov intentó convencerse a sí mismo de que la responsabilidad del distanciamiento mutuo había que achacársela a la personalidad de Lenin, a su estilo mandón, a su negativa a transigir, a su suprema convicción de que él tenía la razón, y no a alguna cuestión política importante. Y Lenin estaba convencido de lo contrario. Lo que había acabado distanciándolos era el enfoque cada vez más divergente de la política que adoptó Mártov, aunque ninguno de los dos consideró jamás al otro como un completo enemigo. A Gusev y a Volski, dos jóvenes bolcheviques exiliados con Lenin en Ginebra, les parecía una persona bastante relajada y extrovertida en los asuntos no políticos. Volkov (en su libro de recuerdos de Lenin que escribió bajo el seudónimo de Valentinov) contaba que cuando Lenin describía su vida en Londres decía:

> Es imposible vivir en una casa donde las ventanas y las puertas nunca están cerradas, donde están completamente abiertas a la calle, y donde cualquier transeúnte considera necesario echar un vistazo para ver lo que estás haciendo. Me volvería loco si tuviera que vivir en una comuna parecida a la que organizaron Mártov, Zasúlich y Alekseyev en Londres en 1902. Era algo más que una casa con las ventanas abiertas: era una vía pública. Mártov era capaz de estar todo el día con gente. Yo simplemente no puedo. En conjunto, Mártov es un fenómeno. Puede escribir, fumar, comer y conversar simultánea e ininterrumpidamente hasta con una docena de personas. Chernyshevski tenía toda la razón cuando dijo que todo

el mundo tiene un rincón de su vida en el que nunca debe entrar nadie, y todo el mundo debería tener una habitación especial completamente para sí[158].

La escisión entre los bolcheviques y los mencheviques es un caso aparte. No porque sus crecientes diferencias políticas fueran inusitadas —prácticamente en todos los partidos socialdemócratas, salvo el británico, existía una corriente reformista y una corriente semirrevolucionaria—, sino porque en Rusia, la mayoría menchevique no podía apoyar fácilmente el progresismo. *Reformar* la autocracia se consideraba un ejercicio de colaboracionismo con el bando zarista o sus aledaños. Por consiguiente, el debate entre las dos corrientes de la socialdemocracia rusa se centraba en qué tipo de revolución se requería —burguesa y democrática o socialista— y cuál debía ser su instrumento más probable: los campesinos, los obreros o una combinación de ambos. Las posturas sobre este asunto fueron más o menos flexibles hasta abril de 1917, pero la dirección en la que avanzaba cada una de esas dos corrientes había quedado de manifiesto mucho antes, tras la famosa escisión de 1903 a propósito de una cuestión organizativa relacionada con las tareas de los militantes del partido. Más tarde, Lenin escribió que era perfectamente posible un compromiso sobre esta cuestión, pero que los mencheviques y sus aliados estaban decididos a eliminarlo del comité de redacción de *Iskra* porque Lenin había herido el orgullo de mucha gente. Y había sido necesario, argumentaba Lenin, porque un comité de redacción formado por tres personas, que era lo que él proponía, era la única manera

---

[158] Nikolay Valentinov, *Encounters with Lenin,* Oxford, 1968, p. 43.

eficiente de sacar adelante el periódico. A Lenin le preocupaba que Mártov no fuera capaz de gestionarlo por sí solo, y que el periódico se hundiera, y de hecho eso fue lo que ocurrió inmediatamente después. Fueran cuales fuesen los verdaderos móviles, la pregunta más interesante es la siguiente: ¿si no existían diferencias políticas sustanciales, por qué el distanciamiento degeneró en una escisión permanente?

Y ahí solo cabe una respuesta. En el fondo, entre los mencheviques existía una división tácita que afloró por primera vez tras la Revolución de 1905, cuando los obreros bolcheviques armados levantaron barricadas y lucharon contra las tropas zaristas. Lenin insistió en organizar un congreso de inmediato para debatir los acontecimientos de 1905 y hacer planes para lo que debía hacerse a continuación. También Mártov estaba a favor de la unificación, y estaba dispuesto a aceptar el artículo de los estatutos del partido sobre organización que supuestamente había sido el principal punto de desencuentro en 1903. Pero no apoyaba las conclusiones a las que llegó Lenin tras el «ensayo general». Se celebró un congreso conjunto en Londres en abril de 1907. El debate fue fructífero en muchos aspectos. Los mencheviques destacaban la necesidad de trabajar en la Duma (el pseudoparlamento zarista) existente, y dado que estaban convencidos de que la revolución tenía que ser burguesa y democrática, argumentaban sistemáticamente que era necesaria una alianza con el PKD (kadetes), un partido progresista-conservador. Sin embargo, no solo Lenin, sino también Trotsky y Rosa Luxemburgo se habían opuesto a esa idea, con el argumento de que la burguesía rusa era contrarrevolucionaria y había evolucionado desde las revoluciones inglesa y francesa. Los bolcheviques insistían en que había que poner en la agenda la cuestión de la insurrección armada. Mártov hizo todo lo posible para que aquella propuesta saliera derrotada, utilizando todo su repertorio de contorsiones, que a menudo enfurecían tanto a sus camaradas como a sus adversarios: «Un partido socialdemócrata puede tomar parte en una sublevación armada, puede hacer llamamientos a las masas para que se alcen [...] pero no puede *preparar* una insurrección si ha de permanecer fiel a su programa de no convertirse en un partido "golpista"». Salvo en lo referente a la «insurrección armada», los argumentos de los bolcheviques se impusieron en todas las demás cuestiones. Seis semanas después del congreso, el príncipe Stolypin asestaba un golpe mortal a los mencheviques, al ilegalizar los sindicatos, todas las facciones socialdemócratas tanto dentro como fuera de la Duma, y la prensa socialdemócrata legal, y a continuación desataba una nueva oleada de represión y pogromos, tal y como habían vaticinado Lenin y otros. Mártov bramaba, pero era preciso afrontar los hechos. Su declaración del Primero de Mayo de 1908 reconocía la realidad:

> Desde la retaguardia, el proletariado socialista se ve amenazado por las bandas de las Centenas Negras y los pogromistas a las que el Gobierno ha dado rienda suelta; desde arriba —desde el ámbito de la *intelligentsia* rusa que antiguamente lo «adulaba»— nos llega la risa cínica de la autointoxicación pequeñoburguesa; y al fondo del escenario negrean las siluetas de las cinco mil horcas de Nicolás II.

Tras el estallido de la Primera Guerra Mundial, la mayoría de los dirigentes mencheviques y social-revolucionarios sostenía que había que defender la Rusia zarista. Estaban a favor del esfuerzo bélico. Ello dio lugar a una división entre las filas de ambos partidos: ahora, los mencheviques de izquierdas, liderados por Mártov, se daban cuenta de que sostenían una postura más cercana a la de los bolcheviques que a la de sus propios camaradas, aunque palidecieron al leer por primera vez el llamamiento de Lenin a transformar la guerra imperialista en una guerra civil, en una revolución continental contra el capital y los imperios, en otras palabras. Mártov opinaba que los mencheviques no debían sabotear la guerra, sino simplemente votar en contra de los créditos de guerra. A su juicio, el simbolismo de esa medida bastaría para alertar a las masas de que los socialdemócratas se oponían a la guerra. Una vez más, los hechos le dieron la razón a Lenin con el estallido de una nueva revolución en Rusia.

Lenin regresó del exilio en abril, Mártov en junio. Ambos tuvieron que hacer frente a unos partidos políticos muy condicionados por el presentismo, por la incapacidad de mirar al futuro. En aquel caso estaba parcialmente justificado, dado que, dentro del país, los partidos estaban sumidos en una revolución y veían con recelo a los exiliados recién llegados que creían saberlo todo. Lenin recuperó su partido y preparó a sus militantes para la Revolución de Octubre. Los mencheviques de izquierdas de Mártov no lograron hacerse con el control del partido hasta diciembre de 1917. Mártov fue criticado por sus propios aliados dentro del partido, que querían que fuera más duro con los mencheviques de derechas, y, si fuera necesario, que rompiera con ellos. Sujánov, miembro de la facción de Mártov, se enfurecía ante la indecisión de que hicieron gala cuando, en vez de permanecer en el Congreso de los Soviets, los mencheviques de izquierdas abandonaron la sesión que tenía lugar en el Instituto Smolny, a imitación de lo que hicieron los partidos contrarrevolucionarios de derechas. El historiador escribió:

> Al abandonar el Congreso [...] le hemos concedido de nuestra propia mano a los bolcheviques el monopolio del Soviet, de las masas y de la revolución. [...] Hemos garantizado la victoria de todas las tesis de Lenin. [...] Considero que mi crimen más grave y más indeleble consiste en que no fui capaz de romper con el grupo de Mártov inmediatamente después de que nuestra facción votara a favor de abandonar el Congreso. Hasta el día de hoy no he dejado de arrepentirme de aquel crimen que cometí el 25 de octubre.

Histrionismos aparte, esa crítica contra Mártov está plenamente justificada. Dejó de apoyar la revolución en un momento trascendental, lo que perjudicó su prestigio y, lo que es más importante, acabó con cualquier posibilidad seria de un gobierno de unidad con los bolcheviques. Los eseristas de izquierdas sí apoyaron la revolución; si Mártov hubiera hecho lo mismo, habría podido ejercer una influencia mucho mayor.

Aislado, enfermo y agotado, el líder menchevique reflexionaba sobre cómo su facción se había visto superada en ingenio y en votos por Lenin. Mártov sabía que los mencheviques habían perdido la discusión cuando los bolcheviques consiguieron alzarse con la mayoría en los Soviets de Petrogrado y de Moscú en 1917, dejando muy mermados a los mencheviques. Tras las elecciones a la Asamblea Constituyente sabía que su facción no estaba ni en un sitio ni en otro. Los social-revolucionarios dominaban el campo y habían conseguido una mayoría en el Parlamento; la revolución tenía las ciudades y la clase obrera. El Partido Bolchevique había logrado diez millones de votos. Los bolcheviques disolvieron la asamblea y optaron por una dictadura revolucionaria, diciéndolo expresamente, sin fingir lo contrario. Así fue como finalmente burlaron al alto mando alemán y ganaron la guerra civil apoyada por la Entente. Contrariamente a la crucial reivindicación bolchevique de poner fin a la guerra firmando el Tratado de Brest-Litovsk, Mártov apoyó a los bolcheviques que estaban en contra del tratado, y exigía que las milicias lucharan contra los alemanes en cualquier lugar del territorio ruso. Lenin hizo un llamamiento a los soldados, marineros y obreros alemanes para que derrocaran al káiser (cosa que hicieron), organizaran sus soviets (cosa que hicieron) e hicieran una revolución, a lo que se negaron.

En marzo de 1919 Trotsky, que durante sus años como militante menchevique había colaborado estrechamente con Mártov, escribió un perfil de su antiguo camarada que, aunque no era inexacto, carecía de generosidad:

> Sin duda Mártov constituye una de las figuras más trágicas del movimiento revolucionario. A pesar de ser un escritor de talento, un político con recursos, una mente penetrante y un licenciado en la escuela del marxismo, Mártov entrará en la historia de la revolución de los trabajadores con un gigantesco signo menos. Su pensamiento carecía de coraje, su incisividad carecía de voluntad. La tenacidad no puede suplir esas carencias. Eso fue su perdición. El marxismo es un método de análisis objetivo, y al mismo tiempo un prerrequisito para la *acción* revolucionaria. Presupone un equilibrio entre el pensamiento y la voluntad que puede transmitir fuerza física al propio pensamiento y puede disciplinar la voluntad con la coordinación dialéctica de lo subjetivo y lo objetivo. El pensamiento de Mártov, privado del motor principal de la voluntad,

dirige sistemáticamente toda la fuerza de su análisis a justificar teóricamente la línea de la mínima resistencia. Difícilmente podría encontrarse, ahora o en cualquier otra época, un político socialista capaz de utilizar el marxismo con tanto talento para justificar las desviaciones y las traiciones directas al propio marxismo. En ese sentido, Mártov podría calificarse, sin la mínima ironía, de virtuoso. Hilferding, Bauer, Renner, y el mismísimo Kautsky, aunque más cultos en sus propios ámbitos, comparados con Mártov no eran más que torpes aprendices a la hora de las falsificaciones *políticas* del marxismo, es decir de la presentación teórica de la pasividad, la adaptación y la capitulación como formas supremas de la irreconciliable lucha de clases.

Mártov poseía un indudable instinto revolucionario. Su primera reacción ante los grandes acontecimientos siempre dejaba entrever una aspiración revolucionaria. Pero después de cada uno de esos esfuerzos, su pensamiento, al no estar respaldado por el motor de la fuerza de voluntad, se desintegraba y decaía. Es algo que pudo observarse en los primeros atisbos de las oleadas revolucionarias *(Iskra),* después en 1905, más tarde al comienzo de la guerra imperialista, y en parte una vez más en los inicios de la revolución de 1917. Pero fue en vano. La inventiva y la flexibilidad de su pensamiento estaban íntegramente dedicadas a eludir las cuestiones fundamentales y a buscar más y más pretextos a favor de lo indefendible. En sus manos, la dialéctica se convertía en la casuística más refinada. Una tenacidad inaudita, casi gatuna, la terquedad de la indecisión y la obcecación en la vacilación, le permitieron durante meses y años defender las posturas más contradictorias e irresolubles. Aunque frente a los terremotos históricos decisivos Mártov puso de manifiesto su deseo de asumir una postura revolucionaria y alentó sus esperanzas, una y otra vez se llevó una decepción: sus pecados no habían sido perdonados. Y a consecuencia de ello, iba deslizándose más y más por la pendiente. Por último, Mártov llegó a ser el político más culto, más refinado, más esquivo y más incisivo de la estúpida, banal y cobardemente pequeño-burguesa *intelligentsia*. Y el hecho de que ni él mismo lo viera ni lo entendiera indica lo cruelmente que se estaba burlando de él su agudeza mosaica. Ahora, en un periodo en que surgen las mayores tareas y posibilidades que la historia ha abierto y planteado jamás, Mártov se debate entre Longuet y Chernov. Basta con mencionar esos nombres para sondear la profundidad de la caída ideológica y política de ese hombre, que fue agraciado con mayores dotes que muchos otros[159].

La enfermedad de Mártov preocupaba a Lenin, que se aseguró de que los dirigentes bolcheviques enviaran a los mejores médicos disponibles para que le trataran. Se recobró lo bastante como para viajar, y aceptó una invitación para pronunciar un discurso en el Congreso del USPD alemán en Halle, en un momento en que el partido debatía si afiliarse o no a la Internacional Comunista. Mártov estaba en contra. Había discrepancias entre los líderes bolcheviques, pero Lenin insistió en que se le expidiera un pasaporte soviético y se le permitiera asistir. Mártov sufrió una recaída en su enfermedad y ya no se recuperó. Lenin insistía en que le enviaran dinero para comprar comida y medicinas, a lo que David Ryazanov le contestó: «No lo aceptará si piensa que procede de ti».

A pesar de todo, le enviaron el dinero. Mártov se estaba muriendo lentamente cuando Lenin sufrió su primer derrame cere-

---

[159] León Trotsky, *World Revolution*, vol. 1, 18 de marzo de 1919/24 de abril de 1922.

bral. Le susurró con tristeza a Krúpskaya: «Dicen que Mártov también se está muriendo». Mártov ya había muerto cuando Lenin sufrió su segundo derrame, pero no se lo notificaron por consideración a su estado. Cuando Krúpskaya se lo dijo, Lenin desobedeció las órdenes de los médicos y exigió que le trasladaran a su despacho del Kremlin, donde leyó las necrológicas más favorables de Mártov en la prensa soviética. A. I. Sviderski, un viejo amigo de la familia Ulianov, y comisario de Agricultura, que fue a ver a Lenin durante sus últimos meses, informaba de que Lenin estaba obsesionado con ir a ver a Mártov. Lenin, incapaz de hablar y paralizado, señalaba con el dedo los libros de Mártov y hacía gestos para pedir que un chófer le llevara de inmediato a ver a su autor. Krúpskaya volvía a decirle suavemente que Mártov había muerto. ¿Estaría pensando en la súplica desesperada de Mártov a los bolcheviques para que permitieran que los mencheviques de izquierdas hicieran de «leal oposición» en los soviets? Mártov había insistido en que eso sería beneficioso para la Revolución y para los bolcheviques, pero fue acallado por los abucheos.

Teniendo en cuenta la tendencia política de Lenin en sus últimos ensayos —«No sabemos nada»—, es muy probable que estuviera pensando en lo que había dicho Mártov a propósito de algunas de aquellas cuestiones.

Lenin murió en 21 de enero de 1924, ocho meses después que Mártov. El periódico de los mencheviques en el exilio, el *Sotsialisticheskii vestnik* [El correo socialista], publicó una necrológica sobre él calificándolo de «figura extraordinaria en el movimiento de la clase obrera» y «camarada de armas de Mártov». Otros oponentes de Lenin, como por ejemplo sus dos principales biógrafos occidentales y anticomunistas, Richard Pipes y Robert Service, escribieron sendos tratados, igual de extensos, después de su muerte. Aunque ninguno de los dos podía apoyar cualquier elemento de la política «monstruosa» de Lenin, según Service había que admitir que Lenin

> habría sentido la misma vergüenza que Krúpskaya ante los ridículos usos que se hicieron de su nombre, de sus ideas y sus actividades. [...] Lo irónico era que el hombre que consintió, más que ningún otro, el embellecimiento y la exageración de su propio papel en los movimientos socialistas de todo el mundo, no era otro que aquel al que Lenin había intentado desalojar de la poltrona del poder en el Partido Bolchevique. Así pues, Lenin sufrió una humillación póstuma a manos de su enemigo de los últimos tiempos.

Service concluye diciendo:

> En su lecho de muerte, Lenin no contemplaba una estrategia que suponía liquidar a millones de campesinos inocentes e industriosos. Como tampoco pretendía exterminar a sus enemigos, verdaderos o imaginarios, dentro del partido. [...] Su visión de un futuro para la humanidad donde desapareciera toda explotación y todo conflicto era sincera. Indudablemente ese es el punto crucial de su existencia[160].

Richard Pipes da más importancia de la que debería a las cartas de Lenin que salieron a la luz después de la caída del comu-

---

[160] Robert Service, *The Iron Ring,* vol. 3 de *Lenin: A Political Life,* Londres, 1995, pp. 322-323.

Stalin en la cima de su poder: temido y odiado por la mayoría de sus colaboradores más cercanos, hoy en día es uno de los personajes favoritos de Vladímir Putin.

nismo. La mayoría de los textos a los que alude como pruebas de la crueldad intrínseca de Lenin fueron escritos durante la Guerra Civil, cuando la recién nacida República Soviética estaba luchando por su vida. Las guerras civiles, como deberían saber los catedráticos estadounidenses, nunca son un asunto agradable, independientemente del bando al que apoye cada cual. Asumir un elevado tono moral respecto a Lenin pero no respecto a Lincoln huele a hipocresía. Y Pipes no siempre había sido así. En un libro anterior se mostraba mucho más ecuánime, pues afirmaba que si Lenin no hubiera fallecido prematuramente, «la estructura final de la Unión Soviética habría sido bastante distinta de la que Stalin le dio en última instancia»[161]. Bueno, eso es evidente.

Al final sucedió todo lo que había temido Lenin, empezando por lo que hicieron Stalin y el Politburó con sus restos mortales. Toda la familia Ulianov, y sobre todo su viuda, siempre se opusieron rotundamente a que embalsamaran a Lenin. La oración fúnebre oficial la pronunció un antiguo seminarista, Josif Stalin, con un tono que recordaba marcadamente a la Iglesia ortodoxa. Estaban convirtiendo al revolucionario en un santo bizantino. Un discurso más elocuente fue el que pronunció Nadia Krúpskaya aquel mismo día, y de forma más discreta, de pie junto al féretro de su esposo durante el memorial:

> ¡Camaradas, trabajadores y trabajadoras, campesinos y campesinas! Tengo que haceros una importante petición: no le erijáis estatuas, ni le pongáis su nombre a ningún palacio, ni organicéis festivales pomposos y solemnes en su memoria; todas esas cosas le parecían de muy poca importancia mientras vivió, incluso eran una carga para él. Recordad que muchos de vosotros estáis empobrecidos y vivís en la confusión en nuestro país. Si queréis honrar el nombre de Vladímir Ilich, fundad hogares infantiles, guarderías, casas, colegios bibliotecas, ambulancias, hospitales, hogares para los discapacitados; y sobre todo, cread un testimonio vivo de sus ideales.

---

[161] Richard Pipes, *Formation of the Soviet Union*, Cambridge, 1964, p. 276. La versión «película de terror» es *The Unknown Lenin*, New Haven, 1998.

Y eso también cayó en saco roto. Después de momificar a Lenin, al cabo de unos años los miembros del Comité Central y su presidente también momificaron sus ideas. A su peculiar manera, Lenin también había previsto esa posibilidad. Y lo único que cabe esperar es que, cuando por fin se entierre su cuerpo, algunas de sus ideas, sobre todo las que tienen que ver con la primacía de la política, con el imperialismo, con la autodeterminación y el Estado-comuna, vuelvan a la vida. Tanto si ocurre como si no, la siguiente advertencia debería servirnos como su verdadero epitafio:

> Después de su muerte, se intenta convertirlos [a los revolucionarios] en iconos inofensivos, canonizarlos, por decirlo así, rodear sus nombres de una cierta aureola de gloria para «consolar» y engañar a las clases oprimidas, castrando el contenido de su doctrina revolucionaria, mellando el filo revolucionario de ésta, envileciéndola[162].

---

[162] V. I. Lenin, *El Estado y la revolución*, en *Obras escogidas en tres tomos*, tomo II, Moscú, Progreso, 1961, p. 149.

Epílogo
La ascensión a las altas montañas
V. I. Lenin

Imaginemos que un hombre asciende a una montaña muy alta, abrupta y aún no explorada[163]. Supongamos que ha superado increíbles dificultades y peligros y ha logrado alcanzar un punto mucho más alto que quienes lo precedieron, pero sin llegar todavía a la cumbre. Se encuentra en una situación donde no solamente es difícil y peligroso avanzar en la dirección y a lo largo del camino elegido, sino francamente imposible. Debe volver atrás, descender, buscar otros caminos, tal vez más largos, pero que, sin embargo, le permitirán llegar a la cumbre. El descenso desde la altura jamás alcanzada por nadie resulta para nuestro imaginario caminante más difícil y peligroso quizá que la ascensión; es más fácil dar un traspié, no es tan fácil ver dónde pisar, no se siente el singular entusiasmo tan habitual de las ascensiones directas hacia la meta, etc. Es preciso ajustarse la cuerda a la cin-

---

[163] Este es el primer apartado, titulado «A modo de ejemplo» del ensayo *Notas de un publicista,* que Lenin escribió a finales de 1922 y que se publicó por primera vez en el *Pravda* el 16 de abril de 1924. Se trataba del texto de Lenin favorito de Brecht, y por una buena razón. Esta versión procede de V. I. Lenin, *Obras escogidas en doce tomos,* tomo 12, Moscú, Progreso, 1973, p. 109.

Lenin repasando la prensa: le desagradaba profundamente
el culto a su personalidad.

tura, perder horas enteras para hacer con la piqueta un escalón o un saliente al cual se pueda atar fuertemente la cuerda; hay que moverse con la lentitud de una tortuga: hacia atrás, hacia abajo, alejarse de la meta, sin saber todavía en qué terminará ese peligrosísimo y penoso descenso, o si encontrará algún rodeo seguro por donde puede volver a subir, más resuelto, más rápido y más derecho hacia la cumbre.

Sería casi natural suponer que un hombre que ha llegado a tan increíble altura, y se ha encontrado en tal situación, haya tenido instantes de desaliento. Y es probable que esos momentos fuesen más numerosos, frecuentes y duros aún si oyera las voces de quienes desde abajo, desde un lugar lejano y seguro, observan con un catalejo el peligroso descenso, al cual no se puede llamar

Epílogo

siquiera (al estilo de los de *Smiena Vej*)[164] «ascenso frenado», pues el freno supone un vehículo bien proyectado y probado, un camino preparado con antelación y mecanismos ensayados antes. Pero aquí no hay vehículo, ni camino, nada en absoluto que haya sido probado antes.

Las voces que se emiten desde abajo son malévolas. Unas se alegran abiertamente; gritan, se refocilan: «¡Ya se cae, y lo tiene merecido por loco!». Otras tratan de ocultar su malevolencia; imitan a Judas Golovliov[165]: se afligen y alzan la mirada al cielo, como diciendo: «¡Por desgracia, nuestros temores se confirman! ¿Acaso no fuimos nosotros quienes pasamos toda la vida preparando un plan sensato para escalar esa montaña, quienes exigíamos que se aplazara la ascensión hasta que nuestro plan estuviera acabado? ¡Y si protestábamos con tanta porfía de ese camino que el propio loco abandona ahora (¡mirad, mirad, retrocede, baja, se prepara horas enteras para poder dar un solo paso, y antes nos insultaba con las peores palabras cuando exigíamos porfiados moderación y prudencia!), y si censurábamos con tanto acaloramiento a este loco y aconsejábamos a todos que no lo imitaran ni le ayudaran, fue solo movidos por nuestra devoción al grandioso plan de escalar esa montaña y para no desacreditar, en general, ese grandioso plan!».

---

[164] En la edición en castellano figura una larga nota que entre otras cosas aclara que eran «representantes de una corriente sociopolítica surgida en 1921 entre la intelectualidad rusa blanca emigrada». *(N. del T.)*.

[165] Nota de la edición en castellano: «personaje de la obra del escritor satírico ruso M. Saltykov-Schedrín *Los señores Golovliov*, terrateniente feudal llamado Judas por su gazmoñería, su hipocresía y su dureza de corazón». *(N. del T.)*.

Por suerte, nuestro caminante imaginario, en las circunstancias que hemos descrito, no puede oír las voces de estos «auténticos amigos» de la idea de la ascensión, pues, de lo contrario, tal vez le diera a él vértigo. Y el vértigo, según dicen, no contribuye a mantener clara la mente ni firmes las piernas, sobre todo a alturas muy grandes.

Glosario de nombres

Alejandro II (1818-1881): emancipó a los siervos en 1861. Veinte años más tarde fue asesinado por la organización anarcoterrorista La Voluntad del Pueblo.

Alejandro III (1845-1894): «un pelmazo semianalfabeto» y contrarreformista que optó por la represión y evitó correr la misma suerte que su padre.

Inessa Armand (1874-1920): militante bolchevique feminista. Armand conoció a Lenin en 1910 en París. Muy pronto se hicieron amantes y siguieron siendo íntimos amigos y camaradas hasta la muerte de ella, en 1920.

Mijaíl Bakunin (1814-1876): teórico anarquista y principal rival de Marx en la Primera Internacional.

Otto Bauer (1881-1938): dirigente político y teórico austromarxista. Él y sus camaradas contribuyeron a propagar un grave descontento en Austria tras la revolución bolchevique. Los socialistas austriacos, al igual que sus homólogos alemanes, fueron incapaces de enfrentarse al fascismo y derrotarlo.

Glosario de nombres

August Bebel (1840-1913): miembro fundador del Partido Socialdemócrata Alemán y teórico marxista. Durante muchos años, el libro más leído del canon socialista no fue *El manifiesto comunista*, de Marx y Engels, sino *La mujer y el socialismo*, de Bebel.

Napoleón Bonaparte (1769-1821): personificación de una clase burguesa estable y satisfecha tras las turbulencias del periodo jacobino en Francia. Reinstauró la Iglesia y la aristocracia, y se coronó emperador. Su sueño de una Europa dominada por Francia murió en los campos de batalla de la Rusia zarista.

Amadeo Bordiga (1889-1970): líder de la facción ultraizquierdista del Partido Comunista Italiano, dotado de un gran talento.

Nikolái Bujarin (1888-1938): Lenin se refería a él como el «favorito del partido», fue un economista y un político inteligente (y un excelente pintor), pero fue fácilmente manipulado por Stalin, y finalmente ejecutado por orden suya tras un juicio amañado.

Nikolái Chernyshevski (1828-1889): autor de *¿Qué hacer?*, una novela extraordinariamente influyente a finales del siglo XIX y comienzos del XX en los círculos revolucionarios rusos. Fue el libro que radicalizó a Lenin y le lanzó a la busca de Marx.

Gueorgui Chicherin (1872-1936): comisario de Asuntos Exteriores, una autoridad en el campo de la música clásica, hablaba con fluidez las principales lenguas europeas y fue uno de los miembros más cultos de la dirección del Partido Bolchevique. Le atormentaba su homosexualidad.

Carl von Clausewitz (1780-1831): general prusiano y teórico militar, cuya obra tuvo una enorme influencia en el pensamiento de Lenin, Trotsky y Mao, así como en el de Carl Schmitt.

Gustave Courbet (1819-1877): pintor y radical. Elegido delegado a la Comuna de París, encabezó una serie de iniciativas artísticas en la ciudad. Entre ellas figuraba la democratización de la administración de los museos, reservar espacio en las galerías para las tendencias artísticas minoritarias y la destrucción iconoclasta de los memoriales públicos a las conquistas imperialistas.

Eugene V. Debs (1885-1926): miembro fundador de International Workers of the World (IWW) y candidato por el Partido Socialista a la presidencia de Estados Unidos en cinco ocasiones, llegando a conseguir el 6 por ciento de los votos en 1912. Su influencia fue tan acusada que una de las más sonoras protestas industriales del siglo XIX —las huelgas de Pullman— ahora son más conocidas como «la rebelión de Debs».

Dos mecanógrafas anónimas del departamento de Turquestán del Ministerio de Agricultura en Petrogrado: cuando el organizador menchevique N. N. Sujánov oyó a las dos mujeres comentar que la revolución era inminente, se rio. Aquella conversación resultó ser totalmente clarividente, con un mejor análisis de la situación política que la del político que estaba escuchándolas.

Glosario de nombres

Friedrich Ebert (1871-1925): líder del Partido Socialdemócrata Alemán, aprobó el asesinato de los revolucionarios Karl Liebknecht y Rosa Luxemburgo en 1919.

Friedrich Engels (1820-1895): hijo de un industrial adinerado, escribió *La situación de la clase obrera en Inglaterra*, que llamó la atención de Marx. Ambos entablaron una asociación intelectual durante el resto de sus vidas.

Vera Figner (1852-1942): dirigente de la organización clandestina La Voluntad del Pueblo. Fue una de las principales arquitectas del asesinato del zar Alejandro II.

Mijaíl Frunze (1885-1925): figura destacada en la Revolución de 1905 y apreciado comandante y estratega militar durante la Guerra Civil que siguió a la Revolución Rusa. Aunque Trotsky argumentó convincentemente que el materialismo histórico no abarcaba la estrategia militar, Frunze destacaba la decisiva importancia del «carácter de clase» del Ejército, y abogaba por la democratización de las Fuerzas Armadas. Supuestamente fue envenenado por orden de Stalin.

Olympe de Gouges (1748-1793): dramaturga, poeta y polemista. Escribió la *Declaración de Derechos de la Mujer y la Ciudadana*, que planteaba de forma elocuente las cuestiones de la emancipación universal y de la liberación de la mujer. Fue ejecutada por sus escritos políticos como simpatizante girondista, siendo una de las tres mujeres condenadas a muerte durante el Terror. Más de un siglo después, su legado inspiró a las mujeres que formaban parte del *Zhenotdel*, la oficina para las mujeres de la Unión Soviética.

Glosario de nombres

Antonio Gramsci (1891-1937): marxista revolucionario y dirigente del Partido Comunista Italiano. Encarcelado por Mussolini, escribió algunos de sus mejores textos en la cárcel, en un estilo elíptico concebido para engañar a la censura.

Ho Chi Minh (1890-1969): revolucionario comunista y dirigente político de Vietnam, que condujo a su país a la independencia. Menospreciado por el presidente Wilson en Versalles, contribuyó a fundar el Partido Comunista Francés, para después ponerse al mando de las fuerzas revolucionarias vietnamitas y lograr una larga sucesión de victorias contra los imperios japonés, francés y estadounidense.

John A. Hobson (1858-1940): teórico liberal del imperialismo. Ejerció una enorme influencia sobre los memorables textos de teoría marxista que escribieron Luxemburgo, Lenin, Bujarin y Hilferding.

Abe Iso (1865-1949): socialista. Regresó a Japón tras formarse en un seminario de Nueva Inglaterra, llevando consigo dos importaciones claves del mundo occidental: el socialismo fabiano y el béisbol, aunque ninguno de los dos llegó a sacudir los cimientos del capitalismo.

Ernest Jones (1819-1869): figura destacada del movimiento cartista, al que dedicó su vida. De origen aristocrático, invirtió su considerable patrimonio en financiar el periódico cartista.

Lev Kámenev (1883-1936): «viejo bolchevique» y colaborador de Lenin durante toda su vida. Se opuso a la insurrección de 1917, y brevemente a Stalin a mediados de la década de 1920. Fue ejecutado por orden de Stalin tras un juicio-farsa.

Alexander Kérenski (1881-1970): dirigente del Partido Social-Revolucionario. Fue nombrado primer ministro por la Duma en julio de 1917 y depuesto en octubre de ese mismo año. Su padre había sido maestro de Lenin, y su hijo trabajó en el *Financial Times*.

Alexandra Kollontái (1872-1952): uno de los primeros miembros del Comité Central Bolchevique, y la única que apoyó las tesis de estrategia insurreccional de Lenin tras la sublevación masiva de julio de 1917. Fue una importante teórica de la mujer, la sexualidad, la familia y el socialismo, y una organizadora pionera del *Zhenotdel*.

Lavr Kornílov (1870-1918): general de los ejércitos del zar y posteriormente de los rusos blancos, que en julio de 1917 ocupó brevemente el cargo de comandante en jefe, antes del «Asunto Kornílov» de agosto, cuando fue detenido por intentar dar un golpe de Estado. Murió durante la Guerra Civil, por el impacto de un proyectil de artillería.

Piotr Kropotkin (1842-1921): teórico anarquista de origen aristocrático autor de una influyente historia de la Revolución Francesa, que regresó a Rusia tras la Revolución de 1917. A su funeral de Estado asistieron miles de personas, incluido un representante oficial de los bolcheviques.

Nadia Krúpskaya (1869-1939): activista y militante bolchevique desde muy joven, se casó con Lenin en 1898. Ocupó el cargo de subsecretaria de Educación del Gobierno soviético desde 1929 hasta su muerte. Sus recetas educativas tolstoianas a menudo irritaban a su cónyuge.

Eugen Levine (1883-1919): dirigente comunista alemán que participó, de mala gana pero valientemente, en la República Soviética de Baviera. En su juicio declaró: «Los comunistas somos hombres muertos de permiso», y fue ejecutado poco después.

Karl Liebknecht (1871-1919): militante durante toda su vida, que contribuyó a fundar la Internacional de Juventudes Socialistas y la Liga Espartaquista. Su padre fue miembro fundador del Partido Socialdemócrata Alemán. Aunque al principio se mostró escéptico respecto a la huelga general y la insurrección armada que iniciaron los obreros en 1917, Liebknecht y Luxemburgo se incorporaron tardíamente a la sublevación. Al carecer de estrategia, la insurrección fue aplastada al cabo de una semana, y sus líderes, asesinados.

Prosper-Olivier Lissagaray (1838-1901): historiador de prestigio y participante de base en la Comuna de París. Siguió siendo un defensor apasionado de aquel experimento revolucionario, desafiando a duelo a los periodistas de la prensa burguesa siempre que difamaban su buen nombre y su recuerdo. Marx cometió la tontería de prohibirle a su hija Eleanor que se casara con el francés.

Rosa Luxemburgo (1871-1919): revolucionaria y teórica polaca, fue una de las marxistas más creativas de su tiempo. Fue asesinada por los miembros del *Freikorps* con el apoyo de Ebert y Noske.

Glosario de nombres

Yuli Mártov (1873-1923): popular dirigente de la facción menchevique del Partido Obrero Socialdemócrata Ruso y amigo íntimo de Lenin. Aunque se enfrentó al ala derechista dominante de su partido tras la Revolución de Febrero, también rechazaba una alianza con los bolcheviques. Ese tipo de vacilaciones consolidaron la fama de Mártov como «el Hamlet del socialismo democrático».

Serguéi Necháyev (1847-1882): terrorista. De día era profesor de teología en una escuela parroquial y de noche devoraba los textos de la Revolución Francesa. Llegó a ser íntimo colaborador de Bakunin, y juntos escribieron *El catecismo revolucionario,* un manual de instrucciones para anarquistas radicales.

Nicolás II (1868-1918): último zar de Rusia. Abdicó en marzo de 1917 y fue puesto bajo arresto domiciliario junto con su familia. Fue ejecutado por los bolcheviques en julio de 1918, en plena Guerra Civil.

George Odger (1813-1877): zapatero y fundador del London Trades Council (Consejo de Sindicatos de Londres). Fue elegido primer presidente del Consejo General de la Primera Internacional.

Emmeline Pankhurst (1858-1928) y Sylvia Pankhurst (1882-1960): sufragistas. Cuando estalló la Primera Guerra Mundial, Emmeline desmovilizó el masivo movimiento sufragista y pidió a las mujeres que tejieran calcetines para los soldados. Su hija, Sylvia, siguió oponiéndose a la guerra, y al final se hizo comunista.

Glosario de nombres

Sofía Perovskaya (1853-1881): revolucionaria rusa y miembro de La Voluntad del Pueblo. Orquestó el atentado que acabó con la vida de Alejandro II y fue la primera activista que murió en la horca.

Gueorgui Plejánov (1856-1918): fundador del Grupo para la Emancipación del Trabajo en 1883, y el más destacado teórico marxista ruso durante las décadas de 1880 y 1900. Originalmente apoyó a Lenin en la escisión con los mencheviques, pero muy pronto adoptó una postura de derechas y se convirtió en un defensor declarado de la participación de Rusia en la Primera Guerra Mundial.

Karl Radek (1885-1939): periodista bolchevique, estrecho colaborador de Lenin y Trotsky, y famoso por su ingenio y su sarcasmo. No es de extrañar que muriera en una cárcel estalinista.

Fiódor Raskólnikov (1823-1939): «antiguo bolchevique» salido de las filas de los marineros que se radicalizaron durante la Primera Guerra Mundial. Fue comandante de la Armada Roja del mar Caspio y del mar Báltico durante la Guerra Civil.

Elena Stásova (1873-1966): secretaria del Partido Bolchevique en 1917 y miembro del Comité Central. Era amiga íntima de Lenin.

Mijaíl Tujachevski (1893-1937): tras caer prisionero en la guerra, fue compañero de celda de Charles de Gaulle, que no podía tolerar su nihilismo. Tras su puesta en libertad, regresó a casa, se afilió al Partido Bolchevique, y durante la Guerra Civil llegó a ser el comandante militar del Ejército Rojo con mayor talento. Fue ejecutado por orden de Stalin.

Woodrow Wilson (1856-1924): presidente estadounidense de la así llamada «era progresista», que reinstauró la segregación racial en la Administración pública y trataba con deferencia al Ku Klux Klan. Era algo totalmente coherente con su política internacional, que incluyó el envío de soldados estadounidenses a México, Cuba, Haití y Nicaragua. Freud hizo un mordaz retrato de él.

Varvara Yákovleva (1884-1941): destacada militante del Partido Bolchevique y la tercera mujer que formó parte de su Comité Central rector. Fue ministra de Educación y de Hacienda en la URSS. Apoyó a Trotsky tras la muerte de Lenin y fue ejecutada en la cárcel tras ser declarada culpable de «conspiración terrorista».

Vera Zasúlich (1849-1919): primera mujer que utilizó un revólver para un atentado en Rusia, posteriormente fue miembro del comité de redacción de *Iskra*, y más tarde, una destacada menchevique.

Clara Zetkin (1857-1933): destacada luminaria del marxismo europeo, fue una hábil organizadora del Partido Socialdemócrata Alemán, y más tarde, en 1918, fundó el Partido Comunista en aquel país. Como ocurría con muchos de sus camaradas, su liderazgo político iba acompañado de una gran agudeza teórica; fue una pensadora indispensable sobre «la cuestión de la mujer».

Arthur Zimmermann (1864-1940): alto funcionario del Estado en el Ministerio de Asuntos Exteriores alemán. Es conocido sobre todo por dos actos de subterfugio durante la «Gran Guerra»: el telegrama que instaba al Gobierno mexicano a invadir Estados Unidos y el retorno clandestino de Lenin y otros exiliados a la Rusia revolucionaria.

Grigori Zinóviev (1883-1936): miembro fundador del Partido Bolchevique y figura destacada de la Internacional Comunista. En 1936 —nueve años después de ser expulsado de la dirección política— su juicio-farsa fue un heraldo del terror que vino a continuación. Fue ejecutado por orden de Stalin.

Lecturas adicionales

ANDERSON, B. (2007): *Under Three Flags: Anarchism and the Anti-Colonial Imagination*, Londres, Verso Books *[Bajo tres banderas: anarquismo e imaginación anticolonial*, Tres Cantos, Akal, 2014].

ANDERSON, P. (1976): *Considerations on Western Marxism*, Londres, Verso Books *[Consideraciones sobre el marxismo occidental*, Madrid, Siglo XXI, 2012].

— (2014): *American Foreign Policy and Its Thinkers*, Londres, Verso Books *[Imperium et consilium: la poítica exterior norteamericana y sus teóricos*, Tres Cantos, Akal, 2014].

BOLSINGER, E. (2001): *The Autonomy of the Political: Carl Schmitt's and Lenin's Political Realism*, California, Praeger Publishers.

BROIDO, V. (1987): *Lenin and the Mensheviks: The Persecution of Socialists Under Bolshevism*, Colorado, Westview Press.

CLEMENTS, B. E. (1997): *Bolshevik Women*, Cambridge, Cambridge University Press.

DEUTSCHER, I. (1970): *Lenin's Childhood*, Oxford, Oxford University Press.

— (2003): *The Prophet Armed*, Londres, Verso Books *[Trotsky, el profeta armado*, Santiago de Chile, LOM Ediciones, 2015].

DOSTOYEVSKI, F. (1959): *The Possessed*, Nueva York, Heritage Press *[Los demonios*, Madrid, Alianza, 2000].

— (2015): *Notes From Underground and Other Stories,* Londres, Wordsworth Classics *[Apuntes del subsuelo,* Madrid, Alianza, 2009].
ERICKSON, J. (2006): *The Soviet Command: A Military-Political History, 1918-1941,* Londres, Routledge.
FITZPATRICK, S. (2002): *The Commissariat of Enlightenment: The Soviet Organization of Education and the Arts under Lunacharsky, October 1917-1921,* Cambridge, Cambridge University Press *[Lunacharski y la organización soviética de la educación y las artes, 1917-1921,* Madrid, Siglo XXI, 2017].
— (2008): *The Russian Revolution,* Oxford, Oxford University Press.
— y K. SLEZKINE, eds. (2000): *In the Shadow of Revolution: Life Stories of Russian Women from 1917 to the Second World War,* Princeton, Princeton University Press.
FERGUSON, N. (2000): *The Pity of War: Explaining World War One,* Nueva York, Basic Books.
GERAS, N. (1986): *Literature of Revolution: Essays on Marxism,* Londres, Verso Books.
GETZLER, I. (1967): *Martov: A Political Biography of a Russian Social Democrat,* Cambridge, Cambridge University Press, y Port Melbourne, Melbourne University Press.
GINZBURG, M. (1982): *Style and Epoch,* Cambridge, MIT Press.
GOLDMANN, W. Z. (2008): *Women, the State and Revolution: Soviet Family Policy and Social Life, 1917-36,* Cambridge, Cambridge University Press.
GREGORY, P. R. y N. NAIMARK, eds. (2014): *The Lost Politburo Transcripts: From Collective Rule to Stalin's Transcripts,* New Haven, Yale University Press.
HARDING, N. (2010): *Lenin's Political Thought: Theory and Practice in the Democratic and Socialist Revolutions,* Nueva York, Haymarket Books.
HIRSCH, S. y L. VAN DER WALT, eds. (2010): *Anarchism and Syndicalism in the Colonial and Postcolonial World, 1870-1940,* Leyden, Brill.

Lecturas adicionales

KOLLONTAI, A. (1978): *Love of Worker Bees,* trad. al inglés Cathy Porter, Londres, Virago Press.

— (2011): *The Autobiography of a Sexually Emancipated Communist Woman,* Londres, CreateSpace Independent Publishing Platform *[Autobiografía de una mujer sexualmente emancipada,* Madrid, Horas y Horas, 2015].

KRÚPSKAYA, N. (2004): *Reminiscences of Lenin,* Honolulú, University Press of the Pacific *[Recuerdo de Lenin,* Madrid, Fundación Federico Engels, 2015].

LANSBURY, G. (2016): *What I Saw in Russia,* South Yarra, Leopold Classic Library.

LIEVEN, D. (2015): *Towards the Flame: Empire, War and the End of Tsarist Russia,* Londres, Allen Lane.

LENIN, V. I. (1899): «Development of Capitalism in Russia», disponible en Marxists Internet Archive, marxists.org/archive/lenin/works [«El desarrollo del capitalismo en Rusia», disponible en https://www.marxists.org/espanol/lenin/index.htm].

— (1901): «What Is to Be Done?», disponible en Marxists Internet Archive, marxists.org/archive/lenin/works [«¿Qué hacer?», disponible en https://www.marxists.org/espanol/lenin/index.htm].

— (1905): «Two Tactics of Social-Democracy in the Democratic Revolution», disponible en Marxists Internet Archive, marxists.org/archive/lenin/works [«Dos tácticas de la socialdemocracia en la revolución democrática», disponible en https://www.marxists.org/espanol/lenin/index.htm].

— (1914-1915): *Collected Works,* vol. 21, disponible en Marxists Internet Archive, marxists.org/archive/lenin/works *[Obras completas,* tomo XXI, disponible en https://www.marxists.org/espanol/lenin/index.htm].

— (1917): «The Tasks of the Proletariat in the Present Revolution» [más conocido como «The April Theses»]», disponible en Marxists

Internet Archive, marxists.org/archive/lenin/works [«Las tareas del proletariado en la presente revolución» / «Tesis de abril», disponible en https://www.marxists.org/espanol/lenin/index.htm].
— (1918): «The State and Revolution», disponible en Marxists Internet Archive, marxists.org/archive/lenin/works [«El Estado y la revolución», disponible en https://www.marxists.org/espanol/lenin/index.htm].
— (1923): «Better Fewer but Better», disponible en Marxists Internet Archive, marxists.org/archive/lenin/works [«Más vale poco y bueno», disponible en https://www.marxists.org/espanol/lenin/index.htm].
Lewin, M. (1975): *Lenin's Last Struggle,* Londres, Pluto Press *[El último combate de Lenin,* Barcelona, Lumen, 1970].
Liebman, M. (1975): *Leninism under Lenin,* Londres, Cape.
Lissagaray, P. (2014): *History of the Paris Commune of 1871,* Londres, CreateSpace Independent Publishing Platform *[Historia de la Comuna,* Barcelona, Laia].
Losurdo, D. (2014): *Liberalism: A Counter-History,* Londres, Verso *[Contrahistoria del liberalismo,* Vilassar de Dalt, Ediciones de Intervención Cultural, 2007].
Mantel, H. (2006): *A Place of Greater Safety,* Nueva York, Picador *[La sombra de la Guillotina,* Barcelona, Ediciones B, 1997].
Mayakovski, V. (2013): *Selected Poems,* Evanston, Northwestern University Press.
McNeal, R. H. (1973): *Bride of the Revolution: Lenin and Krupskaya,* Ann Arbor, University of Michigan Press.
Mirski, D. S. (1964): *A History of Russian Literature,* Nueva York, Knopf.
Nabokov, V. (1981): *The Gift,* Londres, Penguin *[La dádiva,* Barcelona, Anagrama, 1988].
Pearson, M. (2002): *Lenin's Mistress: The Life of Inessa Armand,* Londres, Random House.

Lecturas adicionales

— (1974): *The Sealed Train,* Londres, Putnam.
PIPES, R. (1999): *The Unknown Lenin,* New Haven, Yale University Press.
PORTER, C. (1976): *Fathers and Daughters: Russian Women in Revolution,* Londres, Virago.
— (2014): *Alexandra Kollontai: A Biography,* Londres, Merlin Press.
PUSHKIN, A. (2014): *Collected Poems, 1813-1820,* Milton Keynes, JiaHu Books.
RABINOWITCH, A. (2009): *The Bolsheviks Come to Power,* Chicago, Haymarket Books.
ROBESPIERRE, M. (2007): *Virtue and Terror,* Londres, Verso.
ROWBOTHAM, S. (2014): *Women, Resistance and Revolution,* Londres, Verso Books.
SERGE, V. (2015): *Year One of the Russian Revolution,* Chicago, Haymarket Books *[El año I de la Revolución Rusa,* Madrid, Siglo XXI, 1972].
SERVICE, R. (1994): *Lenin: A Political Life,* Londres, Palgrave Macmillan.
SOLZHENITSYN, A. (1976): *Lenin in Zurich,* Nueva York, Farrar, Straus and Giroux *[Lenin en Zúrich,* Barcelona, Barral Editores, 1976].
STEINBERG, J. (2013): *Bismarck: A Life,* Oxford, Oxford University Press.
STITES, R. (1978): *The Women's Liberation Movement in Russia: Feminism, Nihilism and Bolshevism, 1860-1930,* Princeton, Princeton University Press.
— (1989*): Revolutionary Dreams: Utopian Vision and Experimental Life in the Russian Revolution,* Oxford, Oxford University Press.
TROTSKY, L. D. (1925): «Lenin», disponible en Marxists Internet Archive, marxists.org/archive/trotsky.
— (1930): «The History of the Russian Revolution», disponible en Marxists Internet Archive, marxists.org/archive/trotsky *[Historia de la Revolución Rusa,* Madrid, Fundación Federico Engels].
— (1972): *The Young Lenin,* Nueva York, Doubleday.

Lecturas adicionales

Tujachevski, M. (1969): «Revolution from Without», *New Left Review*, n.º 55, mayo-junio de 1969.

Venturi, F. (2001): *Roots of Revolution: A History of the Populist and Socialist Movements in 19th Century Russia*, Londres, Phoenix *[El populismo ruso*, Madrid, Alianza, 1981].

Weiss, P. (2005): *The Aesthetics of Resistance*, Durham, Duke University Press *[La estética de la resistencia*, Barcelona, Versal, 1987].

Williams, A. R. (1969): *Journey into Revolution: Petrograd, 1917-1918*, Chicago, Chicago Quadrangle Books.

Woodcock, G. (1970): *Anarchism*, Londres, Penguin *[El anarquismo: historia de las ideas y movimientos libertarios*, Barcelona, Ariel, 1979].

Zetkin, C. (1924): «Reminiscences of Lenin», disponible en Marxists Internet Archive, marxists.org/archive/zetkin.

Žižek, S. (2011): *Revolution at the Gates: Žižek on Lenin and the 1917 Writings*, Londres, Verso Books.

Índice analítico

Aaronson, Grigori, 465
abastecimiento de alimentos, 32, 322
aborto, 398, 399
absolutismo, 45, 50
actividad sindical, 128
adamitas, 364, 366
Adler, Victor, 274-276, 282
Afganistán, 194, 341
África, 190-192, 270
Alejandro I, zar, 47, 48, 79
Alejandro II, zar, 485
   asesinato, 20, 74-76, 81-83, 89, 354, 356
   atentado, 1866, 57
   emancipación de los siervos, 55-56, 59
   represión posterior a su asesinato, 83-84
   sobre Necháyev, 74
Alejandro III, zar, 83, 359, 485
   complot para asesinarle, 1887, 98-99, 354
«¡Alemania!» (Heine), 169-170

Alemania, 32, 125, 135, 146, 148, 329, 454
   clase trabajadora, 330
   condiciones impuestas en el Tratado de Versalles, 209
   demonización de, 191-193
   descontento, 276-281
   doctrina Ludendorff-Hitler, 209-210
   impacto de la Revolución de Octubre, 269n.-270n.
   industrialización, 163
   la homosexualidad en, 348
   Lenin y, 36, 434
   levantamiento de Marzo, 32
   Ley Antisocialista, 169
   motín de la Armada en Wilhelmshaven, 295
   motines en el Ejército, 280
   oleadas de huelgas, 1917, 278-279
   posesiones coloniales, 191, 195, 209
   reparaciones de guerra, 208-209
   Revolución Bávara, 292, 294, 295, 299-302

socialismo en, 168-171
sublevación de Berlín, 269, 294-299
unificación, 163
y el regreso de Lenin a Rusia, 226-227
y la Primera Guerra Mundial, 31
Alianza Internacional de la Democracia Socialista, 149-150
América del Sur, 134
American Federation of Labor (AFL), 263
amistad, 461
anarquismo, 14
    ideas de Lenin sobre, 87-88
    la *intelligentsia* y, 60-62
    primitivo, 58
    radical, 58
    supervivencia de, 168n.
Anderson, Perry, 14, 207n., 305n.
anticapitalismo, 13
antisemitismo, 45, 49, 60, 121, 180, 252, 464
aparato estatal, 452, 455
Arabia Saudí, 80, 81n., 381, 382
Arcángel, 264, 438
Armada de Estados Unidos, 263
Armand, Alexander, 402, 415, 416
Armand, Inessa, 110, 384, 402, 405, 408, 414-416, 419, 420, 422, 424, 425 433, 434, 443, 485
Armand, Vladímir, 406, 416
arquitectura, 379-380
asesinatos,
    Alejandro II, 74-76, 81-83, 89, 354, 356

James Garfield, 368
selectivos, 58, 178
Asia, 135, 175, 185, 192, 326, 327, 387
Asociación de Escritores Progresistas, Lahore, 55n.
atraso, 50
Austria, 269
    actuación del Partido Socialdemócrata, 273-276
    motín en la Armada, 274-275
autodeterminación, 208
Axelrod, Pável, 116, 118, 119, 130, 144, 179, 198, 236, 288, 350, 358

Bábel, Isaac, 316, 440
Bakunin, Mijaíl, 54, 58, 60, 63, 65-68, 72, 73, 138, 149, 150, 167, 236, 358, 450, 485, 492
Balabanoff, Angélica, 423
Bauer, Otto, 275, 276, 473, 485
Bebel, August, 148, 188, 189, 345, 347, 348, 358, 391, 409, 486
La mujer y el socialismo, 347, 486
Beer, M., 196
Beethoven, Ludwig van, 326, 417
Bélgica, 191
    el socialismo en, 173
    posesiones coloniales, 192, 193, 195
    y la Primera Guerra Mundial, 192
Berlín, 116, 151, 194, 209, 227, 237, 276, 278, 279, 293, 300, 302, 434
    levantamiento de, 269, 294-299
Bernstein, Eduard, 172, 280

Índice analítico

Bismarck, Otto von, 17, 19, 151, 152, 158, 162-164, 168, 169, 348
Blyujer, V. K., 309, 315, 341
bolcheviques,
    aumento de su popularidad, 254
    discursos de Lenin en el Palacio Táuride, 241-242, 249
    división, 248n., 467-468, 470
    éxito, 304-305
    las «tres ballenas», 255
    legitimados, 327
    Lenin denuncia a, 17
    Lenin se hace con el liderazgo, 15-17
    mayoría en los Soviets de Moscú y Petrogrado, 256
    mayoría estratégica, 322
    oposición a Kérenski, 253
    organización militar, 248
    orígenes de, 182
    propaganda contra la guerra, 189, 251
    reeducación, 21
    Tierra, pan y paz, 23, 225, 255
    toman el poder, 260
    último llamamiento de Lenin a, 456
    y la Revolución de Febrero, 224, 230, 234, 235, 237, 239-241, 247
    y la Revolución de Octubre, 257
bonapartismo, 320
Bonch-Bruevich, M. D., 308
Bonch-Bruevich, V. D., 85, 86
Bordiga, Amadeo, 304, 486
Brest-Litovsk, Tratado de, 31, 271n., 273, 292, 434, 472
Bruselas, 180, 182, 330

Bujarin, Nikolái, 31, 271n., 304, 378, 384, 392, 455, 486, 489
Bulgaria, 164
Bund judío, 121, 180, 181, 465
Burns, John, 172
burocracia, 46, 57, 86, 93, 213, 440, 441, 456

campesinos, 21
    concienda política, 52
    mujeres campesinas, 360-361, 385
    y la Iglesia ortodoxa, 62
    servidumbre legal, 49
capital, internacionalismo del, 133
capitalismo financiero, 237
capitalismo, 13, 32, 46, 56, 67, 237, 291, 327, 347, 440, 441
Carlos I, rey, 26
Carr, E. H., 316, 391
«Carta a los obreros norteamericanos» (Lenin), 438
cartismo, 139, 142, 271
Casa de los Sindicatos, Salón de Columnas, 88
caso de los 193, 63
caso de los 50, 63
Castro, Fidel, 17
Cattaro, 274
Centenas Negras, 359, 469
Chamberlain, Joseph, 196
Chéjov, Antón, 112, 360, 361
    Las tres hermanas, 360
Chemnitz, 151
Chernov, Victor, 374n., 376n., 474
Chernyshevski, N. G, 78, 79, 80n., 81, 95, 107, 110, 111, 351, 352,

366, 367, 384, 390, 402, 415, 416, 429, 466, 486
¿Qué hacer?, 79, 80n., 107, 110, 111, 127, 351, 486
Chiang Kai Shek, 306n.
Chicherin, Gueorgui, 265, 395, 438, 486
China, 23, 25n., 36, 53, 323n.-324n., 341, 454
    dinastía Qing, 135
    Gran Revolución Cultural Proletaria, 63n.
Chjeidze, Nikolái, 230, 231
chovinismo, 201, 276
Churchill, Winston, 104, 340
Cicerón, 93
ciencia militar estalinista, 309n.
círculos obreros, 115
clase burguesa, miedo a la revolución, 218
clase obrera,
    alemana, 330
    orígenes de la, 136
    polaca, 330
    se desplaza a la izquierda, 246
    unidad de clase, 136
    violencia de Estados Unidos contra, 177-178
Clausewitz, Carl von, 199-202, 203n., 309, 312, 317, 321, 487
código civil de 1649, 48
Código Civil Imperial, 80n., 81n.
Código del Matrimonio, la Familia y la Custodia, 381
Cole, Felix, 438
Comisariado de la Guerra, 311

comisarios políticos del Ejército Rojo, 29
Comité Central Bolchevique, 25, 225, 374, 490
Comité Ejecutivo Central del Soviet,
Comité Militar Revolucionario (CMR), 25, 257, 259, 260
Comité para el Fin del Analfabetismo, 403
comités militares revolucionarios, 257
Comuna de Budapest, 269
Comuna de París, 144, 146, 148, 152-154, 156, 158-162, 171, 173, 201, 217, 225, 261, 285, 349, 369, 381, 487, 491
comunismo de guerra, 32, 322, 440
conciencia política, 22
    de los campesinos, 52, 219
    Estados Unidos de América, 176
    Lenin sobre, 280-281
Congreso de los Soviets, 470
Congreso de Mujeres, 1919, 389
Congreso de Soviets y de Delegados de los Trabajadores de Todas las Rusias, 1917, 235
I Congreso de la Internacional Comunista, 291
I Congreso de los Soviets de Todas las Rusias, 282
IX Congreso del Partido, 441-444
XI Congreso del Partido Comunista, 203n.
Congreso Mundial de Viajantes de Comercio, Detroit, 206
Consejo de Comisarios del Pueblo, 84-85, 268, 269

constructivistas, 38n., 379
Contemporánea (revista), 215
conventos, 361, 362
«Conversación con Lenin» (Mayakovski), 39-42
cooperativas, 86, 87
Coppe, Abiezer, 365
corrupción, 441, 442
cosacos del Don, 52
Courbet, Gustave, 156, 157, 162, 487
crac económico de 1929, 209
Cracovia, 418
Cremer, William, 143
Crimea, 379, 414, 434
crisis económica de 1924, 302-304
Crítica al programa de Gotha (Marx), 171
Cromwell, Oliver, 17, 26, 27n., 28, 29, 365
Cuba, 23, 207, 398n., 494
cuenca del Dónets, 219, 435
cultura, Lenin sobre la, 451-459
Cunninghame-Graham, R. B., 172

Daniels, Robert, 391
Davidova, Lidia, 403
Davis, Mike, 177, 178
debate del «vaso de agua», 409, 411-413
Debs, Eugene V., 175, 176, 264, 487
«Declaración de Derechos de la Mujer y la Ciudadana» (de Gouges), 350, 488
declaración de Zimmerwald, 134
democracia proletaria, 450
democracia rusa, 20
democracia, 20, 22, 36

Denikin, Antón, 21, 263, 294, 312, 320, 434
derecho familiar, 381-383
desarrollo capitalista, ritmo del, 67, 116
desarrollo desigual, consecuencias del, 135
desastres naturales, 32, 49
destierro interior, 55
Detroit, Congreso Mundial de Viajantes de Comercio, 206
Deutscher, Isaac, 31n., 91, 94, 103, 215, 216n., 260n., 268n., 309n., 316, 331
Lenin's Childhood, 91n.
Deutscher, Tamara, 91n., 216n.
Día Internacional de la Mujer, 371
Días de Julio, 24
dicotomía amigo/enemigo, 64
dictadura revolucionaria, 33
diferenciación social, 56
disolución de la Asamblea Constituyente, enero de 1918, 22
Disraeli, Benjamin, 164, 196
Dissman, Robert, 198
divorcio, 81n., 382, 398
Döblin, Alfred, *Karl y Rosa*, 277
Dobrolyubov, Nikolái, 78, 79, 95, 351, 466
doctrina Ludendorff-Hitler, 210
doctrina Monroe, 209
dos mecanógrafas, Ministerio de Agricultura, departamento de Turquestán, 214-215, 487
Dos tácticas de la socialdemocracia (Lenin),

Dostoyevski, Fiódor, 73, 77, 80
  Los demonios, 73
Durnovo, Piotr, 203-206
Dzerzhinski, Félix, 448, 449

Eastman, Max, 53n., 398n.
Ebert, Friedrich, 269n., 296-299, 302, 488, 491
Edad Media, 363
edificio del *Pravda*, Leningrado, 379-380
Eisenstein, Serguéi, 258
Eisner, Kurt, 299
ejecución civil, 73, 74
Ejército revolucionario francés, 28
Ejército Rojo, 203n.
  actuación en la Segunda Guerra Mundial, 333-341
  campaña polaca, 329-331
  comisarios políticos, 29
  creación, 29, 307-309
  deserciones, 323
  estructura, 319
  falta de oficiales, 29
  Guerra Civil Rusa, 321-323
  papel, 331
  participación de las mujeres, 386
  Primer, 311
  soldados proletarios, 323
  superioridad en la Segunda Guerra Mundial, 338
  tácticas, 319
El catecismo revolucionario, 58, 65-72
  llamamiento a destruir el Estado, 71-72
  sobre el revolucionario, 69-71

El desarrollo del capitalismo en Rusia (Lenin), 404
El estado y la revolución (Lenin), 85, 216, 250, 254, 301, 381, 440, 479n.
El imperialismo, fase superior del capitalismo (Lenin), 194-197
El origen de la familia, la propiedad privada y el Estado (Engels), 346
Enciclopedia Británica, 60, 61n.
Engels, Friedrich, 17, 22, 34, 35, 58, 67, 111, 128, 136, 144, 148, 167, 171, 173, 176, 187, 235, 324, 333, 345-348, 352, 358, 359, 363, 378, 391, 409, 450, 486, 488
  El origen de la familia, la propiedad privada y el Estado, 346
Enukzide, Abel, 442
Erickson, John, 11, 247n., 309n., 321, 322n., 339, 340n., 341n.
esclavitud doméstica, abolición de, 379
Escocia, 281, 282
España, 146, 151, 210
  el anarquismo en, 168n.
  pérdida de las colonias americanas, 134
Estación de Finlandia, 25, 230, 231, 235, 241, 249
Estado, el,
  monopolio de la violencia legítima, 250
  triunfo de la revolución sobre, 217
Estados Unidos de América, 135
  asesinato del presidente Garfield, 368
  conciencia política, 176
  doctrina Monroe, 209

elecciones presidenciales, 176
Guerra de Independencia, 134
Guerra de Secesión, 141
inmigración, 175
intervención en la Guerra Civil Rusa, 263-265, 438-439
la Primera Internacional en, 149
oleadas de huelgas en, 176
participación en la Primera Guerra Mundial, 207-210, 261
periodo de la reconstrucción, 177
poblaciones negras, 178
política mundial, 263-264
reacciones a la Revolución de Octubre, 262-264
reconocimiento de Haití, 16n.
socialismo en, 176-178
Trotsky sobre, 302, 304
violencia contra la clase obrera, 77-178
estalinismo sobrevenido, 21n.
Estambul, 165
estrategia internacionalista, ausencia de, 250
Etiopía, 341
exiliados revolucionarios, 223
expansión competitiva, consecuencias de la, 135

Fábricas Putílov, 221, 284, 372
familia, 378
fascismo, 178, 269n.-270n., 287, 288n., 306n., 333, 339
fascismo italiano, 14
Federación Parisina de Artistas, 156
Ferguson, Niall, 193

Figner, Vera, 74, 353-355, 366, 368, 488
filosofías militares,
de Frunze, 318, 324
de Trotsky, 317-320, 324-328, 330, 331
de Tujachevski, 319-320, 325, 327
proletaria, 324
Finlandia, 24, 253, 328
Fitzpatrick, Sheila, 373n., 394, 395n.
Fortaleza de Pedro y Pablo, San Petersburgo, 66, 74, 77, 79, 258
Fortaleza de Schlusselburg, 355
Fourier, Charles, 184, 345, 346, 349, 358, 362, 384
Frailes del Libre Espíritu, 364
Francia, 134, 135
contingentes coloniales, 191
el socialismo en, 173
la Comuna de París, 144, 146, 148, 152-162, 217, 225, 261, 349
posesiones coloniales, 191, 195
prolegómenos de la guerra, 190
represión contra la Primera Internacional, 146
represión de la Comuna de París, 157-158
revolución de 1848, 137
y la Primera Internacional, 142, 143
Frank, J., 80n.
Frunze, Mijaíl, 200, 203n., 249, 309, 311, 318, 319, 320, 323, 324, 331, 488

Galitzia, 205, 330
Garfield, James, 368

Garibaldi, Giuseppe, 142, 148, 358
gasto militar, 341
Georgia, 448, 464
Gerd, Nina, 403
Getzler, Israel, 464n., 465n.
Ginebra, 119, 159, 406, 417, 466
Ginzburg, Moisei, 379, 380
Gladstone, W. E., 164
Glasgow, 282
globalización, 135, 190
Gobierno Provisional, 228, 233, 238, 240, 251-253, 258, 260, 374n.
gobierno revolucionario, Lenin sobre, 235
Godwin, William, 138
Goijbarg, Alexander, 381, 383
golpe de Estado militar, agosto de 1917, 251-255
Goncharov, Iván, 78, 433
Oblómov, 78
Gorbachov, Mijaíl, 37
Gorki, Máximo, 25, 136, 215, 355, 417, 443
Gotha, 171
Gouges, Olympe de, 350, 488
«Declaración de los Derechos de la Mujer y la Ciudadana», 350, 488
Gramsci, Antonio, 14, 15n., 284, 285, 287, 288, 451, 489
Gran Bretaña, 19
   Bismarck visita, 163-164
   Congreso de los Sindicatos, 281
   contingentes coloniales, 191
   criminaliza la sodomía, 396
   cuestión de Irlanda, 194
   Durnovo sobre, 204
   impacto de la Revolución de Octubre, 270, 281-283
   Lenin sobre, 194-197
   Ley de Defensa del Reino, 282
   Partido Laborista Independiente, 172
   Partido Laborista, 281
   Partido Liberal, 172
   prolegómenos de la guerra, 189-190
   revueltas cartistas, 137-141, 271
   socialismo en, 172
   Sublevación de Pascua, 270
   y la Primera Guerra Mundial, 193-194
Gran Guerra Patriótica, 38
Gran Revolución Cultural Proletaria (China), 63n.
Groener, Wilhelm, 21, 297, 298, 302
Grupo para la Emancipación del Trabajo, 50, 112, 113, 120, 358, 401, 462, 493
guarderías, 378, 379, 384, 398
Guardia Roja, 63n., 256, 257, 307
Guchkov, Alexander, 222, 239
Guerra Balcánica (1912), 189
Guerra Chino-Japonesa, 184
Guerra Civil China, 411n.
Guerra Civil Española, 168n.
Guerra Civil Inglesa, 17, 26, 27, 60, 364
Guerra Civil Rusa, 21, 182, 294, 309
   base social, 322-323

campañas de Tujachevski, 311-314
carácter de, 315-316
filosofías militares, 316-321, 323-328
intervención estadounidense, 263, 265, 438-439
Lenin y, 435-437, 440
llamamientos de Lenin durante la, 435-436
lucha armada, 321
participación de las mujeres, 385-386
principales rasgos, 439-440
repercusiones, 437-438
víctimas mortales, 437
victoria bolchevique, 435-436
Guerra de Crimea, 46, 164, 185, 359
Guerra de Independencia estadounidense, 60
Guerra de Secesión estadounidense, 16n., 141, 144, 177
Guerra de Vietnam, 179n., 301n., 410n.
Guerra Franco-Prusiana, 137, 151, 160
Guerra Fría, 265n., 305
Guerra Ruso-Japonesa, 46, 186, 200
guerras napoleónicas, 134, 209
guerras ofensivas, legitimación, 202, 327, 328
guerras posteriores a los atentados del 11 de septiembre de 2001, 194
Guesde, Jules, 173
Guillermo II, káiser, 295
Guiteau, Charles, 368
Gusev, G. I., 200, 320, 406, 418, 466

Haití, 16n., 207, 263, 494
hambrunas, 32, 135, 218, 290
Hamburgo, 409
Hardie, Keir, 172, 188
Harding, Neil,
Hayek, Friedrich, *Camino de servidumbre*, 130
Hazan, Eric, 154n.
Healey, Dan, 398n.
Hegel, G. W. F., 67, 202, 276, 326
hegemonía, 451
Heine, Heinrich, «¡Alemania!», 169, 171
Helphand, Alexander, 226, 227
Herzen, Aleksandr, 64, 358, 367
Hill, Christopher, 365
Historia de la Revolución Rusa (Trotsky), 248
historia, papel de los individuos en, 17-19, 241
Ho Chi Minh, 17, 208, 489
Hobson, John A., 195, 489
homofobia, 396-398
homosexualidad, 65n., 348, 385, 395-399
Howell, George, 143
Hull, 163
Hungría y la Revolución Húngara, 292-294, 327-329, 454
Huska, Martin, 364

Iglesia, 37n., 359, 364, 369, 381, 382, 396
Iglesia ortodoxa,
antisemitismo, 45
los campesinos y la, 62

y el papel de las mujeres, 80n.-81n.
imperialismo, 190-192, 194-197, 328, 454
Imperio Austrohúngaro, 146, 193, 204, 289
Imperio Británico,
　expansión en India, 134, 190-191
　Lenin sobre, 195-196
　pérdida de las colonias americanas, 134
Imperio Mogol, 135
Imperio Otomano, 164, 191
India, 134, 135, 190, 327, 454
individuos, su papel en la historia, 17-19, 241
industrialización, 219-220
Inspección Obrera y Campesina, 456, 457
insurrección, Lenin sobre, 23-25
intelligentsia, 128
　aparición de la, 46
　cifras, 57
　educación, 57
　justificación del uso del terror, 101
　y anarquismo, 60-62
　y la Revolución Francesa, 53-54, 57
Internacional Socialista, *véase* Segunda Internacional
internacionalismo,
　Alianza Internacional de la Democracia Socialista, 149-150
　del capital, 133
　del trabajo, 133
　la Primera Internacional, 149
　llamamiento a la unidad de la clase obrera, 136
　orígenes, 133-165
　y el cartismo, 137-142
　y la Comuna de París, 152-162
　y la Guerra Franco-Prusiana, 151-152, 160-161
　y la Primera Guerra Mundial, 133, 199
　y la Revolución francesa, 1848, 137
　y la sublevación polaca, 1862-1863, 140-142
　y los socialdemócratas rusos, 164
Irlanda, 144, 159, 194, 270
Iskra (La chispa), 118, 119, 179, 180, 226, 227, 236, 354, 444, 446n., 465, 467, 473, 494
islam, 69, 79, 164, 363-364
Iso, Abe, 184, 185n., 489
Italia, 148, 269, 270n.
　Confederación General de la Industria, 285
　crecimiento del capital, 283
　huelga de Turín, 284-285
　huelga en Milán, 286-287
　impacto de la Revolución de Octubre, 283-288
　oleadas de huelgas, 284-287
　participación en la Primera Guerra Mundial, 284
　proletariado, 283
Ivánov, Vyacheslav, 72-73
Ivanova, Sofía, 354
IWW (International Workers of the World), 149

jacobinos, 26, 53, 64, 152, 287, 349, 350, 367
Jameson, Fredric, 37n.
Japón, 135, 191
  contingentes coloniales, 191
  socialismo en, 184-186
Johnson, Hiram, 438, 439
Jones, Ernest, 136, 138-141, 489
Jruschev, Nikita, 37, 338
judaísmo, 364
judíos, 37
juicios-farsa, 63

Kámenev, Lev, 25, 238, 240, 241, 247, 249, 257n., 272, 393, 448, 489
Kaplan, Fanny, 376n., 422
Kautsky, Karl, 16, 171, 172, 176, 198, 225, 280, 364, 444, 446, 473
Kazán, 89, 106, 108, 109, 429, 442
Kérenski, Alexander, 93, 103, 228, 234, 239, 245, 251-253, 255, 258, 261, 374n., 376n., 439, 490
Kérenski, Fiódor, 91, 93, 103
keynesianismo, 137n.
Kiel, huelga de marineros, 271n., 278
Kiev, 115
Kolchak, Alexander, 21, 263, 311, 320, 434
Kollontái, Alexandra, 31, 189, 224, 225, 238, 352, 374-376, 378, 384, 390-392, 394, 395, 411, 419, 421, 434, 442, 490
  Un gran amor, 421
Kolokol (La Campana), 367

Komintern (Tercera Internacional), 14, 177, 248, 289-306, 307, 313, 375, 396, 434
  congreso fundacional, 289-291
  desaparición de la disidencia, 306n.
  disolución, 306n.
  manifiesto, 292
  papel, 302-306
Kornílov, Lavr, 21, 251-255, 490
Kotkin, Stephen, 248n.
Kremer, Arkadi, 114
Kremlin, 27n., 305, 422, 433, 455, 475
Kropotkin, Piotr, 18, 58-60, 64, 75, 84-88, 128, 138, 490
Krúpskaya, Nadia, 94, 110, 181, 182n., 224, 422, 475, 476, 478, 490
  adopta a los hijos de Armand, 429, 433
  exilio en el extranjero, 405-408
  exilio siberiano, 401-407
  matrimonio con Lenin, 404
  relación con Lenin, 401-405, 408-409, 418-419
Krylenko, N. V., 308, 397, 398n.
kulaks, origen de los, 56
Kulikovo, batalla de, 50
Kun, Béla, 32, 200, 293, 294

L'Ordine Nuovo, 284
La ascensión a las altas montañas (Lenin), 481-484
La enfermedad infantil del izquierdismo en el comunismo (Lenin), 281n., 446

L'Internationale, 147
La mujer y el socialismo (Bebel), 347, 486
La Voluntad del Pueblo (publicación), 96
La Voluntad del Pueblo, 74, 81, 167, 354, 357, 367, 368, 374
    Comité Ejecutivo, 81-83, 113
    dirigentes, 20
    represión, 83, 84
Lafargue, Paul, 116, 358
Lansing, Robert, 262
Las tareas de los socialdemócratas rusos (Lenin), 117
Lebedeva, Tatiana, 354
Legión Checoslovaca, 311, 316
Leipzig, 278
Lenin, V. I.,
    a favor de la política, 255
    acercamiento a la socialdemocracia, 112
    admisión de su fracaso, 451-459
    adopta a los hijos de Armand, 429, 433
    afinidades con La Voluntad del Pueblo, 110-112
    análisis de la política burguesa, 129
    ataque contra Stalin, 447-449
    biografías, 215-216
    camino a la revolución, 17
    canonización, 408-409
    «Carta a los obreros norteamericanos», 438
    cartas a Armand, 419-424, 433-434
    Churchill sobre, 104
    como orador, 241-242
    conferencias «Sobre el Estado», 457
    IX Congreso del Partido, 441
    críticas a, 35
    culto a, 14
    debate del «vaso de agua», 411-413
    defensa de los sueños, 126-127
    denuncia a los bolcheviques conservadores, 17
    derrame cerebral, 1922, 33, 443, 445
    descrito como un dictador nato, 215, 216
    desprecio por los camaleones políticos, 105
    destierro en Siberia, 117, 401-407
    destituye a Dujonin, 308
    detención, 1897, 117
    discurso en el Palacio Táuride, 241-243, 249
    disolución de la Asamblea Constituyente, 22
    distanciamiento, 33
    Dos tácticas de la socialdemocracia, 214, 267
    dotes como escritor, 243-244
    educación, 91-95, 103
    El desarrollo del capitalismo en Rusia, 404
    El Estado y la revolución, 85, 216, 250, 254, 301, 381, 440, 479n.
    El imperialismo, fase superior del capitalismo, 194-197
    en Europa, 1895, 116
    en Kazán, 106-108
    en París, 405-406

encuentro con Plejánov, 118-124
eslogan «Tierra, paz y pan», 23
exilio en el extranjero, 405, 466
exilio en Finlandia, 24
expectativas de propagación de la Revolución, 19-20, 270, 289
falta de apoyo, 237
fiesta por su 50 cumpleaños, 443-446
funeral, 478
ideas sobre el anarquismo, 87-88
ideas sobre las mujeres, 352, 362, 377-379
importancia de, 15-16, 30-31
infancia, 91
intento de asesinato, agosto de 1918, 376n., 422
La ascensión a las altas montañas, 481-484
La enfermedad infantil del izquierdismo en el comunismo, 281n., 446
Las tareas de los socialdemócratas rusos, 117
lee a Clausewitz, 200-201
lista de revolucionarios y figuras públicas dignas de un monumento individual, 358
llamamiento a una huelga general preventiva para parar la guerra, 187-188
llamamientos al fin de la Primera Guerra Mundial, 270-271
llamamientos durante la Guerra Civil, 435-436
llegada a Rusia, 230-231

Los socialistas y la guerra, 199
lugar de nacimiento, 52
«Más vale poco y bueno», 450-459
matrimonio con Krúpskaya, 404
Mirski sobre, 242-244
momificación, 478
muerte, 475
muerte de Armand, 423-425, 429, 433
nacimiento, 57
necrológica en *Sotsialisticheskii vestnik* (El correo socialista), 475
origen familiar, 90
padre, 62n., 90
papel, 14
partidario del nudismo, 366n.
Pipes sobre, 476-478
Por qué la «Chispa» estuvo a punto de apagarse, 118-124
posdata a «¿Qué hacer?», 36
«¿Qué hacer?», 80, 125, 127, 179, 250, 406
Qué son los «Amigos del Pueblo» y cómo combaten a los socialdemócratas, 115
regreso a Rusia, 226-228
relación con Inessa Armand, 405-406, 414, 416-425
relación con Krúpskaya, 401-405, 408-409, 418-419
repercusiones de la muerte de su hermano, 103-107
Russell sobre, 27n.
se hace con la dirección del Partido Bolchevique, 15

Service sobre, 476
sobre el aparato del Estado, 452, 454
sobre el Gobierno revolucionario, 235
sobre el *Zhenotdel*, 384, 389
sobre la conciencia política, 280
sobre la cultura, 451-459
sobre la insurrección, 23-25
sobre la lucha de masas, 87-88
sobre la revolución, 214, 235, 248, 267
sobre las cooperativas, 87
sobre Marx, 24
Sujánov sobre, 241-242
Tesis de abril, 26, 216, 233-235, 237, 245, 247, 249, 254, 256, 261, 375, 442
textos, 14
último llamamiento a los bolcheviques, 456
últimos escritos, 33-35
últimos meses, 474-475
utilización de los acontecimientos, 26
y Alemania, 36, 434
y el golpe de Estado militar, agosto de 1917, 253-254
y el marxismo, 447, 450-451
y el terrorismo, 130
y Helphand, 226-227
y Kropotkin, 85-88
y la burocracia, 86
y la Comuna de París, 152, 160-161
y la escisión del POSDR, 181-182
y la Guerra Civil, 435-437, 440
y la música, 417
y la necesidad de un partido de vanguardia, 180
y la Primera Guerra Mundial, 16, 18, 26, 133, 194-203, 205-206, 218
y la Revolución Alemana, 295, 301-302
y la Revolución de Febrero, 216-217, 224-228, 230-232, 234-245
y la Revolución de Octubre, 257n., 260, 316, 471
y la Revolución Húngara, 293, 329
y la sexualidad, 409-413
y la unidad de la clase obrera, 136
y las guerras ofensivas, 327
y las mujeres, 345-346
y Mártov, 115, 226, 458, 459, 462-475
y Mayakovski, 394, 429-432
y Napoleón, 326
Letopis (Crónica), 215
levellers (niveladores), 365
Levine-Meyer, Rosa, 301n.
Levine, Eugen, 300, 301n., 491
liberación de la mujer, 376
Liebknecht, Karl, 197, 241, 269n., 276, 278, 282, 291, 296-298, 300, 462, 488, 491
Liebknecht, Wilhelm, 116, 148
Lieven, Dominic, 185, 193, 205n.
Liga Espartaquista, 276, 279, 281, 296, 298, 491

Lincoln, Abraham, 16n., 141, 478
Lissagaray, Prosper-Olivier, 153, 154n., 159, 160n., 491
literatura rusa y política, 77-80
literatura sobre la Revolución de Febrero, 213-217
Littlewood, Joan, *¡Oh, qué guerra tan bonita!*, 192n.
Litveiko, Anna, 372, 373n.
Litvinov, Maxim, 282n.
Lobachevski, Nikolái, 106, 107n.
London Trades Council, 143, 492
Londres, 128, 141, 466, 468
St. Martin's Hall, 142
«Los constantemente reunidos» (Mayakovski), 430-432
Los Rebeldes de Kiev, 357n.
Los socialistas y la guerra (Lenin), 199
Losurdo, Domenico, 16n.
lucha contemporánea, objetivo de la, 13
lucha de masas, necesidad de, 87-88
Ludendorff, Erich, 279, 281, 294
Lukács, György, 30, 128
Lunacharski, Anatole, 393n., 430, 443
Luxemburgo, Rosa, 16, 35, 188, 198, 227, 235, 269n., 276, 280, 291, 296, 298, 300, 302, 329, 384, 419, 462, 468, 488, 489, 491
Lvov, Gueorgui, príncipe, 239
Lvov, V. N., 252
Lyubatovich, Olga, 354

MacDonald, Ramsay, 281
Mackinder, sir Halford, 190
MacLean, John, 282

Majnó, Néstor, 60
Malaparte, Curzio, 216
Malatesta, Enrico, 58
Malcolm X, 49, 177
Manchester, 27, 139-141, 159, 163, 251n.
Mandelshtam, Ósip, 109
manifestación del cementerio de Volkovo, San Petersburgo, 97
manifiesto comunista, El (Marx y Engels), 67, 292, 486
Mao Zedong, 17, 306n., 324n., 487
maoístas, 63n., 182n.
María Antonieta, 26, 153n., 350
María Dagmar, princesa, 360
Marruecos, 190
Martí, José, 398n.
Mártov, Yuli, 121, 350, 443, 492
detención, 1897, 117
Sobre la agitación (Mártov y Kremer), 114
Trotsky sobre, 228, 464n., 473-474
y el Bund judío, 180, 181
y la Revolución de Febrero, 233, 240
y la Revolución de Octubre, 253, 261
y Lenin, 115, 226, 458, 459, 462-475
Marx, Eleanor, 154n., 172
Marx, Karl, 17, 22, 127-129, 143, 234-237, 378, 450, 451, 485, 486, 488, 491
carta del Comité Ejecutivo de La Voluntad del Pueblo, 113
Crítica al programa de Gotha, 171

Discurso inaugural de la Primera Internacional, 143-145
El capital, 35, 60, 80n., 107, 109, 113
El manifiesto comunista, 58, 67, 144, 292, 486
Lenin sobre, 24
llamamiento a la unidad de clase, 136
Segundo discurso a la Primera Internacional, 151
y Jones, 138, 141
y la Comuna de París, 152, 154n.
y la Primera Internacional, 144-146, 148, 150
y los partidos políticos, 133
marxismo,
Lenin y el, 447, 450-451
triunfo de, 14
«Más vale poco y bueno» (Lenin), 450-459
Mayakovski, Vladímir, 38, 39, 105, 394, 429
«Conversación con Lenin», 39-42
culto, 393
«Los constantemente reunidos», 430-432
mayoría estratégica, 21, 322
memoria política, recuperación de, 13
mencheviques, 22, 24, 181-183, 223, 232-235, 238, 240, 253, 254, 261, 467-472
mercado negro, 33
México, 207, 262, 263, 494
Milán, 283, 286, 379
Miliukov, Pável, 220, 222, 229, 230, 239

Ministerio de Agricultura, departamento de Turquestán, dos mecanógrafas, 214-215, 487
Minsk, 117
Mirbach, conde, 272
Mirski, D. S., 129, 242, 243
Historia de la literatura rusa, 129
Mirski, León, 74
Mólotov, V. M., 238, 247
Morgan, Henry Lewis, 346
Morris, William, 172
Moscú, 22, 115, 219, 256, 261, 307, 372, 380n., 471
congreso sobre cine, finales de los ochenta, 37n.
movimiento «Hacia el Pueblo» *(Naródnichestvo)*, 62
movimiento socialdemócrata, 58
movimientos de resistencia, Segunda Guerra Mundial, 36
mujeres,
asesinatos, 388
campesinas, 360-361, 385
compromiso político, 349, 352, 354-357
«Declaración de los Derechos de la Mujer y la Ciudadana» (Gouges), 350
derecho a la educación, 347
ejecuciones, 356-357, 362
emancipación, 384
en la Rusia zarista, 348-349
encarcelamiento, 362
ideas de Lenin sobre, 352, 362, 377-379
igualdad de derechos, 382

influencias intelectuales, 351-352
la Iglesia ortodoxa y las, 80n.-81n.
miembros del Comité Central Bolchevique, 374
musulmanas, 387n., 388
opresión de las, 345-350
papel de las, 80n.-81n.
participación en la Revolución de Febrero, 371
participación en la Revolución de Octubre, 371-399
radicalización, 372-374
servicio militar, 385-386
sexualidad y libertad sexual, 362-369, 376-377, 390-396
terrorismo, 354-357, 362, 368
últimas dos décadas del siglo XIX, 359-362
y la Primera Guerra Mundial, 372
Zhenotdel, 383-389, 392
Múnich, 162, 295, 299-301, 405

Nabókov, Vladímir, 351
Napoleón Bonaparte, 17, 28, 157, 160, 320, 325, 326, 333, 486
Nápoles, 148
narodniki (populistas), 352
nazis, 396, 397
Necháyev, Serguéi, 58, 60, 63, 65, 66
asesinato de Ivánov, 72, 73
encarcelamiento, 74, 77
ejecución civil, 73, 74
muerte, 77
New Left Review, 335
Newton, Douglas, 194

Nicolás I, zar, 59, 396
Nicolás II, zar, 469, 492
abdicación, 222
Guerra Ruso-Japonesa, 185
y la Revolución de Febrero, 222
nihilismo, 78
Nikolayeva, Klavdia, 384
nobleza, falta de un programa de reformas estructurales, 218
Northern Star, 138
Notas de la Patria, 96
Novaya Zhizn, 255
Nueva Política Económica (NEP), 32, 37, 440, 441
Nuevo Ejército Modelo, 27, 29

Oblómov (Goncharov), 78
obreros,
explotación, 220
radicalización, 114
unidad de clase, 136
Octubre (película), 258
Odesa, 386, 394, 464, 465
Odger, George, 143, 492
¡Oh, qué guerra tan bonita! (Littlewood), 192n.
oleadas de huelgas, 1896-1897, 117
en Alemania, 1917, 278-279
en Estados Unidos, 176
en Italia, 284
en la minería belga, 173
Olennikova, Natalia, 354
Oposición Obrera, 441, 442
Orden Número 1, 222, 246
Orden Número 2, 247
Oshanina, María, 354

Pablo I, zar, 47
Pacto de Rapallo, 335
Paine, Tom, 138
Pakistán, 55n., 194, 410n.
Palacio de Invierno, 252
  toma del, 250, 258
Pankhurst, Emmeline, 281, 492
Pankhurst, Sylvia, 281, 492
París, 116, 137, 414, 417
  la Columma Vendôme, 157-158
  Lenin en, 405, 406
  y la Guerra Franco-Prusiana, 152
Parlamento de los Trabajadores, 139, 140
Partido Comunista Alemán, 32, 291
Partido Comunista Chino, 306n., 323n.-324n.
Partido Comunista Italiano, 287, 486, 489
Partido Comunista, organización, 35-36
partido de vanguardia, necesidad de, 180
Partido Obrero Socialdemócrata Ruso (POSDR), 50, 117, 167, 180, 181, 183, 214, 224, 349, 354, 401, 462, 463
Partido Social-Revolucionario (PSR, eseristas), 22, 223, 240, 252, 253, 258, 280, 357n., 374, 416, 471, 490
Partido Socialdemócrata Alemán (SPD), 125, 169, 171, 172, 177, 178, 188, 197, 198, 235, 269n., 276, 278-280, 288, 295, 296, 298-300, 302, 378, 411, 462
Partido Socialista Alemán, 16

Partido Socialista de Estados Unidos (SPUSA), 176, 177
Partido Socialista Italiano (PSI), 285-287
partidos políticos, necesidad de los, 133
patriarcado, 57, 80
patriotería, 201
Paustovski, Konstantin, 245, 246n.
Pedro el Grande, 349, 396
periodos revolucionarios, conciencia política en los, 22
Perovskaya, Sofía, 20, 76, 83, 84, 353, 354, 356-359, 362, 368, 493
Pestel, Pável, 53, 358
Petrogrado, 17, 22, 26, 84, 219, 221, 225, 226, 229, 230, 237-240, 247, 248, 252, 253, 255, 267, 269, 270, 284, 285, 295, 296, 307, 311, 375, 386, 435, 487
Pilniak, Borís, 318
Piłsudski, Bronislaw, 99, 312-314, 329, 331
Pipes, Richard, 476, 478
Pirenne, Henri, 173
Plassey, Batalla de, 134-135
Plehve, Vyacheslav von, 356, 357n.
Plejánov, Gueorgui, 111n., 112, 116, 118, 119, 121-123, 125, 130, 144, 179, 258, 288, 358, 493
pogromos, 20, 45, 49, 180, 359, 464, 465, 469
política, retirada de la, 153n.
Polonia, 32, 454
  guerra con, 312-314, 319-320, 329-331
  sublevación 1862-1863, 140-142

populistas, 60
Por qué la «Chispa» estuvo a punto de apagarse (Lenin), 118-124
Potresov, Alexander, 113, 118, 121, 179, 197
Praga, 332
Pravda, 238, 240, 247-249, 260, 293, 336, 379, 393, 442, 449, 481n.
prerrequisitos históricos de la Revolución de Febrero, 217-221
presentismo, 125, 153n., 280, 470
Pride, Thomas, 26, 27
Primer Destacamento Partisano de Operaciones Especiales, 386
Primera Guerra Mundial, 31-32, 46, 182
   consecuencias, 209
   contingentes coloniales, 190-191
   culpa de, 193
   declaración de Zimmerwald, 134, 199
   deserciones, 230, 280
   el internacionalismo y, 133, 199
   estallido, 192-194, 469
   intervención estadounidense, 206-208, 261-262
   Lenin y la, 16, 18, 26, 133, 194-203, 205-206, 218
   llamamiento a una huelga general preventiva para impedirla, 188-189
   llamamientos a la paz, 270-273
   motines, 275, 278-280, 295
   participación de Italia, 284
   participación de las mujeres, 372
   participación de Rusia, 205-206
   percepciones, 192-193
   prolegómenos de, 187-190
   rearme, 189
   Rosa Luxemburgo y, 198
   Tratado de Brest-Litovsk, 271n., 273, 292, 434
   Trotsky sobre la, 218-219
   víctimas, 218, 227, 284, 290
   víctimas en Alemania, 227
   víctimas en Rusia, 218
   victoria, 208-209
   y la Revolución de Febrero, 247
   y la Revolución Rusa, 206
Primera Internacional, 142-144
   Consejo General, 143, 148-151
   desintegración, 167
   discurso inaugural, 143-145
   en Estados Unidos, 149
   impacto, 171
   número de afiliados, 146-149
   represión contra la, 146-148, 150n.
   segundo discurso, 151
proletariado, 117, 118
proletariado intelectual, 62
proletariado urbano, 21
Proletkult, 393
propiedad de la tierra, 21
propiedad privada, abolición de, 385
prostitución, 409, 410
Proudhon, Pierre-Joseph, 64
Pugachev, Emilian, 52, 62, 64, 73, 79, 82
Pushkin, Alexander, 54, 55, 78, 349, 394, 415, 430
Putin, Vladímir, 37, 399, 477

¿Qué hacer? (Chernyshevski), 79, 107, 110, 111, 351, 486
«¿Qué hacer?» (Lenin), 80, 125, 127, 179, 250, 406
posdata a, 36
Qué son los «Amigos del Pueblo» y cómo combaten a los socialdemócratas (Lenin), 115

Rabinowitch, Alexander, 240n.
Rabotnik, 255
Radek, Karl, 109, 226, 493
ranters, 365, 366, 369
Raskólnikov, Fiódor, 241, 249, 493
Razin, Stenka, 51-53, 62, 64, 67, 73, 82, 358
Recuerdos de Lenin (Zetkin), 409
redes de distribución, 32, 300
Reed, John, 215, 256-258
reforma del matrimonio, 381-383
Regimiento Novoladozhki, 248
Regimiento Pavlovski, 222, 268
representación popular, 56
República Dominicana, 263
República Obrera Escocesa, 282
Reveille, 151
revolución,
    Lenin sobre la, 214, 235, 248, 267
    miedo de la clase burguesa a, 219
    origen de la, 127-128
revolución, camino a la, 17
Revolución Bávara, 292, 294, 295, 299-302
Revolución de 1905, 46, 130, 186, 203-204, 213, 219, 468
Revolución de Febrero, 15, 46, 213-248
    el Ejército y la, 221, 245-248
    espontaneidad, 220-222
    estallido, 221-222
    falta de apoyo a Lenin, 236-238
    falta de liderazgo, 223
    formación de los soviets, 222
    Gobierno débil, 20
    Lenin y la, 216-217, 224-228, 230-232, 234-245
    literatura sobre, 213-217
    llegada de Lenin, 230-232
    miembros del Gobierno, 238-239
    Nicolás II abdica, 222
    Orden n.º 1, 246
    participación de las mujeres, 371
    postura de los mencheviques, 232-235, 240
    precedente para la Revolución de Octubre, 245-248
    prerrequisitos históricos, 217-220
    y la Primera Guerra Mundial, 247
revolución de Francia, 1848, 137
Revolución de Octubre, 15, 46, 249-265
    aproximación a, 245-248
    celebraciones en Petrogrado, 267-269
    consecuencias, 267-288
    disolución del Gobierno Provisional, 259-260
    expectativas de propagación, 19-20, 269-270, 289-290
    golpe de Estado militar, agosto de 1917, 252-255

impacto, 13
importancia, 21-22
Lenin y, 257n., 260, 316, 471
literatura sobre, 316
los bolcheviques toman el poder, 259-261
oposición, 249
participación de las mujeres, 371-399
preparativos, 257
primer aniversario, 380-381
reacción estadounidense a, 262-265
Stalin sobre, 260n.
revolución desde fuera, 332
Revolución Finlandesa, 328
Revolución Francesa, 17, 18, 28, 47, 48, 53, 57, 59, 60, 62, 63, 67, 86, 87, 114, 134, 138, 153n., 202, 253, 311, 332, 490, 492
Revolución Industrial, 135, 163, 190
revolución proletaria, 23, 450
revoluciones burguesas, 26-27
revoluciones, 24-27
revueltas campesinas, 50-53
Rhodes, Cecil, 196, 197
Riga, 248
Rimbaud, Arthur, «Canto de guerra parisino», 154-155
Robespierre, Maximilien, 26, 29, 53, 326, 349, 350, 358, 367
Röhm, Ernst, 397
Roslavets, N. A., 383
Ruggles, James, coronel, 265
Rusia zarista, 45-46
despotismo, 46

la corte, 46
las mujeres en la, 348-349
revueltas campesinas, 50-54
Rusia,
población, 184
socialismo en, 167, 179-183
rusos blancos, 21, 263, 309, 311, 312, 322, 323, 373n., 386, 435-437, 439, 441
Russell, Bertrand, 27n., 281
Ryazanov, David, 474
Rykov, Aleksi, 249, 389

Sadoul, Jacques, 245
Samoilova, Konkordia, 371, 384
San Petersburgo, 95-96, 114, 115, 219, 355
Fortaleza de Pedro y Pablo, 66, 74, 77, 79, 258
manifestación del cementerio de Volkovo, 97
San Yu-Fan, 308
Segunda Guerra Mundial, 191n., 332
actuación del Ejército Rojo, 333-341
Batalla de Stalingrado, 335, 338, 340
causa de la victoria, 339
invasión alemana, 337
movimientos de resistencia, 36
participación de las mujeres, 386
prolegómenos de, 209-210
Tujachevski y la, 333-337
Segunda Internacional, 133, 289-291, 325, 462
Congreso de Stuttgart, 187

Índice analítico

Congreso Fundacional, 171-172
denuncia de Lenin contra, 198, 199
Seitz, Karl, 274
Serge, Victor, 215
Sergueyeva, Elizaveta, 354
Service, Robert, 216, 476
sexualidad y libertad sexual, 362-369, 376, 385, 390-398, 409-413
Shakai Shugi Kenkyui-kai, 184
Shaoqui, Liu, 306n.
Shelley, Percy Bysshe, 138, 144
Shub, David, 216
Siberia, 55, 66, 81, 117, 118, 258, 323, 349, 366n., 401, 404, 406
Sicherheitsdienst, 315, 337
siervos,
   cifras, 49
   emancipación, 56, 59
   servidumbre legal, 48-49
   valor, 49
Simbirsk, 52, 66n., 89, 95, 100, 105, 106, 108, 239, 311
sindicalismo, 125, 173
sionismo, 180
Smidovich, Sofía, 384, 392
Snodgrass, John, 239
Sobre la agitación (Mártov y Kremer), 114
socialdemocracia, 111-116
socialdemocracia europea, 116, 137n.
socialdemócratas, 114, 115, 117, 179, 189, 197, 201, 229, 273, 276, 291, 293, 384, 390
socialismo, 167-185
   difusión del, 168-169, 171
   en Alemania, 168-171
   en Bélgica, 173, 176
   en Estados Unidos,
   en Francia, 173
   en Gran Bretaña, 172
   en Japón, 183-185
   en Rusia, 167-168, 179-183
   nacimiento del, 174n.
Sociedad de Naciones, 209, 290
sociedades secretas, 50
sodomía, 396
   despenalización, 382
Sokolov, N. D., 246
Sorokin, Pitirim, 391
Sotsialisticheskii vestnik, 475
Soviet de Múnich, 269
Soviet de Petrogrado, 25, 222, 223, 228, 230, 248, 256, 257, 260, 261, 268, 471
Soviet de Viena, 274
soviets, 22
St. Martin's Hall, Londres, 142
Stalin, Josif, 37, 238, 247, 260n., 304, 455, 458n.
   ataque de Lenin contra, 448-449
   bonapartismo, 320
   campaña de Polonia, 313-314
   discurso en el funeral de Lenin, 478
   disuelve el *Zhenotdel*, 392
   elimina a Tujachevski, 315
   purga de los generales, 337-338
   revolución desde fuera, 332
   y la Segunda Guerra Mundial, 337-338
Stalingrado, Batalla de, 335, 340
Stasova, Elena, 374, 375, 389, 401, 403, 493

Stasova, Nadezhda, 401
Stendhal, 153n.
Struve, Piotr, 113, 403
sublevación de marzo, Alemania, 32
sublevación decembrista, 1825, 50, 53, 54, 200, 349
sublevación del *Schutzbund*, 276
sublevaciones del Volga, 53
Sudáfrica, 190
Suiza, 110, 116, 118, 125, 148, 150, 167, 171, 226, 228, 418
Sujánov, N. N., 215, 218, 228-233, 241, 242, 246, 249, 254, 257n., 261, 316, 373, 470, 487
Sviderski, A. I., 475
Szamuely, Tibor, 293

tareas domésticas, 378-379
tártaros, 50, 51, 79, 379, 448
tasa de suicidios entre los jóvenes, 112
Tatlin, Vladímir, 358
Teherán, 411n.
Tercer Reich, 209, 340, 341
Teresa de Ávila, santa, 363
Tereshenko, Mijaíl, 239
terror, justificación de su empleo, 101
terrorismo, Lenin y el, 130
Tesis de abril (Lenin), 26, 216, 233-235, 237, 245, 247, 249, 254, 256, 261, 375, 442
Thiers, Adolphe, 151, 152, 155, 161, 162
Thompson, Edward, 463
Tijimirov, Lev, 112

Togliatti, Palmiro, 285, 288n.
Tolain, Henri, 143
Tolstói, León, 64, 80, 128, 182, 243, 351, 367, 380n., 390, 416
trabajadores, internacionalismo de los, 133
Trotsky, León, 14, 25, 203n., 215, 264, 265, 393, 448, 455, 468,
  bonapartismo, 320
  como presidente del CMR, 257
  creación del Ejército Rojo, 29
  críticas a Lenin, 35
  disolución del Gobierno Provisional, 260
  Historia de la Revolución Rusa, 248
  manifiesto del *Komintern*, 292
  negociaciones de paz, 271-273
  oposición a la campaña de Polonia, 330-331
  política en Asia, 327
  política militar, 317, 319-321, 324-331
  sobre Estados Unidos, 304
  sobre la crisis económica, 1924, 302-303
  sobre la Guerra Civil Rusa, 322
  sobre las sublevaciones del Volga, 53
  sobre los asuntos militares, 309n., 310n.
  sobre Mártov, 159, 464n., 473
  Stalin sobre, 260n.
  teoría de la revolución permanente, 232
  y el Bund judío, 180-181
  y Helphand, 227

y la Guerra Civil, 435, 437
y la Primera Guerra Mundial, 18, 31, 218-219
y la Revolución de Febrero, 232
Tugan-Baranouski, Mijaíl, 113, 403
Tujachevski, Mijaíl, 29, 203n., 310-316, 319, 321, 323, 325, 327-329, 331, 333-337, 339, 341
Turguéniev, Iván, 77-80, 109, 351, 406, 407, 417
Padres e hijos, 77, 79
Turín, 283-286

Ucrania, 168n., 323, 335, 341, 387, 435, 436
Ufa, 404
Ulianov, Alexander, 89, 90, 92, 110, 183
  activismo político, 97-100
  detención y juicio, 99-101
  educación, 90-96
  ejecución, 101
  repercusiones de su muerte, 103-108
Ulianova, Anna, 89-92, 95, 96, 99, 108, 109, 404, 409
Ulianova, Olga, 92, 116
Ulrichs, Karl Heinrich, 348n.
Un catecismo para el pueblo, 173
Un gran amor (Kollontái), 421
Unión de Lucha para la Liberación de la Clase Obrera de San Petersburgo, 115
Unión de Oficiales, 252
Uspenski, Gleb, 82
Utechin, S. E., 216

Vakulich, Pável, 336
Valentinov, Nikolái, 104, 110, 111n., 406, 408n., 466
Memorias de Lenin, 104
Varsovia, 313, 329, 405
Venturi, Franco, 84n.
Versalles, Tratado de, 209, 314, 331, 411
víctimas mortales,
  Comuna de París, 159, 162
  Guerra Civil Rusa, 437
  huelga de la minería en Bélgica, 174
  Primera Guerra Mundial, 218, 227, 284, 290
  Revolución Bávara, 300
  Segunda Guerra Mundial, 340-341
  sublevación de Berlín, 297
Vietnam, 23, 36, 341, 489
Vladivostok, 264
Vlasova, Elena, 406
Volkogonov, Dmitri, 216
Volkonskaya, Maria, 54
Volkonski, Serguéi, príncipe, 54-55
Volski, N. V., 111n., 406, 407, 408n., 417, 466
Voronov, N. N., 339

wahabismo, 381
Washington, George, 134, 239
Wilhelmshaven, motín de la Armada, 295
Williams, Albert Rhys, 215, 256, 257, 258n.
Wilson, Woodrow, 206-209, 438, 439, 494
  reacción a la Revolución de Octubre, 261-265